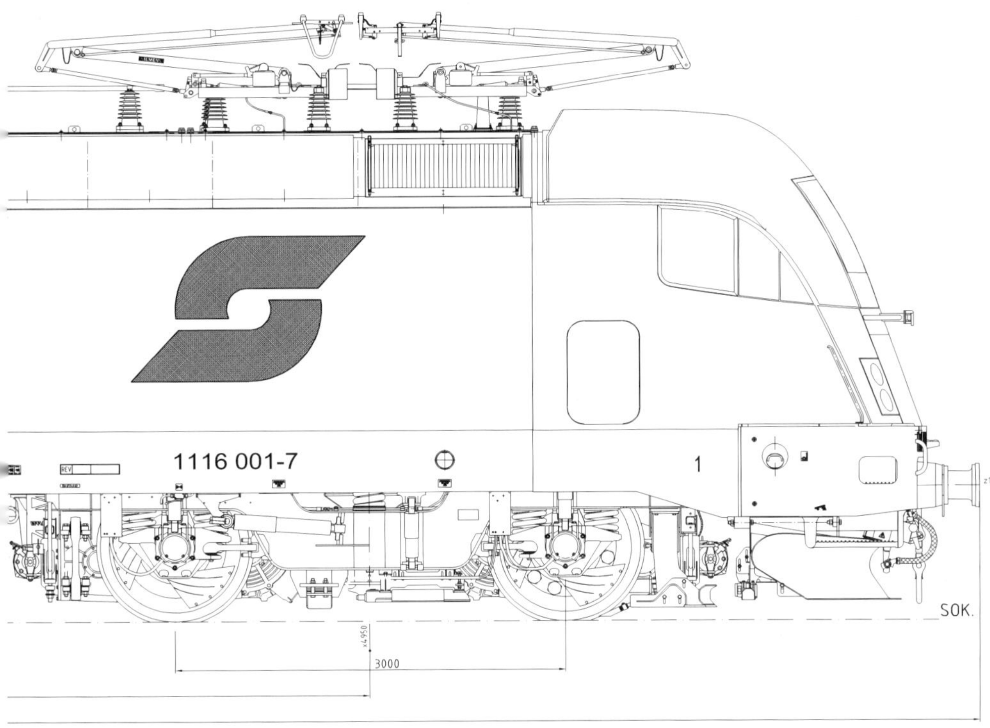

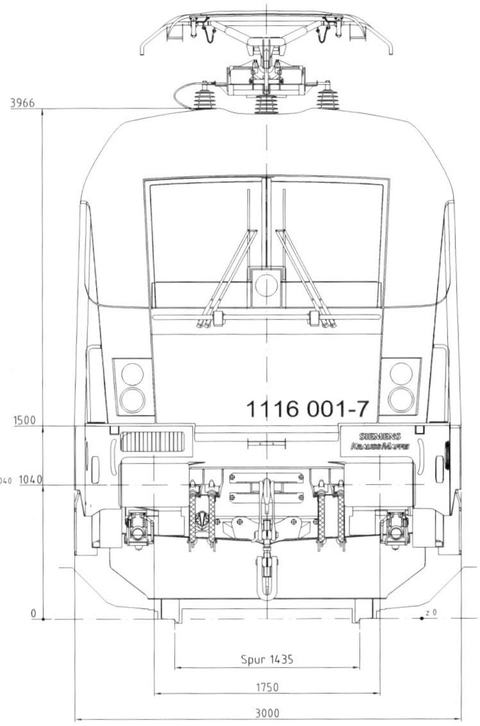

Führerhaus 1

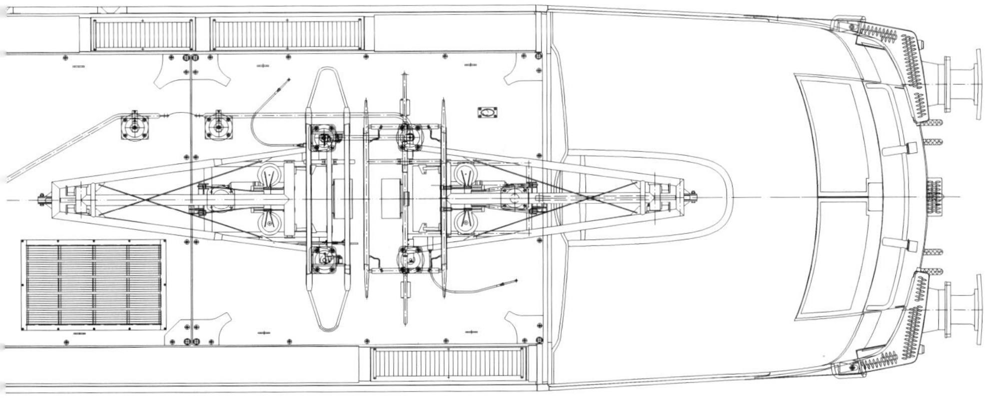

Karl Gerhard Baur

TAURUS Lokomotiven für Europa

EISENBAHN KURIER
VORBILD UND MODELL

EK-Verlag

Titelbild:

Auf der Drehscheibe im alten ÖBB-Traktionsstandort Linz-Kleinmünchen steht 1116 057 am 24. April 2002 nach der Inbetriebsetzung bereit zur Abnahmefahrt. *Aufnahme: Karl Gerhard Baur*

Rücktitel:

Oben:
1016 086 bespannte am 13. Oktober 2002 bei Seefeld in Tirol einen aus drei neu lackierten ÖBB-Reisezugwagen bestehenden Sonderzug. Die Wagen tragen das Design für die modernisierten Wagen der neu eingeführten ÖBB-EuroCity-Züge *Aufnahme: Markus Inderst*

Unten:
Das markante Portal des zwischen 1856 und 1858 erbauten, 346 Meter langen Dürreberg-Tunnels im Zuge der Wienerwald-Westrampe hat 1016 003 mit IC 542 „Pyhrn Eisenwurzen" am 16. April 2000 gerade verlassen. *Aufnahme: Kurt Feuerfeil*

ISBN 3-88255-182-8

EK-Verlag GmbH – Postfach 500 111 – 79027 Freiburg

www.eisenbahn-kurier.de

Bearbeitung/Gestaltung: Hans-Peter Günther

Inhaltsverzeichnis

Zum Geleit

Dipl.-Ing. Herwig Wiltberger
Geschäftsbereichsleiter ÖBB Traktion

Im Jahr 1997 haben wir mit der Beschaffung der ersten 75 Lokomotiven der Reihen 1016 und 1116 begonnen und damit einen Meilenstein in der Entwicklung der ÖBB Traktion gesetzt. Die rasch nachfolgende Ziehung der vereinbarten Optionen führt zu einer vollkommen neuen Struktur unserer Flotte an elektrischen Lokomotiven, verbunden mit einer Reduktion der Vielfalt an Baureihen und einer erheblichen Senkung ihres durchschnittlichen Alters. Gleichzeitig werden das Leistungsspektrum erweitert und wirtschaftliche Erfolge durch moderne Instandhaltungskonzepte erzielt. Die elektrische Bremse und die Rückspeisung von Energie in die Fahrleitung ermöglichen wesentliche Einsparungen.

Ich freue mich besonders, dass die ÖBB die Vorreiterolle für dieses hervorragende Produkt übernehmen durften und die Deutsche Bahn sowie mehrere Eisenbahn-Verkehrsunternehmen inzwischen unserer Entscheidung gefolgt sind.
Basis zur Beschaffung des TAURUS war neben den technischen Eigenschaften der erzielte Preis, der heute und zukünftig Grundstein für eine erfolgreiche und ökonomische Traktion ist. Besonderer Erwähnung bedarf die hervorragende Zusammenarbeit mit der Firma Siemens, beginnend mit der Verhandlungs- und Konstruktionsphase bis hin zur konkreten Implementierung der neuen Fahrzeuge.

Die Erweiterung der Europäischen Union wird uns sicher zusätzlichen Verkehr bringen und wir werden alle Anstrengungen unternehmen, diesen Verkehr auf die Schiene zu lenken. Die TAURUS Flotte bietet alle Voraussetzungen hierzu. Unsere bisherigen Erfahrungen mit den neuen Lokomotiven bestätigen die Richtigkeit unserer Vorgehensweise deutlich.

Mein besonderer Dank gebührt dem EK-Verlag und seinem Autor, Herrn Dr. Baur, welche unserer Lokomotive ein eigenes Buch widmen. Die enge Zusammenarbeit des Autors mit den ÖBB, die hohe Qualität des fachlichen Inhalts und die wunderbaren Bilder werden dieses Buch zu einem weiteren Meilenstein in der Erfolgsgeschichte unserer Lok machen.

Hierzu wünsche ich alles Gute.

Wiltberger

Dr. Volker Kefer
Geschäftsgebietsleiter Locomotives
Siemens Transportation Systems

International, stark, schnell, wirtschaftlich und schön! Diese Charakterisierung steht für den TAURUS, dessen Rollout im Juli 1999 in Allach gefeiert wurde. Bis zum TAURUS, der modernsten und leistungsstärksten Universallokomotive Europas war es ein weiter Weg. Von der ersten Elektro-Lok der Welt bis zur heutigen Spitze der Entwicklung hat Siemens Transportation Systems so manche erfolgreiche Lokomotive auf die Schiene gesetzt.

1879 stellte Werner von Siemens auf der Berliner Gewerbeausstellung die weltweit erste elektrische Lokomotive vor. Seitdem sind Millionen Passagiere bestens mit unseren Lokomotiven gefahren, vielleicht ohne es zu wissen, aber mit dem Vertrauen, sicher ans Ziel zu gelangen. Siemens Technik war schon immer ein Garant für höchste Zuverlässigkeit. Auch beim Güterverkehr hat der Name Siemens mit seinen Lokomotiven einen guten Klang. Hochspezialisierte Technik, maßgeschneiderte Leistung und die richtige Zugkraft erfüllen alle Transportaufgaben.

Einen Schwerpunkt unserer Arbeit bildete in den letzten Jahren die Weiterentwicklung der EuroSprinter-Familie. Die Industrie musste Anfang der Neunziger Jahre eigenfinanzierte Entwicklungen auf den Markt bringen, um im schwierigen Umfeld und unter hohem Preisdruck die Traktionsaufgaben ihrer Kunden wirtschaftlich zu lösen. Ergebnis dieser Bemühungen ist ein Produkt mit moderner Technik, welches sich heute im Markt bestens bewährt. Nach der erfolgreichen Inbetriebsetzung des EuroSprinters im Jahr 1993 folgten zunächst mehrere Aufträge aus dem Ausland und der Auftrag für 195 Lokomotiven der Baureihe 152 der DB.

Die Ausschreibung der ÖBB nach EU-Richtlinien über 75 moderne Hochleistungslokomotiven mit Optionen über weitere 325 Exemplare war die erste dieser Größenordnung in Europa. Nach intensiven Verhandlungen gegen internationale Konkurrenz konnte Siemens 1997 den Auftrag über 75 Lokomotiven von den ÖBB, denkbar knapp vor den Konkurrenten erhalten, wobei aber bereits unmittelbar danach die erste Option über 100 Loks gezogen wurde. Seit den Jahren 1999 und 2000 können wir uns über die Beauftragung weiterer 225 TAURUS-Lokomotiven freuen.

Im Zuge dieser Ausschreibung entstand die zweite Generation der EuroSprinter-Familie. Mit seiner Höchstgeschwindigkeit von 230 km/h und einer Leistung bis 7 000 kW sowie der Zweifrequenzausrüstung ist der TAURUS, schnell und stark, die modernste Universallokomotive Europas. Dies drückt sich auch in dem prämierten Design aus, das von den ÖBB wesentlich mitgestaltet wurde. Besonders hervorzuheben ist die sehr gute und vertrauensvolle Zusammenarbeit zwischen den Projektleitern und den Werkstätten der ÖBB und Siemens, die maßgeblich zum Erfolg des TAURUS beigetragen hat.

Durch die Modularität des TAURUS-Konzeptes hat sich inzwischen eine auch optisch bunte Familie entwickelt, die bereits in sieben Ländern Europas auf den Schienen beobachtet werden konnte. Das vorliegende Buch zeigt die schönsten Bilder hiervon.

Ich bringe für das Haus Siemens meine Freude zum Ausdruck, dass dem TAURUS, diesem überaus erfolgreichen Lokomotivtyp, ein eigenes Buch gewidmet wird.

Vorwort

TAURUS ist der Name, den die Österreichischen Bundesbahnen ihrer neuen elektrischen Hochleistungslokomotive gegeben haben. Solche Namensgebungen wecken Sympathie und Interesse für technische Produkte über den eigentlichen Fachbereich hinaus. Vierhundert Lokomotiven des Typs TAURUS haben die ÖBB in zwei Varianten bei Siemens bestellt und werden hiermit ihren Triebfahrzeugpark auf bisher einzigartige Weise erneuern und so die gesamte Eisenbahn des Alpenlandes im Europäischen Wettbewerb neu positionieren. Die neuen Lokomotiven mit hoher Leistung und hoher Geschwindigkeit fanden bald das Interesse weiterer Staatsbahnen sowie privater Eisenbahnverkehrsunternehmen, so dass die Loks rasch Verbreitung auch außerhalb Österreichs fanden und finden werden, wenn diese auch den Namen TAURUS nicht tragen. Zur Zeit der Niederschrift dieses Buches sind nahezu fünfhundert Lokomotiven bestellt oder bereits im Einsatz, was für den Hersteller Siemens einen herausragenden Erfolg darstellt. Nicht nur die große Stückzahl und die Verbreitung in mehreren Ländern, sondern auch die hohe Leistung und interessante Konstruktionsmerkmale machen den TAURUS sowie seine namenlosen gleichartigen Geschwister zu einer der interessantesten und erfolgreichsten elektrischen Lokomotiven aller Zeiten.

Das vorliegende Buch vereinigt die Absicht des EK-Verlages, dieser neuen Lokomotivbaureihe möglichst bald ein weiteres Baureihenbuch über die moderne elektrische Traktion zu widmen mit dem Wunsch der Österreichischen Bundesbahnen und der Firma Siemens nach einer eigenen ausführlichen Abhandlung über den TAURUS. So basiert dieses Buch auf einer intensiven Zusammenarbeit des Autors mit dem Leiter Technik der Traktion bei den ÖBB, Herrn Ing. Bernhard Benes sowie der Projektleitung TAURUS im Hause Siemens, Herrn Dipl.-Ing. Tilmann Schüler.

Eine Bündelung der Interessen und Wünsche der Firma Siemens als Hersteller der Loks sowie des Kunden und Betreibers ÖBB mit denen des EK-Verlages kommen dem Informationsgehalt und der Aktualität dieses Buches in hohem Maße zugute. Die ÖBB und Siemens haben ihre Absicht, ein eigenes Buch über den TAURUS zu verfertigen nach Diskussionen und Austausch von Argumenten zugunsten einer Zusammenarbeit mit dem Autor und dem EK-Verlag aufgegeben. Es ist für den Autor ein besonderer Anspruch, mit dem vorliegenden Buch den Anforderungen beider Partner ebenso wie denen seiner Leser gerecht zu werden. Selbstverständlich wurde das Manuskript dieses Buches vor Drucklegung von den Herren Benes und Schüler gelesen und über die bereits erfolgte Zusammenarbeit hinaus mit weiteren wertvollen Ergänzungen, Anmerkungen und Korrekturen versehen. Ohne die sehr erfreuliche Zusammenarbeit mit diesen Partnern seitens der ÖBB und Siemens hätte das vorliegende TAURUS-Buch nicht zustande kommen können und so gilt ihnen mein besonderer Dank vor allen. Einzelne Kapitel des Buches wurden von den jeweiligen Fachleuten von Siemens nochmals gelesen und überprüft. Auch diese weitere Hilfe war mir im Sinne einer sachlichen Richtigkeit aller Einzelheiten sehr wertvoll.

Das TAURUS Buch widmet sich der gesamten Lokomotivfamilie, die bisher aus den Reihen 1016 und 1116 für die Österreichischen Bundesbahnen, der Baureihe 182 der DB, den Dispoloks der Firma Siemens, den Hupac Loks sowie Lokomotiven für die Ungarischen Staatsbahnen MÁV und die private GySEV besteht. Es wird die Beschaffung der Lokomotiven im kommerziellen und technischen Umfeld ebenso beschrieben wie deren konstruktive Herleitung aus dem EuroSprinter von Siemens und Kraus Maffei sowie der deutschen Baureihe 152. Ausführliche Kapitel dieses Buches widmen sich der Beschreibung von Technik und Einsatz der neuen Lokomotiven, wobei diese in vielerlei Hinsicht mit anderen modernen elektrischen Lokomotiven verglichen werden. Die vergleichenden Betrachtungen beschränken sich dabei im Wesentlichen auf die benachbarten Länder Österreich, Deutschland und die Schweiz.

Elektrische Lokomotiven nähern sich wie viele andere Produkte unserer Zeit durch stetige technische Weiterentwicklung allmählich einem Optimum in fast allen ihren Eigenschaften und werden dadurch untereinander immer ähnlicher. Solche Ähnlichkeiten bedingen innerhalb einer Folge von diesen Lokomotiven gewidmeten Baureihenbüchern gewisse Wiederholungen bei der Beschreibung grundlegender technischer Zusammenhänge, soll jedes einzelne Buch ohne Kenntnis der anderen verständlich und in sich geschlossen sein. Im speziellen Fall mag der Leser über bereits Bekanntes hinwegblättern.

Technische Ähnlichkeiten bieten aber andererseits den besonderen Reiz von Vergleichen und Begründungen firmenspezifischer Lösungen. Es ist ein besonderes Anliegen des Autors, dem Leser die konstruktiven Ähnlichkeiten verschiedener Lokomotiven ebenso nahe zu bringen wie entsprechende Unterschiede, einschließlich deren Begründung. So wird auf die österreichische 1044 sowie die drei dem TAURUS vorangegangenen Prototypen der Reihe 1012 ebenso eingegangen wie auf die deutsche 101 oder die Schweizer Lok 2000. Gerade hierdurch kann man einen vertieften Einblick in die Funktion einzelner Teile sowie in technische Zusammenhänge erhalten. So bietet das vorliegende Buch, das einer Baureihe gewidmet ist, dennoch an vielen Stellen den Blick über den Zaun auch auf die Produkte anderer Bahnen und konkurrierender Firmen.

Ein besonderes Merkmal des TAURUS und seiner Artverwandten ist sein herausragendes und preisgekröntes Design. Hierauf geht das vorliegende Buch in besonderem Maße ein, sind doch bei fortgeschrittener Technik gerade das Design und die farbliche Gestaltung wesentliche Unterscheidungsmerkmale der modernen Lokomotiven.

Die Baureihenbücher des EK-Verlages wenden sich nicht nur an Eisenbahnfreunde und Leser der „Special Interest"-Publikationen, sondern vermehrt auch an Leute vom Fach, die über ihren beruflichen Umgang mit dem Gegenstand dieser Bücher hinaus mehr über Geschichte, über firmenübergreifende Zusammenhänge und wirtschaftliche Belange bei der Beschaffung moderner Lokomotiven wissen wollen.

Die umfangreiche Sammlung erläuternder und schöner Fotografien soll Fachleute ebenso wie Eisenbahnfreunde erfreuen und ihnen auch Abbildungen aus der Ferne ihres eigenen Wirkungsbereiches zeigen. Ein besonderes Anliegen ist mir dabei, dem Leser und Betrachter der Abbildungen viele technische Details der Lokomotiven nahezubringen ebenso wie deren Bau an den verschiedenen Standorten in Österreich und Deutschland.

Bei der Abfassung dieses Buches durfte ich vielfache freundschaftlichste Hilfe in Anspruch nehmen. Und so ist es mir ein großes Anliegen, allen meinen vielen Helfern Dank zu sagen und ihnen auf diesem Wege mitzuteilen, dass ohne ihre Hilfe dieses Buch nicht hätte zustande kommen können.

So gilt mein Dank im Einzelnen folgenden Damen und Herren:

- Von den ÖBB: Franz Binder, Johannes Schuller und Eva Madjarewitsch von TS Linz, Karin Dierregger und Thomas Prasch von TS Knittelfeld, Irene Wagenhofer, Martin Figerl und Helmut Forstner von der Traktion Technik, Wien und Reinhard Pöchhacker, Traktion Salzburg.
- Von Siemens: Bettina Heß, Jens Chlebowski, Dietmar Fischer, Bernhard Kießling, Bernd Kopczyk, Torsten Prahl, Norbert Schäfer, Christof Schieber und Jürgen Schurr aus Erlangen, Manfred Kafka und Günter Koch aus Wien, Werner Fürntratt und Juergen Holzer aus Graz, Bernd Pfannschmidt, Norbert Rickertsen und Thomas Wein aus Nürnberg, Dr. Walter Breinl, Helmut Knaier und Hubert Mücke aus München-Allach.
- Von der DB: Karl Dennerlohr, Johann Jahte und Markus Schlemmer von DB Cargo Nürnberg, René Druselmann von DB R&T Frankfurt und Lutz Keller von DB R&T München, Anke Pöppel von DB Cargo Mannheim.
- Den Lokführern der ÖBB: Ruppert Assinger, Ludwig Haider und Albrecht Heckel aus Innsbruck, Franz Konrad aus Salzburg, Johann Perthaler aus Wörgl und Albert Schnitzler aus Landeck.
- Von Knorr-Bremse: Jobst Heger
- Von der MÁV: Tibor Takács und István Stósz
- Von der GySEV: Johann Nemeth
- Von Hupac SA: Sascha Altenau
- Zu ganz besonderem Dank bin ich Herrn Thomas Haslacher vom Gestaltungsbüro Haslacher in München für ein ausführliches und sehr interessantes Gespräch verpflichtet. Für die Beratung über Fragen der griechischen Mythologie danke ich Herrn Dr. Frieder Kuntz sehr herzlich.

Der Beitrag aller hier genannten Damen und Herren ist weit größer, als er sich aus einer prosaischen Nennung ihrer Namen abschätzen lässt.

In meinen Dank möchte ich außerdem zahlreiche Eisenbahner einschließen, deren Namen mir leider nicht bekannt sind, deren freundschaftliche Hilfe ich aber doch in Anspruch nehmen durfte. Bei meinen Besuchen in den Werken und bei Fahrten auf dem TAURUS fand ich vielfache freundschaftliche Unterstützung und erhielt interessante und wertvolle Informationen. Auch begegnete ich regem Interesse an einem entstehenden Buch über den TAURUS. So seien alle meine unbekannt gebliebenen Helfer, die das TAURUS-Buch jetzt in den Händen halten und sich vielleicht an mich erinnern, an dieser Stelle von mir herzlich gegrüßt.

Dem EK-Verlag bin ich für die sehr erfreuliche und partnerschaftliche Zusammenarbeit bei der Erstellung und Illustration dieses Buches zu großem Dank verpflichtet. Das Streben des Verlages nach hoher bibliographischer Qualität kam meinen eigenen Wünschen stets entgegen. Hans-Peter Günther hat mit viel Sachkenntnis und Kompetenz das Buch produziert, alle auftretenden Fragen konnten auf kurzem Wege stets rasch und konstruktiv geklärt werden. Fast überflüssig zu erwähnen, dass ein Buch über moderne Lokomotiven ohne die Mithilfe der vielen Fotografen, die wunderbare Bilder beigesteuert haben, niemals attraktiv und interessant sein könnte. Diesen allen sage ich mit großem Respekt meinen herzlichen Dank.

Gewidmet ist dieses Buch dem Gedenken an Herrn Günter Katzer, der im Juli 2002 nach langer und schwerer Krankheit gestorben ist. Günter Katzer war über 30 Jahre bei Siemens an der Entwicklung elektrischer Lokomotiven maßgeblich beteiligt, so in besonderem Maße am EuroSprinter, der in diesem Buch als Vorläufer der BR 152 und des TAURUS eine wichtige Rolle spielt.

Günter Katzer hat mir auf freundlichste Weise bei der Abfassung eines Buches über die Baureihe 152 für die DB geholfen, und ich habe viel von ihm gelernt, was auch dem vorliegenden Buch zugute kommt. Ich durfte ihn auch bei schon fortgeschrittener Krankheit jederzeit anrufen und mir Rat und Information holen. Sein besonderes Interesse galt dem Entstehen dieses Buches über den TAURUS, dessen Fertigstellung er aber leider nicht mehr erleben durfte.

Ludwigshafen und Freiburg, im Dezember 2002

Karl Gerhard Baur

Klassisches Motiv der 1905 zwischen Schwarzach-St. Veit und Bad Gastein in Betrieb genommenen Tauernbahn ist die 137 m lange Stahlgitterbrücke über die Angertalschlucht. Mit EC 116 von Saarbrücken nach Klagenfurt überquert 1116 049 am 31. Juli 2002 das markante Bauwerk. *Aufnahme: Sven Strößner*

Die ÖBB beschaffen neue Lokomotiven

Ein zunehmender Wohlstand bescherte vielen Ländern dieser Erde inzwischen kaum lösbar erscheinende Probleme durch einen ausufernden Individualverkehr, der vielerorts einen Teil der durch diesen Wohlstand gewonnenen Lebensqualität aufzuzehren droht. Es besteht wohl allgemein Einigkeit darüber, dass nur ein spurgebundener öffentlicher Verkehr eine Chance bietet, solche Probleme zu lösen, die bereits nicht selten Gesundheit und Wohlbefinden der Menschen untergraben. Dabei besteht kaum ein wesentlicher Unterschied, ob der private Autoverkehr oder der exzessive Transport von Gütern auf der Straße vielen Menschen das Leben häufig zur Qual macht.

Die Eisenbahnen in vielen Ländern wären wohl in der Lage gewesen, die entstandenen Probleme zu vermeiden oder zumindest erheblich zu mindern, hätte die verantwortliche Politik rechtzeitig die Weichen zu einem modernen Ausbau dieses immer noch zeitgemäßen Verkehrsmittels gestellt und dem Individualverkehr den Rahmen zugewiesen, in welchem er ausschließlich Nutzen für die Menschen bringen kann. Die Versäumnisse der Vergangenheit in vielen Ländern sind nur schwer aufzuholen, trotz regelmäßiger Bekenntnisse, das Ungleichgewicht zwischen Individual- und öffentlichem Verkehr korrigieren zu wollen. Es ist wohl naiv zu glauben, dass der ständig zunehmende Lkw-Verkehr unter marktwirtschaftlichen Regeln zu bändigen wäre. Wer regelmäßig auf den Autobahnen Europas unterwegs ist, dem ist der Wahnsinn unserer Gütertransporte bestens vertraut.

Die Länder der in diesem Buch im Wesentlichen behandelten Bahnen Österreichs, Deutschlands und der Schweiz leiden unter den gleichen Schwierigkeiten, gehen deren Lösung jedoch auf sehr unterschiedliche Weise an. Dabei unterscheiden sich die kleineren Länder Österreich und die Schweiz, durch Topographie und geographische Lage untereinander recht ähnlich, stark von dem Flächenland Deutschland. Für alle drei Länder aber wird die bevorstehende EU-Erweiterung eine weitere Verschärfung der Verkehrssituation bringen, so dass ein rasches und vor allem konsequentes Handeln unaufschiebbar erforderlich ist. Ein wahres Schreckensszenario bieten die allgemein erwarteten Wachstumsraten des Güterverkehrs und dessen „Modal Split" zu Ungunsten der Bahnen.

Die Schweiz leistet mit dem Bau der neuen Alpentransversalen am Gotthard und Lötschberg Herausragendes, wenn auch deren Nutzen noch jahrelang auf sich warten lässt. Eine leistungsabhängige Schwerverkehrsabgabe hat den Lkw-Verkehr im Transit bisher nicht nachhaltig zurückdrängen können und weitere lenkende Maßnahmen werden wohl unausbleiblich sein, soll die wichtige Transitroute über den Gotthard nicht vollends im Chaos versinken. Erhebliche Leistungen zum Ausbau der Transitkorridore der Bahn wurden bereits erbracht, um die Frist bis zur Fertigstellung der Neubaustrecken zu überbrücken. Nach dem schweren Unglück im Gotthard-Straßentunnel sind erhebliche restriktive Maßnahmen eingeleitet worden, die durch extrem lange Wartezeiten den Verkehr für Lkw erschweren. Ob diese „Abwehrmaßnahme" aber zu einem merklichen Rückgang führt,

Bei starkem Verkehr kommt selbst die Rollende Landstraße zum Stillstand. Im Bahnhof Matrei muss 1116 012 mit RoLa 42135 am 22. Mai 2002 solange warten, bis in der Verladeanlage Brennersee wieder ein Gleis frei wird. *Aufnahme: Markus Inderst*

bleibt abzuwarten, wenn nicht gar der Verkehr hierdurch einfach auf das Nachbarland Österreich abgedrängt wird.

Die Eisenbahnen Deutschlands bieten den Reisenden der Bahn im Nah- und Fernverkehr in regelmäßigen Abständen merkliche Verbesserungen und die Hochgeschwindigkeitsstrecken der DB haben inzwischen durchaus respektable Ausmaße erreicht. Angesichts der Probleme der mit Lastwagen von Flensburg bis Basel verstopften Autobahnen hat die Verkehrspolitik jeder Couleur bisher aber vollkommen versagt. Dem wichtigsten Ziel der Bahnreform, mehr Verkehr, und dies bedeutet vor allem mehr Güterverkehr auf die Schiene zu bringen, ist Deutschland einstweilen kaum näher gekommen. Im Gegensatz zu dieser auch schon vor der Bahnreform vordringlichen Forderung zieht sich die DB, das Erreichen der Börsenfähigkeit im Auge, von jeder Art weniger rentablen Verkehrs konsequent zurück. Ob allerdings die zahlreichen privaten EVU hier einen ausreichenden Ersatz erbringen können, bleibt einstweilen abzuwarten. Eine erfolgversprechende Verkehrspolitik mit erkennbarem Willen zur Lösung dieser Probleme ist im Gegensatz zum Nachbarland Schweiz nicht zu erkennen, da mag man noch weitere Jahre nutzlos über Lkw-Maut und überperfektioniertes „Road Pricing" oder „Electronic Cash" diskutieren.

Im mit der Schweiz bezüglich Größe, geographischer Lage und Verkehrsproblemen vergleichbaren Transitland Österreich sind die schon länger diskutierten Alpentransversalen in Form von Brenner- und Semmering-Basistunnel der Realisierung bisher kaum nähergekommen, so dass die Bahnen dieses Landes noch für viele Jahre ihre Leistungen auf dem bestehenden und zu dem fernen Zeitpunkt einer möglichen Verfügbarkeit dieser modernen Alpenübergänge sicher nicht mehr zeitgemäßen Streckennetz erbringen müssen. Für den Güterverkehr haben allerdings die ÖBB in vollkommenem Gegensatz zur DB eine Marktoffensive gestartet, welche den Willen zeigt und durchaus Chancen hat, mehr Güterverkehr auf die Schiene zu holen. Dabei sind die Leistungen des kombinierten Verkehrs in Form der bestens genutzten und ständig weiter ausgebauten Rollenden Landstraße in Österreich bereits heute respektabel und die Kombination von dirigistischen Eingriffen und finanziellen Anreizen zeigt für deren Nutzung durchaus die gewünschte Wirkung. Und dennoch sind in Österreich nicht anders als in der Schweiz die Anwohner in mehreren Alpentälern der ununterbrochenen Folter durch den Lkw-Verkehr ausgesetzt und werden ihren Unmut in Zukunft sicherlich noch weit stärker politisch artikulieren. Der Leser möge nur bedenken, dass im Jahr 2001 über 1,5 Millionen Lkw den Brenner passierten. Ein Generalverkehrsplan des österreichischen Verkehrsministeriums jedenfalls sieht in den kommenden Jahren Investitionen von über 45 Mrd. Euro vor, von denen ein wesentlich größerer Teil als für die Straße in das Schienennetz investiert werden soll und somit der Schiene ein klarer Vorrang eingeräumt wird.

Die TAURUS-Lokomotiven, Gegenstand dieses Buches, verdanken ihre Beschaffung in so ungewöhnlicher Stückzahl dem Willen und auch dem Optimismus, durch moderne Produktionsmittel mehr Verkehr, und im speziellen Fall mehr Güterverkehr auf die Schiene lenken zu können. Bekanntermaßen entscheidet die Qualität eines Angebotes über dessen Inanspruchnahme. Die Beschaffung von 400 Lokomotiven nahezu gleicher Bauart jedenfalls ist für eine Bahngesellschaft von der Größe der ÖBB absolut ungewöhnlich und hat bereits eine nachhaltige Verjüngung

Auch über die Pyhrnbahn Linz–Selzthal verkehren Züge der Rollenden Landstraße inzwischen mit dem TAURUS. Kurz vor dem Bahnhof Windischgarsten zieht 1016 017 am 22. Mai 2002 die RoLa 42933 mit zwei Begleitwagen. *Aufnahme: Gerfried Moll*

Am 29. Juni 2002 fand im Hauptbahnhof von Graz die offizielle Präsentation der dieselelektrischen Lokomotiven der Rh 2016 „HERCULES" statt. Im besten Licht standen 2016 010 und 009 für die Fotografen bereit. *Aufnahme: Christof Schieber*

des Triebfahrzeugparks eingeleitet. Zu den TAURUS-Lokomotiven kommen neunzig dieselhydraulische Verschublokomotiven der Rh 2070 HECTOR von Siemens/Vossloh sowie vorläufig siebzig Streckenlokomotiven der Rh 2016 mit dem Namen HERCULES aus der mythologischen Verwandtschaft des TAURUS noch hinzu. Die gewaltige Investition der ÖBB in moderne Triebfahrzeuge führt zur Ablieferung einer neuen Lokomotive an fast jedem zweiten Werktag, was sowohl für die Industrie wie auch für die ÖBB eine von allem bisher bekannten stark abweichende Herausforderung darstellt. An modernen Triebfahrzeugen als zeitgemäßen Produktionsmitteln wird es den ÖBB jedenfalls bereits in näherer Zukunft nicht fehlen. Mit einer Erneuerung des Triebfahrzeugparks durch 400 fest bestellte elektrische und vorläufig 160 Diesellokomotiven sind die ÖBB einstweilen für zukünftige Aufgaben gut gerüstet und werden bezogen auf ihre Größe in naher Zeit den modernsten Triebfahrzeugpark der in diesem Buch näher besprochenen Bahnen haben.

Wie im weiteren Verlauf dieses Buches mehrfach zu erläutern sein wird, soll die Offensive der ÖBB im Güterverkehr nicht auf das nationale Netz begrenzt bleiben, sondern alle Chancen des „Free Access" auf die Bahnnetze der Nachbarländer sollen mit bestehenden und sich noch entwickelnden Chancen genutzt werden. Für die an Österreich im Osten angrenzenden Länder sind daher die meisten der TAURUS-Lokomotiven technisch bereits vorbereitet, ebenso wie die meisten der von Siemens auf eigene Rechnung gebauten Poolloks. Auch die Deutsche Bahn ist bestrebt, ihre Aktivitäten auf angrenzende Länder auszudehnen und beschafft daher die größte Zahl ihrer modernen Loks in der Zweisystem-Variante. So bleibt zu hoffen, dass der Kampf der nationalen Bahnen gegen die Übermacht des Lkw gemeinsam und kooperativ stattfindet und der technische Fortschritt nicht lediglich zu einem Kampf um Marktanteile gegeneinander missbraucht wird. Dieser Wunsch gilt ausdrücklich auch für die Einbeziehung privater Eisenbahnverkehrsunternehmen in den gemeinsamen Konkurrenzkampf gegen den Straßenverkehr.

Wichtigste Daten der neuen Diesselloks für die ÖBB

Die Beschaffung einer elektrischen Hochleistungslokomotive allein reicht für eine grundlegende Modernisierung des Triebfahrzeugparkes einer Bahngesellschaft nicht aus. Da in Österreich ein regelrechter Hochgeschwindigkeitsverkehr auch in fernerer Zukunft kaum eine Rolle spielen wird, sind als Ergänzung zum Leistungsspektrum des TAURUS eine moderne Strecken-Diesellokomotive und eine leistungsfähige Verschublokomotive erforderlich, welche in Ergänzung bereits vorhandener moderner elektrischer Fahrzeuge zweckmäßigerweise ebenfalls eine Diesellokomotive ist.

Reihe 2016 HERCULES:

Als Ersatz für überalterte Diesellokomotiven 2050, 2043 und 2143 beschaffen die ÖBB 70 Exemplare einer dieselelektrischen Streckenlokomotive der Rh 2016 bei Siemens. Eine Option über weitere 80 Exemplare ist vereinbart.

Die wichtigsten technischen Daten sind: Achsfolge Bo'Bo', Dieselmotorleistung 2000 kW, Leistung am Rad beim Fahren 1600 kW, beim Bremsen 1000 kW, elektrische Widerstandsbremse, Anfahrzugkraft 235 kN, Höchstgeschwindigkeit 140 km/h, Länge über Puffer 1920 mm, Drehgestell-Radsatzstand 2700 mm, Drehzapfenabstand 10.362 mm, Fahrzeugbegrenzung UIC 505-1, Zugenergieversorgung 400 kVA 1000 V 50 Hz, Dieselmotor MTU 4000, 16 Zylinder Hubraum 65 Liter, Drehzahl 600-1800min $^{-1}$, fremderregter Drehstrom-Synchrongenerator, Gleichspannungszwischenkreis von 800 bis 2400 V, ein Pulswechselrichter für vier Fahrmotoren, wassergekühlt mit GTO-Thyristoren, halbabgefederter Ritzelhohlwellen-Antrieb mit achsreitendem Getriebe, Endführerstände mit jeweils zwei Außentüren, SIBAS-Leittechnik mit Wire Train Bus, Wendezugsteuerung, ÖBB-Rangierfunk, Indusi I60R.

Die Lok erfüllt die sehr strenge Lärmzulässigkeits-Verordnung für Schienenfahrzeuge in Österreich. Erste Lieferung Januar 2002.

Seit Anfang 2001 erhalten die ÖBB insgesamt 90 Maschinen der neuen Verschub-Reihe 2070 vom Hersteller Vossloh Schienenfahrzeugtechnik, VSFT in Kiel. Der Name „HECTOR" ist bei allen Lokomotiven der Rh 2070 am Tank angeschrieben. Die erste Maschine dieser Reihe steht am 28. März 2001 in St. Veit-Gölsen.

Aufnahme: Kurt Feuerfeil

Reihe 2070 HECTOR:

90 dieselhydraulische Verschublokomotiven mit unsymmetrischem Mittelführerstand und schmalen Vorbauten mit abnehmbaren Hauben von Siemens/Vossloh (VSFT) Kiel. Zwei diagonal versetzte Führerpulte. Achsfolge B'B', Dieselmotorleistung 738 kW, Leistung am Rad 500 kW, Anfahrzugkraft 233 kN, Höchstgeschwindigkeit 100 km/h, Strecken-/Verschubgang, 12-Zylinder-Dieselmotor CAT 3412, max. Drehzahl 2100 min^{-1}, Ausstattung mit Hilfsdiesel, Sifa und Indusi, Länge über Puffer 14.130 mm, Leittechnik SIBAS, Umgrenzungsprofil UIC 505-1, Funkfernsteuerung, Fernsteuerung, Rangierkupplung. Erste Lieferung Juli 2001. Die Lokomotive basiert auf den Standardloks G800/G1200 der Vossloh Schienenfahrzeugtechnik GmbH, die sich bereits weltweit bewährt haben. Die neuen Loks sollen die Reihen 2048, 2060, 2062 und teilweise 2067 ersetzen. Der Auftrag für die Loks Rh 2070 wurde 1998 von Siemens Österreich gewonnen und ging mit dem Verkauf des Siemens-Werkes MaK auf die Firma VSFT in Kiel über. Es besteht eine Option für weitere 60 Exemplare.

Tradition und Fortschritt im Schienenverkehr.

Einzigartig ist der technische, wirtschaftliche und soziale Fortschritt, seit die erste für den Personenverkehr auf dem europäischen Kontinent bestimmte Eisenbahn mit Pferden zwischen Linz und Budweis auf einem Teilstück ihren Betrieb aufnahm.

Der Bau dieser bemerkenswerten Pferdebahn begann im Jahr 1825, nachdem Kaiser Franz bereits 1824 das „Privilegium" hierzu erteilt hatte. Der erste Abschnitt von Budweis bis nach Kerschbaum wurde am 30. September 1828 eröffnet. Die angespannte finanzielle Lage der Aktiengesellschaft erzwang aber bald Abstriche an der weiteren Trassierung, sodass größere Steigungen und engere Kurvenradien für die Fortführung der Strecke gewählt werden mussten. 1832 erreichte der Streckenbau schließlich Linz und die Strecke wurde über Wels nach Gmunden am Traunsee weitergeführt, um Salz aus dem Salzkammergut an die schiffbaren Flüsse Donau und Moldau bringen zu können.

Als zwanzig Jahre später der Betrieb mit Dampflokomotiven eingeführt werden sollte, erwies sich die ungeeignete Trassierung als großes Hindernis, sodass diese im Laufe der folgenden Jahre weitgehend erneuert werden musste. Die Spurweite der Pferdebahn betrug 1106 mm. (Ralf Roman Rossberg: Geschichte der Eisenbahn)

Im oberösterreichischen Kerschbaum an der Strecke der 1828 von Budweis in Betrieb genommenen ersten Schieneneisenbahn Europas, die 1832 Linz erreichte, wurde ein Museum eingerichtet. Mit einem Nachbau der Kutsche Hannibal kann man jetzt auf einem originalgetreu verlegten Streckenabschnitt das Reisen wie vor 175 Jahren nacherleben.

Aufnahme: Eduard Saßmann

Die Entwicklung elektrischer Lokomotiven der ÖBB seit 1953

Wenn Bahngesellschaften neues Rollmaterial bestellen, seien dieses Lokomotiven, neue Triebzüge oder auch nur Güterwagen, so dient diese Maßnahme entweder der Ausweitung der Verkehre oder der Erneuerung eines vorhandenen Fahrzeugparks. Schon seit Jahrzehnten sieht man als vernünftige Nutzungszeit von Eisenbahnmaterial einen Zeitraum von dreißig Jahren an, welcher aus Geldmangel nur selten eingehalten werden kann. So leiden die meisten Bahngesellschaften traditionell unter einer erheblichen Überalterung fast aller ihrer Investitionsgüter, was umfangreiche wirtschaftliche Nachteile zur Folge hat, die im Konkurrenzkampf gegen einen mit modernsten Produktionsmitteln ausgerüsteten Lkw-Verkehr besonders schwer wiegen.

Vollzieht sich während der üblichen Nutzungszeit von Eisenbahnmaterial, und das ist in anderen Technikbereichen kaum anders, ein Technologiewandel, so ist selbst an Jahren noch junges Material im Prinzip rasch veraltet und weniger wirtschaftlich als kapitalzehrende Neuinvestitionen. Für die Drehstromtechnik bei Eisenbahnfahrzeugen gilt diese Aussage in besonderem Maße. So werden die TAURUS-Lokomotiven nicht nur sehr rasch alle alten und technisch veralteten Triebfahrzeuge der ÖBB auf das Abstellgleis schieben, sondern wahrscheinlich auch durchaus noch gebrauchstüchtige andere und jüngere Lokomotiven verdrängen.

So mag den Leser interessieren, gegen welche Lokomotiven der TAURUS ab dem Jahr 2000 antritt, sowie welche elektrische Lokomotiven zum Zeitpunkt der Niederschrift dieses Buches bei den ÖBB noch in Dienst stehen. Natürlich ist zu wünschen, dass die 400 TAURUS-Lokomotiven für die ÖBB möglichst viel Neuverkehr akquirieren können und somit auch die jüngsten Exemplare des bisherigen Lokparks noch benötigt werden und lange im Dienst bleiben können. Das Jahr 1953 wurde als Bezugspunkt für die nachfolgende Tabelle gewählt, da in diesem Jahr die ÖBB ein neues Nummernschema aufstellten, das sich weitgehend an alte Bezeichnungen anlehnt und frei von der Reichsbahn-Vergangenheit ist.

In der Tabelle auf der folgenden Doppelseite sind die wichtigsten technischen Daten der aufgelisteten Lokomotiven angegeben, um die herausragende Leistungsfähigkeit sowie weitere wichtige Fortschritte des TAURUS einerseits darzustellen und um andererseits dem Leser einen Überblick über die Lokomotiven zu geben, welche durch den TAURUS demnächst verdrängt werden. Außer den Reihen 1042 und 1044 sowie ihren Umbauten und den bereits vorhandenen Drehstromlokomotiven wird nicht mehr viel übrig bleiben.

Wie in den Nachbarländern waren die österreichischen Lokomotiven bis zum Aufkommen der Drehstromtechnik mit Schaltwerk und Einphasen-Reihenschlussmotoren ausgestattet. Allerdings hat bei den ÖBB ab 1971 eine Technik umfassend Einzug in den Lokomotivbau gehalten, die in der Schweiz auf vier Einzel-

Ab 1956 erhielten die ÖBB dreißig Lokomotiven der Rh 1110 für den schweren Güterzugdienst. Aus heutiger Sicht wirkt die 1110 in ihrer Ursprungsausführung recht altertümlich. Im klassischen ÖBB-Design mit erhabenem Emblem steht 1110.03 im März 1975 in Seefeld in Tirol. *Aufn.: Karl Gerhard Baur*

Im Januar 2000 bei den ÖBB in Dienst stehende elektrische Lokomotiven

Baureihe		1010	1110 [1]	1012	1014 [2]	1822	1040	1041	1141
Achsfolge		Co'Co'	Co'Co'	Bo'Bo'	Bo'Bo'	Bo'Bo'	Bo'Bo'	Bo'Bo'	Bo'Bo'
Dauerleistung	kW	3630	3630	6270	2940	4343	1680	1680	2130
Anfahrzugkraft	kW	261	309	280	210	280	200	200	200
Höchstgeschwindigkeit	km/h	130	110	160/230	170	140	90	90	110
Dienstgewicht	t	110	110	83	74	83	80	83	80
Länge über Puffer	mm	17.860	17.860	19.300	17.500	19.300	12.920	15.320	15.260
Raddurchmesser	mm	1300	1300	1150	1100	1100	1350	1350	1300
Antrieb		BBC Feder	BBC Feder	IGA	Gu-Kardan	SLM	Sécheron	Gu.-puffer	SSW Gu-ring
Übersetzung		3,18	3,7	3,5	4,17	4,1	4,4	4,4	3,8
Drehgestellmittenabstand	mm	8600	8600	10.300	9100	11.000	5940	7500	7500
Radabstand Drehgestell	mm	4100	4100	2800	2600	2700	3000	3200	3200
Spannungssystem zusätzl.		–	–	–	25/50	3/=	–	–	–
Drehstromtechnik (Thyr.)		–	–	+	+	+	–	–	–
Hersteller SGP		u. ABES	u. ABES	u. BES	u. BES	u. BES	ABES [3]	u. ABES	u. ABES
erstes Lieferjahr		1955	1956	1997	1993	1993	1950	1952	1955
ges. Stückzahl		20	30	3	18	5	16	25	30
Bestand 11. Nov. 2002		6	16	3	17	5	5	13	16

Anmerkungen:

1. 1110: 10 Stück umgebaut in 1110.500 mit E-Bremse
2. 1014: zwei Loks Rh 1114 mit 66 t, ohne Ballast
3. 1040: mechan. Teil Wiener Lokomotivfabrik
4. 1142: ab 1996 teilw. Umbau aus 1042.5 für Wendezugsteuerung, weitere Umbauten.
5. 1042: mechanischer Teil auch Wiener Lokomotivfabrik
6. Unterschiedl. Angaben über ges. Stückzahl wegen tlw. Wiederaufbau nach Unfällen, teilweiser Umbau zu 1144.
7. Hervorgegangen durch Umbau von 13 Exemplaren der ehemals 25 Gepäcktriebwagen 4061 ab 1987. Umbau von 1046 003 und 017

gänger der Re 4/4 IV und in Deutschland auf die Mehrsystemlokomotiven der BR 181 und S-Bahnzüge der BR 420 beschränkt geblieben ist. Es handelt sich hierbei um die Leistungsregelung von elektrischen Fahrzeugen durch Phasen-Anschnittsteuerung, für die sich nicht vollkommen systematisch der Name Thyristorsteuerung oder Thyristorlok eingebürgert hat. Sie bietet eine stufenlose, verschleißfreie und schnelle Leistungsregelung und nimmt hiermit einige Vorteile der Drehstromtechnik, auch bezüglich der Adhäsionsregelung, vorweg. Wenn auch die typische Vertreterin dieser Technik in Österreich, die Rh 1044 einst durch viele Probleme von sich reden machte, so trägt diese Baureihe heute weitgehend klaglos den größten Teil der Zugförderungsleistungen der ÖBB. Der Nahverkehrs-Triebwagen 4020 der ÖBB ist ebenfalls mit einer Anschnittsteuerung ausgestattet.

Mit der Baureihe 1042 sah man bei den ÖBB die klassische Ellok mit Schaltwerk an ihrer Grenze angekommen. Die durch das Schaltwerk unvermeidlichen Zugkraftsprünge verhindern eine optimale Ausnutzung der Adhäsion zwischen Rad und Schiene und stellen somit einen systemimmanenten Nachteil solcher Loks dar. So interessierten sich die ÖBB für neue Entwicklungen in der Schweiz sowie in Schweden, wo die Firma ASEA die genannte Thyristorlok zur Reife entwickelt hatte. Sowohl eine auf Thyristor-

Mit der Elektrifizierung der Westbahn wurden Mitte der fünfziger Jahre leistungsfähige Schnellzug-Elloks benötigt und in Form der sechachsigen Reihe 1010 gebaut. In der Zf Salzburg stehen 1010 010, die Museumslok 1010.09 und 1116 022 am 1. Dezember 2001 nebeneinander. *Aufn.: Markus Karell*

1042	1042.5[4]	1043	1044	1046[7]	1063[9]	1163[9]	1064[9]	4010[10]	1016/1116
Bo'Bo'	Bo'Bo'	Bo'Bo'	Bo'Bo'	Bo'Bo'	Bo'Bo'	Bo'Bo'	Co'Co'	Bo'Bo'	Bo'Bo'
3480	3700	3880	4850	1360	1520	1560	1560	2265	6400
225	225	315	327	118	260	260	370	162	300
130	150	135	160	125	100	120	80	150	230
84	84	83	84	67	75,5	80	112	72	85
16.200	16.200	15.580	16.000	16.170	15.560	16.400	18.500	16.820	19.280
1250	1250	1300	1300	1040	1145	1145	1145	1145	1150
SSW G	SSW G	ASEA	BBC	Lamellen	Tatzl.	Tatzl.	Tatzl.	BBC Feder	HAB
2,5	2,25	3,35	3,1	2,205	5,37	4,62	5,37	2,5	
7800	7800	7700	8000	8100	8300	8100	11.200	8600	9900
3400	3400	2700	2900	3200	2800	2800	3350	3100	3000
–	–	–	–	–	25/50	–	–	–	25/50[11]
–	–	Thyr.	Thyr.	–	+	+	+	–	+
u. BES	BES[5]	ASEA/NOHAB	u. BES	AES[8]	u. BES	u. BES	u. BES	u. BES	Siemens/KM
1963	1966	1971	1974	1956	1983	1994	1985	1965	2000
60	207	10	220[6]	25/13	50	20	10	29	(400)
55	190	–	210	9	49	20	10	23	135

in die ELIN-Drehstrom-Erprobungsträger 1146 001 und 002.
8. Mechanischer Teil: Wiener Lokomotivfabrik
9. Verschublokomotiven mit Mittelführerstand
10. Triebkopf, nur ein Führerstand, verkehrt nur mit Triebwagenzug und Steuerwagen 6010.
11. Nur Rh 1116

Einige Fahrzeuge erfuhren während der Bauzeit technische Veränderungen. Die Angaben beziehen sich auf die häufigst anzutreffende Variante.

steuerung umgebaute Lok der Bern-Lötschberg-Simplon-Bahn BLS als auch eine schwedische Lok der Baureihe Rc2 konnten bei ausgedehnten Demonstrationen in Österreich, und hier besonders auf der kritischen Semmeringstrecke, die Überlegenheit der neuen Antriebstechnik bezüglich Zuglasten demonstrieren. Die Schwedenlok konnte die Regellasten für die Baureihen 1110 und 1020 auf der Tauernstrecke klaglos übernehmen. So nutzten die ÖBB ein günstiges Angebot der Firma ASEA/NOHAB und bestellten – sehr zum Kummer der heimischen Industrie – in zwei Tranchen zehn Loks, die als Baureihe 1043 eingeordnet wurden und den ÖBB von 1971 an für fast dreißig Jahre beste Dienste leisteten. Die Vergabe der Lokomotiven nach Schweden unterlag auch politischen Motivationen, wobei Stahllieferungen von Österreich nach Schweden auch eine Rolle spielten. Die zunehmende Einführung der neuen Technologie erforderte allerdings wegen der diesen Lokomotiven eigenen Störströmen Maßnahmen an Signal- und Telekommunikationsanlagen.

Die „Initialzündung" durch die Schwedenloks ließ die österreichische Industrie nicht ruhen und so wurden bereits um die Jahreswende 1974/75 die ersten zwei Prototypen der neuen Reihe 1044 von der Arbeitsgemeinschaft BES (BBC, ELIN-Union, Siemens) für den elektrischen Teil und Simmering Graz Pauker für

50 Jahre Fortschritt in der Traktionstechnik! Am 1. Mai 2002 präsentierten sich die modernsten und ältesten noch in Betrieb stehenden Elektroloks am Traktionsstandort Selzthal. Mit traditioneller „1. Mai"-Betafelung stehen 1016 015 und 1116 035 neben den letzten 1040. *Aufnahme: Eduard Saßmann*

Längst vergangen ist die Epoche grüner Lokomotiven und Reisezugwagen bei den ÖBB. Zwei Loks der Reihe 1042.5 stehen im Juli 1974 als Tandem vor einem Reisezug in Pörtschach am Wörthersee.
Aufnahme: Karl Gerhard Baur

Auf der Strecke Linz – Summerau, die dem Verlauf der alten Linz-Budweiser-Pferdeeisenbahn oftmals recht nahe kommt, war am 17. Januar 2003 die 1952 abgenommene 1041 001 mit Güter- und Regionalzügen unterwegs. Aus sechs Schlierenwagen besteht der R 3838 nach Summerau, hier bei der Einfahrt im Bahnhof Gaisbach-Wartberg.
Aufnahme: Gerfried Moll

Aus den ehemaligen Gepäcktriebwagen der Rh 4061 entstand ab 1987 die Rh 1046. Von der Ostbahnbrücke und durch die unmittelbar anschließende Haltestelle Praterkai fährt 1046 001 am 1. Juli 1999 ausnahmsweise mit einem Güterzug (GZ 46587).
Aufnahme: Kurt Feuerfeil

Im Juli 1981, als diese Aufnahme auf der damals noch eingleisigen Tauernstrecke entstand, trugen die Loks der Rh 1042 noch das erhabene ÖBB-Emblem. 1042.614 leistet einer DB-Lok der Baureihe 111 Vorspann.
Aufnahme: Karl Gerhard Baur

Vergangenheit ist die Rh 1010 ebenso wie die Variante der 1042 mit seitlichen Führerstandsfenstern und großen Lampen, Bischofshofen im März 1988.
Aufnahme: Karl Gerhard Baur

Dreißig Jahre lang waren die von der schwedischen ASEA gelieferten Loks der Rh 1043 bei den ÖBB im Einsatz. Im Traktionsstandort Villach erfolgte am 5. Dezember 2001 die Verabschiedung der neun noch vorhandenen „Polarfüchse" an den neuen Eigentümer, die schwedische TAGAB.
Aufnahme: Peter Haslebner

Nach den guten Erfahrungen mit den Loks der Rh 1043 entwickelte die österreichische Bahnindustrie ebenfalls Thyristorloks, die als Reihe 1044 in über 200 Exemplaren geliefert wurde. Besonders elegant wirkt die 1044 in ihrer ursprünglichen Farbgebung. Mittenwaldbahn im Juli 1982. *Aufn.: K. G. Baur*

den Mechanteil abgeliefert. Die Loks wurden unter der Federführung der österreichischen BBC entwickelt und gebaut, weil diese Firma durch die genannte BLS-Lok sowie durch Schmalspurlokomotiven der Rhätischen Bahn bereits entsprechende Erfahrungen vorweisen konnte. Mit weit über 200 Exemplaren in verschiedenen Baulosen und unter stetiger Fortentwicklung wurde die 1044 von 1978 bis 1995 über einen Zeitraum von 17 Jahren in Serie gebaut und so zum Inbegriff österreichischer Eisenbahnen. Sie wird bei Erscheinen dieses Buches vom TAURUS an Zahl wohl gerade erreicht werden.

Grenzleistungslokomotive

In Zusammenhang mit der hohen Antriebsleistung der ab dem Jahr 1978 in Dienst gestellten Baureihe 1044 von 5,2 MW begann sich der Begriff Grenzleistungslokomotive einzubürgern. Dieses eigentlich nur für vierachsige Lokomotiven gebräuchliche Wort beschreibt das Problem, angesichts eines auf 84 Tonnen begrenzten Gewichtes, also auf 21 Tonnen Achslast, die installierte hohe Leistung auch mit der für den alltäglichen Betrieb erforderlichen Zuverlässigkeit auf die Schienen übertragen zu können. Die Ansicht, dass eine weitere Leistungssteigerung aus diesem Grunde wenig sinnvoll sei, war weit verbreitet.
Die Leistungen der beim Erscheinen der 1044 eingesetzten Lokomotiven in Direktmotortechnik der Bauarten DB 111, SBB Re $4/4^{III}$ und ÖBB 1042 lagen bei ähnlichem Gewicht in der Größenordnung von 3,7-4,0 MW, also deutlich unterhalb der Leistung der neuen 1044. Der mittlere, betrieblich nutzbare Adhäsionskoeffizient dieser Lokomotiven liegt bei 0,25. Auch die neuen Loks der Rh 1043, welche die ÖBB zuvor aus Schweden importiert hatten, lagen in ihrer Leistung nicht über diesen Werten. Höhere Leistungen waren sechsachsigen Lokomotiven wie beispielsweise der BR 151 der DB oder der Re 6/6 der SBB oder den wesentlich älteren Loks der Reihen 1010/1110 und 1020 der ÖBB vorbehalten.
Lediglich die vier 1982 abgelieferten Prototypen der Baureihe Re $4/4^{IV}$ der SBB erreichten eine Leistung von 5,9 MW. Diese sind ebenso wie die 1043 und 1044 der ÖBB mit Phasenanschnitt-Technik und Wellenstrommotoren ausgestattet, oder sind mit anderen Worten „Thyristorlokomotiven" mit einer Adhäsionsregelung, welche auf Lokomotiven mit Schaltwerk in dieser Form nicht existiert. Diese neue SBB-Lok hätte wegen ihrer Netzrückwirkungen bei umfangreicher Beschaffung erhebliche Anpassungen der ortsfesten elektrischen Anlagen erforderlich gemacht. Bereits in der Phase ihrer Beschaffung sind allerdings diese Prototypen durch veränderte Prioritäten der SBB für die Fahrzeugbeschaffung und durch die Fortschritte der Drehstromtechnik obsolet geworden.
Erst die Drehstromtechnik mit ihrer perfektionierten Adhäsionsregelung machte die Installation von Leistungen über sechs MW in vierachsigen Lokomotiven möglich und sinnvoll, wie in der Lok 2000 der SBB, der 101 und 152 der DB und darauf aufbauend im TAURUS realisiert. Adhäsionskoeffizienten von 0,35, oder noch etwas darüber können realisiert werden. Leistungen von über 6,4 bis inzwischen 7,0 MW beim TAURUS und der 465 der BLS können mit hinreichender Zuverlässigkeit auch auf die Schiene übertragen werden und der Begriff „Grenzleistungslokomotive" ist inzwischen in einer neuen Leistungsklasse angesiedelt. Eine regelmäßige höchste Ausnutzung der Zugkraft bei Hochleistungslokomotiven geht allerdings einher mit erhöhter Beanspruchung und entsprechendem Verschleiß des gesamten Antriebsstranges. Dennoch: Auch eine Grenzleistungslokomotive neuester Bauart kann ihre hohe Leistung abhängig vom Wetter nicht immer auf die Schienen bringen.
Es sei noch angemerkt, dass in einem Land mit einer Streckenhöchstgeschwindigkeit von damals nur 140 km/h eine Lok eher als Universallok angesprochen werden kann, als wenn Reisezüge planmäßig mit 200 km/h oder mehr befördert werden müssen. Insofern war die 1044 nicht nur längere Zeit die leistungsfähigste vierachsige elektrische Lokomotive der Welt, sondern war und ist es weitgehend noch – für den Einsatz bei den ÖBB eine echte Universallokomotive.

Drehstromtechnik und deren Einzug bei den ÖBB

Elektrische Eisenbahnfahrzeuge werden von Elektromotoren angetrieben, die ihre Energie aus einer Fahrleitung, einer Stromschiene, aus Batterien oder von einem an Bord mitgeführten Generator beziehen. Für leistungsfähige Lokomotiven spielt die Energiezufuhr über die Fahrleitung eine herausragende Rolle, während bei Untergrundbahnen überwiegend seitliche Stromschienen zur Anwendung kommen, um Platz und somit Geld beim Bau von Tunnels zu sparen. Batteriegespeiste Fahrzeuge haben ihre einstige Bedeutung weitgehend verloren. Die Kraftübertragung bei Diesellokomotiven kann auf hydraulischem oder elektrischem Wege erfolgen. Moderne elektrische Lokomotiven haben grundsätzlich Einzelachsantrieb, sind also mit einen Motor und Zahnradgetriebe je Radsatz ausgerüstet.

Ein Elektromotor ist eine Maschine zur Umwandlung elektrischer Energie in mechanische Arbeit. Wie jedes technische Gerät war auch der Elektromotor seit seiner Erfindung einer stetigen Weiterentwicklung unterworfen, so dass heute eine Vielzahl von Ausführungen existiert. Die Spanne elektrischer Motoren reicht von Leistungen von einigen Milliwatt bis zu mehreren Megawatt, bei Lokomotiven derzeit bis ca. zwei Megawatt, wobei Wirkungsgrade von über 95 Prozent erreicht werden können, mit anderen Worten, mechanische und elektrische Verluste liegen unter fünf Prozent.

Das wirksame Prinzip eines Elektromotors sind anziehende und abstoßende Kräfte zwischen einem Magnetfeld und einem in diesem Magnetfeld beweglichen stromdurchflossenen Leiter. Bei einfachsten Ausführungen, wie beispielsweise bei Modellbahnen, können Permanentmagnete zur Erzeugung eines Magnetfeldes zur Anwendung kommen. Bei leistungsfähigen Motoren werden die erforderlichen Magnetfelder dagegen grundsätzlich durch Elektromagnete erzeugt.

Die physikalischen Gesetzmäßigkeiten eines Elektromotors beruhen auf der nach dem Niederländischen Physiker Hendrik Antoon Lorenz (1853-1928) benannten Lorenz-Kraft, die auf eine in einem Magnetfeld bewegte elektrische Ladung wirkt. Hierbei wirkt die Kraft stets senkrecht zur Bewegungsrichtung der Ladung und ebenfalls senkrecht zur magnetischen Induktion. Die nach dem Physiker Heinrich Lenz (1804-1865) benannte Lenz'sche Regel beschreibt die Richtungen der erzeugten Kraft in Abhängigkeit von der Richtung des Magnetfeldes sowie der Bewegungsrichtung der Ladung. Im Physikunterricht lernt man die Lenz'sche Regel mit drei Fingern der rechten Hand, die aufeinander senkrecht stehen und welche die „Dreifingerregel" genannt wird.

Die zum Betrieb von Elektromotoren benötigten Magnetfelder werden durch Elektromagnete erzeugt, deren Wirkung auf dem jeden stromdurchflossenen Leiter ringförmig umgebenden Magnetfeld beruht. Solche Magnetfelder können gebündelt und in ihrer Wirkung vervielfacht werden, indem man den isolierten elektrischen Leiter zu einer Spule aufwickelt und so die Stärke des Magnetfelds um den Leiter entsprechend der Windungszahl der Spule vervielfacht. Der Begriff Ampère-Windungszahl gibt an, welcher Strom wie viele Windungen durchfließt und welches Magnetfeld er hierdurch aufbaut. Durch Einbau von Eisenkernen in solche Spulen kann man die Magnetfelder weiter erheblich verstärken, wobei ein spezielles Eisen in Form von dünnen gegeneinander mit Lackschichten isolierten Blechen eingesetzt wird, um Wirbelstromverluste klein zu halten. Spulen und Eisenbleche sind essentielle Bestandteile von Elektromotoren.

Außer aus feststehenden Elektromagneten, dem sogenannten Stator oder Ständer bestehen Motoren grundsätzlich aus einem rotierenden und die Antriebskraft erzeugenden Teil, dem Rotor oder Läufer. Die Drehbewegung des Rotors wird über den Antrieb auf die Räder des Fahrzeuges übertragen und so zur Fortbewegung genutzt. Auch der Rotor besteht aus zu Spulen aufgewickelten elektrischen Leitern. Damit auf die Leiter des Rotors ein Drehmoment wirkt, müssen diese ebenso wie die Wicklungen des Stators von einem Strom durchflossen werden. Dieser Strom muss dem Rotor über Schleifringe oder Stromwender von außen zugeführt werden, das bedeutet über elektrisch leitende, aber dem Verschleiß unterworfene Reibelemente, die im Allgemeinen aus der Paarung Kupfer/Kohle bestehen. Für eine freie mechanische Bewegung des Rotors muss zwischen den Eisenteilen des Stators und des Rotors ein Luftspalt vorhanden sein, der jedoch so eng wie möglich sein soll. Einen mit einem Stromwender, auch als Kommutator bezeichnet, versehenen Rotor bezeichnet man auch als Anker. Der Kommutator bewirkt, dass der Strom in den Ankerwicklungen durch die Umdrehung periodisch umgepolt wird. Sowohl Stator als auch Rotor besitzen mehrere Wicklungen, so dass moderne Elektromotoren stets Multipolmaschinen sind.

Elektrische Energie wird als Gleichstrom, Wechselstrom und Drehstrom erzeugt, übertragen und schließlich den Fahrzeugen zugeführt. Demgemäß gibt es Gleichstrom-, Wechselstrom- und Drehstrommotoren zum Antrieb von Bahnfahrzeugen. Waren in der Frühzeit der Eisenbahn Gleichstrommotoren vorherrschend, so ist die weitaus größte Zahl der heute in Europa verkehrenden Lokomotiven und Vollbahntriebwagen mit Einphasen-Wechselstrommotoren ausgerüstet. Dreiphasen-Drehstrommotoren spielten im Bahnbetrieb früher ebenfalls eine gewisse Rolle, obwohl ihr Betrieb mit den schwerwiegenden Nachteilen einer zweipoligen Fahrleitung und schlechter Regelbarkeit verbunden war, da Frequenz der Speisespannung und Drehzahl der Motoren in bestimmtem Umfang miteinander gekoppelt sind. Seit die Leistungselektronik für hohe Spannungen und hohe Ströme zur technischen Reife geführt wurde, hat sich der Drehstrom-Asynchronmotor zum idealen Bahnmotor entwickelt und es ist die Vorhersage gerechtfertigt, dass dieser nach und nach alle anderen Motorbauarten verdrängen wird. Dieser Verdrängungsvorgang ist bereits bei allen Bahnen voll im Gang.

Der meistverbreitete Bahnmotor ist der Einphasen-Reihenschlussmotor, bei welchem Stator und Rotor elektrisch in Reihe geschaltet sind. Solche Motoren existieren in sehr ähnlicher Bauweise auch als Gleichstrommotoren. Dieser Motortyp erfüllte die Anforderungen an einen Bahnmotor nach beliebig regelbarer Geschwindigkeit bei entsprechender Leistung, nach hohem Anfahrmoment und Überlastbarkeit, nach günstigem Wirkungsgrad und Leistungsfaktor sowie nach vertretbarem Gewicht und Einbauraum bis zum Aufkommen der modernen Drehstromtechnik mit Leistungselektronik am besten. Der Transformierbarkeit des

Die dieselelektrischen DE 2500 mit Drehstromantriebstechnik von Henschel und BBC: Mit den insgesamt drei Lokomotiven der Baureihe 202 der DB konnte die Tauglichkeit dieser Antriebsart im Bahnalltag nachgewiesen werden.
Aufnahme: BBC

Fahrmotoren der Loks 1044 und 1016 im Vergleich

	Gewicht	Leistung	Drehzahl bei V_{max}
1044 ÖBB	3750 kg	1350 kW	1817 min^{-1} (ab Lok 201), 160 km/h
1016 ÖBB	2775 kg	1600 kW	3575 min^{-1}, 230 km/h

elektrischen Stromes wegen mussten die Motoren Wechselstrommotoren sein, die bei einer möglichst niedrigen Frequenz arbeiteten, um Vorteile von Wechselstrom- und Gleichstrommotoren zu kombinieren. In Deutschland, Österreich und der Schweiz sowie in den Ländern Norwegen und Schweden beträgt die Frequenz des Bahnstroms 16,7 Hz, was einem Drittel der Frequenz der Landesversorgung entspricht, bei einer Spannung von 15 kV. Motoren höherer Frequenz benötigen bei gleicher Leistung größere Abmessungen und bereiten bei der Kommutierung Schwierigkeiten durch höhere Ströme, die bei niedrigeren Spannungen, mit denen 50 Hz-Motoren betrieben werden müssen, automatisch fließen, um eine vorgegebene Leistung zu erhalten. Eine Abhängigkeit der Drehzahl von der Frequenz besteht bei solchen Motoren aber nicht.

Der einphasige Strom durchfließt bei Reihenschluss-Motoren, wie der Name sagt, die Spulen des Stators sowie des Rotors in Serie, wobei er durch den Kommutator auf die Windungsschleifen des Rotors übertragen wird. Um eine hinreichende Leistung des Motors zu erreichen, müssen mehrere Schleifen angeordnet werden, da die Kraftwirkung auf eine Schleife abnimmt, wenn diese in den Bereich zwischen den Polen des Stators kommt. Um die Kommutierung des Stromes zu verbessern besitzen die Motoren zusätzlich Hilfswicklungen, wie Wendepol- und Kompensationswicklung. Um die Drehrichtung solcher Motoren zu ändern wird die Stromrichtung in der Erregerwicklung (Wicklung des Stators) umgepolt. An solche Fahrmotoren werden typische Spannungen zwischen 26 und 550 Volt angelegt, die von den Wicklungen des Transformators zur Verfügung gestellt und mit dem Schaltwerk abgegriffen werden. Der Kommutator besteht aus Haltern für die Kohlebürsten, die mit der Stromzuführung verbunden sind sowie einer Anpressvorrichtung, den Kohlen selbst, die den Strom auf die Rotorwicklungen übertragen sowie aus Kupferlamellen, die mit den Läuferspulen verbunden sind und sich unter den Kohlen hinwegdrehen. Der Kommutator ist ein wartungsaufwendiges Bauelement und bestimmt die Betriebszeit eines Motors. Dennoch werden durch geeignete Bauart des Kommutators beachtliche Laufleistungen von 500.000 km und mehr erreicht. Die in Österreich noch am weitesten verbreitete leistungsfähige Lokomotive der Reihe 1044 ist mit Mischstrommotoren ausgestattet, welche ebenfalls Reihenschlussmotoren sind und durch eine Anschnittsteuerung in ihrer Leistung geregelt werden.

Ein Einphasen-Reihenschlussmotor kann auch als Generator funktionieren und somit zum elektrischen Bremsen herangezogen werden. Durch die Drehung des Rotors wird, sobald das Erregerfeld des Stators wirksam ist, in diesem eine Spannung induziert. Die aufgebaute Spannung ist von der Drehzahl des Motors abhängig. Wird der Motor über einen Widerstand zu einem Stromkreis geschaltet, so fließt ein Strom, der im Zusammenwirken mit dem Erregerfeld die Drehung des Motors und somit das Fahrzeug abbremst. Erforderlich ist in der Regel eine von der Fahrdrahtspannung abhängige Fremderregung des Stators.

Mit weiteren Zusatzeinrichtungen versehen sind die sogenannten Mischstrommotoren, die in Fahrzeugen mit Anschnittsteuerung wie der deutschen Baureihe 181[2] oder der 1044 der ÖBB eingebaut sind. Diese Motoren werden mit einem gleichgerichteten Wechselstrom begrenzter Restwelligkeit betrieben. Bei einer Anschnittsteuerung werden die Halbwellen des Wechselstromes durch schnell schaltende Thyristoren angeschnitten, respektive partiell unterdrückt, womit ein pulsierender Wechselstrom erzeugt wird, der gleichgerichtet mit einer Restpulsation den Motoren zugeführt wird. Durch größere oder kleinere Blöcke der Halbwellen wird die Leistung der Motoren geregelt. Weitere bekannte Beispiele für diese Technik sind die deutschen S-Bahn-Triebwagen der BR 420 oder auch die aus Schweden nach Österreich importierte Reihe 1043. Für die Anschnittsteuerung von Lokomotiven hat sich, obwohl nicht völlig korrekt, die Bezeichnung Thyristorlok eingebürgert.

Beim Betrieb von Elektromotoren entstehen in den Ständer- und Läuferwicklungen Widerstandsverluste, ebenso wie Hysterese- und Wirbelstromverluste in den Eisenteilen, die zur Erwärmung der Motoren führen. Bei Lokomotiven sind die Fahrmotoren wegen ihrer hohen Leistung fremdbelüftet, bei Triebwagen

Drehstromlokomotiven der Ruhrkohle AG in typischer Umgebung. Die Demonstrationsfahrten mit einer Lok E 1200 der Ruhrkohle brachten bei den ÖBB den Durchbruch zur Beschaffung von Lokomotiven mit Drehstromtechnik.
Aufnahme: ABB Henschel

Vorteile von Drehstrom-Asynchronmotoren für elektr. Bahnen

Niedriges Gewicht bei hoher spezifischer Leistung, kleine Baugröße, verschleißarm durch Entfall des Kommutators, keine unisolierten Bauteile, unempfindlich gegen Feuchtigkeit und Schmutz, hohe Drehzahlen möglich, hohe Zugkraft über den ganzen Geschwindigkeitsbereich, universeller Einsatz für alle Lokomotivtypen und alle Zuggattungen, günstiges Anfahrverhalten, volles Drehmoment im Stillstand ohne Schaden für den Motor, problemloses Anfahren in Steigungen, leistungsfähige elektrische Bremse bis zum Stillstand, einfache Realisierung der Netzbremse, optimale Ausnutzung des Reibwertes, optimale Regelbarkeit.

reicht im Allgemeinen eine Eigenbelüftung mittels eines auf die Motorwelle aufgebrachten Lüfterrades aus.

Den größten Fortschritt beim Bau elektrischer Triebfahrzeuge brachte seit den siebziger Jahren die rasante Entwicklung der Leistungselektronik, die es ermöglichte, einphasigen Wechselstrom oder auch Gleichstrom in Drehstrom variabler Spannung und variabler Frequenz umzuwandeln. Hiermit konnten die früher einschränkenden Fesseln von Drehstrommotoren, insbesondere die völlig ungenügende Regelbarkeit von Leistung und Geschwindigkeit überwunden werden und der Anwendung des idealen Bahnmotors waren die Wege geöffnet. Bahnbrechende Arbeiten auf diesem Gebiet leistete die Firma BBC in Mannheim zunächst mit den drei dieselelektrischen Lokomotiven der Baureihe 202, welche von Mannheim aus zur Probe eingesetzt wurden sowie später in den fünf Vorserienloks der BR 120.

Bei Drehstrom-Asynchronmotoren werden die Rotorwicklungen nicht über Kommutatoren, sondern durch Induktion von dem rotierenden Magnetfeld des Stators gespeist. Hierdurch entfällt der Kommutator als konstruktiv aufwendigstes und wartungsintensivstes Bauteil des Motors. Voraussetzung für eine Induktion ist eine von der Synchrondrehzahl abweichende Rotordrehzahl, die als Schlupf bezeichnet wird und in Prozent angegeben werden kann. Die einfachste und daher meist angewendete Bauart der Rotoren sind Kurzschlussläufer oder Käfigläufer, bei denen die Leiter des Rotors als Stäbe aus Kupfer oder Aluminium ausgebildet, in das Eisen eingelassen und an den Enden verlötet sind. Hohe Ströme im Rotor erzeugen ein hohes Anzugsmoment und beschleunigen den Motor rasch auf eine Drehzahl, die verglichen mit der Synchrondrehzahl einen Schlupf von 2–5 Prozent aufweist.

Durch Entfall des Kommutators erlauben Drehstrom-Asynchronmotoren wesentlich höhere Drehzahlen als bisher möglich. Diese Motorbauart weist mit niedrigem Gewicht bei hoher Leistung sowie äußerster Einfachheit im Aufbau die für den Bahnbetrieb erforderlichen Eigenschaften in optimaler Form auf. Durch Umkehrung des Schlupfes wirkt dieser Motor auch als elektrische Bremse, wobei heute dank moderner Leistungselektronik eine Energierückspeisung in die Fahrleitung möglich ist. Auch bei modernen Triebwagen und elektrischen Nahverkehrszügen hat der Asynchronmotor Einzug gehalten. Da der Drehstrom an Bord mittels statischer Umrichter erzeugt wird, spielt die Art der zugeführten elektrischen Energie keine grundsätzliche Rolle mehr. Die in Frankreich verbreiteten Drehstrom-Synchronmotoren, bei denen die Erregung der Rotorwicklungen durch über Schleifringe zugeführten Gleichstrom erfolgt, spielen bei den Bahnen Österreichs, Deutschlands und der Schweiz keine Rolle.

Eine bessere Eignung kann sich ein Bahnunternehmen für einen Traktionsmotor kaum wünschen, und so wird der technische Fortschritt durch die Zusammenstellung der Eigenschaften des Drehstrommotors und dessen Antrieb auf Basis statischer Umrichter nochmals unterstrichen.

Der Einzug der Drehstromtechnik in Österreich erfolgte zwar schon relativ früh, jedoch zögerlich und für zunächst mehr als zehn Jahre nur bei Rangierlokomotiven. Den mentalen Durchbruch zum Einsatz der Drehstromtechnik erzielten Demonstrationsfahrten einer Lok E 1200 der Ruhrkohle AG im März 1979 in Österreich, natürlich auch am Semmering, welche die Vorteile der neuen Technik eindrucksvoll demonstrieren konnte. Gerade für den Verschubbetrieb versprach die neue Technik erhebliche Vorteile, denn durch den Entfall des Kommutators war ein Fahrzeug vollkommen unempfindlich gegen häufige schwere Anfahrten und auch gegen Aufschalten von hohen Zugkräften im Stillstand oder bei extremer Langsamfahrt. Einbrennungen am Kommutator waren häufige Störungen konventioneller Fahrzeuge unter vergleichbaren Einsatzbedingungen. Die von ABB Henschel gelieferten Loks E 1200 der deutschen Ruhrkohle AG wurden so die Ahnin der Drehstromtechnik in Österreich.

Die Verwandtschaft mit der Ruhrkohle-Lok E 1200 ist der ÖBB-Reihe 1063 deutlich anzusehen. Verschub mit 1063 024 in Graz Hbf im Juli 2002.

Vergleich der Ruhrkohle-E 1200 mit der ÖBB-Rh 1063

	E 1200	Rh 1063
Spannungssystem	16,7 Hz	16,7 Hz + 50 Hz
Nennleistung	1500 kW	1560 kW
Achsfolge	Bo'Bo'	Bo'Bo'
Anfahrzugkraft	330 kN	260 kN
Höchstgeschwindigkeit	60 km/h	(80) 100 km/h
Gesamtgewicht	88 t	84 t
Länge über Puffer	15.000 mm	15.560 mm
Drehgestell Radsatzstand	2800 mm	2800 mm
Raddurchmesser neu	1100 mm	1145 mm
Hersteller E-Teil	ABB	ABB, ELIN, Siemens
Hersteller M-Teil	ABB Henschel	SGP Graz

Die Loks der Rh 1064 haben die Achsanordnung Co'Co' und entsprechen in wesentlichen Merkmalen der Rh 1063. Die Baureihen 1063 und 1064 sind mit einer elektrischen Widerstandsbremse ausgestattet, die deutlich jüngeren Loks der Rh 1163 dagegen bereits mit einer Netzbremse, GTO-Thyristoren sowie mit einer fortentwickelten Technik der Stromrichter. Diese Loks sind mit Funkfernsteuerung ausgerüstet.

Obwohl in Deutschland die Drehstromtechnik bei schnellfahrenden Hochleistungslokomotiven mit der BR 120[1] bereits ab 1987 und in der Schweiz mit der Lok 2000 ab 1992 den endgültigen Durchbruch erzielt hatte, beschaffte man in Österreich die technisch zwar bewährte aber zu diesem Zeitpunkt in ihrer Konzeption doch bereits überholte Lok 1044 weiter bis zum Jahr 1995, also über einen Zeitraum von fast 20 Jahren. Die echte Universallokomotive in Drehstromtechnik war bereits lange geboren, bevor die ÖBB sich zu ihrer Beschaffung entschließen konnten.

Eine besondere Rolle spielen in der Entwicklung von Streckenlokomotiven für die ÖBB ab 1993 die Baureihen 1014 und 1114, bei denen zwar die moderne Drehstromtechnik zum Einsatz kam, nicht aber in der damals bereits in Deutschland und der Schweiz längst verbreiteten Leistungsklasse. Ursprünglich als Zweisystem-Leichtloks für Züge mit Neigetechnik konzipiert und daher durch ihr geringes Gewicht für kurvenschnelles Fahren geeignet, mussten sie Änderungen über sich ergehen lassen, als das Neigezugkonzept nicht wie geplant realisiert werden konnte. Die Mehr-

Für ihr ansprechendes Design erhielt die ÖBB-Reihe 1163 einen Brunel Award. Im Juli 2002 wird die kurze Rangierpause im Hauptbahnhof von Salzburg zu einem Plausch genutzt.

Aufnahmen: Karl Gerhard Baur

Die beiden 1986/87 durch einen Generalumbau aus den Loks 1046 03 und 1046 017 entstandenen Zweifrequenz-Drehstromlokomotiven 1146 002 und 001 stehen am 12. Juni 1991 in Wien West vor EuroCity „Lehar" nach Budapest. Mit Wirkung vom 1. Dezember 1998 erfolgte die Ausmusterung.
Aufnahme: Eduard Saßmann

zahl der ursprünglichen Leichtloks mit einem Gewicht von nur 66 t (Rh 1114) wurde zunächst durch Einbau von Ballast auf ein Gewicht von 74 t (Rh 1014) gebracht, die relativ niedrige Leistung der Loks von nur 3,0 MW und die Höchstgeschwindigkeit von zunächst 170 km/h blieben jedoch erhalten und verhinderten so einen universellen Einsatz.

Technische Daten Baureihe 1014 und 1114 der ÖBB

Spannungssystem 15 kV 16,7 Hz und 25 kV 50 Hz, Leistung 3 MW, Achsanordnung Bo'Bo', Gewicht 74 bzw. 66 t, Anfahrzugkraft 210 kN, Höchstgeschwindigkeit neu 160 km/h, Antrieb Gummigelenk-Kardan, Raddurchmesser 1100 mm, LüP 17.500 mm, Transformator im Maschinenraum, Klotzbremsen, 4QS mit Gleichspannungszwischenkreis, Drehgestellantrieb, Asynchronfahrmotoren 750 kW, Netzbremse, EVM-Zugsicherung, ELIN-Leittechnik, Zug-/Druckstangen zur Kraftübertragung, Drehgestell-Querkupplung, teilweise vier Stromabnehmer. Die mit Ballast versehenen Loks sind die Reihe 1014. Die zwei zunächst unter 1114 eingereihten verbliebenen Leichtloks sind inzwischen ebenfalls umgebaut. Insgesamt 18 Loks, 1014 001–016 (1114 017–018, neu 1014 017–018)

Vorausgegangen waren in Österreich eigene Entwicklungen zur Drehstromtechnik durch Umbau von zwei Loks der konventionellen Rh 1046 in Drehstromloks der Rh 1146 durch ELIN (1986-87) sowie deren Erprobung durch die ÖBB. Durch Einsatz von Vierquadrantenstellern als Eingangsgleichrichter konnte bei diesen Loks auch eine Netzbremse realisiert werden. Bei ihrem Einsatz wurde die geringe Leistung von nur zwei MW häufig durch Doppeltraktion kompensiert. Beide Loks waren auch für 25 kV und 50 Hz sowie mit der ungarischen Zugsicherung und einem breiteren Stromabnehmer ausgerüstet und konnten so Leistungen nach Budapest übernehmen. Obwohl in Deutschland die fünf Vorserienloks der BR 120 mit Leistungen von 5,6 MW bereits seit Jahren in Betrieb waren, wurden diese Loks dennoch als besondere Innovation der österreichischen Elektroindustrie gefeiert. Die beiden wichtigen Prototypen wurden im Dezember 1998 ausgemustert. Nicht allzuviel Glück war den ÖBB mit zwei weiteren Typen von Drehstromlokomotiven beschieden, den Baureihen 1822 und 1012.

Die Leichtlokomotiven der Reihe 1114 sollten ursprünglich vor Wagenzügen mit Neigetechnik zum Einsatz kommen. Zur Erprobung der Siemens-Neigetechnik wurde am 21. November 1995 der Messzug 96900 eingesetzt. 1114 017 als Zuglok und 1114 018 am Schluss überqueren mit der kurzen Garnitur den Krauselklause-Viadukt auf der Semmeringstrecke.
Aufnahme: Kurt Feuerfeil

1822 002 hat am 20. August 1994 bei Steinach am Brenner einen Zug der Rollenden Landstraße am Haken. Die zwischen 1864 und 1867 erbaute Brennerbahn erreicht auf 1 371m Seehöhe ihren Scheitelpunkt und ist damit die höchstgelegene zweigleisige Hauptbahn Europas. *Aufnahme: Thomas Frister*

Die in fünf Exemplaren gelieferte Zweisystemlok 1822 wurde bestellt und gebaut, um den Verkehr über den Brenner nach Italien zu verbessern und zu beschleunigen und um dem die Straßen entlastenden System der Rollenden Landstraße Auftrieb zu geben. Demzufolge sind die Loks für 15 kV 16,7 Hz und für 3 kV DC ausgerüstet. Durchgehende Züge von München nach Verona waren eine damals ebenso fortschrittliche wie letztlich doch verfrühte und politisch bisher nicht realisierte Idee. Geliefert wurden die Loks im mechanischen Teil von SGP in Graz, im elektrischen Teil, wie für die ÖBB üblich, von einer Arbeitsgemeinschaft aus Siemens und ABB. Angeschrieben als Hersteller des E-Teils ist bei den Loks 002 und 004 Siemens, bei den Loks 001, 003 und 005 dagegen ABB. Wesentliche Teile der ABB-Zulieferung stammen aus dem Werk Tramont in Zürich-Seebach, die Gate Units dagegen von Siemens.

Mehr aus politischen Gründen als aus traktionstechnischem Bedarf heraus bestellt wurden die Loks ab 1990 geliefert, wobei sich ihre Inbetriebsetzung bis zur Einsatzreife über mehrere Jahre hinzog. Mit den Italienischen Staatsbahnen FS fehlten überdies klare Vereinbarungen über einen Einsatz dieser Loks, welche aber für einen Erfolg zwingende Voraussetzung gewesen wären. So hat bis heute nie eine 1822 einen durchgehenden Güterzug nach Verona bespannt.

Wegen vielfältiger technischer Probleme und der wenig klaren Verwendungsmöglichkeit wurden die fünf Loks erst 1996 von den ÖBB übernommen. Seitdem sind sie im leichten Reisezugverkehr vor Korridorzügen zwischen Innsbruck und Lienz im Pustertal über das italienische Streckenstück Brenner–Fortezza–San Candido zu finden, wobei diese Leistungen aber häufig von den Dieselloks der Rh 2043 übernommen werden.

Wesentliche Charakteristika der 1822 sind im mechanischen Teil der bei den ÖBB erstmalige Unterflur-Einbau des Transformators und der sogenannte Lenkschiebelager-Antrieb der SLM, welcher in den Zürcher S-Bahn-Loks in großem Umfang zum Einsatz kam, ebenso wie bei den Schweizer Privatbahn-Loks der BT und der SZU-Bahnen. Dieser modifizierte Tatzlagerantrieb überträgt Zug- und Bremskräfte von der Motor-Radsatzeinheit mit Trapezlenkern auf den Drehgestellrahmen, hält damit die Radsatzlager frei von Antriebskräften und ermöglicht eine passive Radialeinstellung der Radsätze. Gerade dieser Antrieb verursachte einen guten Teil der Schwierigkeiten der 1822 und hat die in ihn bezüglich Schonung der Radsätze gesetzten Erwartungen wie auch bei der S-Bahn Zürich nicht erfüllt. Nach Sanierung von Details gilt die Lok trotz der geringen Stückzahl als zuverlässiges Fahrzeug. Die fünf Loks werden weiterhin unterhalten und mit der italienischen Zugsicherung Sasib ausgerüstet. Die Zulassung für Italien und Deutschland wird derzeit betrieben. Die äußere Form und die

Technische Daten Baureihe 1822 der ÖBB

Spannungssystem 15 kV 16,7 Hz + 3 kV DC, Leistung 4,4 MW, Achsanordnung Bo'Bo', Gewicht 83 t, Anfahrzugkraft 280 kN, Höchstgeschwindigkeit 140 km/h, Antrieb SLM-Lenkschiebelager, Raddurchmesser neu 1 100 mm, LüP 19.300 mm, Unterflurtransformator, Klotzbremsen, FS-Stromabnehmer mit Kupfer-Stahl-Schleifleisten mit Schmierung, Vierquadrantensteuerung mit Gleichspannungs-Zwischenkreis, GTO-Thyristoren mit Siedebadkühlung, Drehgestellantrieb, Drehstrom-Asynchronmotoren 1105 kW, max. 2900 min^{-1} bei 148 Hz, MICAS Leittechnik, Netzbremse nur im AC-Betrieb, Widerstandsbremse 1 MW im DC-Betrieb, Vielfachsteuerung. Insgesamt fünf Loks 1822 001–005.
Neu: Ausrüstung mit italienischer Zugsicherung Sasib.

Seit November 2000 gehörte die Bespannung von drei Zugpaaren der Rollenden Landstraße im Tandembetrieb zwischen Wörgl-Terminal und dem Brenner zu den Leistungen der Reihe 1012. Vor RoLa 42883 sind 1010 003 und 1012 001 bei Rum unweit von Innsbruck unterwegs. *Aufnahme: Markus Inderst*

Farbgebung der 1822 können bestechen, ganz im Gegensatz zum bisherigen traktionstechnischen Nutzen dieser Loks.

Bei Niederschrift dieses Buches sind die fünf Lokomotiven in Innsbruck stationiert. Die Lok 001 ist wegen eines Unfalls seit längerem außer Betrieb, wird aber wieder hergerichtet. Die Baureihe besitzt allerdings bisher weder eine generelle Zulassung für Italien noch für Deutschland. Von den einstigen Wünschen mit etwa achtzig zu bestellenden Lokomotiven und einem regelmäßigen grenzüberschreitenden Verkehr ist die Realität leider weit entfernt geblieben.

Auch mit den hocheleganten drei Lokomotiven der Rh 1012 war den ÖBB nicht der erwartete Erfolg beschieden und diese sind Einzelgänger geblieben und wurden nicht in Serie gebaut. Die Gründe lagen bei diesen Loks nicht in der Technik sondern in einem durch die perfektionierte Technik völlig ausgeuferten Preis. Wiederum von einem Konsortium im E-Teil aus den Firmen Siemens, Adtranz und ELIN sowie im M-Teil von SGP erbaut, floss in diese Loks das gesamte zeitgemäße Können der Herstellerfirmen und vieles mehr mit wenig Rücksicht auf die Kostensituation ein, sodass am Ende des Liedes Kosten resultierten, für welche man noch heute mehr als zwei Loks von Typ TAURUS hätte erhalten können. Wegen unklarer Verhältnisse zwischen einem an die Industrie erteilten „Letter of Intend" und einer regelrechten Bestellung übernahmen die ÖBB diese Loks nach einem nur knapp vermiedenen Rechtsstreit und einer Übereinkunft mit der Industrie zu einem um ca. 30% reduzierten Stückpreis von dennoch stolzen 70 Mio. ATS, entsprechend 5,1 Mio Euro. Ein jemals gezahlter höherer Stückpreis für eine wie auch immer geartete Superlok ist nicht überliefert. Das vorgesehene Traktionsprogramm für die neuen Lokomotiven war die Förderung von IC-Zügen mit zwölf Wagen bei einer Steigung von 5 ‰ mit 220 km/h sowie von Reise- und Güterzügen mit einem Gewicht von 600 t auf den kurvenreichen Rampen von Arlberg und Tauern mit 100 km/h. Doch leider ist der Start in ein neues Zeitalter elektrischer Traktion als Ersatz für die den Großteil der Zugförderung tragende Rh 1044 reichlich schief gegangen.

Ausgestattet sind die Loks mit einer Umrichtertechnik auf Basis erstmals wassergekühlter GTO-Thyristoren von Siemens, mit dem integrierten Gesamtantrieb mit Scheibenbremsen auf der Hohlwelle von Adtranz ähnlich BR 101 der DB, mit Zug- und Bremskraftübertragung durch Zug-/Druckstangen sowie mit Transformator und Hilfsbetriebeumrichtern von ELIN. Die Führerhausfront nimmt mit dem wesentlichen Einsatz von glasfaserverstärktem Kunststoff (GFK) schon Elemente des TAURUS vorweg.

Technische Daten der Baureihe 1012 der ÖBB

Spannungssystem nur 15 kV 16,7 Hz, Leistung 6,3 MW, Achsanordnung Bo'Bo', Gewicht 83 t, Anfahrzugkraft 280 kN, Höchstgeschwindigkeit 160 (230) km/h, Antrieb IGA-Adtranz, Raddurchmesser neu 1150 mm, LüP 19.300 mm, Unterflurtransformator, Scheibenbremsen, drei 4QS je Drehgestell mit Gleichspannungs-Zwischenkreis, GTO-Thyristoren mit Wasserkühlung, Einzelradsatz-Antrieb, Drehstrom-Asynchronmotoren 1600 kW, Leittechnik SIBAS-32, Netzbremse. Insgesamt drei Loks 1012 001–003.

Wichtiges äußeres Zeichen für das verloren gegangene Interesse der ÖBB an diesen noch neuen Loks war die Tatsache, dass für die mögliche Höchstgeschwindigkeit von 230 km/h aus Kostengründen auf das Zulassungsverfahren überhaupt verzichtet wurde und dass die „Renner" nur für 160 km/h zugelassen wurden und so ihre Eignung als Universallokomotive selbstverständlich

Im Rahmen einer Messfahrt bespannt 1116 001 – mit der abgebügelten 1012 003 und dem Messwagen im Schlepp – am 14. August 2001 den Güterzug 99005, der gerade den Hp. Stillfried durchfährt. Im Gegensatz zur Modellbahn muss das Spitzenlicht beim Vorbild immer noch von Hand umgestellt werden.
Aufnahme: Eduard Saßmann

verloren. Auch eine Zulassung der Superlok in Deutschland wurde nicht angestrebt. Weniger der Verlust an universeller Einsatzfähigkeit als mehr noch die geringe Stückzahl dieser Splittergattung mindern den Wert der teuren Loks für den Betrieb erheblich.

Eingesetzt werden die 1997 gelieferten Lokomotiven schon ab 1998 vor Zügen der „Rollenden Landstraße" zwischen Kufstein respektive Wörgl und Brennersee, wo sie im Grunde die gleiche Arbeit leisten, für die eine hochbetagte deutsche 140 mit einem Alter von mehr als 40 Jahren ebenso geeignet ist. Menschen mit Verständnis für herausragende Leistungen der Technik muss dieser Misserfolg einer an sich perfekten Konzeption als teure Fehlinvestition schmerzen, zumal man die Loks der Baureihe 1012 in ihrer äußeren Gestalt als geradezu aufregend bezeichnen muss. Im Sommer 2002 ist die Lok 001 mit einem Fahrmotorschaden abgestellt, sodass für die Beförderung bestimmter RoLa-Züge nur die Loks 002 und 003 zur Verfügung stehen. Die weitere Zukunft dieser Baureihe ist allerdings ungewiss. Käme jemand, der sie gegen drei TAURUS-Loks eintauschen würde, er wäre den ÖBB wohl hoch willkommen. Bleibt zu erwähnen, dass die 1012 003 in Graz ausgeliefert wurde, als den ÖBB bereits Angebote für eine neue Loktype vorlagen. Nach dem wenig systematischen Einstieg der ÖBB in die moderne elektrische Traktion mit Drehstromlokomotiven wirkt die Beschaffung von 400 Hochleistungslokomotiven modernster Bauart des TAURUS-Typs wie ein Befreiungsschlag und eine nachträgliche Kompensation zuvor eingeschlagener verschlungener Pfade. Die an der Entwicklung der neuen Technik weiter beteiligte Firmen gingen im Konkurrenzkampf um den größten Auftrag in der Geschichte der ÖBB allerdings leer aus und Siemens Österreich konnte den größten Auftrag in der Firmengeschichte verbuchen, dies aber zu Konditionen, welche rechte Freude über solchen Erfolg nicht aufkommen lassen wollen. Liegt doch der Preis der 1016 in der gleichen Größenordnung wie bei der deutschen BR 152, obwohl zwischen beiden Bestellungen vier Jahre liegen und die TAURUS-Lokomotiven mit einem deutlich höherwertigen Antrieb und spezieller Bremstechnik in der Herstellung erheblich aufwendiger sind. Die harte Konkurrenz zwischen Siemens und Adtranz hat den ÖBB viel Geld gespart, obwohl der kostenmäßige Unterschied der Angebote der letztlichen Bieter nicht groß war.

Bleibt zu erwähnen, dass auch die neue, in einer Stückzahl von bisher 80 Exemplaren bei Siemens bestellte dieselelektrische Lok der Rh 2016 HERCULES eine Drehstromlokomotive mit ungesteuertem Gleichrichter, mit Gleichspannungs-Zwischenkreis und einem Pulswechselrichter ist.

Reihe 4090 der ÖBB

Als modernes Drehstromfahrzeug verdient noch der Triebwagen 4090 der schmalspurigen Mariazellerbahn Erwähnung. 1994 gebaut von SGP und ELIN weisen die Fahrzeuge mit einer Spurweite von 760 mm eine Ausrüstung mit unterflur angeordneter Drehstromantriebstechnik mit Drehgestellantrieb, Netzbremse sowie computergestützter Leittechnik auf. Die Fahrzeuge sind mit wassergekühlten IGBT-Halbleitern, mit einem Gleichstrom-Zwischenkreis von 700 Volt und wassergekühlten Drehstrom-Asynchronmotoren ausgerüstet, entsprechen also modernstem Stand der Technik. Leider sind die drei- bzw. vierteiligen Triebwagen für die Mariazellerbahn betrieblich kein großer Erfolg und häufig über längere Zeit schadhaft abgestellt.
Zur Bauzeit dieses Triebwagens standen IGBT in der hierfür erforderlichen Leistungsklasse bereits zur Verfügung, nicht jedoch in der Leistungsklasse für Universallokomotiven.

4090 003 und 002 am 26. August 2001 im Bahnhof Puchenstuben als vierteiliger Zug 6810 nach St. Pölten. *Aufnahme: Erich Simon*

Am 7. Juli 1995 überquert die nur 66 t schwere, ursprünglich für die geplante Beförderung von Wagenzügen mit Neigetechnik beschaffte 1114 017 mit SZ 96811 das Wagnergraben-Viadukt. Es ist zweigeschossig, 142 m lang und 39 m hoch. Die unteren fünf Gewölbeöffnungen haben eine Spannweite von jeweils 9,5 m, die oberen neun Öffnungen von je 12 m. Auf der Südbahn wird traditionell im Linksverkehr gefahren. *Aufnahmen (2): Kurt Feuerfeil*

Mehr als sieben Jahre nach der obenstehenden Aufnahme hat sich nur wenig verändert. 1116 082 hat am 19. September 2002 die Aufgabe, den InterCity 158 „Croatia" (Zagreb – Wien) bis nach Wien Südbahnhof zu befördern. Die von 1849 bis 1854 nach den Plänen des genialen Ingenieurs Carl Ritter von Ghega (1802-1860) erbaute Semmeringbahn wurde 1998 von der UNESCO als erste Eisenbahnstrecke der Welt zum Welt-Kulturerbe erhoben.

Gedanken zur Universallokomotive

In der Frühzeit der Eisenbahn wurde zwischen Reise- und Güterzügen noch nicht unterschieden. Das erreichbare Geschwindigkeitsniveau der Züge lag so deutlich über allen bisherigen Transportmöglichkeiten, dass die Menschen ob der Leistungen der Eisenbahn fasziniert und hoch zufrieden waren. Die wenigen Transporte von Waren wurden über die noch nicht allzu langen Entfernungen den Reisezügen einfach mitgegeben. Doch die technischen Möglichkeiten des neuen Systems Eisenbahn lagen weit höher als die ersten Züge überhaupt ahnen ließen und der Streckenausbau in weiten Teilen der Welt vollzog sich in atemberaubendem Tempo.

Nun ist es eine alte Weisheit, dass neue technische Möglichkeiten menschliche Bedürfnisse wecken und diese Bedürfnisse wiederum neue technische Entwicklungen herausfordern. Die Fahrgeschwindigkeit der Züge nahm in einer kaum vorhersehbaren Weise zu und die Lokomotiven mussten sich hierfür spezialisieren, indem sie größere Räder erhielten, hierbei aber die Fähigkeit, schwere Lasten zu ziehen, mehr und mehr verloren. Um die Kräfte der hin- und hergehenden Massen der Dampflokomotiven in beherrschbaren Grenzen zu halten, waren maximale Bahngeschwindigkeiten dieser Massen einzuhalten, was bei den geforderten höheren Geschwindigkeiten der Züge größere Raddurchmesser erforderlich machte. Aus diesem konstruktiven Zwang hatte sich die Dampflokomotive im Laufe ihrer Geschichte nie befreien können. Große Raddurchmesser begrenzten aus baulichen Gründen die Zahl der Achsen einer Lokomotive und somit auch deren Zugkraft. Eine Auseinanderentwicklung der Lokomotiven nach jeweiligem Aufgabengebiet war die technisch zwingende Folge. Und doch war die Universallokomotive, welche schnelle Reisezüge und schwere Güterzüge gleichermaßen bedienen konnte, immer ein unerfüllter Wunsch der Konstrukteure und des Betriebsdienstes.

Wurde im Zusammenhang mit einer neuen Lok, wie etwa bei der BR 41 der damaligen Deutschen Reichsbahn, einmal von Universallokomotive gesprochen, so war diese allenfalls ein mittelmäßiger Kompromiss, denn für Schnellzüge war sie mit einer Höchstgeschwindigkeit von 90 km/h einfach deutlich zu langsam, für schwere Güterzüge von 1500 bis 2000 Tonnen mit nur vier angetriebenen Achsen wegen zu geringer Zugkraft auch nur bedingt geeignet.

Entgegen allen optimistischen Erwartungen lag die Situation bei den elektrischen Lokomotiven kaum anders und die regelrechte Universallokomotive ließ bis zum Jahr 1979 und bis zu der Baureihe 120 der DB auf sich warten. Unter Universallokomotive soll ein Triebfahrzeug verstanden werden, welches das gesamte Zugförderungsprogramm einer Bahngesellschaft, von vereinzelten Ausnahmen abgesehen, übernehmen kann. Die Vorteile die man sich von einer solchen Lok bezüglich Einsatz, Unterhaltung und benötigter Stückzahl versprach, waren durchaus beachtlich, wie dies die ÖBB schon früher mit den Reihen 1042 und 1044 realisiert hatten.

Die Antriebskraft elektrischer Lokomotiven wird grundsätzlich über Zahnradgetriebe unterschiedlicher Bauart auf die Räder übertragen, wobei hierdurch ein definiertes Verhältnis der Drehzahlen von Motoren und Rädern festgelegt ist. Die bis zum Erscheinen der modernen Leistungselektronik und der Drehstromtechnik eingesetzten Motoren für elektrische Lokomotiven waren grundsätzlich zur Übertragung des Stromes von feststehenden Einrichtungen auf den rotierenden Anker dieser Motoren mit Kommutatoren ausgestattet. Die Aufgabe des Kommutators ist das Ein- und Ausschalten hoher Ströme von einer sich unter den Kohlen hinwegdrehenden Kupferlamelle zur nächsten auf die Wicklungen und damit die Induktivitäten des Rotors. Nicht völlig verschieden davon ist die Zündung von Otto-Motoren im Pkw. Hier wird durch Ausschalten eines über eine Induktivität fließenden Stromes ein starker Spannungsanstieg erzeugt, der einen Funken auslöst. Eine unerwünschte Nebenwirkung der Kommutierung ist das sogenannte Bürstenfeuer, welches Reihenschlussmotoren mit Kommutatoren bei ungünstigen Drehzahlen und hohen Strömen begleitet und für die Abnutzung des Kommutators verantwortlich ist. So weisen solche Motoren stets einen günstigen und einen weniger günstigen Drehzahlbereich auf, welcher im Zusammenwirken mit der Übersetzung des Antriebes dafür verantwortlich ist, dass eine Lokomotive ebenfalls einen günstigen und einen weniger günstigen Geschwindigkeitsbereich aufweist.

Dieser Problematik wurde in gewissem Umfang Rechnung getragen, dass sonst gleiche elektrische Lokomotiven mit unterschiedlicher Übersetzung ausgerüstet und somit für schnellere und langsamere Züge spezialisiert wurden. Die österreichischen Reihen 1010 und 1110 oder die deutschen E 10 und E 40 sind Beispiele hierfür. Die Konstruktion einer Lok selbst konnte dadurch zwar einer gewissen Universalität angenähert werden, Universallokomotiven für den Einsatz waren diese Varianten aber trotzdem nicht. Der Kommutator als wesentliches Bauteil verhinderte den Bau elektrischer Universallokomotiven bis zum Einsatz der modernen Drehstromtechnik.

Der Drehstrom-Asynchronmotor, Antrieb moderner Drehstromlokomotiven, spielt im Laufe dieses Buches eine herausragende und immer wiederkehrende Rolle. Durch Entfall des Kommutators entfällt bei diesem Motor auch eine Bindung des optimalen Einsatzes an die Drehzahl des Motors und damit an die Geschwindigkeit der Lok, bei einer Vielzahl weiterer technischer und ökonomischer Vorteile. Die Drehstromtechnik in Verbindung mit einer optimalen Adhäsionsregelung ermöglicht es, vierachsigen Lokomotiven Traktionsaufgaben zu übertragen, die bisher sechsachsigen Lokomotiven vorbehalten waren. Die Übernahme vieler IC-Züge in Deutschland in gleichen Fahrplänen durch die BR 120 in Drehstromtechnik von der BR 103 in konventioneller Technik war ein Meilenstein in der hochwertigen Zugförderung, auch wenn die 120 häufig bis an die Grenze ihrer Leistungsfähigkeit und auch darüber hinaus strapaziert wurde. Die Universallokomotive war geboren, welche Reisezüge mit 500 t Gewicht mit 200 km/h und schwere Güterzüge von 2000 t ohne Schaden zu nehmen gleicherart befördern konnte. Nur waren für die damalige Deutsche Bundesbahn 60 Exemplare der Serienausführung dieser neuen und in höchstem Maße fortschrittlichen Lok einfach zu wenig, um aus ihrer Universalität bei entsprechendem Einsatz einen echten Nutzen ziehen zu können. Dennoch, eine Lokomotive, die alle anderen der DB und so natürlich auch anderer Bahngesellschaften ersetzen könnte, war erstmals möglich geworden und auch verfügbar, sieht man vom speziellen Hochgeschwindigkeitsverkehr einmal ab, der aus mehreren Gründen Triebköpfen oder Triebwagenzügen vorbehalten bleiben muss.

Adhäsionsregelung

Eine optimale Nutzung der physikalisch möglichen Adhäsion zwischen Rad und Schiene ist bei elektrischen Lokomotiven mit Schaltwerk kaum möglich, da diese durch die Abgriffe unterschiedlicher Spannungen am Trafo Zugkraftsprünge erzeugen und es dem Lokführer praktisch unmöglich ist, die jeweils maximale Zugkraft einzustellen. Als Schleuderschutz dient allenfalls ein leichtes Anlegen der Bremsklötze, welches Sprünge in der Drehzahl der Räder erschwert und die Radlaufflächen sauber hält.

Erst die Leistungselektronik machte eine trägheitslose Zugkraftregelung möglich und erhöhte damit die Zugkraft elektrischer Lokomotiven erheblich. Als Messwerte und Signale für die Regelung dienen die Umdrehungszahlen der Fahrmotoren und der mit ihnen elastisch verbundenen Radsätze, welche miteinander laufend verglichen werden. Auf diese Weise kann ein beginnendes Schleudern eines einzelnen Radsatzes erkannt werden. Eine Auswertung dieser Signale ermittelt über einen Regelalgorithmus die jeweils optimale Drehzahl der Radsätze und hält diese durch Anlegen geeigneter Spannung und Frequenz an die Fahrmotoren aufrecht. Die Umfangsgeschwindigkeit der Räder darf die Bahngeschwindigkeit des Fahrzeuges nur um den sogenannten Makroschlupf überschreiten, bei welchem eine maximale Kraftübertragung zwischen rollendem Rad und Schiene möglich ist. Schwierigkeiten treten bei gleichzeitigem und gleichartigem Schleudern aller Radsätze auf. Auch muss der jeweilige Raddurchmesser genau bekannt und eingegeben sein. Korrekturen können in Rollphasen des Fahrzeuges ohne Zugkraft automatisch vorgenommen werden.

Ein von den Radumdrehungen völlig unabhängiges Signal für die Geschwindigkeit des Fahrzeuges über Grund liefert ein Radargerät, mit welchem bisher nur die BR 101 der DB ausgestattet ist. Eine teilweise Ausrüstung des TAURUS ist vorgesehen.

Eine 1989 und 1990 geplante Baureihe 121 für die DB sollte in großer Stückzahl als Weiterentwicklung der berühmt gewordenen BR 120 beschafft werden. Weitere technische Entwicklungen trieben die Anforderungen an diese Lok hoch und so war eine Leistungssteigerung von 5,6 auf mindestens 6,0 MW vorgesehen, ebenso wie eine Heraufsetzung der Höchstgeschwindigkeit von 200 auf mindestens 220, besser auf 250 km/h.

Traktionsprogramm einer geplanten Baureihe 121 der DB mit 5 ‰ Zugkraftüberschuss

Dieses Traktionsprogramm ist beispielhaft für moderne Universallokomotiven:
IC-Züge 600 t mit 200 km/h, IC-Züge 500 t mit 220 km/h,
Güterzüge 2200 t mit 80 km/h, Güterzüge 2000 t mit 100 km/h,
Güterzüge 1600 t mit 120 km/h.
Auch für einen gedachten Verkehr von Güterzügen mit 160 km/h war die BR 121 vorgesehen.

Das für diese Lok vorgesehene Traktionsprogramm definiert gleichzeitig auch die Ansprüche an eine Universallokomotive aus damaliger Sicht.

Nun gehört es zum Leben, dass außergewöhnliche Waren auch außergewöhnliche Preise haben, und obwohl weder eine Bestellung der BR 121 im Jahr 1990 noch eine Stückzahl konkret zur Debatte standen, waren die Preisvorstellung der Industrie in der damaligen Angebotsphase mit etwa sieben Millionen DM der wesentliche Grund, warum die Beschaffung dieser Universallok durch die DB unterblieb.

Es sei noch angefügt, dass eine Diesellok als Universallokomotive kaum darstellbar ist, denn die Traktionsleistung von über fünf MW, die zur Förderung schwerer IC-Züge mit einer Geschwindigkeit von 200 km/h erforderlich ist, lässt sich bei vorgegebenen Abmessungen und Masse dieser Lok kaum realisieren. Auch ist die Elektrifizierung in den Ländern Deutschland, Österreich und Schweiz zu weit fortgeschritten, als dass Interesse an größeren Stückzahlen solch einer Lokomotive bestehen könnte.

Seit Erscheinen der BR 120 ist die Universallokomotive keine Utopie mehr und ihre Beschaffung ist nur noch eine Frage wirtschaftlicher Überlegungen. Und hier kamen die Länder Deutschland, Österreich und die Schweiz zu verschiedenen Ergebnissen. Die Schweiz setzte mit der Beschaffung der berühmten Lok 2000 in 119 Exemplaren der Re 460 und 18 Exemplaren der Re 465 in der Zeit von 1992 bis 1997 auf die Universallokomotive und deren regelmäßiger Einsatz sowohl vor Intercity-Zügen als auch im alpenüberquerenden Güterverkehr scheint die Richtigkeit dieser Entscheidung zu bestätigen.

Ernsthafte Überlegungen, ob angesichts der großen Stückzahl an Lokomotiven sich diese Traktionsaufgaben hätten billiger lösen lassen, sind nicht bekannt geworden. Man muss wissen, dass die Lok 2000 aus einem Entwicklungsauftrag an die Schweizer Industrie ohne Konkurrenz durch das Ausland hervorging und bezüglich Preis einen unerreichten Höchststand von umgerechnet mehr als vier Mio. Euro darstellte, die 1012 der ÖBB einmal ausgenommen. Doch bei der Neubeschaffung von Lokomotiven ab 2002 hat auch die Schweiz inzwischen das Prinzip der Universalität verlassen. Eine eigenständige Schweizer Lokomotivindustrie existiert nicht mehr und die SBB sind auf den Import von Loks angewiesen. Obwohl Siemens mit dem TAURUS die Universallokomotive anzubieten hat, kam Bombardier mit einer angepassten DB-BR 185 als SBB-Baureihe 482 zum Zuge. Die auch in der Schweiz erfolgte Divisionalisierung der Bahn führte zur Beschaffung dieser Güterzuglokomotive für SBB Cargo und somit auch zum Abschied von der Universallokomotive.

Die Deutsche Bahn im wieder vereinigten Deutschland nahm aus Kostengründen von der einst begehrten Universallokomotive Abstand und beschaffte für die Traktionsaufgabe „InterCity-Züge" nur 145 Exemplare der BR 101, die eine Universallokomotive ist und ohne Einschränkungen auch das Traktionsprogramm von DB Cargo erfüllen kann. Bei dieser Entscheidung spielte auch eine Rolle, dass man bei der DB im schnellen Reisezugverkehr bereits eine Abkehr vom lokbespannten Zug vorhersah und einen Übergang zu Triebzügen plante.

Bei den ab 1994 durch die DB bestellten Güterzuglokomotiven ging man aus Kostengründen sogar noch weiter vom Prinzip Universallokomotive ab, und beschaffte mit den Baureihen 145 und 152 zwei unterschiedliche Typen, um mit der weniger leistungsfähigen BR 145 weiteres Geld zu sparen. Auch technische Kompromisse, wie der Tatzlagerantrieb und eine dadurch bedingte Einschränkung bei der Höchstgeschwindigkeit waren neben anderen der Kostensituation geschuldet. Sicher ist auch, dass der Bereichsegoismus der einzelnen Geschäftsbereiche einer Bahngesellschaft die Abkehr von einer teuren Universallokomotive begünstigt.

Wie in diesem Buch mehrfach erläutert, bekannten sich die Österreichischen Bundesbahnen mit der Beschaffung des TAURUS zur Universallokomotive, wobei dieser Beschluss durch den erzielten äußerst günstigen Preis für die große Stückzahl nach-

Orientierender Preisvergleich für moderne elektrische Lokomotiven zur Zeit der Bestellung (alle Preise umgerechnet in Euro)

BR 120 DB	2,86 Mio. [1]	BR 145 DB	2,35 Mio.
Re 460 SBB	4,1 Mio.	BR 185 DB	2,48 Mio. [2]
BR 121 DB	ca. 3,58 Mio. [3]	BR 146 DB	ca. 2,6 Mio [4]
BR 101 DB	2,86 Mio.	Rh 1016 ÖBB	2,6 Mio.
BR 152 DB	2,6 Mio.	Rh 1116 ÖBB	2,66 Mio.
Re 482 SBB	3,0 Mio. [5]	BR 189 DB	ca. 3,0 Mio. [6]

1 Zur Zeit des Vertragsabschlusses 1984,
2 Vertragspreis im Jahr 2000,
3 1990, diese Baureihe wurde aber nicht realisiert,
4 abhängig von der Stückzahl,
5 mit zusätzlichen Einrichtungen verglichen BR 185 DB,
6 Viersystemlok von Siemens.

Unterschiedlicher Leistungsumfang, wie Planung, Abwicklung, Inbetriebnahme und Zulassung sowie veränderte Garantieleistung sind in diesen Zahlen nicht enthalten, so dass sie nur als Anhaltspunkte zu werten sind. Den dramatischen Preisverfall für die Industrie zwischen 1984 und etwa 1995 zeigen sie jedoch deutlich. In höchstem Maße interessant ist der Preisvergleich zwischen der BR 152 für die DB und der Rh 1016 für die ÖBB, wobei viele Merkmale der 1016 wesentlich höhere Kosten, verglichen mit der in mehreren Punkten einfacher ausgestatteten 152 verursachen.

träglich gerechtfertigt erscheint. Mit insgesamt 400 Lokomotiven handelt es sich bei der Bestellung des TAURUS um den größten Auftrag, den die ÖBB bisher erteilt haben. Sie erhalten damit Lokomotiven mit optimaler Ausstattung für den universellen Einsatz im Reisezugverkehr und für den Einsatz im schweren Güterverkehr, sowohl auf schwierigen Gebirgsstrecken als auch auf entstehenden Hochgeschwindigkeitsstrecken, ebenso wie unter zwei Spannungssystemen.

Mit der BR 182 erhielt auch die Deutsche Bahn, wohl ungewollt, aber dennoch termingerecht und preisgünstig, eine Universallokomotive, deren Leistungsmerkmale über die der BR 101 noch hinausgehen. Einen dieser Leistungsfähigkeit entsprechenden Einsatz hat diese Baureihe bisher aber noch nicht gefunden. Immer noch sind alle Loks beim Cargo-Werk in Nürnberg stationiert, wo lediglich Güterzugleistungen anstehen. Der Vergleich mit einem Rennpferd im Ackerdienst ist wohl nicht ganz abwegig. Eisenbahnfreunde erfreuen die deutschlandweit eingesetzten Loks der BR 182 aber allemal, bringen sie doch eine willkommene Abwechslung in das Einerlei der nach allgemeiner Ansicht ästhetisch nicht gerade gelungenen anderen Neubau-Elloks der Deutschen Bahn AG.

Ein deutsches „182er-Tandem" erklimmt die Brenner-Nordrampe: In Doppeltraktion sind zwei 182 mit dem 43101 von Köln-Eifeltor am 31. Mai 2002 unterwegs und haben soeben den Haltepunkt Gries passiert. *Aufnahme: Achim Datko*

Vom EuroSprinter zum TAURUS

Anfang bis Mitte der Neunziger Jahre hat sich in der Zusammenarbeit zwischen den Bahngesellschaften und der Lokomotivindustrie, besonders in Deutschland, danach aber auch nach Österreich und in die Schweiz ausstrahlend, geradezu ein Paradigmenwechsel vollzogen. Langjährige Abstinenz der Staatsbahnen von der Bestellung neuer Lokomotiven brachte eine hochspezialisierte Industrie, welche auf gleichförmige Auslastung in ganz besonderem Maße angewiesen ist, länderübergreifend in erhebliche wirtschaftliche Schwierigkeiten. Eine frühere konsortiale Zusammenarbeit der einzelnen Firmen bei der Herstellung von Lokomotiven, welche gemeinsam mit den Zentralämtern der Staatsbahnen entwickelt worden waren und dann von diesen Firmen, nach entsprechendem Schlüssel aufgeteilt, hergestellt wurden, wich einer harten Konkurrenz der Firmen untereinander um die wenigen aktuellen und die möglicherweise zukünftigen Aufträge. Die Folge eines sich verändernden Marktumfeldes war auch der Bau eigener Forschungs- und Entwicklungsträger der einzelnen Unternehmen, wobei diese Fahrzeuge nicht nur der Fortentwicklung einer sich in dieser Zeit rasch wandelnden Technik dienen sollten, sondern Interessenten und potentiellen Kunden natürlich auch den jeweiligen Stand der eigenen Leistungsfähigkeit bestens demonstrieren konnten. Diese gesamte Entwicklung war im Grunde nichts anderes als der Einzug von Marktwirtschaft in einen Industriezweig, welcher lange Zeit seine Aufträge nach Art „behördlich sanktionierter Lieferkartelle untereinander aufteilte" (Süddeutsche Zeitung, Juli 1998).

Von der einstmals umfangreichen und weltberühmten deutschen Lokomotivindustrie blieben nach Umstrukturierungen und mehrfachen Zusammenschlüssen für den Bau elektrischer Lokomotiven nur noch die Firmen Adtranz, bzw. heute Bombardier Transportation, und Siemens-Krauss Maffei am Markt bestehen, wobei der traditionsreiche Name Krauss Maffei durch die völlige Übernahme dieses Unternehmens durch Siemens ebenfalls in Kürze Geschichte sein wird. Allerdings legen Anschriften an älteren und eingelaserte Schriftzüge an den neuen Lokomotiven noch lange Zeit über dieses weltbekannte Unternehmen Zeugnis ab. Aber so traditionsreiche Namen wie AEG und BBC, später ABB, unter den „Elektrikern" oder Krupp und Henschel unter den „Mechanikern" sind längst verloren gegangen und auch dem Kunstnamen Adtranz war unter den obwaltenden Umständen und der Regie eines Automobilkonzernes nur eine kurze Lebenszeit beschert.

In der Schweiz und Österreich verlief die Entwicklung nicht anders, und so existiert auch die einst weltberühmte Schweizer Lokomotiv- und Maschinenfabrik SLM in Winterthur als Hersteller des mechanischen Teils der seinerzeit hochmodernen Lok 2000 in ihrer ursprünglichen Form nicht mehr. So sind die Schweizer Bahnen heute auf den Import von Lokomotiven angewiesen, wie dies vor kurzem, erstmals in neuerer Zeit, mit der DB-Baureihe 185 von Bombardier als SBB-Re 482 erfolgt ist – ein Novum in der Schweizer Eisenbahngeschichte. Lokomotiven mit einem Preis von umgerechnet über vier Millionen Euro, wie seinerzeit für die Lok 2000, sind heute nicht mehr marktfähig.

Auch in Österreich wurden in den letzten Jahrzehnten elektrische Lokomotiven stets von Konsortien der Elektriker mit dem einzig verbliebenen Mechaniker Simmering Graz Pauker, Werk Graz gebaut. Interessant sind in diesem Zusammenhang die verschiedenartigen Lokschilder beispielsweise an den Loks der Rh 1044, die stets SGP als Hersteller des mechanischen Teils und einen Elektriker als federführend bei der Herstellung des elektrischen Teils ausweisen, die anderen E-Firmen aber stets in einem Kürzel als Zulieferanten von Teilen der elektrischen Ausrüstung auf dem Lokschild nennen. Diese Firmen waren BBC bzw. ABB, ELIN und Siemens, für ältere Loktypen zusätzlich noch AEG.

Letzte Lieferung eines solchen Firmenkonsortiums waren die drei Sonderlinge im ÖBB-Bestand der Rh 1012, welche im mechanischen Teil von SGP, im elektrischen Teil von Siemens (1012 001) von ABB (1012 002) und von ELIN (1012 003) jeweils federführend geliefert wurden. Die Firma SGP ist heute Teil von Siemens Transportation Systems und das Kompetenzzentrum für Drehgestelle für den gesamten Konzern.

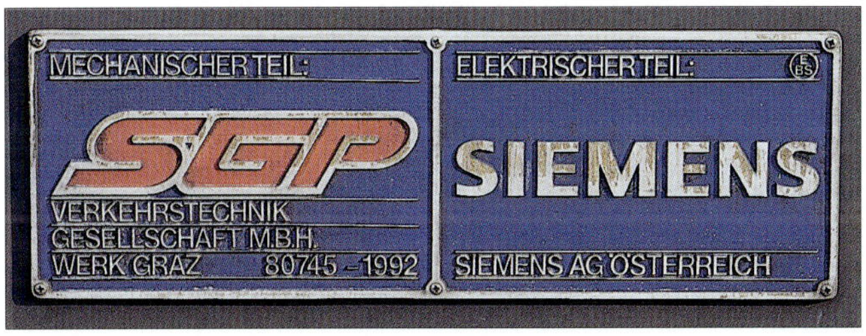

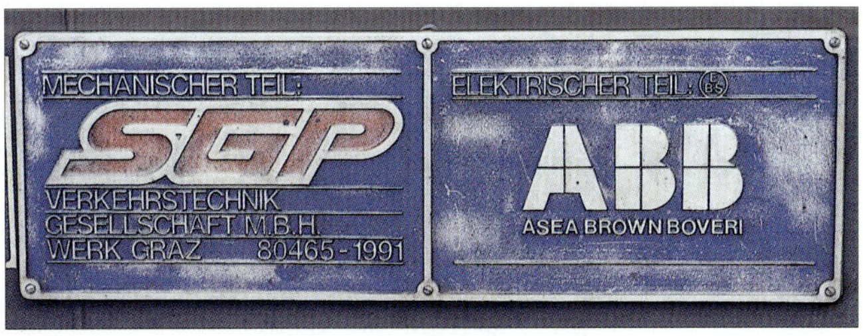

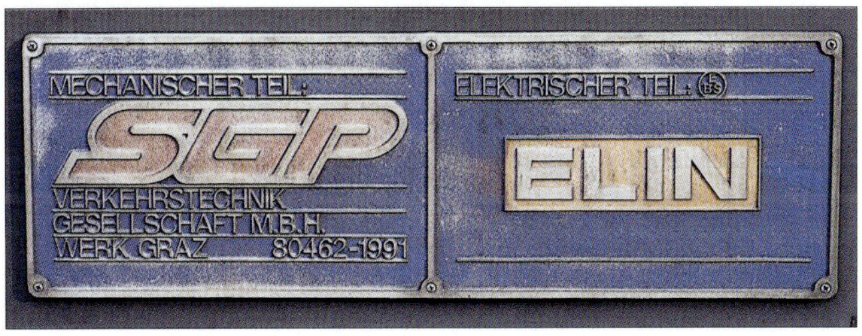

Die gute Tradition, Lokomotiven mit schönen und werbeträchtigen Fabrikschildern auszustatten, wurde in Österreich lange beibehalten. Die Schilder gehören von oben nach unten zu folgenden Loks 1012 516, 1044 246, 1044 226 und 1044 220. *Aufnahmen: Karl Gerhard Baur*

Anlässlich einer Pressefahrt von Köln nach Koblenz wurde der EuroSprinter 127 001 am 4. März 1993 vorgestellt, hier bei einem Halt im Bahnhof Leutesdorf an der rechten Rheinstrecke.
Aufnahme: Gerd Wilhelm

Als selbstständige und integrierte Lokomotivindustrie existiert auch diese Firma nicht mehr und die letzten gelieferten Lokomotiven sind die drei großen Doppel-Elloks vom Typ DJ1 für China, deren letztes Exemplar bereits ausgeliefert ist. Von diesem Typ werden als Lizenz weitere 17 Exemplare in China gebaut. Somit gibt es heute in Österreich wie in der Schweiz keine Lokomotivindustrie mehr. Auch andere traditionsreiche österreichische Firmen wie Krauss & Co. in Linz, Tochter der einstmals berühmten Lokomotivfabrik Krauss & Comp. in München oder die berühmte Wiener Lokomotivfabrik existieren längst nicht mehr. Die Jenbacher Werke stellten zuletzt Dieseltriebwagen, wie den INTEGRAL, die Firma Knotz Bahn-Dienstfahrzeuge her. Auch Schmalspur-Triebwagen stammen von der Firma Knotz, später von Bombardier/Rotax.

Entwicklungsträger und Demonstrationsobjekt der Firmen Siemens und Krauss-Maffei, durch gesellschaftsrechtliche und beteiligungsmäßige Verflechtungen eng miteinander verbunden, war eine Lokomotive mit dem vielversprechenden Namen EuroSprinter, welche im September 1992 erstmals auf deutsche Schienen gestellt wurde und welche später für den Gegenstand dieses Buches eine ganz besondere Bedeutung erlangen sollte. Diese Lokomotive wurde auf eigene Kosten der beiden Firmen ohne Auftrag einer Bahngesellschaft entwickelt und gebaut. Der Name EuroSprinter ist im Grunde gut gewählt, hielt aber nie die in diesem Namen implizierten Versprechungen, denn die Lok war und ist wohl mit einer Höchstgeschwindigkeit von 230 km/h ein Sprinter, eine eigentliche „Europalok" ist sie allerdings, entgegen anderslautenden Veröffentlichungen in der Literatur, nie gewe-

Die Historie des EuroSprinters

März 1991	Projektstart, Arbeitsbeginn bei Siemens und Krauss Maffei
September 1992	DB-Abnahme im AW Freimann, Lok nur grundiert, vorläufige Zulassung bis 120 km/h, Probefahrten im DB-Netz
Oktober 1992	Vorläufige Zulassung bis 200 km/h, Einbau der Messradsätze
November 1992	Überführung der lackierten Lok nach Minden, Prüfung der Bremsen
bis Februar 1993	Lauftechnik-Messfahrten der Versuchsanstalt Minden
März 1993	Präsentation der Lok in Bonn
bis Mai 1993	Zulassung Bremssteuerung, Gleit- und Schleuderschutz in Minden
bis Juni 1993	Störstrom-, Hauptschalter-, Stromabnehmer-Messungen durch VA München
August 1993	Rekordfahrt mit 310 km/h auf der Neubaustrecke Würzburg–Fulda, Einsatz bei der DB
Oktober 1993	Erprobung in Schweden bei SJ und Norwegen bei NSB, Einsatz DB
Dezember 1993	vorläufige Zulassung bis 230 km/h vom BZA
Februar 1994	Erprobung in der Schweiz bei SBB und BLS sowie Versuche bei Lauda
Juli 1994	Vergleichsversuche mit BR 120 bei Lauda zum Gleit- und Schleuderschutz
August 1994	Wasserkühlung für Stromrichter, dadurch 7,0 MW Leistung, Umrüstung der Leittechnik
November 1994	Betriebseinsatz bei der DB, neue Radscheiben, Versuchsträger für DB
Dezember 1995	Spielerischer Weltrekord mit Modellbahnloks der Baureihe E 94 im Bw München
März 1996	EBA-Abnahme und Zulassung
September 1996	Hilfsbetriebeumrichter in IGBT-Technik mit Luftkühlung, Antriebssteuerung in SIBAS 32-Technik
April 1998	Neue HAB-Drehgestelle (Hochleistungsantrieb mit Bremswelle)
Dezember 1998	Versuchseinsatz bei den ÖBB
Mai 1999	Messung der Gleiskräfte im Vergleich mit der BR 152, Strecke Bamberg–Forchheim
ab Mai 1999	Vermietung der Lok an die Verkehrsbetriebe Elbe-Weser zur Beförderung von Containerzügen für „Euroquai Hamburg" zwischen Hamburg und München („Munich Shuttle", 280.000 zurückgelegte Kilometer/Jahr)
ab Sommer 2000	Einstellung bei Siemens Dispolok als ES 64 P-001, Einsatz auf der NBS Köln–Rhein/Main zur LZB-Einstellung, Laufleistung: 300.000 km/Jahr
ab Sommer 2002	Ersatzlok bei Siemens Dispolok

(Zusammenstellung von Günter Katzer)

sen. Der EuroSprinter ist lediglich für 15 kV und 16,7 Hz eingerichtet und hat von den europäischen Ländern nur Norwegen, Schweden, die Schweiz und Österreich besucht. Es war die Möglichkeit vorgesehen, den EuroSprinter auch für 25 kV nachzurüsten, was aber nie realisiert wurde. Auch an den Einbau von Drehgestellen mit anderer Spurweite war einmal gedacht, aber auch hierfür bestand nach bereits vorangegangener Lieferung von Lokomotiven nach Spanien und Portugal keine Begründung mehr.

Bahnstromsysteme in Europa (Hauptbahnen)

15 kV 16,7 Hz	Deutschland, Schweiz, Österreich, Schweden, Norwegen
25 kV 50 Hz	Frankreich, Großbritannien, Spanien, Italien, Dänemark, Ungarn, Tschechien, Polen, Portugal, Griechenland, Finnland, Rumänien, Bulgarien, GUS, Luxemburg, Slowakei, Türkei, Deutschland (Rübelandbahn), Österreich (GySEV)
3 kV DC	Frankreich, Belgien, Italien, Spanien, Tschechien, Slowakei, Slowenien, Polen, Luxemburg
1,5 kV DC	Niederlande, Frankreich, Großbritannien, Spanien

In einigen Ländern existieren, wie die vorstehende Aufstellung zeigt, mehrere Systeme nebeneinander. Finnland, Portugal und die GUS haben abweichende Spurweiten, in Spanien existieren seit dem Bau von Hochgeschwindigkeitsstrecken zwei Spurweiten nebeneinander. Nahezu alle Länder weisen unterschiedliche Signal- und Sicherheitssysteme auf mit Ausnahme der DB und der ÖBB.

Selbstverständlich ist der EuroSprinter als Demonstrationsfahrzeug eine Universallokomotive modernster Bauart mit den hierfür erforderlichen Merkmalen: Drehstromtechnik, Leistungselektronik mit GTO-Thyristoren, digitale Steuerung und Leittechnik in Mikrocomputertechnik, Höchstgeschwindigkeit >200 km/h, Leistung 6,4 MW, nach Umrüstung der Stromrichter auf Wasserkühlung 7,0 MW. Masse 84–86 t, Anfahrzugkraft 300 kN, elektrische Netzbremse 6,4 MW, Leistungsfaktor ~1, elektrische Einzelradsatz-Regelung.

Entwicklungslinie EuroSprinter-Familie

Spanien S 252, 85 Loks ab 1991* -> EuroSprinter 1992 -> Portugal LE 5600, 30 Loks ab 1993 -> Deutschland BR 152, 170 Loks ab 1996 -> Griechenland H 560, 30 Loks ab 1997 -> Korea 8100, 2 Loks 1998 -> Dänemark EG 3100, 13 Loks ab 1999 -> Österreich TAURUS, 400 Loks ab 2000/Deutschland BR 182, 25 Loks 2001, BR 189, 100 Loks ab 2002. Zusätzlich weitere Exemplare analog TAURUS für EVU bzw. als Siemens Dispoloks. Ferner bestehen noch bisher nicht eingelöste Optionen.
Die Lokomotiven wurden teilweise in den Empfängerländern in Lizenz gebaut. *) Breit- + Normalspur.

Die Fortentwicklung des EuroSprinters zur Baureihe 152 der DB war nicht nur eine technische Weiterentwicklung gemäß den zwischenzeitlich erzielten Fortschritten in Mechanik und Elektronik und eine Anpassung an die Vorstellungen der Deutschen Bahn, sondern in stärkerem Maße noch eine unter wirtschaftlichem Zwang vorgenommene nachhaltige Verminderung der Herstellungskosten für die neuen Lokomotiven. Die Preisvorstellungen der Deutschen Bahn und der Industrie für eine neue Lokomotivgeneration lagen soweit auseinander, dass hierdurch nicht nur der Verzicht auf die Universallokomotive zementiert wurde, sondern auch die gesamte Kostenstruktur für die Herstellung der neu zu bestellenden Lokomotiven zu überarbeiten war. Viele in den neuen Loks, besonders aber in der schweren Güterzuglok heute vorzufindenden Merkmale sind weniger gewünscht

Schnee und Raureif auf der Schwäbischen Alb bilden das passende Umfeld für eine schöne Aufnahme von 127 001, die am 17. Januar 1995 mit IC 119 (Stuttgart – München) durch den Bahnhof Westerstetten fährt. *Aufnahme: Gerd Wilhelm*

Am 10. Dezember 1998 finden Messfahrten vor Plangüterzügen zwischen Wien und Villach über den Semmering statt, 127 001 bei Mürzzuschlag mit ÖBB-Messwagen und 1044 125 vor Gz 53507. Bereits seit Anfang September 1998 war der EuroSprinter mit den neuen Drehgestellen für den TAURUS vor schnellen Zügen zwischen München und Stuttgart bzw. Nürnberg im Einsatz. *Aufnahme: Peter Haslebner*

oder technisch notwendig, sondern nichts anderes als eine Folge des äußerst strengen Kostenmanagements.

In besonderem Maße war die Fertigung der insgesamt großen Zahl von fast 200 bestellten Loks der BR 152 und einer damals noch zu erwartenden Erweiterung des Auftrages durchzuarbeiten und zu rationalisieren, um der DB einerseits den äußerst attraktiven Preis anbieten zu können, um andererseits aber auch das wirtschaftliche Ergebnis für die Herstellerfirmen nicht völlig ruinös werden zu lassen. Für die Überarbeitung des Konzeptes des EuroSprinters zum Bau einer neuen Lokomotive hat sich das Wort „Redesign" in den Sprachgebrauch eingeführt, worunter eine Überarbeitung nahezu aller Bauteile unter dem Gesichtspunkt rationellster Fertigungsmethoden zur Kostenersparnis zu verstehen ist. Mit diesem Redesign, an welchem Mitarbeiter beider Firmen aus Entwicklung, Konstruktion, Berechnung und Arbeitsvorbereitung ebenso beteiligt waren, wie aus Fertigung, Montage und Qualitätssicherung, ist logischerweise auch eine weitere Optimierung aller Komponenten im Sinne höherer Qualität und Funktionserfüllung der neuen Loks verbunden. Wie so häufig setzte auch hier ein äußerer Kostendruck kreative Kräfte frei, und der Vergleich dieser Vorgänge mit der Automobilindustrie liegt nicht fern, wo die Kräfte des Marktes den Kunden heute Autos in nie gekannter Qualität zu früher undenkbaren Preisen beschert haben.

Auf die geschilderte Weise ist die Baureihe 152 der Deutschen Bahn aus dem EuroSprinter hervorgegangen, wenig anders als danach auch die gesamte TAURUS-Familie. Der entscheidende Unterschied zur deutschen BR 152 ist allerdings die Tatsache, dass trotz des von der ÖBB durchgesetzten wiederum äußerst niedrigen Preises der TAURUS bezüglich Antrieb und Höchstgeschwindigkeit eine Universallokomotive geblieben ist und nicht aus Kostengründen zur Güterzuglokomotive mit Tatzlagerantrieb und einer somit nur für Güterzüge ausreichenden Höchstgeschwindigkeit abgemagert werden musste.

Die Lokomotiven der Baureihen ÖBB 1016, 1116, DB 182 und Siemens ES 64 U2 sind Universallokomotiven und daher sowohl für den hochwertigen Reisezugbetrieb als auch für schwere Güterzüge einsetzbar, ebenso wie die Vorgängerlok EuroSprinter. Mit Ausnahme der Reihe 1016 (nur 15 kV 16,7 Hz) sind sie Zweisystemloks und für die beiden Wechselspannungssysteme 15 kV 16,7 Hz sowie 25 kV 50 Hz konzipiert. Der mechanische Teil aller Lokomotiven ist baugleich, so dass die Loks der Reihe 1016 für

Dauerleistung/Kurzzeitleistung

Die TAURUS-Lokomotiven erbringen eine Dauerleistung von 6,4 MW am Rad. Die Stromrichter ermöglichen eine noch höhere Leistung, welche aus den thermischen Reserven von Trafo und Fahrmotoren nur kurzzeitig abgegeben werden kann. Bei nicht zu hohen Temperaturen kann der Lokführer am Display mittels einer Booster-Taste diese höhere Leistung von 7,0 MW für eine bestimmte Zeit anfordern um Verspätungen einzuholen oder Steigungen rascher zu bewältigen. Erreichen Trafo oder Fahrmotoren die Grenztemperaturen, so wird diese erhöhte Leistung ebenso gesperrt, wie automatisch nach fünf Minuten. Nach Benutzung steht sie für 10 bis 15 Minuten nicht zur Verfügung. Eine Überlastung von Trafo oder Fahrmotoren wird zuverlässig verhindert. Der Booster kann nur oberhalb 85 km/h bei voll ausgelegtem Zugkraftsteller benutzt werden. Ein blauer Leuchtmelder im Display zeigt die Nutzung an.

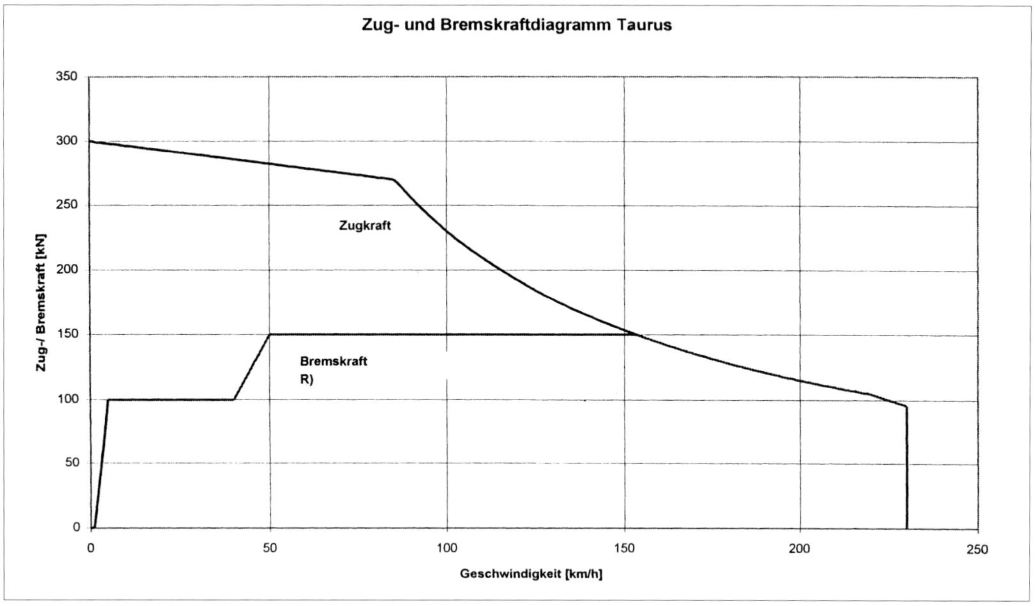

Zug- und Bremskraftdiagramm: Die Anfahrzugkraft beträgt 300 kN um dann mit steigender Geschwindigkeit linear abzusinken. Ab etwa 85 km/h folgt die Zugkraft der Leistungshyperbel der Lok. Die Begrenzung der elektrischen Bremskraft wird aus Sicherheitsgründen vorgenommen.
Grafik: Siemens

den Einsatz unter 25 kV hochgerüstet werden könnten. Die Ausstattung für zwei Spannungssysteme besagt aber nichts über eine Ausrüstung für die in nahezu allen Ländern unterschiedliche Signal- und Sicherungstechnik. Mit dem gewöhnungsbedürftigen und bei weitem nicht so gut wie TAURUS klingenden Namen ES 64 U wird ganz bewusst die Abstammung der gesamten Lokfamilie vom Technologieträger und Demonstrationsfahrzeug Euro Sprinter unterstrichen. ES 64 U2 = EuroSprinter, 6,4 MW, Universallok, 2-System. Darauf muss man erst einmal kommen!

Alle wesentlichen Bauteile des TAURUS, sowohl elektrischer als auch mechanischer Art waren in der Lokomotive EuroSprinter als auch in Folge in der deutschen Baureihe 152 dauerhaft erprobt worden, so dass die technischen und daraus folgend auch die wirtschaftlichen Risiken für den Kunden eines Nachfolgemodells überschaubar blieben. Die TAURUS-Lokomotiven sind bezüglich Lichtraumprofil geeignet für den Einsatz bei den ÖBB, bei der DB, in Ungarn, in der Tschechischen Republik, der Slowakischen Republik sowie in der Schweiz. Hier ist allerdings der Einsatz eines weiteren Stromabnehmers mit schmalerer Wippe erforderlich.

Von 400 für die ÖBB bestellten Lokomotiven sind 50 Stück der Rh 1016 als Einsystemloks für 16,7 Hz und 15 kV bereits geliefert, weitere 350 Stück der Rh 1116 sind als Zweisystemloks bestellt und befinden sich in Auslieferung. Die große Zahl dieser Zweisystemloks ist eine Zukunftsvision auf einen hoffentlich stark expandierenden grenzüberschreitenden Bahnverkehr und eine kraftvolle Konkurrenz zum Straßenverkehr. Die EU-Osterweiterung ergibt derzeit noch schwer abzuschätzende, wohl aber nicht unrealistische Chancen für den Einsatz solcher Lokomotiven durch mehrere Länder, beispielsweise von Deutschland bis nach Rumänien. Die neuen durch die Drehstromtechnik gegebenen Möglichkeiten zum Bau von relativ kostengünstigen Zweisystemlokomotiven

Technische Daten 1016/1116:

Dienstmasse bei neuen Rädern und 2/3 Sandvorrat	85 t ±1,2 %
Radsatzanordnung/Spurweite	Bo'Bo'/1435 mm
Nennleistung an den Rädern dauernd	6,4 MW
Maximalleistung an den Rädern kurzzeitig	7,0 MW
Maximale Anfahrzugkraft (μ = 0,36)	300 kN
Maximale Dauerzugkraft bis 92 km/h	250 kN
Maximale elektrische Bremskraft (limitiert) [1]	150 kN
Leistung der elektrischen Netzbremse	6,4 MW
Höchstgeschwindigkeit	230 km/h
Raddurchmesser im Laufkreis neu/abgenutzt	1150/1070 mm
Länge über Puffer	19.280 mm
Größte Breite über Wagenkasten ohne Seitenspiegel	3000 mm
Größte Höhe bei gesenktem Stromabnehmer	4375 mm
Fahrzeugbegrenzung	UIC 505-1, SBB 01
Drehgestell-Mittenabstand	9900 mm
Drehgestell-Radsatzstand	3000 mm
Kleinster befahrbarer Bogenradius [2]	120 m
Ausrundungsradius Neigungswechsel, Wanne/Kuppe	300/250 m
Spannungssystem Rh 1016	15 kV
Spannungssystem Rh 1116	15 kV/25 kV

1 Weitere Reduzierung siehe Zug-/Bremskraft-Diagramm
2 In den Werken werden auch Radien von 80 m durchfahren
3 1000 Volt bei 16,7 Hz und 50 Hz, 1500 Volt nur bei 50 Hz.

Elektr. Antriebssystem:	Drehstromantriebstechnik Wassergekühlte GTO-Thyristoren Drei netzseitige 4QS pro Drehgestell Spannungszwischenkreis, max 2,8 kV DC Einzelradsatzantrieb Zentrale Steuergeräte SIBAS 32, Diagnose 100 % redundante Hilfsbetriebeversorgung Zugheizung 900 kVA, 1000 V+1500 V (1116)[3]
Bremsausrüstung:	Netzbremse, fahrdrahtspannungsabhängig Vollabgefederte Bremswelle Mehrlösige Druckluftbremse mit Mikrocomputersteuerung, Zusatzbremse, auf vier Radsätze wirkende Federspeicherbremse
Weitere Einrichtungen:	Gleit- und Schleuderschutz, Zugbahnfunk, Brandmeldeanlage, Zugsicherung EVM für MAV (nur 1116) AFB; Sifa, ZWS, ZDS, WTB Notbremsüberbrückung, ep-Bremse, Klimaanlage, Hilfsfahrschalter rechts, Farbdisplay, MFA je Führerstand, LZB 80, PZB 90, Registriergerät
Einsatzbedingungen:	Bis 1000 m über dem Meeresspiegel -25 bis 40 °C, rel. Luftfeuchtigkeit bis 100 %
Zulassung:	ÖBB, DB, MÁV, Schweiz

legen die Wahrnehmung solcher Zukunftsoptionen nahe. Der Preisunterschied zwischen den Baureihen 1016 und 1116 liegt bei ca. 70.000 Euro und damit in einer Größenordnung von weniger als 3%, da die moderne Technik es erlaubt, die Lokomotiven, abgesehen von einem aufwendigeren Transformator und einer Systemumschaltung je Sekundärwicklung, identisch auszuführen. Die lange Lebenszeit von Lokomotiven lässt diese zusätzliche Investition in eine optimistische Zukunft richtig erscheinen. Hinzu kommt für die 1116 derzeit noch ein Stromabnehmer mit breiterer Wippe für Ungarn sowie eine entsprechende Zugsicherung EVM 120. Entsprechend diesen Gegebenheiten ist es möglich, die Loks der Rh 1016 nachträglich mit vertretbarem Aufwand, allerdings mit Auswechseln des Trafos, zur 1116 hoch zu rüsten (Stromabnehmer für Ungarn siehe später). In Anbetracht des Stückzahlverhältnisses ist solch ein Umbau allerdings äußerst unwahrscheinlich. Von der Rh 1116 sind allerdings nur die Loks 001–025 für den Einsatz in Ungarn endgültig ausgerüstet.

Die Loks 040–044 sind für die Slowakei ausgerüstet und besitzen die Zugsicherung MIREL, die Loks 045–049 sind entsprechend vorbereitet. Die geforderten sehr niedrigen Störströme für den Einsatz in der Slowakei erfordern vor einer Zulassung allerdings weitere Klärung.

Zulässige Störströme in der Slowakei

Die äußerst niedrigen zulässigen Störströme in der Slowakei sind weder durch den TAURUS, noch durch vergleichbare andere Lokomotiven einzuhalten, da die dortigen Anlagen aus den zwanziger Jahren stammen. Die ÖBB haben nicht die Absicht, eine „Lok des dritten Jahrtausends" um jeden Preis an die dortige Uralt-Infrastruktur anzupassen. Die erforderliche Anpassung muss und wird auch umgekehrt bei der Infrastruktur erfolgen.

Es ist wissens- und in hohem Maße bemerkenswert, dass die ÖBB ebenso wie seinerzeit die SBB bei der Beschaffung neuer Lokomotiven das Prinzip der Universallokomotive uneingeschränkt verfolgen und nicht wie die DB aus Kostengründen davon abgegangen sind. Bekanntermaßen konnte die DB die Kostenvorteile durch die Beschaffung nur einer Lokomotivtype in großer Stückzahl, etwa der BR 101, für alle Traktionsaufgaben nicht nachweisen. Die Folge war die Beschaffung von zunächst drei unterschiedlichen Loktypen (101,145,152), aus denen inzwischen – rechnet man den nicht geplanten Zugang der 182 dazu – schon sieben erheblich unterschiedliche Typen geworden sind (146, 185, 189 und 182). Allerdings ging auch die Schweiz inzwischen zwangsweise von der Universallokomotive ab und begann mit der Beschaffung der Güterzuglok Re 482, analog der deutschen BR 185, bei Bombardier. Das mit den Entwicklungsträgern eingeführte und konsequent verfolgte Plattformkonzept erweist sich für die Konstruktion verschiedenartiger Lokomotiven für unterschiedliche Kundenanforderungen als idealer Ausgangspunkt und man kann heute beobachten, dass sich für moderne elektrische Lokomotiven allgemein gültige und firmenübergreifende Konstruktionsprinzipien durchgesetzt haben, die diese Lokomotiven einem Optimum an Leistung und Wirtschaftlichkeit nahe bringen. Es sei die Vorhersage gewagt, dass die heute gelieferten elektrischen Lokomotiven einem Endzustand der technischen Entwicklung beim Bau solcher Lokomotiven schon relativ nahe sind. Und der in den letzten Jahren zu beobachtende Preisverfall wird auch an einer kaum mehr zu unterbietenden Grenze angekommen sein, sollen moderne Loks zukünftig überhaupt noch auf dem Markt zu erwerben sein. Die interessantesten Entwicklungen im Bau elektrischer Lokomotiven liegen sicher bereits in der Vergangenheit. Der Bau des EuroSprinters jedenfalls war genau das, was man als kluge und vorausschauende Managemententscheidung bezeichnet und das Lastenheft der TAURUS-Lokomotiven wird vom EuroSprinter in seiner jüngsten Variante schon nahezu vollständig erfüllt. Ein späterer Platz in einem Museum ist dem EuroSprinter wohl heute schon sicher.

Es sei noch angemerkt, dass die Erprobungsträger der damaligen Firma ABB-Henschel die Loks 120 005 und mehr noch die 120 004 waren und dass die Ergebnisse der Entwicklungen mit diesen Loks in die Baureihe 101 mündeten, die den Wettbewerb um den Auftrag für die TAURUS-Lokomotiven gegen Siemens nur knapp verloren hatte. Auch die damals noch selbstständige Firma AEG hatte mit der 12X einen eigenen Technologieträger, aus welchem – allerdings unter neuem Firmennamen und mit entsprechenden technischen Anpassungen – später die Lokfamilie 145 für die DB hervorgegangen ist.

Seit Ende September 2001 gehören grenzüberschreitende Leistungen in die Tschechische Republik zu den Diensten der Reihe 1116. Am 15. November 2001 überquert 1116 006 mit EC 75 „Johann Gregor Mendel" aus Prag die Brücke über die Neue Donau. *Aufnahme: Eduard Saßmann*

Die Zweisystemlokomotiven der Rh 1116 waren recht bald im ungarischen Streckennetz zu sehen. Am 3. Dezember 1999 rangiert 1116 001 in Sopron. Das moderne Stellwerk hat Ähnlichkeiten mit einem Flughafen-Tower. *Aufnahme: Peter Haslebner*

Mit Wagenmaterial der Slowenischen Eisenbahnen verkehrt D 13951. Am 24. August 2002 ist 1016 021 mit dem Zug bei Rosenbach unterwegs. Die 1906 eröffnete Strecke mit dem in vierjähriger Bauzeit errichteten 7 976 m langen Karawankentunnel ist seit 1955 elektrifiziert. *Aufnahme: Gerfried Moll*

Die Firma Adtranz konnte als Referenz für die Ausschreibung der ÖBB die ersten an die DB gelieferten Loks der BR 101 benennen. Zwischen den Türmen der mittelalterlichen Stadtmauer von Oberwesel fährt 101 108 im März 2001 mit einem EuroCity entlang des Hochwasser führenden Rheins in Richtung Süden. Am 27. Juni 2002 wurde das Mittelrheintal von der UNESCO in die Liste „Erbe der Menschheit" eingetragen. *Aufnahme: Martin Hahmann*

Das Konsortium der Firmen GEC Alstom und ELIN bot den ÖBB die bei den SNCF als Baureihe BB 36000 mit 60 Maschinen im Einsatz befindliche Lok „Astride" an. Vor den schneebedeckten Gipfeln der französischen Alpen (Region Rhône-Alpes) wird 36022 am 17. Mai 2001 auf der Drehscheibe in Modane (Departement Savoyen) gewendet. *Aufnahme: Achim Datko*

Bestellung und Beschaffung des TAURUS

Der Geschäftsbereich Traktion der Österreichischen Bundesbahnen setzte im Juni 1996 eine Projektgruppe zur Konzeption neuer elektrischer Triebfahrzeuge ein. Diese Fahrzeuge sollten europäische Standards erfüllen und eine nachhaltige Erneuerung des Triebfahrzeugparks der ÖBB in die Wege leiten, der durch zunehmende Probleme wegen Überalterung und steigende Kosten bei der Wartung gekennzeichnet war. Die neuen Fahrzeuge wurden rasch danach EU-konform ausgeschrieben und bereits im Dezember 1996 lagen die detaillierten Ausschreibungsunterlagen für interessierte Anbieter vor. Wie im neu definierten Geschäftsverhältnis zwischen Bahngesellschaften und Lokomotivindustrie üblich geworden, überließ man die Detailgestaltung der neuen Lokomotive weitgehend der anbietenden Industrie und definierte für die Ausschreibung nur die wichtigsten Kriterien, die in sogenannte Muss- und Sollkriterien unterteilt waren. Die Musskriterien waren von allen Anbietern ausnahmslos zu erfüllen, während die Erfüllung der Sollkriterien später durch ein neuartiges Punktesystem gewichtet wurde, bei welchem vor allem der Preis eine herausragenden Rolle spielte. Den Anbietern waren hierdurch Entscheidungen über viele konstruktive Lösungen weitgehend freigestellt. Im Punktesystem waren des weiteren eigene Zulieferungen durch die ÖBB und Referenzen von besonderer Wichtigkeit. Den Wettbewerbern waren die Bewertungskriterien von Anbeginn bekannt, so dass für deren Angebote stets große Transparenz bestand.

Wichtige Bewertungskriterien

Preis, technische Ausstattung, Garantien für Zuverlässigkeit und Verfügbarkeit, Wirkungsgrad, Referenzen, möglicher ÖBB-Anteil an der Fertigung, Berechnung von Musterzügen 600-t-Reisezug mit 220 km/h und 1600-t-Güterzug mit 120 km/h über den Neumarkter Sattel (beispielhaft), Leistung >5 MW.

Ende Februar 1997 lagen die Angebote der Industrie vor, wobei damals die zu beschaffende Stückzahl neuer Lokomotiven noch nicht klar war. Von den Firmen, die Angebote abgegeben haben, kamen folgende sechs Firmen bzw. Firmenkonsortien in die engere Wahl: Adtranz, GEC-Alstom + ELIN, Siemens, die Arbeitsgemeinschaft 1012 (bestehend aus Siemens, Adtranz und ELIN, wobei ELIN kurz zuvor abgesprungen war) sowie Ansaldo und SLM + Adtranz. Nach mehreren Diskussions- und Verhandlungsrunden, nach denen eine sogenannte „shortlist" erstellt wurde, waren nur noch drei Hersteller im Rennen geblieben, wobei zu dieser Zeit eine Zweiteilung des Auftrages in Einsystem- und Zweisystemlokomotiven bereits festlag, noch nicht aber die zu beschaffende Stückzahl der beiden unterschiedlichen Typen. Die Firmen Ansaldo, SLM und die Arbeitsgemeinschaft 1012 waren aus Preisgründen ausgeschieden, während mit Siemens, Adtranz und Alstom weiterverhandelt wurde. Bei der Bewertung nach Punkten lag Adtranz bei der Einsystemvariante vorn, GEC-Alstom dagegen bei der Zweisystemvariante, beide jedoch vor Siemens auf dem damals noch dritten Platz.

Referenzen für eine neue ÖBB-Lok

Siemens hatte kurz vor dem Termin zur Abgabe der Angebote an die ÖBB die erste Lok der BR 152 der Öffentlichkeit in München vorgestellt. Die notwendigen Anpassungen dieser Lok an die Forderungen der ÖBB bezüglich hoher Geschwindigkeit und neuer Bauart des Antriebes waren mit dem Erprobungsträger EuroSprinter leicht zu demonstrieren. Eine Vorführung konnte allerdings nicht stattfinden. Der Hochleistungsantrieb mit Bremswelle, obwohl unabhängig von der ÖBB-Bestellung bereits zuvor konzipiert und konstruiert, kam erst später im EuroSprinter zum Einbau.
Adtranz konnte als Referenz die Baureihe 101 der DB nennen, die in den ersten Exemplaren gerade ausgeliefert waren. Vorangegangen waren umfangreiche Erprobungen und Demonstrationen neuer Techniken in den Loks 120 004 und 005 der DB. Eine Lok der BR 101 wurde den ÖBB im Rahmen einer Vorführungsfahrt demonstriert.
GEC-Alstom/ELIN boten die in Frankreich verbreitete Lok 36000 Astride in deren Drehstromversion an.

Die ausgeschiedenen Firmen hatten zwar die Musskriterien sämtlich erfüllt, waren aber bei der Punktebewertung gegenüber den anderen deutlich zurückgefallen. Beim Angebot der SLM bewegte sich beispielsweise der Preis mit 60 Mio. Schilling, entsprechend 4,38 Mio. Euro, in einem völlig inakzeptablen Rahmen, bei zusätzlich erforderlichen Umbauten des Daches zur Aufnahme eines dritten Stromabnehmers und zur Anpassung an die höhere Spannung von 25 kV. Ob die berühmte SLM ihre schwere Krise überlebt hätte, wäre ihr der Großauftrag für den TAURUS erteilt worden, wird für immer Spekulation bleiben. Sicher ist, dass Lokomotiven in der Preislage der Lok 2000 im Jahre 1997 einfach nicht mehr marktgerecht waren.

Lok BB 36000 Astride von GEC Alstom

Die letzten 60 Loks einer größeren Serie wurden mit Drehstrom-Asynchronmotoren an die SNCF geliefert.
Sie verfügen damit als erste Triebfahrzeuge der SNCF über diese moderne Technik mit Vierquadrantensteller und Pulswechselrichter, während vorangegange Lokomotiven in Synchrontechnik gebaut wurden. Die Loks sind ausgerüstet für 25 kV 50 Hz sowie für 3 und 1,5 kV Gleichspannung.
Leistung 5,6 MW, Zugkraft 320 kN, Raddurchmesser 1150 mm, Masse 88 t, Länge über Puffer 19.300 mm, Vmax 120 km/h (konstruiert für 220 km/h), Vierquadrantensteller für 25 kV, GTO mit Wasserkühlung, Hochsetzsteller für 1,5 kV DC, Tiefsetzsteller für 3 kV DC. Loknummer 36001–36060.
Astride ist ein Kunstwort für „Asynchronus Tritension Drive Europe". Ursprünglich hieß die Herstellerfirma nach Abkürzungen zweier Personennamen Alsthom. Nach Übername durch die General Electric Company (GB) GEC wurde das Alsthom zu Alstom anglisiert. GEC ist neuerdings entfallen.

Im Juli 1997 wurden die drei verbliebenen Anbieter zum Entscheidungsgremium der ÖBB eingeladen, um ihre endgültigen Angebote abzugeben und dies in Form versiegelter Kuverts, die schließlich im Beisein aller Beteiligten geöffnet wurden. Die Firma Alstom war in der Beurteilung abgeschlagen. Das Angebot der Firma Siemens lag letztlich um den minimalen Betrag von nur 0.8% niedriger als das vergleichbare Angebot von Adtranz. Zum Zeitpunkt der darauf folgenden Auftragsvergabe an Siemens Österreich wurde auch die Stückzahl der in Rede stehenden Lokomotiven mit 50 Einsystemloks und 25 Zweisystemloks erstmalig festgelegt, verknüpft mit einer nie dagewesenen und für ein Land der Größe Österreichs absolut ungewöhnlichen Option von weiteren 325 Lokomotiven. Mit einem Gesamtpreis von damals 2,7 Milliarden Österreichische Schilling für die 75 Loks, entspre-

Am 15. und 16. Juli 1999 war eine Lok der Baureihe 152 für Zulassungs-Messfahrten in Österreich zwischen Unzmarkt und Zeltweg unterwegs. Die Aufnahme mit 152 061, dem maschinentechnischen Messwagen und 1014 002 entstand am 15. Juli 1999 bei Scheiben. *Aufnahme: Peter Haslebner*

chend umgerechnet 197 Mio. Euro oder 2,63 Mio. Euro pro Lok war dieses eine Bestellung in bisher unbekannter Größenordnung. Allgemein wurde dem Einkaufsmanagement der ÖBB hohe Anerkennung für den erzielten äußerst günstigen Preis gezollt, ebenso wie für die Qualität der Entscheidungsfindung in nur sehr kurzer Zeit. Niemals sind politische Einflussnahme oder andere außerhalb der technisch und kommerziell begründeten Bestellung liegende Versuche zur Einflussnahme auf die Vergabe bekannt geworden.

Doch das alte Sprichwort von „Des einen Freud – des anderen Leid" gilt für diesen Auftrag aus Sicht der Firma Siemens in hohem Maße. Nie zuvor in der Geschichte des Baus elektrischer Lokomotiven waren diese zu solchermaßen niedrigen Preisen vergeben worden, lag doch der Preis eines TAURUS trotz deutlich höheren technischen Aufwandes noch unter dem der ohnehin unter starkem Kostendruck von der DB bereits drei Jahre zuvor bestellten Baureihe 152. Zudem war Siemens eine Verlagerung eines Anteils der Wertschöpfung vom Konzern selbst auf die ÖBB als Vertragsbedingung abverlangt worden. Hinzu kamen noch, wie auch bei den Bestellungen der DB zuvor bereits üblich gewordene höchst umfangreiche Garantien und Pönalen bezüglich Life Cycle Costs, Lieferzeiten, Verfügbarkeit, störungsfreier Laufleistung und anderer wichtiger Eigenschaften. Ein maximales Gewicht der Lok war mit 86 t vereinbart worden, anderenfalls eine Nichtabnahme angedroht war. Auch die für die Optionen vereinbarten Festpreise waren für die ÖBB sehr günstig ausgehandelt worden. Trotz nennenswertem Eigenanteil der ÖBB an der Fertigung des TAURUS bleibt die Gesamtverantwortung für das Projekt stets bei Siemens.

Zu dem äußersten Kostendruck kommt hinzu, dass in der Konzeptionsphase der neuen Loks noch die äußere Form der BR 152 auch für die neuen Hochgeschwindigkeitslokomotiven unterstellt wurde, und die nachfolgend aus technischen und auch aus ästhetischen Gründen glücklicherweise beschlossene Änderung des Designs ohne Änderung des Preises zu Lasten von Siemens

Garantien

Garantien wurden unter den Vertragspartnern vereinbart für:

• Technische Lebensdauer:
Hierunter wird die Absicherung gegen Risiken wie Spätfolgen von Konstruktionsfehlern verstanden.

• Verfügbarkeit:
Definiert als die maximale Nichtverfügbarkeit der gesamten Flotte in Prozent.

• Zuverlässigkeit:
Definiert als minimale Laufleistung in Kilometern zwischen zwei Fällen von Mindertauglichkeit bzw. Untauglichkeit.

• LCC Energie:
Energieverbrauch unter definierten Rahmenbedingungen.

• LCC Instandhaltung:
Der Instandhaltungsaufwand ist über die gesamte Lebensdauer festgelegt.

Diese Garantien sind bei Nichteinhaltung mit einer Vertragsstrafe belegt, die entweder ein Prozentsatz des Lokwertes oder eine Einmalzahlung ist. Ziel ist aber in jedem Fall eine optimale Lokomotive durch Korrektur des Fehlers. Der Soll-Ist-Vergleich erfolgt nach einem festgelegten Beobachtungszeitraum. Wichtiger Vertragsbestandteil war auch der Ausschluss von Billigprodukten respektive umgekehrt die Forderung nach Markenprodukten als Zulieferungen, vor allem bei Großkomponenten und sicherheitskritischen Bauteilen wie beispielsweise Radsätze, Lager, Rahmen, Bremse oder Trafo.

So sollten die neue Hochleistungslokomotiven für die ÖBB zunächst aussehen. Glücklicherweise setzte Dr. Draxler ein völlig neues Design für den TAURUS durch. Die 152 der DB hat in dieser Abbildung bereits die für den TAURUS festgelegte Türanordnung. *Grafik: Siemens*

ging. Gezeigt wurden in der Anfangsphase noch als Entwurf bezeichnete Computerzeichnungen und Typenpläne einer durch ein aufgemaltes Emblem eindeutig als ÖBB-Lok zu erkennende 152, allerdings bereits mit abgeänderter Anordnung der Einstiegstüren in den Maschinenraum sowie deutlich erkennbarer elektrischer Ausrüstung auf dem Dach. Zu sehen ist auf diesen Abbildungen sogar noch der nicht zum Gesamtbild passende und wenig funktionale Rangiertritt der BR 152.

Seit der Bestellung der elektrischen Neubaulokomotiven durch die Deutsche Bahn hat sich der Markt für Eisenbahnfahrzeuge endgültig zu einem sogenannten Käufermarkt entwickelt, was bedeutet, dass der Käufer durch seine Marktmacht letztlich die Preise für Produkte bestimmen kann, die er schließlich kauft oder nicht. Den Herstellern bleibt am Ende nur die Wahl, die quasi diktierten wenig auskömmlichen Preise zu akzeptieren oder auf wichtige, manchmal sogar lebenswichtige Geschäfte zu verzichten. Folge dieser neuartigen Geschäftsbeziehungen sind ein enormer Rationalisierungsdruck sowie weitere Erscheinungen, die langfristig auch schädlich für Unternehmen und dann in längerfristiger Folge auch wieder für ihre Kunden sein werden. Als Beispiele seien genannt Firmenübernahmen oder -zusammenschlüsse, häufig unter Verlust von Arbeitsplätzen, Personalabbau – fast immer verbunden mit erheblichem Verlust an Kompetenz – Verlagerung von Produktionen oder Teilen davon in das kostengünstigere Ausland und last, but not least, Qualitätseinbußen bei Produkten, bei denen höchste Qualität gerade besonders gefor-

Life Cycle Costs

Unter Life Cycle Cost (LCC) versteht man die Summe aller Kosten über den Lebenszyklus einer Lokomotive von vorhersehbar 30 Jahren. Diese Kosten setzen sich zusammen aus der Investition für die neue Lok, beziehungsweise aus den Kapitalkosten, den Betriebskosten für die gesamte Energie, welche die Lok in Laufe von 30 Jahren verbrauchen wird, sowie aus den Kosten für Instandhaltung und Reparaturen. Aufsummiert und abgezinst werden diese Kosten auf das Beschaffungsjahr. Von diesen Kosten sind bei der Beschaffung der Lok nur die Kapitalkosten genau bekannt, alle anderen nicht ganz einfach vorhersehbar. Dennoch gibt es recht zuverlässige Anhaltspunkte, auch diese Kosten für die Zukunft abzuschätzen und aus dieser Schätzung Schlüsse über die langfristige Wirtschaftlichkeit einer Konstruktion zu ziehen. Die Energiekosten in den zukünftigen 30 Jahren hängen von den Einsatzbedingungen der Lok ab, welche über einen so langen Zeitraum wiederum nur schwer präzise vorherzusagen sind, gleichermaßen aber auch von der elektrotechnischen Konstruktion und der konsequenten Vermeidung von Energieverlusten, welche zum Zeitpunkt der Konstruktion sehr wohl bekannt sind. Von den drei Komponenten der Life Cycle Costs sind die Energiekosten der gravierendste Faktor, so dass der Vermeidung von Energieverlusten bei modernen Lokomotiven eine besonders hohe Bedeutung zukommt. Letztlich bedeutet dies, dass bei den durch mehrmalige Umwandlung der Energie nicht begünstigten Umrichterlokomotiven jede Möglichkeit zur Verbesserung des Wirkungsgrades, sei es im Antriebsstrang, bei den Hilfsbetrieben oder bei Einsatz der Nutzbremse konsequent ausgenutzt werden muss. Die zu erwartenden Energiekosten können aus den Wirkungsgraden der einzelnen Elemente der Loks, einem angenommenen Betriebsprogramm und dem Preis für elektrische Energie abgeschätzt werden. Von ebenfalls großer Bedeutung ist die wartungsarme Konstruktion der Lok, welche über einen möglichst langen Zeitraum erhalten bleiben muss. Den Life Cycle Costs wird heute bei Wirtschaftlichkeitsüberlegungen größte Bedeutung beigemessen, trotz möglicher Ungenauigkeit. Nach sechs Jahren soll eine erste Neubewertung vorgenommen werden.

dert ist. Zahlreiche unrühmliche Beispiele bei Produkten der deutschen Eisenbahnindustrie sind hinlänglich bekannt und das Stichwort Neigezüge ruft dem kundigen Leser die angesprochenen Probleme rasch in das Gedächtnis. So tragen die Bahngesellschaften an solchen Problemen auch selbst ein gutes Stück Schuld. Jüngstes Beispiel für äußersten Preisdruck ist die österreichische Diesellok der Rh 2016 aus dem Hause Siemens, die gerade einmal 1,57 Mio. Euro pro Stück kostet, und dies ohne jedes Zugeständnis an Ausstattung sowie mit strengen Auflagen an den Hersteller verbunden, nota bene!

Weiterer Vertragsbestandteil bei Bestellung von 75 TAURUS-Lokomotiven war die Auflage an Siemens, eine fertig zugelassene und betriebsbereite Lokomotive abzuliefern, sozusagen „schlüsselfertig" (neudeutsch „turn key"), ebenso wie das Lieferdatum des ersten Exemplars zum 7. Januar 2000. Weitere Änderungen gegenüber der deutschen 152 waren vorzusehen, so die bei den ÖBB üblichen Außenspiegel, geänderte Anhebestellen, alpentaugliche Bahnräumer und manches mehr. Allerdings finden sich in der Presse dieser Zeit auch vielerlei Ungereimtheiten, wie Berichte über zukünftige Langläufe von Belgien (!) bis Istanbul. Als Lieferkadenz waren zunächst 25 Lokomotiven pro Jahr festgelegt, wobei stets von einem überwiegenden Einsatz der neuen Loks im Güterverkehr ausgegangen wurde. Die Devise „unser Heimatmarkt ist Europa" zeigt deutlich die Absicht der ÖBB, von der Liberalisierung des Bahnbetriebes in den Nachbarländern mit diesen modernen Lokomotiven zu profitieren. Im Gegensatz zur DB setzten die ÖBB mit dieser Bestellung ausschließlich auf die Beschaffung einer Universallokomotive, obwohl die in Zukunft benötigte Stückzahl von Schnellfahrloks im Alpenland Österreich auch bei fortschreitendem Streckenausbau als eher gering einzuschätzen war. Insofern werden die TAURUS-Lokomotiven bei der Mehrzahl ihrer Traktionsaufgaben zumindest bezüglich der Höchstgeschwindigkeit und den damit zusammenhängenden Eigenschaften überqualifiziert und damit teurer als unbedingt nötig sein. Bei weit mehr als der Hälfte aller gefahrenen Kilometer würde die Hälfte der Höchstgeschwindigkeit des TAURUS auch ausreichen. Die ÖBB haben also im Sinne einer Universalität ihres neuen Triebfahrzeugparks auf eine Billigvariante ausdrücklich verzichtet. Allerdings: Mit dem fortschreitenden Ausbau der Westbahn rückt die regelmäßige Geschwindigkeit von 200 km/h über längere Strecken in die Nähe.

Unter der Bezeichnung IRMA („Investitionen Rollmaterial"), hatten die ÖBB bereits vor der Bestellung des TAURUS im Februar 1997 ein langfristiges Konzept entwickelt, welches die Beschaffung und Finanzierung von Fahrzeugen mit dem Zeithorizont 2020 zum Gegenstand hat. Eine zentrale Aussage dieser Planungen ist die Außerdienststellung aller elektrischer Lokomotiven, die älter als die Rh 1042 sind, sobald hinreichende Stückzahlen der neu zu beschaffenden Hochleistungslokomotive dieses ermöglichen, wobei hiervon ursprünglich nur insgesamt 200 Stück zur Beschaffung vorgesehen waren. In der Tat ist dieses Konzept zur Zeit der Niederschrift dieses Buches bereits teilweise verwirklicht und viele der älteren Loks, aber auch erste Exemplare der noch jüngeren Rh 1042/1142 sind bereits außer Betrieb genommen, oder wie man in Österreich sagt, kassiert worden. Die Baureihe 1042 geht immerhin auch schon auf das Jahr 1963 zurück. Es kann vorhergesagt werden, dass bei Erscheinen dieses Buches sechsachsige Loks der Rh 1010 und 1110 nicht mehr in Betrieb sein werden. In nicht ferner Zeit werden die elektrischen Traktionsleistungen in Österreich zu 95 Prozent von nur zwei Lokomotivtypen erbracht.

ÖBB-Traktion

Im Zuge der Neuorganisation der ÖBB im Jahr 1995 entstand der Geschäftsbereich Traktion. Diesem stehen ca. 5000 Triebfahrzeugführer sowie 700 elektrische und 440 Diesel-Lokomotiven zur Verfügung. Der Geschäftsbereich Traktion bedient als Kunden innerhalb des Unternehmens vor allem die weiteren Geschäftsbereiche Personenverkehr und Güterverkehr.

Die erbrachten Leistungen werden intern verrechnet, ebenso wie die Instandhaltung der Lokomotiven, die vom Geschäftsbereich Technische Services zugekauft wird.

Von der die damaligen Maßstäbe setzenden Rh 1044 sollten sich die neuen Loks durch bis zu 25 Prozent höhere mögliche Anhängelasten unterscheiden und damit helfen Mehrfachtraktionen und Lokleerfahrten zu vermindern.

Anhängelasten im Vergleich 1044 versus 1016

Wien – Salzburg 160 km/h:		1044 = 450 t, 1016 = 550 t
(niedrige Belastung, hohe Beschleunigung)		
Wien – Salzburg:		
Güterzug 100 km/h:		1044 = 1250 t, 1016 = bis 1600 t
Arlberg Güterzug	Ostrampe:	1044 = 550 t, 1016 = 600 t
	Westrampe:	1044 = 470 t, 1016 = 550 t
Semmering Gz	Nordrampe:	1044 = 600 t, 1016 = 650 t
Brenner Gz	Nordrampe:	1044 = 550 t, 1016 = 600 t

Bemerkenswert ist, das auf den Rampenstrecken die Anhängelast der Loks Rh 1016 und 1116 die gleiche ist wie bei den sechsachsigen Lokomotiven der Rh 1010 oder 1110 oder am Brenner der dort eingesetzten BR 151 der DB. Auch hierdurch wird bestätigt, dass moderne Drehstromlokomotiven mit vier Achsen Leistungen übernehmen können, die bisher sechsachsigen Lokomotiven vorbehalten waren.

Für einige Strecken gibt es für die Lasten Anfahrbeschränkungen. Solche Lasten können nur befördert werden, wenn an bestimmten Punkten kein Signalhalt erwartet werden darf. Die in der Tabelle angegebenen Anhängelasten gelten für Züge ohne solche Beschränkungen.

Wenn auch die angestrebten Werte später nicht in vollem Umfang realisiert werden konnten, so ermöglichen die neuen Lokomotiven doch merklich höhere Anhängelasten, insbesondere verglichen mit den als wenig gleisfreundlich bekannten älteren sechsachsigen Baureihen 1010 oder 1110.

In die Zeit unmittelbar nach Bestellung der Lokomotiven fällt ein Ereignis, das für die TAURUS-Familie fortan von bleibender Bedeutung sein sollte. Klar war, dass die äußere Form der deutschen BR 152, wie zunächst angeboten, für eine Hochgeschwindigkeitslok kaum Bestand haben konnte und dass rasch eine aerodynamisch günstigere und vor allem ästhetisch ansprechendere Form für die neuen Lokomotiven gesucht werden musste. So hat der damalige ÖBB-Generaldirektor Dr. Helmut Draxler die äußere Form der neuen Lokomotiven zur Chefsache erklärt und mit dem Münchener Gestaltungsbüro Haslacher die neue und endgültige attraktive Form des TAURUS geboren. Hierüber wird im Kapitel „Der mechanische Teil" ab Seite 50 dieses Buches ausführlich berichtet.

Allerdings musste die neue aufwendigere Form nach Vertragsabschluss noch mit dem zuvor ausgehandelten Preis in Einklang gebracht werden. Das Ergebnis allerdings kann sich wohl sehen lassen und wird Freunde der ÖBB und der Eisenbahn generell noch in Jahrzehnten begeistern.

In den kommenden Jahren wird der TAURUS den Triebfahrzeugeinsatz bei den ÖBB nachhaltig verändern. So wird der hochwertige Reisezugverkehr in Österreich, den über viele Jahre die Reihe 1044 bestritten hat, zunehmend von den Reihen 1016 und 116 übernommen. In Wien Westbahnhof stehen 1044 125 und 1016 003 am 7. Juni 2000 gleichberechtigt nebeneinander. *Aufnahme: Christian Wolf*

Auf der Suche nach einem Namen wurde man mit dem Wort TAURUS fündig, was phonetisch gut klingt, vielleicht auch wegen der Alliteration zu den Tauern. Allerdings zeichnet sich das Rindviech Tauros eher durch Kraft als durch Intelligenz aus, und insofern wird der Name der neuen Hightec-Lokomotive doch nicht ganz gerecht. Herkules dagegen, der Name den die 2016 trägt, zeichnete sich durch Kraft und Intelligenz gleichermaßen aus.

Im März 1998 wurde das Ergebnis der Zusammenarbeit zwischen ÖBB und der Firma Haslacher als Modell erstmals der Öffentlichkeit vorgestellt. Prominenz der ÖBB und der Herstellerfirma, aber auch aus Wirtschaft und Kunst hatten sich zu diesem wichtigen Termin im Siemens-Forum in Wien versammelt und sogar der damalige österreichische Bundeskanzler Viktor Klima gab der Veranstaltung die Ehre, um den ersten, wenn auch noch kleinen

TAURUS = lateinisch: Der Stier

Die TAURUS-Lokomotiven werden beschafft, um Züge durch Europa zu ziehen. Doch die Beziehungen zwischen dem Stier Taurus und Europa sind viel älter und reichen in die griechische Mythologie zurück. Der Göttervater Zeus war für vielfache eheliche Untreue bekannt und übte seine Verführungskünste meist in listig verwandelter Gestalt aus, um die Opfer seiner Begierde zu täuschen. In einen Stier verwandelt verlockte Zeus die am Strande spielende Königstochter Europa, seinen Rücken zu besteigen und entführte sie so nach Kreta, wo er in seiner eigentlichen Gestalt einer Begierde nachging, die offensichtlich auch griechischen Göttern am Herzen lag. Nach anderer Überlieferung war Europa gerade mit dem Blumenpflücken auf einer Wiese beschäftigt. Aus der Verbindung mit Europa gingen drei Söhne hervor, darunter Minos, später König von Kreta mit Sitz in Knossos. Auch in dessen Familie spielten ein Stier als Minotaurus und sodomitische Beziehungen bei seinem Zustandekommen eine wichtige Rolle. Mittels einer ähnlichen List zeugte der Wolkenführer Zeus mit Alkmene, der Ehefrau des gerade außer Landes weilenden Amphitryon in der Nacht vor seiner Heimkehr den Helden Herakles, nach lateinischer Diktion den HERCULES, Sinnbild unwiderstehlicher physischer Kraft. Die neuen Lokomotiven der ÖBB sind so der griechischen Mythologie eng verbunden.

TAURUS ist das lateinische Wort für „Der Stier", griechisch Tauros. Das Wort ist nicht indogermanischer, sondern semitischer Herkunft. Rings um das Mittelmeer in den Religionen früher agrarischer Kulturen war der „Tauros" ein archetypisches Symbol der Fertilität und Virilität und hat im vorindogermanischen mediterranen Kulturkreis die religiös bedeutendste Rolle unter allen Tieren gespielt.
Zu den zwölf Taten des Herakles, Halbgott und Sohn des Zeus, gehörte auch die Bezwingung des kretischen Stiers, insofern Herakles merklich stärker als Tauros war. Er machte das Ungeheuer derart gefügig, dass man auf ihm über Berg und Tal und sogar über das Wasser reiten konnte.
Die neue Rh 2016 der ÖBB erreicht allerdings den TAURUS an Stärke bei weitem nicht und so hätte die umgekehrte Namensgebung der Mythologie besser entsprochen. Den Minotauros, ein Ungeheuer mit Menschenleib und Stierkopf, das von König Minos in Knossos auf Kreta im Labyrinth gehalten wurde, bezwang Theseus mit Hilfe der Ariadne. Auf der griechischen Zwei-Euro-Münze ist Zeus als Stier mit Europa auf dem Rücken zu sehen, wie oben abgebildet.
HECTOR (üblicherweise mit k geschrieben) der Sohn des Königs Priamos und seiner Frau Hekabe war der Held der Trojaner, wie in Homers Ilias beschrieben. Nachdem er den Patroklos getötet hatte, wurde er selbst von Achill getötet, der seine Leiche dann um den Grabhügel des Patroklos schleifte. Erst gegen ein Lösegeld übergab Achill den Leichnam des Hektor an Priamos, der ihn feierlich bestatten ließ.

Im März 1998 erfolgte im Siemens-Forum in Wien die offizielle Präsentation der zukünftigen Universallokomotive der ÖBB. Generaldirektor Dr. Helmut Draxler konnte zu dieser Veranstaltung auch den österreichischen Bundeskanzler Viktor Klima willkommen heißen.
Aufnahme: Tilmann Schüler

TAURUS zu bestaunen. Es handelte sich hierbei um ein beachtliches 1:10-Modell, das aus Gewichtsgründen sogar zweigeteilt war. Weitere Modelle, auch im Maßstab 1:20, wurden angefertigt. Die neue Lokomotive mit ihrer eleganten Stromlinienform erregte wohl erhebliches Aufsehen, wenn auch bezüglich der unstrukturierten Farbgebung einige Kritik überliefert ist. Sogar das unfreundliche Wort „Tauchlackierung" war seinerzeit in der Presse zu lesen. Nun wissen wir es heute besser und eine größere Anerkennung für das Äußere dieser Lokomotive als der begehrte Brunel Award lässt sich nicht mehr vorstellen. „Mit diesen Loks rüsten wir uns für den harten Wettbewerb auf dem Europäischen Markt und sichern somit auch in Zukunft unsere Konkurrenzfähigkeit", so betonte der ÖBB-Generaldirektor anlässlich dieser Veranstaltung. Generaldirektor Hochleitner von Siemens Österreich bezeichnete den Großauftrag als Meilenstein für das Haus Siemens und lobte die Zusammenarbeit zwischen Auftraggeber und Lieferanten, wenn auch dieser, wie bereits erläutert, einen besseren Preis als Basis dieser Zusammenarbeit wohl gerne gesehen hätte. Die Projektgruppe der ÖBB mit dem Projektleiter Thomas Necker hatte während der Ausschreibung und Bestellung ganze Arbeit für ihre Firma getan, nicht anders als für Siemens der ernannte Projektleiter Tilmann Schüler. Das zwischen Siemens und den ÖBB geschlossene Vertragswerk ist ein umfangreiches Buch von 610 Seiten mit einem Gewicht von 3,37 Kilogramm.

Am 12. Juli 1999 konnte in München-Allach das Rollout der ersten Lok spektakulär begangen werden. Betont wurde auf dieser Veranstaltung nochmals nachhaltig, dass die neue Lokomotive auf eine Entwicklung zurück geht, welche Siemens und Krauss Maffei mit dem EuroSprinter auf eigene

Meilensteine für die TAURUS-Familie

Oktober 1996	Einsetzung einer Projektgruppe zur Beschaffung neuer Lokomotiven
November 1996	Vorliegen des Lastenheftes
Dezember 1996	EU-weite Ausschreibung
Februar 1997	Vorliegen der Angebote
März 1997	Verhandlungsphase
Juli 1997	Bestellung von 75 Loks bei Siemens Österreich
März 1998	Vorstellung eines Modells
Juli 1999	Präsentation der ersten Lok 1016 001 in München-Allach
Juli 1999	Überstellung der 1016 005 nach Linz zur Montage
Juli 1999	Einlösung der 1. Option über 100 Loks
August 1999	Beginn der Probefahrten, Erprobung in Wegberg-Wildenrath
August 1999	Probefahrten der 1016 001 in Deutschland (Würzburg)
August 1999	Überführung der 1016 001 nach Salzburg
September 1999	Fotozug mit 1016 003 zwischen Wien und Amstetten
Oktober 1999	Hochgeschwindigkeitsfahrten bis 253 km/h in Deutschland
November 1999	Probefahrten bei GySEV zwischen Sopron und Ebenfurth
Januar 2000	Termingerechte Auslieferung der ersten Lok nach Einzelzulassung
Februar 2000	1016 001 erreicht in Österreich 255 km/h
Februar 2000	Lieferung der 1116 001 aus Allach
März 2000	Präsentation der neuen Fertigung in Linz
Mai 2000	1116 001 in Arad, Rumänien
Juni 2000	Zulassung in Deutschland
August 2000	Bestellung von 25 Loks der BR 182 durch die DB
August 2000	Lieferung der Poolloks 1116 901–903 aus Linz *
August 2000	Erste Dispolok ES 64 U2 von Siemens
September 2000	Einlösung der restlichen Optionen über weitere 225 Loks
November 2000	Präsentation bei den Slowakischen Staatsbahnen in Bratislava
Januar 2001	Serienzulassung 1016/1116, zuvor nur Einzelzulassung
Juni 2001	Abnahme der Lok 1016 050. Weitere Lieferung nur noch als 1116
Juli 2001	Ablieferung der 182 001 nach Nürnberg
August 2001	Bestellung von zehn Loks Rh 1047 durch die MÁV
August 2001	Bestellung von fünf Loks Rh 1047.5 durch die GySEV
April 2002	Lieferung der jeweils ersten Lok für MÁV und GySEV
April 2002	Zulassung der ES 64 U2 in der Schweiz (Hupac)
April 2002	100. TAURUS an die ÖBB ausgeliefert
Dezember 2002	1116 100 in blauer Farbgebung „Licht ins Dunkel", 150. TAURUS

* Diese Loks wurden aus Termingründen in Linz montiert. Lok 901 für Hupac, 902 und 903 für Siemens Dispolok. Alle weiteren nicht für die ÖBB bestimmten Lokomotiven kommen aus München-Allach.

Der erste TAURUS hat die Werkhallen von Siemens-Krauss Maffei in München-Allach verlassen und wird am 19. Juli 1999 in einer Feierstunde der Öffentlichkeit vorgestellt.
Aufnahme: Siemens-Krauss Maffei

Initiative angestoßen haben. „Die Idee war es, mit dieser Lokomotive einen Baukasten für unterschiedliche Einsatzzwecke zu schaffen. Welche Leistung auch benötigt wird, unter welchem Stromsystem die Lokomotiven fahren sollen – die Basis bleibt dieselbe: leistungsfähige, zuverlässige und wirtschaftliche Komponenten". So sprach Siemens Bereichsvorstand Herbert Steffen.

Und ein neues Wort wurde ebenfalls geboren: „Coopetition", was bedeuten soll, dass sowohl Cooperation als auch Competition (Wettbewerb) mit demselben Partner zur selben Zeit möglich sind, was der TAURUS mit seinem Eigenanteil der ÖBB an der Fertigung beweist. Eine Siemens-Publikation bezeichnete Coopetition auch als Auflösung der klassischen Lieferanten-Kunden-Beziehung. Und natürlich wurde die persönliche Mitwirkung des ÖBB-Generaldirektors am gelungenen Design der Lok immer wieder gerühmt. Die Vorstände der Deutschen Bahn konnten für ihre jeweilig neuen Farbkonzepte bei Weitem nicht so viel Zuspruch ernten. Übrigens wurden damals die Reihen 1016 noch als TAURUS I und 1116 als TAURUS II bezeichnet. „Die ÖBB befinden sich im Aufbau eines europäischen Logistikkonzerns in der Absicht, im Cargoverkehr bis zum Jahr 2010 die Nummer zwei in Europa zu werden", ließ Generaldirektor Draxler die versammelten Partner und Konkurrenten wissen. Und hierzu braucht man neue Lokomotiven in großer Zahl!

Rail Cargo Austria

Die Gütersparte der ÖBB transportierte im Jahr 2001 beachtliche 86,4 Millionen Tonnen, davon im kombinierten Ladungsverkehr 24,5 Millionen Tonnen. Auf der Rollenden Landstraße (RoLa) wurden 12,3 Millionen Tonnen, im unbegleiteten Verkehr 12,3 Millionen Tonnen transportiert.

Allein auf der am stärksten nachgefragten RoLa-Verbindung über den Brenner wurden 202.000 Lkw verladen, nach Ungarn 107.000 und über die Tauern-/Phyrn-Verbindung 95.000 Lkw.

In allen Bereichen werden erhebliche Wachstumsraten erwartet. Der Anteil des kombinierten Verkehrs betrug 2001 fast 30 Prozent und wird weiter wachsen. Dies ist besonders erfreulich, denn gerade der kombinierte Verkehr entlastet die Straßen.

Jeder Zulassung gehen umfangreiche Test- und Erprobungsfahrten voraus. Auf dem Siemens-Testgelände in Wegberg-Wildenrath ist 1016 001 im August 1999 unterwegs. Deutlich ist die Überhöhung des großen Testringes zu erkennen.
Aufnahme: Karl Ramseier

Zu interessanten Begegnungen der modernsten Triebfahrzeuge von DB und ÖBB kam es während der Testfahrten im Siemens-Prüfcenter Wegberg-Wildenrath. Eingerahmt von ICE 3, BR 403 und ICE-T, BR 411 ist 1016 002 im August 1999.
Aufnahme: Bernhard Benes

Es besteht kein Zweifel daran, dass solche Ankündigungen, unterstrichen durch Bestellungen von neuem Rollmaterial in bisher nicht gekanntem Umfang sowie die Persönlichkeit ihres obersten Chefs bei den Eisenbahnern in Österreich eine besondere Aufbruchstimmung erzeugten. Insofern wurde auch der Weggang von Dr. Draxler nach zwei Amtsperioden in Folge politischer Veränderungen im Lande vielfach und nachhaltig bedauert.

Visionen zu haben und diese den Mitarbeitern in einer Form zu vermitteln, welche den Mitarbeiter auch bemerken lässt, woher diese Visionen stammen, das gehört zu den vornehmen Aufgaben eines guten Managements.

In vielen anderen Ländern hat seit einigen Jahren der Hochgeschwindigkeitsverkehr Vorrang bei Neuinvestitionen, in Österreich setzt man dagegen eher auf die Zukunft des grenzüberschreitenden Güterverkehrs. Dennoch sind Lokomotiven wie der TAURUS eine Voraussetzung für die „Vision 1-2-3", deren Verwirklichung allerdings noch in einiger Ferne liegt.

Vision 1-2-3

Unter dieser Vision des ehemaligen ÖBB-Generaldirektors Herrn Dr. Helmut Draxler versteht man die in Zukunft angestrebten Reisezeiten: Wien – Linz in einer Stunde, Wien – Salzburg in zwei Stunden und Wien – München in drei Stunden. Die heutigen Fahrzeiten eines EuroCity liegen mit Wien – Linz bei 1 h 51 min, Wien – Salzburg 3 h 11 min und Wien – München 4 h 50 min noch weit davon entfernt.
Ohne Visionen für die Zukunft sind angestrebte Ziele noch viel weniger zu erreichen.

In der Nacht zum 23. November 1999 hatte es in Salzburg heftig geschneit. Am Morgen dieses Tages standen Messfahrten mit 1016 003 auf dem Programm. Auf Gleis 402 des Salzburger Hauptbahnhofes wird die kurze Garnitur für die Fahrten vorbereitet. *Aufnahme: Heinz Kofler*

Am 2. November 1999 überquert 1016 003 im Rahmen von Messfahrten mit einem Schotterzug den Waidmanngrabenviadukt zwischen Mallnitz und Kaponig. *Aufnahme: Peter Haslebner*

Nach dieser feierlichen Veranstaltung stand die erste Lok zunächst für Probefahrten im Siemens-Prüfcenter in Wegberg-Wildenrath und danach auf den Neubaustrecken der Deutschen Bahn zwischen Würzburg und Fulda sowie über die Nantenbacher Kurve zur Verfügung. Am 16. August 1999 überschritt dann der erste TAURUS 1016 001 bei Salzburg erstmalig die österreichische Grenze und wurde am Tag danach von der Messgruppe der ÖBB nach Linz gebracht, wo die Lok verwogen wurde. Mit 84,1 t blieb das Gewicht merklich unter den vertraglich vereinbarten 86 Tonnen. Umfangreiche Messfahrten in Österreich schlossen sich an, wobei die Lok mit Messradsätzen aus dem EuroSprinter ausgerüstet war. Diese Fahrten verliefen nicht ganz ohne Probleme was das Zusammenwirken der Messradsätze mit dem ÖBB-Messwagen anbelangt. Auch bei Kurvenfahrten mit erhöhter Seitenbeschleunigung am Semmering schien es zunächst Probleme geben mit den angesichts der engen Kurven von nur 190 m Radius am Rahmen anschlagenden Drehgestellen. Als Folge wurden Anschläge geändert und Metallteile durch Kunststoff ersetzt. In diesem Zusammenhang weilte die Lok auch einige Zeit in Minden bei der DB. Wie häufig wurden aber beherrschbare Probleme von der Presse willfährig übertrieben. Allerdings wurden bald auch 220 km/h auf der Westbahn erreicht. Die Loks 1016 002 und 003 folgten relativ rasch nach und am 7. Januar 2000 konnte dann die erste Lok schlüsselfertig, wie es Vertragsbestandteil war, an die ÖBB übergeben werden.

Für die Fertigung des TAURUS in Linz bedurfte es intensiver Schulung der Mitarbeiter durch Siemens und der Bau von Vorrichtungen zur Montage erfolgte in enger Zusammenarbeit mit Siemens, um eine für beide Seiten erfolgreiche Kooperation zu gewährleisten. Den Werken der ÖBB fließt jedenfalls erhebliches Know-how durch diese Aufgabenteilung zu. Die Wertschöpfung durch etwa 90 Mitarbeiter im Werk Linz sollte vereinbarungsgemäß bei etwa zehn Prozent liegen.

Lokomotivindustrie in Österreich:

Elektrische Lokomotiven in Österreich wurden nicht anders als in Deutschland und der Schweiz früher von einem Hersteller des Mechanteils und Herstellern des elektrischen Teils in Zusammenarbeit gebaut. Hersteller des Mechanteils war die Firma Simmering Graz Pauker SGP in Graz, die grundsätzlich auf den Fabrikschildern angeschrieben ist. Die Zulieferung des elektrischen Teils erfolgte von den in Österreich ansässigen Firmen BBC, Siemens und ELIN, früher auch noch von AEG. Diese Firmen lieferten den E-Teil sowohl als einzelne Unternehmen, häufig aber auch als Konsortien gemeinsam. In solchen Fällen ist an den Loks BES für BBC, ELIN und Siemens angeschrieben, bei älteren Typen auch ABES unter Einschluss der AEG. Die Endmontage erfolgte, anders als in der Schweiz, stets beim Hersteller des Mechanteils SGP in Graz. Nach Übergang des Werkes SGP auf Siemens und dessen Umwandlung in das Kompetenzzentrum für Drehgestelle des Siemens-Konzerns besteht in Österreich keine eigenständige Lokomotivindustrie mehr. Die Jenbacher Werke stellten nur Diesellokomotiven und Triebwagen her.

Während des Messfahrtenprogrammes auf der Tauernstrecke überquert 1016 001 am 16. Mai 2000 mit dem maschinentechnischen Messwagen und einem eigens gebildeten Güterzug die Brücke über die Angertalschlucht bei Bad Gastein. *Aufnahmen (2): Markus Inderst*

Im Bahnhof Semmering ist der Messzug 96641 mit 1016 001 am 26. August 1999 gerade angekommen. Am Zugschluss läuft eine Lok der Reihe 1014. Zu Ehren des Erbauers der Semmeringbahn wurde in Bahnhofsnähe das Denkmal für Carl Ritter von Ghega am 22. Juli 1869 feierlich enthüllt.

Schon recht bald nach der Auslieferung erfolgte der Einsatz vor den Zügen der „Rollenden Landstraße" (RoLa). Am 1. April 2001 passiert 1016 004 den grüßenden Fahrdienstleiter des Bahnhofs Paternion-Feistritz. *Aufnahme: Peter Haslebner*

Ebenfalls mit einem voll ausgelasteten Zug der Rollenden Landstraße überquert 1016 040 am 4. Juli 2001 von der Tauernbahn kommend die imposante Draubrücke in Villach. *Aufnahme: Uli Sunder*

Fertiggestellter und grundierter Lokkasten eines TAURUS im TS-Werk Linz der Österreichischen Bundesbahnen. *Aufnahme: Karl Gerhard Baur*

Der mechanische Teil

Der Lokomotivkasten

Der Lokomotivkasten des TAURUS ist in integraler Stahlbauweise ausgeführt und übernimmt die Systemmaße der EuroSprinter-Familie und der deutschen BR 152. Gegenüber letzterer sind die Struktur und Anbauteile auf Leichtbau optimiert, um die geforderte Gesamtmasse der Lokomotive von 85 Tonnen bei Einsatz der wesentlich schwereren Drehgestelle mit vollabgefedertem Antrieb und völlig verschiedener Ausführung der mechanischen Bremse einhalten zu können. Für alle Bauteile des Kastens wurden die optimalen Werkstoffe bezüglich Funktion, Leichtbau und Fertigungskosten ermittelt. Zahlreiche Anbauteile, wie Dachelemente, Türen, Sandkästen, Batteriekästen (nur Loks 001–004) und Schneeräumer wurden deshalb aus Aluminium ausgeführt. Das Schwingungsverhalten des Lokkastens wurde trotz Leichtbau durch spezielle Versteifungen sowie eine neuartige Dachanbindung optimiert.

Das Untergestell besteht aus geschweißten Kastenträgern. Die beiden äußeren Längsträger sind durch massive Querträger verbunden, wie die Kopfstücke, die Drehzapfenquerträger und die Trafoquerträger. In Lokmitte verläuft ein durchgehender ebenfalls als Kastenträger ausgebildeter Mittellängsträger, welcher insbesondere zur Aufnahme der über die Drehzapfen eingeleiteten Biegemomente dient. Wie heute bei modernen elektrischen Lokomotiven üblich, ist der Trafo in der Lokmitte unterflur eingebaut, was vielfältige Vorteile bringt und erst durch die Dreh-

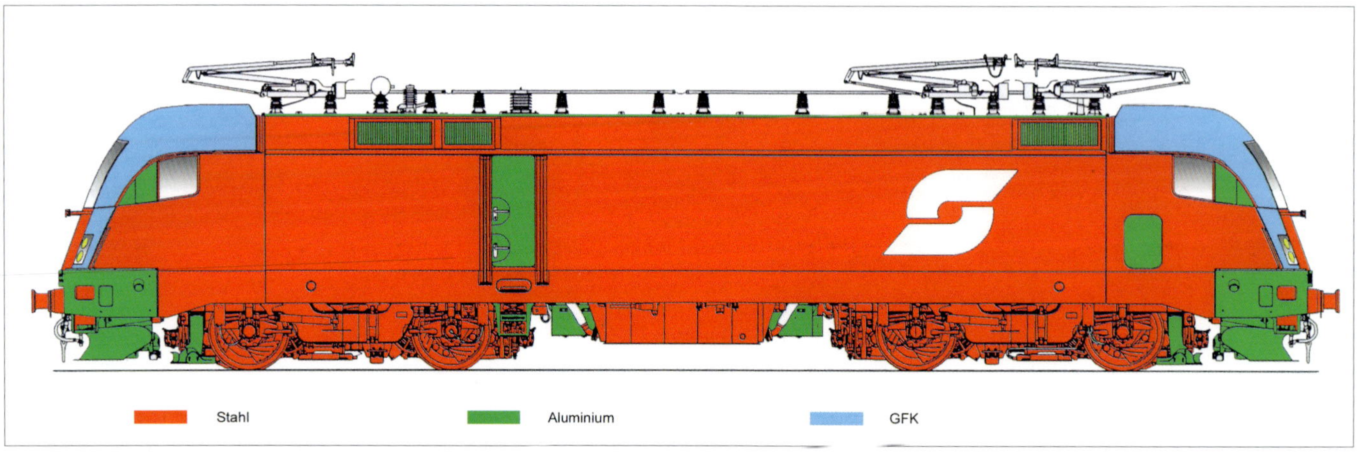

Die Grafik veranschaulicht die Verwendung der unterschiedlichen Materialien. *Grafik: Siemens*

Bei Siemens in München-Allach wurde der Lokkasten des Taurus den vorgeschriebenen Druckversuchen unterzogen.
Aufnahme: Siemens

stromtechnik und den Entfall des Schaltwerkes möglich wurde. Dieser Einbau des Trafos ergibt eine günstige Lage des Schwerpunktes der Lok sowie kurze Leitungswege zu den im Maschinenraum oberhalb des Trafos eingebauten Stromrichtern. An den Lokenden unter den Kopfstücken und im Bereich der Drehzapfenquerträger befinden sich markierte Anhebestellen, hier sowohl unter den Langträgern als auch in Form von rohrförmigen Aufnahmen für Anhebezapfen.

Die komplett ausgerüstete Lokomotive kann angehoben werden:

- beidseitig mit Drehgestellen bei den Sekundärfedern oder unter den Sekundärfedern mit vier Hebeböcken bei gleichmäßiger Aufteilung der Last,

Zum Anheben des Lokkastens können bei den Maschinen der Reihen 1016 und 1116 diese Bolzen eingesteckt werden. *Aufnahme: K.G. Baur*

- beidseitig ohne Drehgestelle unter den Kopfstücken,
- einseitig zusammen mit einem Drehgestell unter dem Kopfstück an den Anhebestellen, wenn die Lok dabei auf dem anderen Drehgestell abgestützt ist.

Die Führerhäuser und die versteiften Maschinenraum-Seitenwände stellen tragende Bestandteile des integralen Ganzstahl-Kastens dar. Die Bleche der Seitenwände sind durch zahlreiche Streben verstärkt, die mit Ausrundungen versehen und an sogenannten „Zähnchen" an die großflächigen Bleche angeschweißt sind. Diese Konstruktion ist wie bei der vorangegangenen BR 152 ausgeführt. Die Dachschrägen der Seitenwände mit den Lufteinlass-Öffnungen stellen selbst ebenfalls tragende Längsträger, quasi als Gegenstück zum Untergestell dar. Zur Querabstützung dienen drei schraubbare Dachspriegel, welche die vier abnehmbaren Dachsegmente tragen. Durch diese wird eine höhere Steifigkeit des Lokkastens gegenüber Vertikal- und Torsionsschwingungen erreicht. Die selbsttragende Struktur des Lokkastens erfüllt alle Anforderungen hinsichtlich mechanischer Festigkeit und Steifigkeit und wurde selbstverständlich einem Druckversuch unterzogen, um die berechnete Festigkeit entsprechend UIC-Norm nachzuweisen. Die Grenzwerte der Verformung unter Einleitung von 2000 kN in die Seitenpuffer sowie von 500 kN über zwei diagonal gegenüberliegende Puffer wurden eingehalten. Die Dimensionierung hochbelasteter Teile des Lokkastens ebenso wie der Drehgestelle wurde zeitgemäß mittels der „Finite-Elemente-Analyse" durchgeführt.

In der Gestaltung der Führerhäuser und der Anordnung der Türen weichen die Lokomotiven von der Entwicklungslinie EuroSprinter/BR 152 nachhaltig ab. Ersteres resultiert aus der Formgebung, letzteres aus den Wünschen der ÖBB und einigen weiteren Zwängen. Die Bauweise der Führerhäuser ist der Gestaltung der Kopfform angepasst. Die großflächigen, zylindrisch gekrümmten

Oberflächen vorne und seitlich bilden zusammen mit einem massiven Rammträger und den Einfassungen der Seitenfenster einen steifen selbsttragenden Verbund in Stahlbauweise.

Teile, deren Oberfläche mehrfach gekrümmt sind werden in GFK-Bauweise ausgeführt. Dies sind die Scheinwerfereinfassungen und die Dachhaube des Führerhauses, welche als einteiliger dickwandiger Sandwich-Aufbau hergestellt ist.

Bei diesen GFK-Teilen wurden kostengünstige Integrationsmöglichkeiten genutzt, wie z. B. Scheinwerfereinfassungen und Regenrinnen oder Schall- und Wärmeisolation. Die Dachhaube bildet die obere Fenstereinfassung der Frontscheiben und ist für die Aufnahme aller Luftkräfte oder nach UIC geforderter Lasten mit hohen Sicherheitsreserven ausgelegt.

Die GFK-Teile werden genauso wie die Stahlbleche lackiert. Hierbei kam es bei den ersten Lokomotiven zu Schwierigkeiten, die einen Austausch der Führerraum-Hauben erzwangen und die durch Auftragsvergabe an einen anderen Hersteller überwunden werden konnten.

Mitte links:
Die fertig lackierten GFK-Führerstandhauben für die Rh 2016 und Siemens Dispoloks (gelb) stehen in München zur Montage bereit.

links:
Bei den ersten Lokomotiven waren die GFK-Hauben noch nicht lackiert, wie hier bei 1016 003 im Mai 1999 in den Werkshallen von Krauss Maffei.

Aufnahme: Jürgen Lorenz

Links:
Die Seitenwände der Kästen werden in Allach gebaut. Gut zu sehen ist die Dachschräge mit den Öffnungen für die Luftkanäle. Auch die Versteifungen mit den Zähnchen und deren Verschweißung mit dem Blech sind zu erkennen.

rechts:
Der Einbau der Scheiben bedarf besonderer Sorgfalt und guter Vorbereitung.

Die leicht gekrümmte Frontscheibe ist aus Gründen der Instandhaltung zweigeteilt. Wegen der Asymmetrie müssen allerdings zwei spiegelbildliche Scheiben vorgehalten werden. Die elegante Einfassung der oberen Stirnlampe durch beide Scheiben ist dem „Halberstadter Steuerwagen" für IC- und IR-Wendezüge der DB nachempfunden. Die Scheiben sind mit der Struktur und untereinander verklebt.

Die zweifach gekrümmten Frontscheiben und die Dachhaube werden als einer der letzten Montageschritte eingebaut, nachdem Führertisch und Führerhausrückwand bereits mit Hilfe eines Krans montiert wurden. Die Mehrschichten-Verbundglasscheiben sind in einem Penetrationsversuch nach UIC-651 auf Durchschlagsfestigkeit getestet. Hierbei wird ein definierter Prüfkörper mit einer Geschwindigkeit von 425 Stundenkilometern auf die Scheiben geschossen.

Ein besonderes Gestaltungselement ist die Ausführung der Frontscheiben, größer als nur als Fenster erforderlich und im unteren Teil, die Lampe umschließend schwarz eingefärbt. Eine solche TAURUS-Frontscheibe kostet etwas mehr als 1000 Euro. Die

Die Frontscheiben

Die Frontscheiben sind beim TAURUS verglichen mit denen anderer Lokomotiven recht groß ausgeführt und stellen ein wesentliches Element des Fahrzeugdesigns dar. Auch die Scheiben der Schweizer Loks Re 4/4^{II} und Re 6/6 sind auffallend groß, wirken aus heutiger Sicht aber eher etwas bieder. Solch große Scheiben weisen Vor- und Nachteile auf. Nachteilig ist sicherlich die vergrößerte Sonneneinstrahlung und die erforderliche höhere Belastung der Klimaanlage, aber auch die Erfordernis für die Lokführer, häufiger die Sonnenrollos zu benutzen. Gekrümmte Scheiben, wie beim TAURUS eingebaut, sind teurer, ergeben aber eine bessere Aerodynamik bei gerundeter Front der Loks. Ob für die Arbeitsbedingungen des Lokführers große oder kleinere Scheiben die bessere Lösung sind, darüber gehen die Ansichten auseinander. Eine bessere Sicht auf die Strecke oder das Bahnhofsumfeld bieten die großen Frontscheiben wie auch ungeteilte Scheiben aber sicherlich. Letztere wurden bei den ÖBB in die Loks 1012, 1014 und 1822 eingebaut, wie auch in die Lok 2000 der SBB. Diese großen Einzelscheiben sind jedoch technisch nicht unproblematisch. Die Sicht des Lokführers durch eine Frontscheibe hängt natürlich von deren Neigung ab. Jedenfalls tragen die großen Hochkant-Frontscheiben des TAURUS ganz wesentlich zu seinem attraktiven Aussehen bei.

Die zwei spiegelbildlichen Scheiben werden in die GFK-Haube eingeklebt.
Aufnahmen (4): Karl Gerhard Baur

Im Rahmen eines Werkstattaufenthaltes wurde die von außen kaum erkennbare Notausstiegluke geöffnet. *Aufnahmen (3): Karl Gerhard Baur*

Scheibenwischer stehen in Parkstellung senkrecht und legen sich an den Mittelholm der Scheiben an.

Die Anordnung der Türen einseitig etwa in den Drittelpunkten der Seitenwände folgt österreichischen Baugrundsätzen und wurde bereits bei anderen jüngeren Loks der ÖBB ähnlich ausgeführt. Solche Anordnungen sind wohl eher eine Frage der Philosophie der Bahngesellschaften als dass sie eindeutige Vorzüge hätten. Für deutsche Lokführer der BR 182 oder der Siemens Dispoloks allerdings ist die Anordnung der Türen des TAURUS höchst gewöhnungsbedürftig und sie vermissen wohl instinktiv zwei Türen je Führerstand. Der Abstand der Außentüren von den Führerständen machte die Einrichtung von Notausstiegsluken notwendig, rechts hinter dem Lokführersitz, von außen kaum zu erkennen, von innen als Notausstieg deutlich gekennzeichnet und mit einem Griff zur Aktivierung versehen. Diese Notausstiegsluke ist eine Forderung des deutschen Eisenbahn-Bundesamtes (EBA). Die Türen liegen in Fahrtrichtung rechts hinten und links vorne.

Im Führerstand ist die Luke deutlich als Notausstieg gekennzeichnet. Die Höhe des links sichtbaren Sitzpolsters verdeutlicht die Größenordnung.

Weitere Erläuterungen zur Anordnung der Türen

Wegen der Länge vorhandener Schiebebühnen im TS Werk Linz der ÖBB konnte der TAURUS nicht die Länge der BR 152 von 19.580 mm aufweisen, sondern musste in seiner Länge über Puffer auf 19.280 mm begrenzt werden. Die einzusparende Länge von 300 mm konnte auf die Konstruktion der Lok nicht ohne Auswirkungen bleiben. Da die Länge des Maschinenraumes bei beiden Loktypen einheitlich 12.000 mm beträgt, musste der erforderliche Unterschied bei den Führerhäusern eingespart werden. Die ÖBB verzichten auf Wunsch der Lokführer auf Türen zu den Führerhäusern, um das Problem von Zugluft und Kälte zu vermeiden. In der Schweiz und in Deutschland denken die Lokführer hierüber wohl anders, aber wahrscheinlich liegen diese Ansichten nur in den Gewohnheiten begründet. Bei der 152 ist zwischen HBU 1 und Stromrichter noch Platz vorhanden und genau dort wurde die Tür beim TAURUS eingebaut sowie spiegelbildlich auf der anderen Lokseite. Bei anderen modernen ÖBB-Loks wurde eine ähnliche Anordnung gewählt und dennoch ist es bemerkenswert, dass gerade bei der neuen Diesellok HERCULES Rh 2016 wieder jeweils zwei Türen ganz konventionell in die Führerhäuser führen. Hierfür ist wohl der Wunsch nach einer universellen Vermarktung der Lok verantwortlich, aber auch Spezifika einer Diesellok erfordern die Türen im Führerstand. Nach UIC ist ein Ausstieg aus einer Lok in einen vorgegebenen Abstand von der Lokfront erforderlich und das EBA bestand auf der Einhaltung dieser Forderung. Aus diesem Grund wurde beim TAURUS in Fahrtrichtung rechts die besprochene Notausstiegsluke eingebaut. Die Benutzung der Schiebebühne im Werk Linz ist trotz der verkürzten Länge übrigens nur nach Demontage der Puffer möglich.

Die Anordnung der Türen führt für deutsche Lokführer zu Schwierigkeiten beim Erreichen der Sprechstellen nur durch das Fenster. So werden verschiedene Utensilien zur Verlängerung der Arme beim Niederdrücken der Sprechtaste benutzt.

In die Trittstufen des Aufstieges zum Maschinenraum wurde zunächst noch der Schriftzug Krauss Maffei eingelasert.

Das Energieverzehr-Element in eingebautem Zustand. Links ist der später verdeckte Einfüllstutzen für Sand, darüber sind die Luftanschlüsse für die Makrofone zu erkennen.
Aufnahme: Karl Gerhard Baur

Die massiven Einstiegstüren haben eine lichte Weite von 650 mm, 1675 mm Höhe und öffnen bis zu einem Winkel von fast 90°. Diese Türen sind auf der Innenseite nicht verblecht, so dass die massive Schweißkonstruktion deutlich zu sehen ist. Sie haben außen jeweils zwei Türgriffe und sind von außen abschließbar und von innen mittels eines Knebels absperrbar. Zwei übereinander angeordnete Türgriffe helfen dem Lokführer, aus verschiedener Höhe die Türen leicht zu öffnen. Zu den Türen führen drei Trittstufen, in deren mittlere eine Schrift Krauss Maffei eingelasert ist. Die Türen sind gegen Eindringen von Wasser und Flugschnee optimal abgedichtet und führen in den Mittelgang des Maschinenraums. Die Haltegriffe für den Aufstieg sind in der Seitenwand teilweise versenkt. Ab Lok 1116 068 ist die Schrift Krauss Maffei an der Pufferfront im Rahmen der Übernahme durch Siemens nicht mehr vorhanden, an der Aufstiegstreppe zum Führerhaus allerdings ist sie bei den älteren Fahrzeugen weiterhin zu lesen.

Eine Besonderheit der Baureihe 152 und der TAURUS-Familie ist die Ausrüstung mit besonderen Hochleistungs-Crash-Elementen zwischen den Puffern und dem Untergestell. Diese sind eine durch Patent geschützte Entwicklung der Firma Krauss Maffei und können bei Kollisionen durch bleibende Verformung mehr als 1 Megajoule an kinetischer Energie aufnehmen.

Verglichen mit der deutschen BR 152 sind die preisgünstigen Crashelemente weiterentwickelt und fast doppelt so lang. Ferner sind sie nicht mehr mit dem Untergestell verschweißt, sondern leicht auswechselbar mit den Kopfstücken verschraubt. Da die Energieaufnahme bei niedrigem Kraftniveau erfolgt, werden auch die wertvollen Einbauten in der Lok ebenso wie der Drehzapfen vor Folgeschäden geschützt. Die Crashelemente sind so ausgelegt, dass sie sich bei Überschreiten einer in die Puffer eingeleiteten Kraft von mehr als 2000 kN durch kontrollierte Faltung unter gleichbleibend hohem Kraftniveau verformen, bevor am Lokkasten bleibende Schäden auftreten. Natürlich können auch andere an einer Kollision beteiligte Fahrzeuge von dieser nützlichen Einrichtung profitieren.

Die Crashelemente der Lok sind von außen deutlich zu sehen. Die Mittelflanschpuffer der Firma Keystone Bahntechnik weisen sowohl eine Ringfeder als auch Hydraulikkapsel auf, entsprechen dem UIC-Kodex 526-1 und können ohne Schaden 70 kJ Arbeit bei einem Hub von 105 mm aufnehmen. Die Baulänge dieser Puffer reicht in das Innere der Crashelemente hinein. Bei starken Aufstößen und völliger Verformung des Crashelementes kann die Pufferhülse sogar noch durch eine Öffnung um etwa 150 mm in die Fahrzeugstruktur hineinreichen, ohne weitere Schäden zu verursachen.

Die Zugeinrichtung ebenfalls der Firma Keystone Bahntechnik besteht aus Federwerk mit Ringfeder, dem Zughaken und der Schraubenkupplung. Eine Nachrüstung der Lok auf eine automatische ZAK-Kupplung unter Beibehaltung der Puffer ist ebenso möglich wie Umrüstung auf eine vollautomatische Kupplung Typ Unicoupler unter Entfall der Seitenpuffer.

Mit den – heute im Werk Knittelfeld hergestellten – Hochleistungs-Crashelementen wurden eingehende Versuche durchgeführt, die eindrucksvoll die Leistungsfähigkeit bewiesen. *Aufnahme: Krauss Maffei*

Die Energieverzehr-Elemente werden im ÖBB-Werk Knittelfeld gefertigt.
Aufnahmen (4): Karl Gerhard Baur

Die Makrofone sind bei fertiggestellter Lok durch die Aluminiumverkleidung verdeckt. Sie stammen aus dem Schiffsbau.

Die verglichen mit der BR 152 wegen der Hochleistungsantriebe mit Bremswelle (HAB) längeren Drehgestelle und der etwas längere Transformator erforderten beim TAURUS besondere konstruktive Maßnahmen um die vorgegebene Gesamtlänge der Lok einzuhalten, wozu neben anderem neuartige in den Kopfstücken integrierte Sandkästen dienen (HAB siehe Seite 66).

Über den Puffern liegen – gemessen an den runden Formen der Loks zunächst fremdartig anmutende – eckige Abdeckungen als Pufferfront, welche die Rangiertritte und die Einfüllöffnungen für Sand aufnehmen. Diese Abdeckungen sind aber nicht aus technischen Gründen so gestaltet, sondern sind ein bewusstes Designelement. Über dem Zughaken ist ein weiterer Tritt für den Rangierer angebracht, der ein einfaches Kuppeln des UIC-Kabels ermöglicht. Mit den Griffstangen seitlich der Lampen und unterhalb der Fenster ermöglicht er ein komfortables und sicheres Arbeiten sowie das Übersteigen von einer Seite der Lok zur anderen. Die Baureihen 146 und 185 der DB haben einen gleichartigen Tritt erhalten. Auf dem markanten eckigen Teil der Vorderfront sind die Schriftzüge Siemens und Krauss Maffei eingelasert bzw. ein Gitter, hinter welchem die Makrofone liegen. Von Makrofonen auf dem Dach hat man wie bei der 152 wegen der kürzeren Leitungswege Abstand genommen. Die Makrofone stammen aus dem Schiffsbau von der Firma Cocum aus Norwegen und strahlen nach UIC die zwei disharmonischen Frequenzen von 370 und 660 Hertz ab. Ihre Bauart ist von der 152 verschieden.

Der großflächige und stark gepfeilte Schneeräumer deformiert bei Überlast gezielt eine ebenfalls patentierte sogenannte Crashbox und kann somit Energie aufnehmen. Eine nach unten gerichtete Deformation, die eine Entgleisung fördern könnte, wird hierbei gezielt vermieden. Die Schaufeln des Schneeräumers und die Crashbox sind höhenverstellbar und somit einer Abnutzung der Räder anpassbar. An der Unterseite dieser Crashbox sind die Antennen für die LZB und bei der 1116 für die ungarische Zugsicherung angebracht. Dem am Lokkasten befestigten Schneeräumer ist ein am Drehgestell befestigter auf 100 mm über Schienenoberkante eingestellter Schienenräumer nachge-

Die Pufferverkleidungen bestehen aus Aluminium. Bei jüngeren Loks ist nur noch der Namenszug Siemens eingelasert. Diese Elemente werden in Knittelfeld hergestellt.

Die in München-Allach für die ÖBB-Loks produzierten Lokkästen werden mit der Bahn nach Linz transportiert. Nicht ganz korrekt ist die Aufschrift auf der Abdeckplane, denn die Kästen werden in München „assembled", die Loks dagegen in Linz.

schaltet, der Schnee- oder Eisreste sowie weitere Hindernisse beiseite räumen kann und so auch die tiefliegenden Radsatzwellen von Wagen der Rollenden Landstraße vor Gefahren schützt. Die beiden vor den Rädern liegenden Schienenräumer sind durch einen massiven Querträger miteinander verbunden. Seitliche Schürzen zur Abdeckung unterflur eingebauter Einrichtungen sind beim TAURUS nicht vorhanden.

Als ÖBB-Lokomotiven sind die Baureihen 1016 und 1116 ebenso wie die deutsche BR 182 und die baugleichen Siemens Dispoloks mit Seitenspiegeln ausgerüstet. Das EBA genehmigt nicht profilfreie Spiegel in Deutschland nicht, so dass bei Betrieb aller Loks der TAURUS-Familie in Deutschland diese bei höherer Geschwindigkeit als fünf Stundenkilometer automatisch eingeklappt werden müssen. Für die Spiegel steht ein separates kleines Fenster zur Verfügung, das bei eingeklappten Spiegeln von aussen nicht und von innen kaum zu sehen ist. Betätigt werden die Seitenspiegel pneumatisch mittels eines Fußtasters in der Fußnische links. In der Systemeinstellung ÖBB können die Spiegel bis zu einer Geschwindigkeit von 120 km/h ausgeklappt werden. Der Anbau der Spiegel stellt sicher, dass diese auf der rückwärtigen Lokseite auch bei Höchstgeschwindigkeit nicht von Fahrtwind ausgeklappt und beschädigt werden. Selbstverständlich sind diese Spiegel ebenso wie die zugehörigen Fenster heizbar. Österreichische und Schweizer Lokführer haben nur wenig Verständnis dafür, dass diese außerordentlich hilfreiche Einrichtung für die Beobachtung von Bahnsteig und fahrendem Zug in Deutschland nicht vorgesehen ist.

Der gesamte Lokomotivkasten ist so gestaltet, dass sich an keiner Stelle innen oder außen Regen- oder Kondenswasser ansammeln kann. Nicht verschlossene Hohlräume wurden bei der Konstruktion vermieden. Durch diese Merkmale ist ein guter Korrosionsschutz ebenso wie durch entsprechende Oberflächenbehandlung sichergestellt. Die Lok kann ohne weiteres in Waschanlagen gewaschen werden.

Wie später ausführlich erläutert wird, werden Bauteile des Lokkastens in Werkstätten der „ÖBB Technische Services" hergestellt und in München-Allach mit Großbauteilen zum fertigen Kasten zusammengebaut, welcher wiederum zur Endmontage zur ÖBB TS nach Linz transportiert wird. Hierzu ist ein Höchstmaß an Systematik bei der Definition der Schnittstellen erforderlich, ebenso wie eine gegenüber kleinen Fertigungsfehlern tolerante Konstruktion, die sich schon bei der deutschen BR 152 bewährt hat. Als Zeichen dieser Besonderheit ist an den Loks in einem sicher nicht anfechtungsfreien Sprachgemisch angeschrieben: „Assembled by ÖBB Technische Services".

Das Dach

Wie bereits erläutert ist das Dach integraler Bestandteil des Lokkastens. Im Gegensatz zur BR 152 konnte das Dach nicht von Hochspannungsleitungen und weiteren elektrischen Einrichtungen freigehalten werden. Die Baureihe 1016 trägt zwei Einholmstromabnehmer, die Rh 1116 teilweise zusätzlich einen weiteren Stromabnehmer mit Wippe für Ungarn. Letzterer findet seinen Platz oberhalb der Lokseite 1. Die Schleifstücke liegen wegen der Geometrie zur Fahrleitung möglichst nahe oberhalb der Mitte der Drehgestelle. Die Kniegelenke der Stromabnehmer, sofern nur zwei vorhanden sind, weisen wie bei Siemens-Loks üblich nach außen und erfordern in den GFK-Teilen der Führerhäuser eine Mulde zur Einhaltung notwendiger elektrischer Abstände. Diese Mulde ist auch im Inneren der Loks zu sehen. Besonders auffällig ist auf dem Dach der große Oberspannungswandler.

Das „saubere Dach"

Der Betrieb schätzt die von Auf- und Einbauten freien Dächer der deutschen Neubauloks 101, 145 und 146 sowie 152 sehr, da Inspektionen und Wartungsarbeiten auf dem Dach entfallen. Andererseits sind tausende elektrische Lokomotiven mit Dachaufbauten versehen, so auch die deutsche 120 und weitere modernste Loks wie der EuroSprinter und seine Abkömmlinge BR 182 und der TAURUS selbst. Letztlich ist der Aufbau von Einrichtungen auf dem Dach eine Abwägung von Vor- und Nachteilen. Das bei Aufbauten auf dem Dach entfallende Hochspannungsgerüst im Maschinenraum spart Platz, Gewicht und auch Geld. Der eingesparte Platz steht für mögliche signaltechnische Nachrüstungen zur Verfügung. Die BR 182 brachte wie auch die 185 diesbezüglich erneute Vielfalt zur DB. Auch die neue BR 189 der DB weist aus Platzgründen zwangsweise viele Ausrüstungsteile auf dem Dach auf.

Die Dachschrägen mit Lüftungsgittern sind bei Siemens-Loks Bestandteil der Seitenwände (Ausnahme: BR 189), bei Adtranz-Loks Bestandteil der Dachsegmente.

Laufwerk, Drehgestelle und Antrieb

Das Laufwerk der TAURUS-Lokomotiven hat mit der deutschen BR 152 nur wenig Gemeinsamkeiten. Für eine Hochgeschwindigkeitslokomotive ist ein Tatzlagerantrieb, wie dort eingesetzt, nicht anwendbar. Das neu konzipierte Drehgestell des TAURUS wurde in modifizierter Form bereits im EuroSprinter ausgiebig erprobt. Wesentliche Charakteristika des neuen Drehgestells sind der voll abgefederte Hohlwellenantrieb, die Zugkraftübertragung durch einen tiefliegenden Drehzapfen sowie die Anordnung der Bremsscheiben auf einer vom Großrad des Getriebes separat angetriebenen Bremswelle. Die hierfür verwendete Bezeichnung HAB bedeutet Hochleistungs-Antrieb mit Bremswelle.
Der vorgesehene Einsatz des TAURUS sowohl auf europäischen Hochgeschwindigkeitsstrecken als auch auf den bogenreichen Bahnen im Alpenraum ebenso wie auf Gleisen geringerer Qualität erforderte Kompromisse bei der Auslegung des Fahrwerkes. Das neue Drehgestell bringt gute Voraussetzungen für ein komfortables Laufverhalten unter den genannten Bedingungen durch seine geringen unabgefederten Massen mit sich. Gegenüber der BR 152 mit Tatzlagerantrieb konnte die unabgefederte Masse eines Radsatzes um 32 % gesenkt werden. Das Drehgestell ist eine Gemeinschaftsentwicklung der verschiedenen Siemens-Standorte.

Der Drehzapfen des TAURUS ist besonders tief gelegt.
Aufnahme: Karl Gerhard Baur

Der Drehgestellrahmen besteht aus zwei stark gekröpften Langträgern, dem niveaugleich anschließenden Mittelquerträger zur Aufnahme des Drehzapfenlagers sowie den ebenfalls niveaugleich anschließenden Kopfträgern. Der gesamte Rahmen ist eine vollständig geschweißte Kastenkonstruktion. Bei der Konstruktion wurden die besonderen Anforderungen berücksichtigt, die durch das Positionieren und Schweißen von Baugruppen durch Roboter entstehen. Entsprechend hoch ist der Anteil an robotergeschweißten Nähten. Auf eine wirtschaftliche Fertigung wurde, wie unter heutigem Kostendruck erforderlich, großer Wert gelegt. Durch die starke Kröpfung des Langträgers ist dieser sowie die Sekundärfederung gut zu sehen.

Zur Verringerung der Achsentlastung bei hoher Zug- oder Bremskraft ist es erforderlich, die Kräfte vom Drehgestell auf den Lokkasten so tief wie möglich zu übertragen, unabhängig ob dies, wie bei Adtranz-Lokomotiven üblich, durch Zug-/Druckstangen erfolgt, oder wie es bei Siemens Firmenphilosophie ist, durch Drehzapfen. Für den TAURUS hatten die ÖBB die Wahl zwischen Drehzapfen und Zug-/Druckstangen.

Radsatzentlastung

Radsatzentlastung ist ein beim Anfahren und Übertragung hoher Zugkräfte bei Drehgestell-Lokomotiven auftretendes sehr unerwünschtes Phänomen. Die unterschiedliche Höhe der Krafteinleitung von dem Radsatz in das Drehgestell und der Zugkraftübertragung von der Lok auf den Zug erzeugt in den Drehgestellen ein Kippmoment, welches den vorderen Radsatz entlastet und den hinteren Radsatz um den gleichen Betrag belastet. Der vordere Radsatz neigt hierdurch vermehrt zum Schleudern, was Zugkrafteinbrüche bis in eine Größenordnung von 15 Prozent zur Folge haben kann. Die Radsatzentlastung und die daraus folgenden Zugkrafteinbrüche können mechanisch vermindert werden, indem man versucht, Krafteinleitung in das Drehgestell und Zugkraftübertragung vom Drehgestell in den Kasten möglichst in eine Ebene zu legen, d.h. die Zugkraftübertragung so niedrig wie möglich anzuordnen. Eine weitere und bei Hochleistungslokomotiven heute regelmäßig angewendete Methode, Zugkrafteinbrüche zu vermeiden, ist die separate elektrische Ansteuerung jeden einzelnen Radsatzes (Einzelradsatzantrieb).

Bemerkenswerterweise ist Siemens bei der Konstruktion der TAURUS-Loks für die Zugkraftübertragung zwischen Drehgestell und Lokkasten bei einem Drehzapfen geblieben, obwohl diese Konstruktion sonst bei Hochgeschwindigkeits-Elloks heute nicht mehr zu finden ist. Allerdings konnte der vereinfachte Drehzapfen der BR 152 für das höhere Geschwindigkeitsniveau nicht übernommen werden. Bei der 152 weist der „Drehzapfen" einen quadratischen Querschnitt auf und taucht in ein rechteckiges „Drehzapfenlager" mit einem Längs- und Querspiel von jeweils einigen Millimetern ein. Die Kraftübertragung erfolgt durch Anschlag des Zapfens an Hartmanganplatten, die unter Zwischenlage von Gummielementen am Querträger des Drehgestells angebracht sind. Die Kraftübertragung liegt hier 550 mm über Schienenoberkante und wird – im Vergleich zu Zug-/Druckstangen – als kostengünstigere Konstruktion angesehen. Die Bezeichnung Drehzapfen ist bei dieser Ausführung allerdings nicht ganz korrekt.

Im Gegensatz hierzu ist der Drehzapfen des TAURUS rund und somit ein echter Drehzapfen. Er greift in einer Höhe von nur 420 mm über Schienenoberkante in ein echtes Drehzapfenlager im Drehgestellquerträger an, was durch die starke Kröpfung der

Ein Drehzapfenlager liegt in der Werkstatt zum Einbau bereit.

Drehgestell-Längsträger und die hierdurch mögliche tiefe Lage des Querträgers erreicht wird. Die verglichen mit der BR 152 um 130 mm tiefer liegende Kraftübertragung zwischen Drehgestell und Untergestell der Lok wirkt einer Radsatzentlastung nachhaltig entgegen. Das Drehzapfenlager ist ein kombiniertes Guss-/Schweißteil, welches am Querträger unten angeschraubt und mit vier Gelenken als Lemniskatenlenker ausgeführt ist. Das eigentliche Lager ist mit Gummielementen in diesem Lemniskatenlenker befestigt. Zum Verständnis wird das Studium der Abbildung auf dieser Seite empfohlen.

Der Preis für die Tieferlegung des Drehzapfens war ein erhöhter Aufwand in der Konstruktion des Lokomotivkastens wegen des längeren Zapfens und der höheren eingeleiteten Momente am Drehzapfen.

Dreiecklenker zur Anlenkung des Radsatzes fertig zum Einbau in der Werkstatt.

Aufnahmen (4): Karl Gerhard Baur

Drehzapfenlager in eingebautem Zustand mit den Lemniskatenlenkern (Blick längs der Fahrtrichtung).

Lemniskaten-Anlenkung

Das Drehzapfenlager ist durch die Lemniskaten-Anlenkung mittels vier Sphärolager mit Gummielementen in Längsrichtung (Fahrtrichtung) hart ausgeführt und weist ein Spiel nur durch die Elastizität der Gummibuchsen in der Führung und im Lager selbst auf. In Querrichtung ist das Drehzapfenlager hingegen sehr weich, so dass das Drehgestell eine Bewegung von 60 mm ausführen kann. Auch beim Ausdrehen ist das Lager sehr weich geführt. Der als Gussteil ausgeführte Drehzapfen ist für die Lebensdauer mit Fett geschmiert und mit einer verschraubten Anhebesicherung für das Drehgestell ausgestattet.

Allerdings werden solche erhöhte Lasten wegen ihres geringer ausgeprägten dynamischen Charakters im Lokkasten besser beherrscht als im Drehgestell.

Dreiecklenker in eingebautem Zustand. In diesem Detail unterscheidet sich der TAURUS nachhaltig von der BR 152. Deutlich ist die Schweißkonstruktion am Drehgestellrahmen zu sehen.

Fertiggestelltes Drehgestell. Besonders gut sind die im eingebauten Zustand nicht mehr sichtbaren Sekundärfedern auf den stark gekröpften Längsträgern zu erkennen. Die Primärfederung ist mit Transportsicherungen versehen.

Alle Aufnahmen: Karl Gerhard Baur

Zugkraftübertragung moderner elektr. Lokomotiven

ÖBB: TAURUS-Familie: Drehzapfen; 1012, 1014, 1114, 1822: Zug-/Druckstangen, 1044: Zugstangen
DB: BR 101, 145-Familie, 401: Zug-/Druckstangen; BR 152: modifizierter Drehzapfen; BR 182: Drehzapfen
SBB: Lok 2000, 460 und 465: Zug-/Druckstangen

Diese Aufstellung legt nahe, dass weder die eine noch die andere Anordnung eindeutige Vor- oder Nachteile hat, sondern die Konstruktion eher eine Firmenphilosophie widerspiegelt.

Ein Charakteristikum der TAURUS-Drehgestelle ist ein im Wesentlichen der Zugkraftübertragung durch Drehzapfen geschuldeter Radsatzstand von 3000 mm. So positiv solcher Radsatzstand für den Geradeauslauf einer Lokomotive ist, so problematisch ist er für den Lauf in engen Kurven. Ein spezieller einseitiger Radsatzlenker mit Dreieckanbindung zur Drehgestell-Innenseite und eine spezielle Aufteilung der Steifigkeit auf Gummi-Metall-Teile ermöglichen einen passiven Effekt der Radialeinstellung der Radsätze, welcher sich auf bogenreichen Strecken positiv auf Laufverhalten und Verschleiß auswirkt. Dennoch ist die Abstimmung so gewählt, dass im hohen Geschwindigkeitsbereich keine Instabilität des Fahrzeuglaufs auftritt. Dies wird erreicht durch unterschiedlich große und unterschiedlich steife, respektive weiche Gummilager im Dreiecklenker. Dem Leser sei auch hier ein Blick auf die Abbildung dieses Details empfohlen.

Der Radsatzlenker des TAURUS ist von der BR 152 vollkommen verschieden. Eine durch Gestänge gesteuerte, wie bei der Lok 2000 der SBB realisierte Radialeinstellung der Radsätze wurde bereits bei der 1012 der ÖBB ebenso wie beim TAURUS diskutiert, dann aber wegen der komplizierten Bauart und aufwendigeren Unterhaltung nicht realisiert. Auch bei diesem Detail zeigt sich der Wunsch nach einer kostengünstigen Lokomotive im

Radsatzlager auf Vorrat in Linz, wo die TAURUS-Lokomotiven durch ÖBB Technische Services montiert werden.

An den hohlgebohrten Radsatzwellen sind deutlich die Nabensitze zu erkennen, auf welche die Räder aufgepresst werden.

Räder bei der Anlieferung vom Hersteller.

Auf die Radsatzwelle aufgeklebtes Rad mit den sechs Antriebsbolzen.

Konkurrenzkampf gegen die Übermacht der Straße. In der Schweiz dachte man zu diesem Thema anders und die ab 1990 gebaute Lok 2000 stand zu dieser Zeit weniger unter Kostendruck. Die Anlenkpunkte der Radsatzlenker und der Motoraufhängungen werden beim TAURUS als Stahlteile ausgebildet, die in der Struktur eingeschweißt und zur Aufnahme der Radsatzlenker und der Fahrmotorlagerung mechanisch bearbeitet sind.

Vier Schraubendruckfedern je Drehgestell tragen als Sekundärfederung den Lokkasten und sind ähnlich der BR 152 ausgeführt. Sie stehen auf den Querträgern in Fahrtrichtung nebeneinander, wodurch der Drehgestellrahmen von Torsionsbelastungen im Langträger und von Biegebelastungen im Querträger befreit sowie die Ausdrehsteifigkeit vermindert wird.

Die Sekundärfederung ist längs- und querweich ausgeführt um Führungskräfte zu vermindern und Weichen wenig zu belasten. Die Federn sind als Flexicoil-Federn ausgebildet und stehen in Zapfen unter Zwischenlage von Gummielementen auf dem Drehgestellrahmen. Diese Gummielemente dienen auch der Entkopplung von Körperschall. Die Sekundärfedern reichen bis zu einer speziellen Abstützung in den Lokkasten hinein, wodurch für die Federn eine hinreichende Länge ermöglicht und gleichzeitig die Wankneigung des Kastens vermindert wird. Die Schraubendruckfedern dienen ebenfalls der Querfederung der Lokomotive. Dieser Querfederung muss auch der Drehzapfen folgen, welcher hierfür in speziellen Lenkern und Gummielementen geführt ist. Zur Dämpfung der Vertikal- und Querbewegungen sowie zur Drehhemmung des Drehgestells dienen mehrere hydraulische Dämpfer. Solche Dämpfer dienen im Wesentlichen der Verbesserung des Laufkomforts. Sie sind bei allen Fahrzeugen des Hochgeschwindigkeitsverkehrs eingebaut, auch bei Reisezugwagen.

Kardanlenker als Verbindung zwischen Hohlwelle und Rad. Ferner ist der mit dem Motor verschraubte Tragarm für die Bremswelle zu erkennen.

Rad mit Antriebsbolzen und montiertem Radsatzlager im Transportgestell. Die Federteller sind gut erkennbar.

Fertiggestellter Antrieb mit Fahrmotor, Getriebe und Bremswelle mit Bremsscheiben. Das Rad ist bereits mit Schallabsorbern versehen.

Unter dem Drehgestell liegt quer zum Gleis, etwas zur Lokmitte versetzt, ein massiver Entgleisungsschutzbalken, welcher bei leichteren Entgleisungen verhindern soll, dass sich die Räder ins Gleisbett eingraben und dadurch der Trafo oder der Antrieb im Gleis aufsetzen und so beschädigt werden können. Diese bei deutschen Lokomotiven nicht vorhandene Einrichtung wurde auf Forderung der ÖBB vorgesehen.

Raddurchmesser moderner elektrischer Lokomotiven im Vergleich (neu, im Laufkreis):

Neubauloks DB	1250 mm,	Lok 2000 SBB	1100 mm,
1044 ÖBB	1300 mm,	TAURUS	1150 mm,
1012 ÖBB	1150 mm,	1014 und 1114 ÖBB	1100 mm,
1822 ÖBB	1150 mm.		

Bei 200 km/h beträgt die Raddrehzahl der BR 101= 853 min^{-1}, beim TAURUS dagegen 923 min^{-1}.

Während die DB für ihre Neubauloks einen Raddurchmesser von 1250 mm vorgeschrieben hatte, machte die ÖBB keine konstruktiven Vorgaben. Ein Rad geringeren Durchmessers ist günstig für die unabgefederte Masse der Lokomotive, ein Rad größeren Durchmessers hat Vorteile bei der Abnutzung.

Die Radsatzwellen bestehen aus dem Werkstoff 25CrMo4V gemäß den Lieferbedingungen der ÖBB. Zur Gewichtsersparnis und zur Ermöglichung von Ultraschall-Prüfungen sind diese hohlgebohrt. Die Räder sind Monoblockräder mit einem Laufkreisdurchmesser von 1150 mm im Neuzustand. Die Radscheiben sind mit einem Verschleißvorrat von 40 mm Radius ausgestattet und können demzufolge bis auf einen Durchmesser von 1070 mm abgenutzt und überdreht werden. Loks mit einem Antrieb mit Hohlwelle und Gabelstern sind mit zwei verschiedenartigen Rädern je Radsatz ausgestattet. Es handelt sich hierbei um das direkt angetriebene Rad sowie um das indirekt über die Radsatzwelle angetriebene Rad. Bemerkenswert ist der im Vergleich zur BR 152 und den anderen deutschen Neubauloks geringere Raddurchmesser.

Die Räder der Loks der TAURUS-Familie, die keine Antriebsbolzen enthalten, sind mit Schallabsorbern ausgerüstet. Es kommt eine ältere Ausführung mit angeschraubten sichelförmigen Blechen (Sichel-Schallabsorber) sowie eine neue effektivere Bauart

Ansicht eines eingebauten Drehgestells. Neben den bezüglich Krafteinleitung und Schalldämpfer unterschiedlichen Rädern sind insgesamt vier hydraulische Dämpfer zu sehen. Das TAURUS-Logo wirkt eher bescheiden. Rechts die Bremsschauzeichen, die Betätigung der Federspeicherbremse (sofern von innen aktiv geschaltet) und ein LZB-Geber. Unter dem Drehgestell-Längsträger ist der Entgleisungsbalken zu sehen. Die wichtigsten Anschriften der Lok sind ebenfalls auf diesem Bild zu erkennen.

Aufnahmen (3): Karl Gerhard Baur

Radsatzlager mit Primärfederung und Radsatzlenker. Links hinter dem Rad ist der Antrieb für die Bremswelle sowie die Aufhängung der Bremstraverse mittels Pendellenker zu sehen. Dieses Rad ist mit den neueren Blockschallabsorbern ausgestattet, das Radsatzlager mit einem Erdkontakt.

mit Metall-Gummi-Elementen an der Außenseite des Radumfangs zur Anwendung (Blockschallabsorber). Beide Typen dienen der Verminderung des „Makropfeifens", welches durch den Makroschlupf entsteht und durch die Räder abgestrahlt wird. Es tritt bei besonders hoher Zugkraft, bei Kurvenfahrt und ungünstigen Witterungsverhältnissen verstärkt auf. Beide Absorber sind gut sichtbar und dem Leser sei ein Blick auf die Abbildungen oder besser noch auf das Original empfohlen.

Die Räder sind auf die Radsatzwellen klebegeschrumpft. Hierbei werden die Räder in einem Ofen auf 160 °C erwärmt und auf die mit Kleber behandelten Nabensitze aufgepresst. Die Radscheiben sind entsprechend UIC-Vorschriften ausgewuchtet. Die Laufflächen der Räder im Neuzustand sind entsprechend der DIN-Vorschriften profiliert. Der Ausbau des Radsatzes einschließlich Antrieb ist auf Achssenken möglich. Das Radsatzlager ist als masseoptimiertes Gussteil und mit einer Aufnahmevorrichtung für die Nachprofilierung der Radsätze auf Unterflurdrehbänken ausgeführt. Das Radsatzlager setzt sich zusammen aus einem Gussgehäuse, einer Zylinder-Rollenlagereinheit mit Kunststoffkäfigen aus Polyamid, einem vorderen Deckel sowie diversen Anbauteilen. Die Lastübertragung erfolgt über seitliche Federteller, auf denen die Primärfedern aufstehen. Querkräfte werden durch die Flexicoilwirkung der Sekundärfedern übertragen, Längskräfte durch die einseitig angeordneten Dreiecklenker. Jeder Radsatz ist mit einem Erdkontakt sowie zusätzlich weiteren Gebern ausgestattet. Temperaturüberwachungen der Radsatzlager sind nicht vorhanden, da man die streckenseitigen Heißläuferüberwachungen als ausreichend ansieht.

Geber an den Radsätzen

Jeder Radsatz ist mit einem Erdkontakt ausgestattet in der Anordnung 1l, 2r, 3l, 4r. Weiter ist jeder Radsatz mit einem Impulsgeber in umgekehrter Anordnung ausgestattet. Radsatz 2 links und Radsatz 3 rechts sind zusätzlich mit LZB-Gebern ausgestattet.
Jeder Fahrmotor ist unabhängig von den Impulsgebern der Radsätze mit einem Motordrehzahlgeber ausgerüstet. In Anbetracht der Elastizität des Antriebes und der Abnutzung der Räder sind die Signale dieser Geber nicht grundsätzlich identisch.

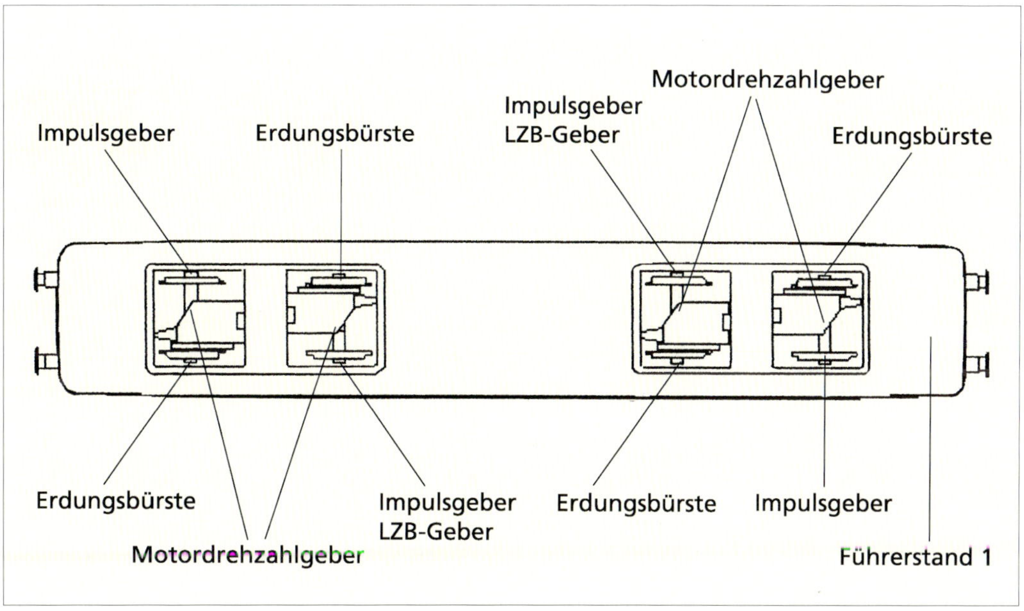

Die Skizze zeigt die Anordnung der Geber an den Radsätzen
Grafik: Siemens

Zur Gewichtseinsparung sind die in Knittelfeld produzierten Sandkästen aus Aluminium hergestellt. *Aufnahmen (2): Karl Gerhard Baur*

Am Radsatz 1 links befindet sich ein Erdkontakt. Links im Bild der Schneeräumer, ferner der Bahnräumer und das Sandfallrohr.

Der jeweils in Fahrtrichtung vordere Radsatz der Lok kann gesandet werden. Die Möglichkeit, auch den vorderen Radsatz des zweiten Drehgestells zu sanden, ist dem Rotstift zum Opfer gefallen. Dieser Unterschied zur 152 wird als nicht besonders sinnvolle Sparmaßnahme angesehen, zumal die Zuhilfenahme von Sand bei vierachsigen Hochleistungslokomotiven durchaus wichtig ist. Die führenden Räder jedes Drehgestells sind mit einer Spurkranzschmierung Bauart ÖBB-Sécheron ausgestattet, wofür am Drehgestellrahmen spezielle Konsolen angebracht sind. Die Spurkranzschmieranlage sprüht nach jeweils 300 m Fahrstrecke Fett in die Spurkranzkehle der führenden Radsätze jedes Drehgestells. Das Fett ist biologisch abbaubar, die Füllmenge des Behälters, der von außen gut zugänglich an der linken Lokseite am Trafogehäuse angebaut ist, beträgt 16 kg. Die Sandkästen sind am Untergestell angebracht und werden durch die Pufferfront verdeckt. Die Sandstreuanlage ist elektrisch beheizt, wobei diese Heizung bei +7 °C automatisch eingeschaltet wird. Die Sandkästen können 4 x 50 kg Sand (Körnung 0,7–1,2 mm) enthalten. Schaugläser ermöglichen eine Kontrolle des Vorrates.

Der Drehgestellrahmen stützt sich über je zwei Schraubendruckfedern auf das Radsatzlager-Gehäuse ab. Zur Dämpfung der Vertikalbewegung ist je Radsatzlager-Gehäuse ein hydraulischer Dämpfer montiert.

Die Fahrmotoren sind an drei Stellen im Drehgestellrahmen aufgehängt und somit vollkommen abgefedert. Die Kraftübertragung von der Motorwelle zum Radsatz übernimmt ein Siemens Gummigelenk-Hohlwellenantrieb. Unter dem Begriff Antrieb bei elektrischen Lokomotiven versteht man nicht nur die Kraftübertragung vom Motor auf die Räder respektive auf die Radsatzwelle sondern insbesondere deren Bauart.

Ein wesentliches Konstruktionsmerkmal ist dabei die Kraftübertragung unter Zwischenschaltung elastischer Bauteile, um die Massen von Motor und Getriebe abzufedern und die unabgefederten Massen einer Lokomotive auf die Radsätze und deren

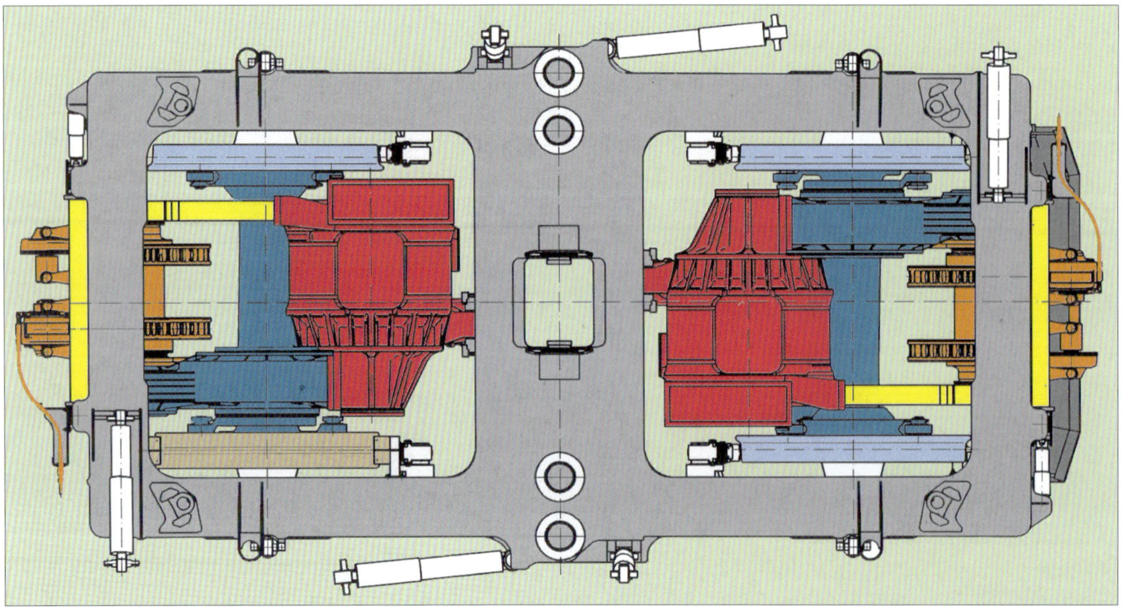

Die Grafik zeigt ein TAURUS-Drehgestell von oben. Violett: Fahrmotoren, Türkis: Hohlwelle, Orange: Bremswelle mit Bremsscheiben, Gelb: Tragarm für Bremswelle, Hellblau: Radscheiben, Weiß: hydraulische Dämpfer und Sekundärfederung. *Grafik: Siemens*

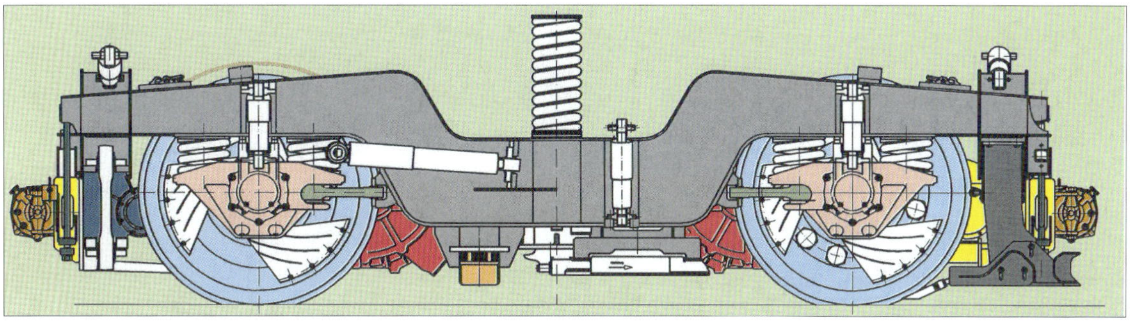

Das Drehgestell in der Seitenansicht. Auf dieser Grafik sind die Räder mit Sichel-Schallabsorbern ausgerüstet.
Grafik: Siemens

Lagerung zu begrenzen. Die relative Anteil der voll abgefederten Massen bestimmt die Gleisfreundlichkeit einer Lokomotive, deren Höchstgeschwindigkeit und somit deren Einsatzfähigkeit.

Die Drehmomentübertragung erfolgt beim TAURUS vom Motorritzel in einem schrägverzahnten Getriebe über die zwischen Großrad mit Großradstern und Hohlwelle angeordneten Gummigelenk-Kardanlenker auf die Hohlwelle. Von dieser Hohlwelle wird das Antriebsmoment über den Gabelstern und über die Kardanlaschenlenker mittels sechs Treibradbolzen in das Treibrad eingeleitet. Die Kardanlenker verfügen über sogenannte Sphärolastiklager, die elastische Zwischenelemente darstellen. Die Kraftübertragung zum anderen Rad des Radsatzes erfolgt über die Radsatzwelle. Die Radsatzwelle kann innerhalb dieser Hohlwelle Bewegungen ausführen, welche durch die Primärfederung zustande kommen. Die Relativbewegungen zwischen Radsatz und gefedert aufgehängtem Getriebe und Fahrmotor werden grundsätzlich durch die mit Gummilagern ausgestatteten Kardangelenke und die dazwischen liegende Hohlwelle ermöglicht. Die Abbildungen erläutern diesen Zusammenhang weiter.

Der Hohlwellenantrieb ist ein bewährtes Bauteil moderner elektrischer Lokomotiven und kommt in unterschiedlicher Bauweise bei fast allen schnellfahrenden Lokomotiven und Triebköpfen zur Anwendung. Auch die Schweizer Lok 2000 sowie die deutschen Baureihen 101 und 146 sowie die ICE-Triebköpfe sind mit ähnlichen Antrieben ausgerüstet.

Das Getriebegehäuse ist zweiteilig. Die motorseitige Hälfte ist in das antriebsseitige Lagerschild des Motors integriert, die andere Hälfte wird über einen vertikalen Flansch angeschraubt. Dieses erlaubt ein einfaches Trennen von Motor und Getriebe mit Radsatz. Die Füllmenge des Getriebes beträgt 6,1 Liter Öl. Das Großrad des Getriebes ist auf einer Nabe montiert, die in zwei Zylinderrollenlagern gelagert ist. Diese Lager sind ölgeschmiert und nach außen mit Labyrinthdichtungen abgedichtet.

Kraftfluss vom Fahrmotor auf die Schiene

Fahrmotorritzel – Großrad – Großradstern – Kardanlenker – Hohlwelle – Gabelstern – Kardanlaschenlenker – Bolzen – direkt angetriebenes Rad – Radsatzwelle – indirekt angetriebenes Rad – Schiene (direkt angetriebene Räder: Radsatz 1 links, Radsatz 2 rechts, Radsatz 3 rechts, Radsatz 4 links).

Kraftfluss von der Schiene zum Zughaken

Radsatzwelle mit Rädern – Radsatzlager mit Gehäuse – Radsatzlenker – Drehgestellrahmen – Drehzapfenlager – Drehzapfen – Brückenrahmen – Zughaken.
Beim Bremsen verlaufen die Kräfte in umgekehrter Richtung.

Bremsscheiben und Bremswelle

Bei Lokomotiven mit hoher Fahrgeschwindigkeit ist man generell von Klotzbremsen abgegangen, um die ohnehin hoch beanspruchten Räder nicht zusätzlicher Belastung durch Wärmeeintrag und teurem Verschleiß auszusetzen. Scheibenbremsen als Alternative können als Radscheibenbremsen ausgebildet sein, wie bei den deutschen Neubauloks für begrenzte Geschwindigkeiten der Baureihen 145, 146, 185 und 152. Radbremsscheiben

Versandfertiges Drehgestell mit Ansicht der Bremswelle und der Bremszylinder im Werk Graz der Siemens-SGP. Gut sind auch die vier kräftigen Flexicoil-Sekundärfedern zu erkennen
Aufnahme: Karl Gerhard Baur

Innenbelüftete Bremsscheiben auf der Bremswelle mit den zugehörigen Bremszylindern.
Aufnahme: Karl Gerhard Baur

gehören stets zum unabgefederten Teil des Laufwerkes und sind daher für hohe Geschwindigkeiten nicht erwünscht. Anders als bei der BR 101, wo Bremsscheiben auf der Hohlwelle des Antriebes angebracht sind, wurde für die TAURUS-Familie eine Anordnung der Bremsscheiben auf einer speziellen Welle entwickelt, welche über ein zusätzliches Zahnrad im Getriebe mit dem Großrad drehmomentverbunden ist.

Bei der BR 101 ist wegen der Scheibenbremsen auf der Hohlwelle ebenfalls ein zusätzliches Zahnrad im Getriebe als Zwischenrad zur Vergrößerung des Achsabstandes erforderlich. Die Anordnung der Bremsscheiben analog der BR 101 kommt auch bei der ÖBB 1012 zur Anwendung. Es sei angefügt, dass auch beim ICE 1 und 2 der DB die Bremsscheiben auf einer Hohlwelle angeordnet sind. Diese zusätzliche Hohlwelle aber ist von der kardanischen Antriebshohlwelle zur Kraftübertragung verschieden und im Getriebe und Tragarm fest gelagert, um eine saubere Führung der Bremsscheiben zu gewährleisten. Es sind also zwei konzentrische Hohlwellen vorhanden.

Die neuartige Anordnung der Bremsscheiben beim TAURUS ist als Hochleistungs-Antrieb mit Bremswelle – HAB bezeichnet. Diese Bremsanordnung wurde in speziell angepassten Drehgestellen im Versuchsträger von Siemens-Krauss Maffei, dem EuroSprinter, ausgiebig erprobt und dann für die TAURUS-Familie in weiterentwickelter Form übernommen.

Sind die Bremsscheiben auf der Hohlwelle des Antriebes, wie bei der 101 oder der 1012 angebracht, so sind diese nur zum Teil abgefedert und führen gegen die Bremszangen mit den Bremsbelägen beim Einfedern Winkelbewegungen aus. Auch ist die Demontage der aus thermischen und auch aus Kostengründen ungeteilten Bremsscheiben von der Hohlwelle nicht möglich ohne Zerlegung des gesamten Antriebes, ein Nachteil der allerdings durch die weit überwiegend generatorische Abbremsung von elektrischen Lokomotiven und Triebköpfen relativiert wird. Bei der Auslegung des neuen Bremssystems ging man von einer gleichen Lebensdauer von Bremsscheibe und Vollrad aus. Dennoch sah man sich veranlasst, für die neuen österreichischen Hochleistungslokomotiven eine neue mechanische Bremse zu entwickeln.

Die wichtigsten Entwicklungsziele waren dabei:

- Verwendung von ungeteilten Wellenbremsscheiben,
- konstante geometrische Zuordnung von Scheiben zu Bremsbelägen,
- kein Beitrag der Bremsscheiben zur unabgefederten Masse,
- gute Zugänglichkeit von Bremszangen und Belägen,
- einfacher Tausch der Bremsscheiben unter dem Triebfahrzeug,
- einfacher Belagwechsel an den Bremszangen.

Das neuartige HAB-Drehgestell mit separater Bremswelle wurde von Krauss Maffei in Zusammenarbeit mit Siemens SGP Graz, Siemens Verkehrstechnik Erlangen und SAB WABCO Remscheid entwickelt. Jeder Radsatz ist mit einer eigenen nach der Drehgestell-Kopfseite montierten Bremswelle ausgerüstet, auf welcher zwei ungeteilte Wellenbremsscheiben angebracht sind. Weitere Bauteile sind je zwei Kompaktbremszangen mit Bremszylinder, Federspeicherbremse und Belaghalter. Die Bremsbeläge bestehen aus Sintermetall und werden auch Schnellbremsungen aus hoher Geschwindigkeit gerecht. Die Bremswelle ist auf einer Seite an einem Getriebeausgang über eine Stirnverzahnung auf der Getriebewelle mit der Bogenzahnkupplung angeflanscht und auf der anderen Seite im sogenannten Tragarm, der mit dem Fahrmotor fest verbunden ist, in einem Wälzlager gelagert. Die in das Ende der Getriebewelle integrierte Bogenzahnkupplung dient dem Ausgleich von axialen Versätzen und die Stirnverzahnung zwischen Getriebewelle und Bremswelle der einfacheren Montage beim Tausch der Bremswelle. Beim Wechsel der Bremswelle und der Bremsscheiben wird die Lagerstelle im Tragarm gelöst und aus dem Tragarm herausgedrückt.

Um eine unveränderliche Lage der Bremszangen zu den Bremsscheiben zu gewährleisten, sind die Bremszangen in einer Bremstraverse an die Fahrmotor-/Getriebe-Einheit angebaut. Das Teilsystem aus Fahrmotor, Getriebe, Tragarm und Bremstraverse ist im Drehgestellrahmen beweglich aufgehängt. Die Übersetzung Großrad/Bremswelle bewirkt eine höhere Drehzahl der Bremswelle bezogen auf das Rad. Hierdurch wird die konvektive Kühlung der Bremsscheiben verbessert, ebenso wie die aufzubringenden Bremskräfte vermindert werden. Dem Leser wird

Federspeicherbremse

Als Feststellbremse kommt bei modernen Triebfahrzeugen eine passive Federspeicherbremse zur Anwendung, wie erstmals bei der BR 120 der DB serienmäßig eingesetzt. Diese sehr sichere Bremse wird im Ruhezustand durch eine Feder angelegt, deren Federkraft im Lösezustand von Druckluft kompensiert wird. Jeder Radsatz ist mit einer Federspeicherbremse ausgerüstet, wobei diese Einrichtung im Allgemeinen einem Bremszylinder „aufgesattelt" ist. Die Betätigung der Federspeicherbremse erfolgt an Tastern „Anlegen" und „Lösen" auf den Schalttafeln an der Führerhausrückwand. Bei einem anstehenden Druck von 4,8 bar löst die Bremse aus. Legt die Federspeicherbremse während der Fahrt durch einen Luftverlust ungewollt an, so erfolgt eine Zwangsbremsung. Die Bauart der Federspeicherbremse führt zwangsweise bei Spannungs- und Luftmangel zum Bremsen und Festhalten des Fahrzeuges. Muss das Fahrzeug dennoch bewegt werden, so kann in diesem Fall die Federspeicherbremse abgesperrt und außen an der Lok an den Bremszylindern von Hand mittels spezieller Lösezüge gelöst werden, wobei fünf mal bis zum Anschlag zu ziehen ist. Die Ausführung dieser Notlösung ist je nach Loktype verschieden. Für das Lokpersonal gelten für solche Fälle besondere Anweisungen. Der Zustand der pneumatischen Bremsen und der Federspeicherbremse wird an besonderen Schauzeichen drehgestellweise angezeigt, die am Untergestell der Lok beidseitig angebracht sind. Grün zeigt den Lösezustand, rot angelegte Bremsen an. Diese Anzeigen funktionieren rein pneumatisch und daher absolut zuverlässig. Bei ausgeschalteter und gelöster Federspeicherbremse zeigt das Schauzeichen rot=angelegt, unabhängig von der manuellen Notlösestellung (Abb. S. 62). Der Lokführer hat sich anderweitig, z.B. durch eine Rollprobe vom Lösezustand zu überzeugen. Bei angelegter Federspeicherbremse besteht eine Traktionssperre.
Die Federspeicherbremse des TAURUS kann im Gegensatz zu anderen Lokomotiven auch außen am Längsträger unterhalb des Führerstandes 1 angelegt werden. Ein Lösen an dieser Stelle ist nur möglich, wenn ein Wahlschalter an der Schalttafel im Führerstand 1 auf „außen" steht. Auch mit einem Impulsventil am Druckluftgerüst kann die Federspeicherbremse im Störungsfall gelöst werden. Diese Einrichtung fehlt bei der 182 der DB und ist nur vorbereitet.

empfohlen, diese Erläuterungen gemeinsam mit den zugehörigen Abbildungen zu studierern.

Die Bremswelle ist gemeinsam mit den Bremsscheiben ohne Demontage anderer Komponenten unter dem Fahrzeug ausbaubar, womit ein Wechsel der Bremsscheiben mit relativ geringem Aufwand ausführbar ist. Ein Bremszylinder je Radsatz, alternierend je Fahrzeugseite, ist zusätzlich mit einer Federspeicherbremse als Feststellbremse ausgerüstet. Als Notlösevorrichtung kann jede Federspeicherbremse über einen Bowdenzug seitlich an der Lok von Hand gelöst werden.

Prüfung der Drehgestelle auf dem Druckstand

Vor der Auslieferung wird jedes Drehgestell auf einem Druckstand geprüft sowie eingestellt. Die Auflast des Druckstandes entspricht den Ecklasten des Lokkastens. Es werden Eigengewicht, Radlasten, Sekundärfederhöhen und weitere Daten vermessen, sowie Bahnräumer, Indusi-Magnet und Sandung in der Höhe eingestellt.
Druckstände sind sowohl bei Siemens SGP in Graz als auch bei den ÖBB TS in Linz (siehe Aufnahme auf Seite 162) vorhanden. Trotz dieser Vorarbeiten wird jede fertige Lok zusätzlich verwogen.

Durch die gute Zugänglichkeit der Bremseinrichtung können auch die Bremsbeläge von einer Grube aus einfach gewechselt werden. Die Nachstellung zum Ausgleich des Bremsbelag-Verschleißes erfolgt automatisch über einen Gestängesteller. Die mechanische Bremse muss bei Ausfall der elektrischen Bremse in der Lage sein, die erforderliche Abbremsung der Lokomotive aufzubringen.

Die Lokomotiven sind mit Putzklötzen zur Aufrauung der Radlaufflächen ausgestattet, die bei mangelnder Zugkraftübertragung automatisch angesteuert werden sollen. Diese Einrichtung ist bisher allerdings nicht aktiviert. Je Rad ist ein Klotz vorhanden, der zur Drehgestell-Innenseite hin angebracht ist.

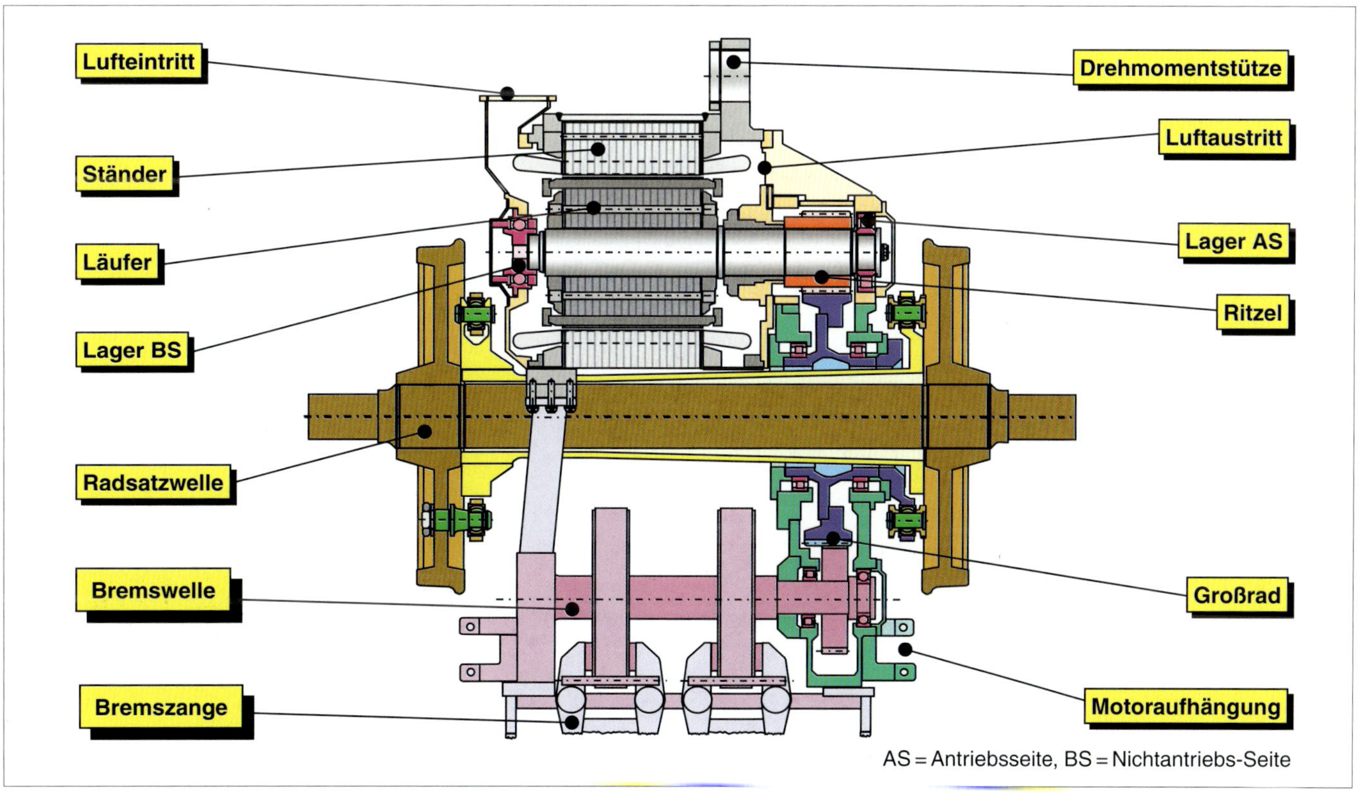

Vollabgefederter Hochleistungsantrieb mit Bremswelle. *Grafik: Siemens*

Mit Inbetriebnahme der Umfahrung von Melk auf dem Neubaustreckenabschnitt der Westbahn sind Aufnahmen mit Fernzügen hier nicht mehr möglich. Vor dem 1702 bis 1739 erbauten barocken Benediktinerkloster Melk zieht 1016 022 einen CityShuttle in Richtung Linz. *Aufnahme: Olaf Saenger*

Bei hohen Zuglasten müssen sogar die starken TAURUS-Loks auf der 10-Promille-Rampe des Wienerwaldes zwischen Hütteldorf und Rekawinkel Vorspann erhalten! Am 18. Februar 2003 hilft 1016 048 der 1016 032 bei einem schweren Kohlenzug, aufgenommen während der Durchfahrt im Bahnhof von Tullnerbach-Preßbaum. *Aufnahme: Eduard Saßmann*

Auf der Franz-Josefs-Bahn (F.J.B.) ersetzen die neuen Maschinen die bislang bei schweren Kohlenzügen erforderlichen 1142er-Tandembespannungen! Am 19. September 2002 fährt 1116 072 mit einem Leerwagenzug durch den Bahnhof der Weinbaugemeinde Kritzendorf.

Am 9. September 2002 wurde 1116 083 abgenommen, zehn Tage später fährt sie mit dem E 2579 (Krems – Wien FJB) im mustergültig restaurierten Bahnhof Klosterneuburg-Kierling ein. Ganz in der Nähe liegt das im Jahr 1114 durch den Babenberger Markgraf Leopold III. gegründete Augustiner-Chorherrenstift Klosterneuburg, das Kaiser Karl VI. ab 1730 zu einem „österreichischen Escorial" ausbauen lassen wollte. *Aufnahmen (2): Eduard Saßmann*

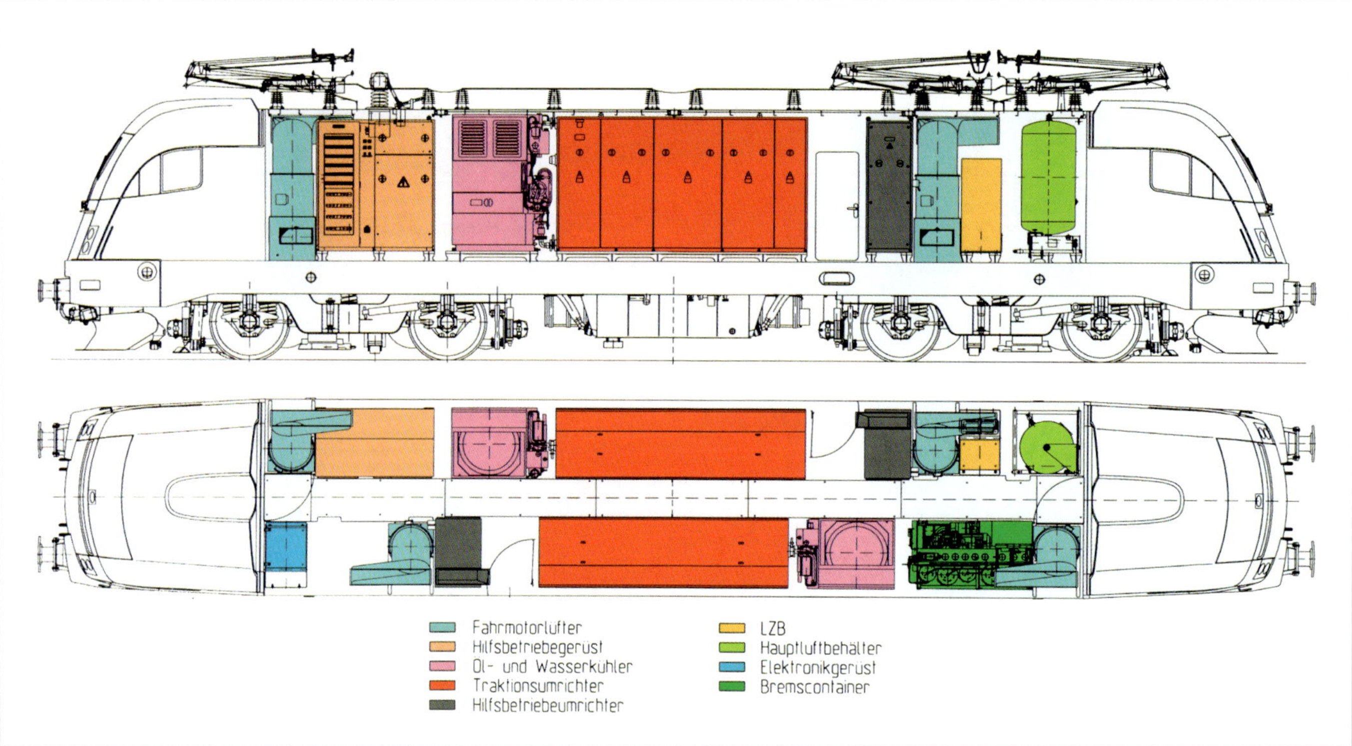

Die Übersichtsgrafik zeigt die Geräteanordnung im Maschinenraum mit der entsprechenden Legende. *Grafik: Siemens*

Geräteanordnung im Maschinenraum

Die Anordnung der Geräte im Maschinenraum elektrischer Lokomotiven wurde durch zwei Neuerungen in den letzten Jahren grundsätzlich beeinflusst. Eine schon ältere Konstruktion ist die Zufuhr der Kühlluft von den Lüftergittern zu den Fahrmotorlüftern und den Kühltürmen durch spezielle Luftkanäle, wodurch es gelang, den Maschinenraum von Staubablagerungen, insbesondere von Bremsstaub sowie von eindringendem Regen und Schnee freizuhalten. In der BR 111 wurde diese Bauart erstmals bei der DB angewendet und ein Blick in den Maschinenraum auch der ältesten Exemplare dieser Baureihe zeigt den erreichten Fortschritt deutlich. Auch bei der Lok 1044 der ÖBB sowie bei Schweizer Loks kam diese fortschrittliche Luftführung zur Anwendung. Die weitere Neuerung hängt eng mit der Drehstromtechnik und dem Entfall von mechanischen Schaltwerken und weiterem Zubehör an den Transformatoren zusammen. Die hierdurch mögliche vereinfachte Bauart der Trafos erlaubte eine andere Formgebung und dessen Einbau unterhalb des Untergestells der Lokomotiven und somit die Gestaltung eines Maschinenraumes ohne Einengung durch das große und schwere Bauteil Transformator. So wurde es möglich, einen geraden Mittelgang durch den Maschinenraum zu konzipieren mit zahlreichen Vorteilen für die Anordnung aller Geräte sowie deren Bedienung durch das Personal. Die Unterfluranordnung des Transformators brachte auch große Vorteile für Montage und Demontage aller Geräte im Maschinenraum und somit deutliche Kostenvorteile. Der gelegentlich gebrauchte Begriff „Möbelbauweise" beschreibt den Einbau fertig montierter Bauteile in den Maschinenraum der Loks. In den Vorserienloks der BR 120 wurde diese Anordnung erstmals ausgeführt und dann grundsätzlich für alle modernen elektrischen Lokomotiven und Triebköpfe beibehalten. Bei den ÖBB kam der Unterflur-Einbau des Trafos erstmals bei der Reihe 1822 zur Anwendung. Bei der DB hat sich diese Bauweise schon seit 1979, bei den ÖBB erst seit 1993 endgültig durchgesetzt. Auch die Schweizer Lok 2000 ist als moderne Drehstromlok mit einem unterflur eingebauten Trafo ausgestattet.

Der Einbau des Transformators bestimmt die Anordnung der wichtigsten Einbauten im Maschinenraum. Um kürzest mögliche elektrische Anschlüsse zu erreichen, stehen die Stromrichter beidseitig des Mittelganges leicht versetzt unmittelbar oberhalb des unterflur eingebauten Transformators. Durch die Anordnung der Außentüren ergibt sich beim TAURUS, dass der Stromrichter rechts gegenüber der Lokmitte leicht nach hinten, derjenige links leicht nach vorne versetzt ist.

Bezeichnung der Lokomotivseiten sowie der Fahrmotorseiten

Die Bezeichnung links bzw. rechts bei Lokomotiven ist folgend festgelegt: Bei Zeichnungen im Grund- und Aufriss steht die Lok stets mit Führerstand 1 nach rechts und fährt mit dem Führerstand 1 voraus.

Bei den Fahrmotoren ist die A-Seite die Seite des Antriebes, die B-Seite die Nichtantriebs-Seite. Die Fahrmotorlager werden entsprechend bezeichnet.

Die Anordnung der Stromrichter sowie der Fahrmotorlüfter als Zwangspunkte bestimmen die Anordnung weiterer Geräte im Maschinenraum. Die Fahrmotorlüfter müssen kurze Wege für die Luftkanäle zu den Fahrmotoren ermöglichen und stehen somit oberhalb der Fahrmotoren; Lüfter 1 rechts, Lüfter 2 links, Lüfter 3 rechts und Lüfter 4 wiederum links des Mittelganges. Die Kühlluft wird durch Gitter in den Dachschrägen und jeweils getrennte

Die beiden Aufnahmen ermöglichen einen guten Vergleich, wie der Innenausbau abläuft. Beidseitig des Mittelgangs sind die Anschlüsse des Transformators zu erkennen, hinten links und rechts die Aufstände für die Fahrmotorlüfter. Führerpult und Schaltschränke werden in Kürze mit dem Kran eingesetzt. *Aufnahme: Siemens*

Die Geräteanordnung lässt sich an einer fast fertiggestellten Lok ohne Dach besonders gut erkennen: Der Führerstand mit der Schalttafel an der Rückwand ist bereits eingerichtet, beidseitig des Mittelganges befinden sich die Stromrichter und die Kühltürme. Rechts vorne ein Luftkanal zum Fahrmotorlüfter. *Aufnahme: Karl Gerhard Baur*

Luftkanäle angesaugt und den Fahrmotoren auf deren B-Seite zugeführt.

Der Mittelgang durch den Maschinenraum ist gegenüber dem Führerhausboden um eine Stufe erhöht, die im Führerhaus durch eine Lampe beleuchtet wird. Unter dem Mittelgang liegen in einem Kabelkanal elektrische und pneumatische Verbindungen. Die Türen zwischen Maschinenraum und Führerhaus sind luftdicht und schalldämpfend ausgeführt und mit einem Panikverschluss ausgerüstet, der dem Lokführer eine Fluchtmöglichkeit in kürzester Zeit bietet. Durch Hochklappen des Bedienhebels können sie an den Rahmen angepresst und besonders abgedichtet werden. In diesen Türen befindet sich als Besonderheit ein kleines rundes Fenster, welches bei modernen Lokomotiven der DB nicht vorhanden ist. Neben den Schränken der Stromrichter, jeweils gegenüber den Einstiegstüren sind mit kurzen Wegen für die Leitungen des Kühlmediums die Kühltürme für das Kühlwasser der Stromrichter und das Mineralöl zur Kühlung des Transformators angeordnet. Die Kühlregister für die beiden Medien liegen übereinander und werden von oben nach unten von Luft durchströmt, die über Gitter im Dach angesaugt wird. Das Kühlmittel Wasser für die Stromrichter wird im oberen Teil des Kühlturmes und damit von kälterer Luft rückgekühlt. Weitere großvolumige Einbauten im Maschinenraum sind das Luftgerüst sowie der Hauptluftbehälter, welche hinter der Führerraumrückwand 1 eingebaut sind.

Die Anordnung der weiteren Einbauten wie Hilfsbetriebeumrichter, Hilfsbetriebegerüst, Elektronikschrank und signaltechnischer Einrichtungen ist aus der Abbildung zu ersehen. Ein Hochspannungsgerüst wie bei den deutschen Neubauloks, ist bei der TAURUS-Familie nicht vorhanden, da Hauptschalter, Erdungsschalter, Überspannungsableiter sowie Wandler auf dem Dach untergebracht sind.

Druckluft und pneumatische Bremse

Druckluft ist ein im Eisenbahnwesen seit langem bewährtes Medium zur Kraftübertragung und Energiespeicherung. Ein Eisenbahnbetrieb ohne Einsatz von Druckluft ist heute kaum vorstellbar. Die Druckluft dient vor allem für das Bremsen von Lokomotive und Zug, jedoch auch für weitere Verbraucher auf Lok und Reisezugwagen. Gespeichert wird die Druckluft in einem Hauptluftbehälter mit einem Druck von maximal 10 bar (Überdruck). Der Hauptluftbehälter mit einem Volumen von 800 Litern ist senkrecht stehend im Maschinenraum links hinter der Führerhausrückwand 1 untergebracht. Volumen und Aufstellung des Hauptluftbehälters entsprechen dem der BR 152 der DB. Das Druckluftsystem der TAURUS-Lokomotiven besteht aus:

- der Drucklufterzeugung und -aufbereitung,
- dem Steuer- und Leistungsteil für die Bremse,
- der Luftversorgung für die Hilfssysteme.

Die pneumatischen Systeme sind auf einer Drucklufttafel zusammengefasst, die Bestandteil des Luftcontainers ist und wie dieser im Maschinenraum rechts hinter der Führerhaus-Rückwand 1 untergebracht ist (siehe dazu die Abbildung auf Seite 159).

Die Drucklufterzeugung für die Druckluftanlage erfolgt durch einen von einem Drehstrommotor angetriebenen Schraubenkompressor der Firma Knorr. Dieser Kompressor saugt die Luft aus dem Maschinenraum über eine Filterpatrone an und verdichtet sie einstufig auf einen Druck von maximal 10 bar. Die Förderleistung des Kompressors beträgt 2400 Normliter min^{-1}. Der Kompressor läuft automatisch an, wenn der Druck im Hauptluftbehälter unter 8,5 bar absinkt und wird automatisch abgeschaltet, wenn dieser Druck 10 bar erreicht hat. Da der Kompressor nicht gegen erhöhten Druck anlaufen kann, wird er nach jeder Abstellung entspannt und ist mit einer Wiederanlaufverzögerung ausgestattet. Die Kompressionswärme wird durch Einspritzen von Öl und Rückkühlung dieses Öls mittels Kühlluft abgeführt. Auch die komprimierte Luft wird rückgekühlt. Ein kombinierter Kühler für Öl und komprimierte Luft wird von Kühlluft durchströmt, die der Kompressor – mittels eines Radialgebläses auf seiner Welle – aus dem Maschinenraum ansaugt. Die in den Kühlern erwärmte Luft wird durch eine Öffnung im Boden des Maschinenraums nach unten ausgeblasen. Die Öltemperatur wird überwacht. In einem Grob- und Feinabscheider wird die komprimierte Luft von mitgeführtem Ölnebel befreit und dann einer Zweikammer-Lufttrocknungsanlage zugeführt. Das abgeschiedene Gemisch aus Öl und Wasser wird aus Gründen des Umweltschutzes in einem separaten Behälter gesammelt, der in den Werkstätten turnusgemäß entleert werden muss.

Moderne Lokomotiven sind mit einer Lufttrocknungsanlage ausgestattet, um die Gefahr des Einfrierens wichtiger pneumatischer Anlagen sowie von Korrosion zu vermeiden. Die Zweikammer-Lufttrocknungsanlage besteht aus zwei Behältern, worin das Wasser unter Druck an einem aus Aluminiumsilikat (Molekularsieb) bestehenden Trocknungsmittel adsorbiert, und durch einen Teilstrom bereits getrockneter Luft unter Atmosphärendruck wieder desorbiert wird. Hierzu ist eine durch Magnetventile gesteuerte Anlage zur taktweisen Umschaltung der Luftströme auf die einzelnen Behälter erforderlich. Solche Lufttrocknungsanlagen sind heute Stand der Technik und auf dem Markt erhältlich. Die Anlage arbeitet weitgehend wartungsfrei.

Der Hauptluftbehälter ist zum Schutz vor unzulässig hohem Druck mit zwei Sicherheitsventilen (10,5 und 12 bar) sowie zum Schutz vor ungewolltem Luftverlust mit einem Magnetabsperrventil ausgerüstet, welches beim Abrüsten der Lokomotive den Luftvorrat im Behälter einschließt. Beim Einschalten der Batterie wird es automatisch geöffnet. Dieses Ventil ist mit einem manuellen Bypass versehen um die Lok auch bei Störung des Magnetventils betreiben zu können. Sollte zum Heben des Stromabnehmers einmal keine Druckluft zur Verfügung stehen, so ist hierfür ein kleiner Hilfsluftkompressor installiert, welcher durch einen Gleichstrommotor aus dem Batterienetz angetrieben wird. Diese Druckluft wird wegen ihrer geringen Menge und der seltenen Nutzung des Hilfsluftpressers nicht über die Trocknungsanlage geleitet. Der Hilfsluftpresser schaltet sich bei Betätigen des Tasters „Stromabnehmer hoch" ein, sofern im Hauptluftbehälter nur ein Druck < 5,5 bar ansteht. Bei 8 bar im Sonderluftbehälter für den Stromabnehmer wird er automatisch ausgeschaltet, da nicht weiter erforderlich.

Sämtliche Geräte zur Drucklufterzeugung und Druckluftaufbereitung sind in einem Druckluftgerüst zusammengefasst. Dieses kann als komplettes Bauteil durch das Dach ein- und ausgebaut werden. Im Druckluftgerüst befinden sich weitere separate Vorratsbehälter für Druckluft: Zwei Behälter zu 75 l als R-Behälter, ein Behälter zu 40 l für die Federspeicherbremse und zwei Behälter zu je 25 l für Stromabnehmer und Hauptschalter. Sämtliche Behälter sind mit der Möglichkeit zur manuellen Entspannung und Entwässerung ausgestattet.

Die Bremsgerätetafel ist die Bedienebene am Druckluftgerüst und enthält nicht nur Bedienelemente für die pneumatische Bremse sondern weitere Absperrorgane für pneumatische Einrichtungen auf der Lok. Als Bremstafel neuer Generation ist diese aus Aluminium-Strangpressprofilen aufgebaut, die zum einen als Tragelemente die angeflanschten Module tragen, zum anderen mit ihren Hohlräumen die Funktion von Luftkanälen übernehmen. Diese gleichzeitige Erfüllung von zwei Funktionen durch ein Bauelement führt zu einem besonders einfachen, wartungsfreundlichen und zuverlässigen Aufbau.

Bedienelemente auf der Bremsgerätetafel

Absperrungen für Spurkranzschmierung, Sandung, Drehgestell 1 und 2, Schlüssel für Stromabnehmer und Erdschalter, Absperrhahn für Führerbremsventil, Sifa, Federspeicherbremse, Putzklötze, direkte Bremse, R-Versorgung KE, indirekte Bremse, Schlepphahn und Bypass Hauptluftbehälter. Weitere nicht zu bedienende Instrumente sind ebenfalls auf der Bremsgerätetafel angeordnet.

Luftverbraucher auf der Lokomotive, außer der pneumatischen Bremse, sind vier Sandstreuer jeweils beidseitig an der vorauslaufenden Achse, die Spurkranzschmierung Bauart ÖBB-Sécheron, die links am Transformatorgehäuse mit zentralem Schmiermittelbehälter und zentraler Verteilung angebaut ist, die akustischen Warneinrichtungen, die Radkonditionieranlage, die Betätigung der Seitenspiegel sowie die pneumatische Verstellhilfe für den Fahrersitz.

Außer mit einer Federspeicherbremse, wie bereits beschrieben, sind die TAURUS-Lokomotiven mit einer mehrlösigen indirekt wirkenden selbsttätigen Druckluftbremse sowie mit einer elektrisch gesteuerten direkt wirkenden Lokomotivbremse (Zu-

Luftversorgung auf der Lokomotive

Direkt aus dem Hauptluftbehälter: Indirekte Bremse, Makrofone, Spurkranzschmierung, Sandstreuer, Seitenspiegel, Fahrersitz, Sonderluftbehälter für Stromabnehmer und Hauptschalter. Die Sonderluftbehälter speichern aus Sicherheitsgründen einen bestimmten Vorrat an Druckluft.
Über Druckminderventile: Direkte Bremse 3,8 bar, Federspeicherbremse 5,5 bar, Putzklötze 3,0 bar, Stromabnehmer 3,5 bar und Hauptschalter 7,5 bar.

satzbremse) ausgestattet. Wie bei modernen elektrischen Lokomotiven üblich ist die vorrangige Bremse eine elektrodynamische Bremse, generell als Netzbremse bezeichnet, welche die kinetische Energie des Fahrzeuges und des Zuges generatorisch in elektrische Energie umwandelt und diese in die Fahrleitung zurückspeist. Diese Bremse kann entweder allein oder kombiniert mit der pneumatischen Bremse angesteuert werden.

Die selbsttätige Druckluftbremse besteht aus einer stellungsabhängigen Führerbremsventilanlage Bauart Knorr-HSM, welche mikroprozessorgesteuert über die beiden redundanten Bremsrechner den Hauptluftleitungsdruck sowie, sofern vorhanden, die ep-Bremse des Zuges ansteuert. Die Anlage besteht aus dem Führerbremsventil, dem Analogwandler zur Umsetzung digitaler Sollwerte des Bremsrechners in analoge Druckwerte, dem Relaisventil mit mehreren Magnetventilen sowie den beiden Bremsrechnern. Letztere sind oben an der Bremstafel eingebaut. Durch die Stellung vorwärts oder rückwärts des Richtungsschalters wird

Radkonditionierung

Als der Lokomotivbau von Klotzbremsen zu Scheibenbremsen, sei es ungefedert als Radscheibenbremsen oder abgefedert als Bremse auf der Hohlwelle oder wie bei TAURUS ausgeführt auf einer gesonderten Bremswelle, überging, hatte man wenig Erfahrung, wie sich der Entfall der Klotzbremsen auf die Radkonditionierung, also auf eine regelmäßige Aufrauung der Radlauffläche und damit auf den Haftwert zwischen Rad und Schiene auswirken würde. Man hielt es daher für notwendig, spezielle Putzklötze einzuführen, welche die Aufgabe haben sollten, die Räder bezüglich des Haftwertes zu konditionieren. Erstmals wurde diese Einrichtung bei den deutschen Neubauloks eingebaut, allerdings nur zum Teil aktiviert. Die Radkonditionierung kann erfolgen durch ein programmgesteuertes Anlegen dieser Klötze oder durch Übertragen eines geringeren Teil des Bremsgewichtes auf diese. Der Nutzen dieser Einrichtung blieb bis heute unklar und so wurden jüngere Loks der deutschen Baureihen überhaupt nicht mehr mit der „Putzbremse" (so der gelegentlich fälschlicherweise gebrauchte Ausdruck) ausgestattet, bei der BR 101 wurden die Putzklötze ausgebaut. Trotz der bisher wenig klaren Ergebnisse rüstet Siemens die TAURUS-Lokomotiven mit dieser Einrichtung aus, die allerdings ebenfalls zum Teil nicht aktiviert ist. Bei den Lokomotiven 1116 004, 037 und 038 wurde eine verstärkte Ausführung eingebaut, die vom Triebfahrzeugführer mittels eines Tasters aktiviert werden kann. Bei den dem TAURUS vorangegangenen modernen ÖBB-Loks 1014 und 1822 kommen noch beidseitige Doppelklotzbremsen zur Anwendung. Der Vorteil von Scheibenbremsen wird dadurch relativiert, dass moderne elektrische Lokomotiven ohnehin überwiegend elektrisch abgebremst werden.
Scheibenbremsen führen beim Bremsvorgang zu geringeren Schallemissionen als Klotzbremsen. Durch die fehlende Aufrauung der Radlaufflächen wird zusätzlich die Schallabstrahlung der Räder vermindert. Jedem Reisenden ist dieser Unterschied bei den modernen scheibengebremsten Reisezugwagen merklich. Die verschiedenartige Einschätzung des Wertes einer Putzbremse zwischen DB und ÖBB liegt in der Unterschiedlichkeit der zu befahrenden Strecken begründet. Eine endgültige Entscheidung der ÖBB über die Sinnhaftigkeit dieser Einrichtung soll im Jahr 2003 fallen.

Die Bedienelemente für die Bremsen auf dem Führerstand des TAURUS: 1 = Schlag-Taster „Not-Aus" + Notbremse, 2 = Führerbremsventil, 3 = E-Bremse, 4 = Zusatzbremse. *Aufnahme: Karl Gerhard Baur*

die Anlage aktiviert, wobei das Relaisventil über ein Magnetventil angesteuert und die Hauptluftleitung aus der Hauptluftbehälterleitung mit Druckluft versorgt wird. Für den Störungsfall ist ein von Hand zu betätigendes Bypass-Ventil vorhanden, so dass die Leitung mit Luft versorgt werden kann. Wenn letzteres betätigt wurde, ist die Führerbremsventilanlage auch bei den Stellungen 0 oder Mitte des Richtungsschalters in Betrieb.

Durch die Stellung des Führerbremsventils wird ein elektrischer Sollwert gebildet und an den aktiven der beiden Bremsrechner geleitet. Der zweite Bremsrechner ist in Standby-Stellung und kann automatisch bei Ausfall des aktiven Rechners die Steuerung übernehmen. Der aktive Bremsrechner gibt ein Signal an einen Analogwandler (Umwandlung eines digitalen in ein analoges Signal), der einen als A-Druck bezeichneten Steuerdruck einregelt, welcher wiederum mittels des Relaisventils den Druck in der durchgehenden Hauptluftleitung regelt. Nicht nur die Bremsrechner, sondern auch die Analogwandler sind zur Erhöhung der Verfügbarkeit redundant ausgeführt.

Bei vollkommenem Ausfall der elektronischen Bremssteuerung kann in jedem Falle in beiden Führerräumen eine rein pneumatisch wirkende Schnellbremsung durch Entlüftung der Hauptluftleitung mit dem Führerbremsventil sowie mit der Notbremseinrichtung des Schlagtasters ausgeführt werden. Ein spezielles Notbremsventil ist durch den Schlagtaster überflüssig geworden. Dieser entlüftet in gleicher Weise wie ein Notbremsventil die Hauptluftleitung über einen großen Querschnitt.

Die Lokomotiven sind mit einem Bremsstellungs-Wahlschalter für die Umschaltung der Stellungen GPR an der Führerraumrückwand ausgestattet. In der Bremsstellung R wird eine geschwindigkeitsabhängige Umschaltung auf Hochabbremsung wirksam, welche unter 160 km/h einen maximalen Bremszylinderdruck von 3,1 bar, oberhalb 160 km/h einen maximalen Bremszylinderdruck von 1,6 bar zur Verfügung stellt. Bei Klotzbremsen ist wegen anderer Charakteristik die Wirksamkeit „hohe- bzw. niedrige Abbremsung" umgekehrt. Selbstverständlich ist die Bremsanlage mit einem Angleicher zum gewollten Anheben des Leitungsdruckes über 5 bar hinaus bis maximal 6 bar ausgerüstet, um feste Bremsen in einem Zug zu lösen, ebenso wie mit der Möglichkeit des Füllstoßes mit dem Führerbremsventil, wobei kurzzeitig ein großer Querschnitt zwischen Hauptluftbehälterleitung und Hauptluftleitung freigegeben wird. Der erhöhte Druck in der Hauptluftleitung wird automatisch so langsam abgebaut, dass die Steuerventile der Lok oder des Zuges nicht ansprechen. Ein ungewolltes Anlegen der Bremsen wird so vermieden.

Die direkte Bremse wird elektrisch angesteuert mit fünf Stellungen des Betätigungshebels: „Volllösen" als Raststellung, „Lösen" als Taststellung, „0" als Halten des momentanen Bremszylinderdruckes, „Bremsen" als Taststellung und „Vollbremsen" als Raststellung. Die Stellung Lösen ist nur im besetzten Führerstand möglich. Die direkte Bremse wird überwiegend bei Rangierfahrten sowie zum kurzfristigen Festhalten der Lok eingesetzt. Wird sie während der Fahrt eingesetzt, so erfolgt eine Störungsmeldung nach 45 sec. bei V > 60 km/h, oder nach 700 m bei V < 60 km/h. Bei AFB-Betrieb der Lok legt die Zusatzbremse bei Halt des Fahrzeuges automatisch an.

Als moderne Hochleistungslok ist der TAURUS mit einer Notbremsüberbrückung und einer ep-Bremse ausgerüstet. Beide Funktionen werden an einem Schalter auf der Schalttafel der Führerraumrückwand ein- oder ausgeschaltet. Ebenso sind die Lokomotiven mit einem achsselektiven mikroprozessorgesteuerten Gleitschutz ausgerüstet, der sowohl bei der indirekten wie der direkten pneumatischen Bremse wirksam ist. Bei der elektrischen Bremse oder dem Zusammenwirken beider Bremsen greift der Gleitschutz auch in die Antriebssteuerung ein.

Die Loks sind mit einer hauptluftleitungsgesteuerten E-Bremse ausgerüstet, was besagt, dass eine eventuelle Schiebelok aus dem Druck der Hauptluftleitung beim Bremsen einen Sollwert für die elektrische Bremse generiert und somit auch elektrisch bremst. Bei normalem Bremsbetrieb der Lokomotive wird die indirekt wirkende Druckluftbremse durch Magnetventile abgesperrt und die gesamte Bremskraft durch die E-Bremse aufgebracht. Diese ist für die erforderliche Verzögerung über den gesamten Geschwindigkeitsbereich ausreichend. Bei Ausfall der E-Bremse eines Drehgestelles wird das zugehörige Magnetventil spannungslos, so dass die vorgesteuerte Druckluft in die Bremszylinder gelangt und hierdurch die erforderliche Bremskraft pneumatisch aufgebracht wird.

Gleitschutzeinrichtung

Um blockierende Räder beim Bremsen und damit Verlängerungen des Bremsweges bei ungünstigen Adhäsionsbedingungen zu vermeiden sind die Lokomotiven (ebenso wie moderne Reisezugwagen) mit einer mikroprozessor-gesteuerten Gleitschutzeinrichtung ausgestattet.

Geber an allen Motoren und an den vier Radsätzen der Lok erfassen berührungslos die Drehzahlen der Motoren und der Radsätze und ermitteln hieraus ein Gleiten einzelner oder aller Räder. Auf Basis einer umfangreichen Auswertelogik werden Gleitschutzventile so feinfühlig angesteuert, dass alle Radsätze nur mit der Bremskraft beaufschlagt werden, die durch einen optimalen Schlupf zwischen Rad und Schiene auch eine optimale Bremskraft ermöglicht. Die Gleitschutzventile erhöhen oder erniedrigen nach Bedarf den Druck in den Bremszylindern.

Das Gleitschutzgerät ist funktional und stromseitig von der HSM-Bremssteuerung getrennt, so dass beide Einrichtungen unabhängig voneinander funktionieren. Die gesamte Anlage überwacht sich selbst und ist mit dem Fahrzeugbus gekoppelt. Die Anwendung des Gleitschutzes im Eisenbahnwesen ist viel älter als das bekannte Antiblockiersystem ABS im Automobilsektor.

Am Morgen des 3. August 2002 lag überm Gasteiner Tal noch dichter Nebel, der sich nach Sonnenaufgang nur langsam auflöste. Die Reste sind im Hintergrund noch erkennbar, als 1016 043 mit IC 790 (Salzburg – Klagenfurt) Dorfgastein passiert. *Aufnahme: Sven Strößner*

Der letzte eingleisige Streckenabschnitt auf der Tauern-Südrampe zwischen Kolbnitz und Pusarnitz soll bis 2006 beseitigt werden. Nach dem ersten Spatenstich im Oktober 2002 wurden die bis zu 40 Meter hohen Bäume am Rothauerviadukt gefällt, um talseitig einer neuen Spannbetonbrücke Platz zu machen. Die Züge der Rollenden Landstraße gehören zu den Planleistungen des TAURUS. Am 23. November 2002 führt 1116 074 (TS Villach) die RoLa 42037 (Wels – Fürnitz). *Aufnahme: Gerfried Moll*

1016 009 ist eine der wenigen Maschinen, die den ÖBB-„Pflatsch" zeitweise auch auf den Stirnseiten getragen haben. Vor dem EuroCity 65 „Mozart" fährt sie am 27. Dezember 2000 durch den Bahnhof von Geislingen an der Steige (Strecke Stuttgart – Ulm). *Aufnahme: Jürgen Schurr*

1016 038 trägt die neu gestaltete Wortmarke der ÖBB auf den Seitenwänden und zentriert auf den Fronten. Die Loknummer musste deshalb nach rechts oben versetzt und in einer kleineren Schriftgröße angebracht werden. Zur Präsentation der neu gestalteten ÖBB-EuroCity-Wagen fährt sie als EC 16270 am 13. Juni 2002 in den Bahnhof Penzing ein. Mit der hellgrauen Wagenlackierung ging ein Charakteristikum der ÖBB verloren. *Aufnahme: Kurt Feuerfeil*

Anschriften

Frontseite: Nur Loknummer mit Kontrollziffer, asymmetrisch nach rechts versetzt (siehe Titelbild). Neuerdings ÖBB-Signet als Wortmarke, Loknummer kleiner rechts versetzt.
Seitenwand: ÖBB-Signet bzw. Wortmarke (neu) asymmetrisch, Loknummer asymmetrisch, ÖBB Traktion, Dienstgewicht 86 t, Anhebestellen, TAURUS auf rotem Grund, LüP 19,28 m, Radsatzstand 9,90 m, Revisionsraster, EBA-Schild aufgeklebt, Symbol für Entleerungshahn Kondensatbehälter, Symbol für Ausschaltung der Federspeicherbremse.

Bremsanschriften und Erläuterungen:
R+E 180 t, P+E 100 t, R 140 t, P 67 t, G 67 t, FspBr 25 t,
(R+E und P+E bei Baureihe 182 überklebt)
KE-GPR-E mz, Symbole: R für Rapidbremse, D für Scheibenbremsen, ep für elektropneumatische Bremse, Anzeiger für Bremszylinder Drehgestell 1 und 2 sowie Federspeicher zweisprachig.
R+E = Rapid- plus elektrische Bremse, P+E = Personenzug- plus elektrische Bremse, R = Rapidbremse. P = Personenzugbremse, G = Güterzugbremse, FspBr = Federspeicherbremse. Die Zahlen sind maximale Bremsgewichte.
KE-GPR-Emz = Knorr-Bremse Bauart KE mit GPR-Wechsel, Elektrodynamische Bremse mit Zusatzbremse. (GPR-Wechsel = Umstellmöglichkeit für Güterzug, Personenzug, Rapidbremse), D = Scheibenbremsen, R = Rapidbremse ist die Bezeichnung für eine Hochleistungsbremse.
Bei der Reihe 1116 sind zusätzlich Anschriften, auch auf dem Führerstand, in ungarischer Sprache angebracht.

Pufferbohle

Die Zug- und Stoßvorrichtungen sowie die Schlauchverbindungen mit Absperrhahnen für Hauptluftleitung und Hauptluftbehälterleitungen (zwei Mal) entsprechen der Norm. In Fahrtrichtung rechts ist eine Halterung vorbereitet für eine eventuell einzuführende ep-Bremse für Güterzugwagen. Unter den Puffern befinden sich beidseitig die Anschlussdosen für die Zugsammelschiene.

Die äußere Form

An die äußere Form moderner Lokomotiven werden technische und, so man es will, auch ästhetische Ansprüche gestellt. Beide kosten Geld, was bei guter Lösung der technischen Probleme auch Ersparnisse bringt und bei der guten Gestaltung der äußeren Form den Menschen langfristig Freude macht. Schöne Lokomotiven sind unbestrittenermaßen ein Sympathieträger für die Bahnen.

Ein geringer Luftwiderstand spielt bei schnellfahrenden Zügen eine wichtige Rolle, früher in erster Linie zur Erreichung höherer Geschwindigkeiten bei vorhandener und nicht mehr zu steigernder installierter Leistung, heute dagegen eher zu Energieeinsparung und zur Verminderung von Druckstößen. Bei hohen Geschwindigkeiten ist es wichtig, einen wesentlichen Teil der verdrängten Luft nach oben abzuleiten, um bei Einfahrten in Tunnel oder bei Zugbegegnungen einen unerwünschten Druckanstieg vor allem in der Nähe der Zugfenster zu vermindern. Dabei muss man bei der Formgebung der Lokomotive berücksichtigen, dass bei hoher Geschwindigkeit zwischen Lok und erstem Wagen durch Wirbelbildung ein erheblicher Widerstand entsteht, der eine günstige Kopfform keinesfalls wieder zunichte machen darf. Die gelungene äußere Form tut diesen technischen Zwängen keinen Abbruch und die Druckwelle bei Vorbeifahrt fällt beim TAURUS geringer aus als bei der BR 120 der DB, die als Referenzfahrzeug herangezogen wird.

Um es vorweg zu sagen: Der TAURUS ist eine der schönsten bekannten Lokomotiven und hat meines Erachtens der Schweizer Lok 2000 die Krone weggenommen. Für deutsche Liebhaber schöner Lokomotiven ist sie ein emotionaler Ersatz für die inzwischen im planmäßigen Einsatz von den Schienen verschwundenen Lokomotiven der Baureihe 103. Die neuen elektrischen Lokomotiven der Deutschen Bahn sind in allen ihren Varianten und durch die zahlreichen Eisenbahnverkehrsunternehmen auch verschiedenen Lackierungen verglichen mit der TAURUS-Familie leider ausgesprochen langweilig, sie erwecken in ihrer äußeren Form wohl kaum Sympathie für die Bahn, und man merkt, dass für ein gutes Industriedesign auch nicht ein Pfennig Geld übrig war.

Im Traktionsstandort Innsbruck treffen sich regelmäßig deutsche und österreichische Lokomotiven. Die Loks der Baureihe 139 werden wegen der Ausrüstung mit elektrischer Bremse überwiegend am Brenner eingesetzt. Februar 2003.
Aufnahme: Karl Gerhard Baur

Über die verkehrsrote Farbgebung der Baureihe 103 mit dem unattraktiven weißen Balken mag man geteilter Meinung sein. Die Form der Lok kann auch nach bald vierzig Jahren als zeitlos modern bezeichnet werden. Zum TAURUS-Fest der Firma Roco im TS-Werk Linz kam 103 233 am 2. September 2000 an die Donau.
Aufnahme: Reinhard Lorenz

Bei besonders langlebigen und der Öffentlichkeit regelmäßig begegnenden Investitionsgütern ist ein derartiges Versäumnis eigentlich unverzeihlich zu nennen. Zudem ist bedauerlicherweise die Form und Farbgebung aller Typen sehr ähnlich bzw. identisch, so dass für den Laien eine Wiedererkennung schwer möglich ist. Hinzu kommt, dass ältere deutsche Lokomotiven, die zu ihrer Zeit als ausgesprochen gelungen angesehen werden konnten, wie die sogenannte Bügelfalten-E 10, die 103 oder die berühmte V 200 von ihrem Eigentümer Deutsche Bundesbahn in einer Weise verunstaltet wurden, die sich einer Beschreibung fast entzieht. Weder die Österreichischen noch die Schweizer Bundesbahnen haben sich mit älteren Lokomotiven jemals ähnliche geschmackliche Entgleisungen oder auch äußere Verwahrlosungen geleistet wie speziell die Deutsche Bundesbahn. So werden Liebhaber schöner Lokomotiven neuerdings bevorzugt nach Österreich schauen und den Ersatz eines Teils der BR 152 durch die neue 182 sicher freudig begrüßen.

Es ist müßig, den TAURUS mit den neuen deutschen Loks vergleichen zu wollen, allenfalls die Lok 2000 wäre eines Vergleiches würdig, mehr noch aber neuere österreichische Lokomotiven wie die Rh 1014, 1822 oder die hervorragend gelungene 1012. Von kundiger Stelle wurden letzteren drei Typen eher weibliche, rundliche Formen attestiert, dem TAURUS dagegen mehr ein männlicher Typ mit fliehender Stirn, einem Stier nicht ganz unähnlich (Schiene, 3/2000). Dennoch ist der TAURUS sicher ein sehr guter Kompromiss zwischen technischen und finanziellen Zwängen und einer hohe Ansprüche langfristig befriedigenden Gestaltung. Das völlige Fehlen von modischem Beiwerk wird dankbar registriert.

Die schönste Anerkennung für das herausragende Design des TAURUS, und damit verbunden auch der deutschen Baureihe 182, durften die ÖBB, das Haus Siemens und das Münchener Gestaltungsbüro Haslacher am 10. Oktober 2001 erfahren. An diesem Tag wurden in Paris die Loks 1016 und 1116 der ÖBB mit dem begehrten Brunel Award ausgezeichnet, dem wertvollsten Preis für herausragendes Design im Eisenbahnwesen. Vergeben wurde der Preis von einer Jury aus Städtebauern, Architekten, Ingenieuren, Designern und Journalisten aus mehreren Ländern.

Certificat de Prix
Award Certificate

Le Projet
The Project
Locomotive Taurus 1016 / 1116
Taurus Locomotive 1016 / 1116
Présenté par
Submitted by
ÖBB – Chemins de Fer Autrichiens
ÖBB – Austrian Federal Railways
A reçu un Prix Brunel dans la catégorie
Has received a Brunel Award in the category
M5 – Locomotives
Locomotives

Andreas HEYM
Secrétaire du Groupe Watford
Watford Group Secretary

Paris, le 10 octobre 2001

Jean-Paul VIGUIER
Président du Jury
President of the Jury

Die Preisurkunde für einen der begehrtesten Designer-Preise ist graphisch wenig spektakulär. Die wertvolle Urkunde wird beim Geschäftsbereich Traktion der ÖBB aufbewahrt.
Abbildung: ÖBB

Eingereicht waren 215 Projekte von 36 Gesellschaften aus 17 Ländern, welche in 19 Kategorien konkurrierten. Weitere zehn Preise wurden vergeben, beispielsweise für Bauwerke wie den neuen Bahnhof der ÖBB in St. Anton am Arlberg, den TGV-Bahnhof von Avignon und die Öresundbrücke zwischen Dänemark und Schweden.

Der Brunel Award wurde 1985 durch die Watford Groupe in Erinnerung an das 150-jährige Bestehen der Great Western Railway in England geschaffen und nach deren visionären Planer und Architekten, dem berühmten Ingenieur Isambard Kingdom Brunel benannt, der von 1806 bis 1859 lebte.

Farbgebung

Bei allem Lob, welches das Design der TAURUS-Lokomotiven generell erfährt, blieb in der Anfangsphase deren Farbgebung doch nicht von Kritik verschont. Vielfach wurde die einheitlich rote Farbgebung und das Fehlen von verzierenden oder auflockernden Attributen als langweilig bezeichnet und das Wort von der „Tauchlackierung" macht eine Zeit die Runde. Die einheitlich rote Farbgebung jedoch, wie geschehen, als Sicherheitsrisiko zu stilisieren, das dürfte wirklich übertrieben sein. Die hässlichen Lätzchen deutscher Loks haben sicher keinen einzigen Unfall vermieden, so wurden sie einst motiviert, und dennoch die Kenner schöner Lokomotiven verärgert und genervt. Es sei an dieser Stelle noch angefügt, dass die hochglänzende Lackierung der TAURUS-Lokomotiven bei bestem Sonnenlicht den Fotografen häufig durch Spiegelungen Probleme bereitet.

Besondere Merkmale der TAURUS-Lokomotiven sind neben der einheitlichen Farbe das asymmetrisch an der Seitenwand angebrachte ÖBB-Logo sowie die ebenfalls asymmetrisch auf der Front angeschriebene Betriebsnummer, welche dem TAURUS sein eigentliches Gesicht verleiht. Nun ist es zweifelhafter Brauch bei vielen Bahnen, dass neue Vorstände oder Generaldirektoren, wie man in Österreich sagt, als erste „Amtshandlung" ein neues Farbkonzept für Fahrzeuge beschließen und zur Zeit der Niederschrift dieses Buches zeichnet sich ein solches Tun, das der staunenden Öffentlichkeit Kompetenz und Handlungsbereitschaft zeigen soll, auch für den TAURUS ab.

Das seitliche Logo ist durch einen großen Schriftzug „ÖBB" an gleicher Stelle ersetzt, was das Erscheinungsbild der Lok nur unwesentlich verändert. Die Anschrift ÖBB auf der Frontseite und das Verschieben der Loknummer nach oben verändert den Charakter der Lok jedoch so wesentlich, dass eine Übereinstimmung mit den Vorstellungen seiner Schöpfer kaum noch festzustellen ist. Wir erinnern uns an den Begriff der „minimalistischen Formensprache". Ob die drei Buchstaben auf der Frontseite der Lok die Identifikation der Österreicher mit ihrer Bahn wesentlich er-

Baugruppe	Rh 1016/1116 ÖBB	BR 182 DB	ES 64U 2 Siemens Dispolok	ES 64U 2 HUPAC	1047 MAV	1047 GySEV
Lokkasten Seitenwand	RAL 3020 Verkehrsrot	RAL 3020 Verkehrsrot	Sikkens Colormap 434 D 4 gelb RAL 9006 Weißaluminium	RAL 9006 Weißaluminium	RAL 5009 Azurblau	RAL 6010 Grasgrün RAL 1023 Verkehrsgelb
Lokkasten-Untergestell im Bereich Lokkasten-Seitenw.	RAL 7022 Umbragrau	RAL 7022 Umbragrau	wie Seitenwand	RAL 7022 Umbragrau	RAL 7022 Umbragrau	RAL 7022 Umbragrau
Lokkasten, Dachschräge über der Seitenwand	RAL 3020 Verkehrsrot	RAL 7022 Umbragrau	Sikkens Colormap 434 D 4 gelb	RAL 9006 Weißaluminium	RAL 5009 Azurblau	RAL 6010 Grasgrün
GFK-Führerstanddach	RAL 3020 Verkehrsrot	RAL 3020 Verkehrsrot	Sikkens Colormap 434 D 4 gelb (Dachholme) RAL 7021 Schwarzgrau (Bereich über Frontscheibe)	RAL 9007 Graualuminium (Dachholme) RAL 9006 Weißaluminium (Bereich über Frontscheibe)	RAL 1017 Safrangelb	RAL 1023 Verkehrsgelb
GFK-Seitenblenden Frontscheinwerfer	RAL 3020 Verkehrsrot	RAL 3020 Verkehrsrot	Sikkens Colormap 434 D 4 gelb	RAL 9007 Graualuminium	RAL 1017 Safrangelb	RAL 1023 Verkehrsgelb
Fzg.-Front unter der Frontscheibe	RAL 7022 Umbragrau RAL 3020 Verkehrsrot	RAL 3020 Verkehrsrot	RAL 7021 Schwarzgrau RAL 9006 Weißaluminium	RAL 7022 Umbragrau RAL 9006 Weißaluminium	RAL 7022 Umbragrau	RAL 6010 Grasgrün
Abnehmbare Dachelemente	RAL 7022 Umbragrau	RAL 7022 Umbragrau	RAL 7022 Umbragrau	RAL 7022 Umbragrau	RAL 7022 Umbragrau	RAL 7022 Umbragrau

Die Tabelle listet die verwendeten Farben für den Deckanstrich der Lokfamilie 1016/1116 der ÖBB, der BR 182 der DB, der ES 64 U2 sowie der für die ungarischen Staatsbahnen MÁV und die GySEV gelieferten 1047 auf. *Quelle: Siemens TS* höhen, das darf mit Fug und Recht bezweifelt werden. Glücklicherweise ist eine völlig neue Lackierung nach so kurzer Zeit für alle Loks wohl einfach zu teuer und nur schwer zu vermitteln. Man wird weitere Entwicklungen abwarten müssen, aber ein besser gelungenes Erscheinungsbild als das Ursprüngliche wird wohl schwerlich zu erzielen sein. Wie bei Bäumen die Jahresringe weisen deutsche Lokomotiven und Reisezugwagen ihre Lackschichten auf, quasi als „Amtsperioden-Ringe" diverser Vorstände. Hoffen wir, dass solches dem TAURUS während seines „Life Cycles" erspart bleibt. Geändert wurden zunächst die Loks 1016 038 und 1116 021. Ab Lok 1116 095 soll die Änderung generell eingeführt werden, was viele TAURUS-Freunde, vor allem wegen der recht unharmonisch angeschriebenen Loknummer wohl bedauern werden. In jedem Falle ist die deutlich kleiner ausgefallene Loknummer für das Personal reichlich unpraktisch, da die Erkennbarkeit auf größere Distanz wesentlich schlechter geworden ist.

Dieses, auch typographisch gut gestaltete, Fabrikschild der Fima Krauss Maffei München trug die Tenderlok 64 389.

Krauss Maffei, eine traditionsreiche Lokomotivfabrik

Die vollständige Übernahme der Lokomotivproduktion der Firma Krauss Maffei durch Siemens besiegelt das Ende dieses traditionsreichen Namens im Eisenbahnwesen. Der Beitrag von K.M. zum deutschen Lokomotivbau ebenso wie zum Gegenstand dieses Buches kann nicht hoch genug eingeschätzt werden. Hervorgegangen 1931 durch Zusammenschluss der 1838 in München gegründeten Firma J.A. Maffei und der 1866 gegründeten Lokomotivfabrik Krauss & Comp. erhielt die neue Firma zunächst den Namen Lokomotivfabrik Krauss & Comp.-J.A. Maffei. Den Standort Allach bei München hatte Krauss bereits 1921 mit der Gründung einer Gießerei erschlossen. Eisenbahnkennern fällt bei Nennung des Namens Krauss Maffei spontan die Bayrische S3/6 oder die V 200 ein, ebenso wie neuerlich der EuroSprinter mit der daraus hergeleiteten gesamten Lokomotivfamilie.

So traurig das Verschwinden des Namens Krauss Maffei aus der deutschen Eisenbahngeschichte ist, so erfreulich ist doch, dass wenigstens mit dem Firmennamen Siemens noch an einen der großen Pioniere deutscher Industrie und an den Erbauer der ersten elektrischen Lokomotive der Welt erinnert wird. Alle weitere mit den großen Pionierleistungen aus der Eisenbahngeschichte verbundenen Namen existieren in der Bahnindustrie Deutschlands, Österreichs und der Schweiz leider nicht mehr. Eisenbahnfachleute und auch ehemalige Mitarbeiter von Krauss Maffei werfen der Firma Siemens aber einen nicht gerade sensiblen Umgang mit dem historisch so bedeutenden Namen vor.

Gleichberechtigt nebeneinander sind die Fabrikschilder von Siemens und Krauss Maffei an der E 40 128 angebracht. *Aufn. (2): Karl Gerhard Baur*

Planmäßig ist die Reihe 1016 auch im Güterverkehr auf deutschen Gleisen anzutreffen. Mit einem Güterzug nach München passiert 1016 009 am 1. Juni 2000 den ehemaligen Block Hilperting bei Freilassing. *Aufnahme: Gerald Bendrien*

Am 2. Oktober 2002 hat ÖBB-EC 662 „Gustav Klimt" auf der Fahrt von Wien West nach Feldkirch die deutsch-österreichische Grenze bei Kufstein soeben passiert. Der aus fünf ÖBB-Reisezug- und drei DDm-Autotransportwagen der DB gebildete Zug mit 1116 060 an der Spitze hat planmäßig nur zwei Zwischenhalte in Salzburg und Innsbruck und benötigt für die 731 km lange Strecke sechs Stunden und 40 Minuten.

Die „Pension zur Klause" wäre für Eisenbahnfreunde ein idealer Urlaubsort. Am 2. Oktober 2002 passiert 182 025 mit dem TEC 43101 von Köln-Eifeltor zum Brenner die Grenze bei Kufstein.

Aufnahmen (2): Achim Datko

Auf der Brennerstrecke ist 1116 087 mit R 5212 bei St. Jodok am 24. Oktober 2002 unterwegs. *Aufnahme: Bernd Eisenschink*

Die kolorierte Gesamtansicht zeigt bereits die wesentlichen Gestaltungsmerkmale des TAURUS. Allerdings werden sich die Anordnung der Rangiertritte, die Frontpartie im Bereich der Puffer und die Form der seitlichen Lampen noch verändern. *Alle Zeichnungen: Gestaltungsbüro Haslacher*

Interview mit dem Designer, Herrn Thomas Haslacher

Zu einem Gespräch über Eisenbahndesign im allgemeinen und speziell über das Design des TAURUS traf ich Herrn Thomas Haslacher am 27. August 2002 in seinem Büro in München. Das im Folgenden aufgezeichnete Gespräch hat bezüglich Fragen und Antworten im Wesentlichen so wie hier wiedergegeben stattgefunden. Herr Haslacher kannte meine Fragen bereits, die Niederschrift seiner Antworten wurde nachträglich von ihm durchgesehen und geringfügig überarbeitet.

Baur: Was muss man gelernt haben, um ein preisgekröntes Lokomotivdesign zu entwerfen?
Haslacher: Da muss vieles zusammenkommen. Hilfreich ist eine Ausbildung als Industriedesigner und Vertrautheit mit dem Bau von Schienenfahrzeugen, so dass eine gute Verständigung mit den Konstrukteuren jederzeit möglich ist. Ich habe meine Ausbildung an der Folkwangschule in Essen genossen, die heute in der damaligen Form nicht mehr existiert. Die Ausbildung Design ist heute ein Fachbereich der Universität Essen. Mein Studium habe ich als Diplom-Designer abgeschlossen. Von besonderer Wichtigkeit ist aber Begeisterung für Gestaltung im Allgemeinen und das jeweilige Thema im Besonderen. Die Gestaltung einer Lokomotive kann man zu den, wenn auch nicht gerade typischen, aber doch klassischen Aufgaben für einen Industrie-Designer zählen.

War die Gestaltung des TAURUS eher ein kreativ künstlerischer Prozess oder mehr eine systematische Arbeit? Wieviele Mitarbeiter hat diese Arbeit beschäftigt?
Sicherlich trifft beides zu. Künstlerischer Prozess und systematische Arbeit bilden den Kern unseres Handelns, obschon noch weitere Aspekte zu berücksichtigen sind. Ich betrachte dieses Begriffspaar nicht als „entweder/oder", sondern als sich notwendigerweise ergänzende Vorgehensweisen. Ein Designer sollte Interessen, Fähigkeiten und Vorgehensweisen sowohl von Ingenieuren als auch von Künstlern haben und seine, wenn man so sagen will, künstlerische Freiheit der Aufgabe entsprechend optimal einsetzen. Er muss bei seinem Vorgehen die Sprache der Ingenieure sprechen ohne deren spezielles Wissen zu haben. Beteiligt am Projekt TAURUS waren im Wesentlichen drei Personen.

Ist die Gestaltung Ihr persönliches Werk oder das Ergebnis einer Arbeit im Team?
Mein Kollege Christoph Schletterer hat das Projekt maßgeblich mitbetreut. Die Gestaltung ist das Ergebnis von Teamarbeit, wobei auch der Auftraggeber mitgewirkt hat. Hierauf sollten wir noch einmal zurückkommen.

Hatten Sie zuvor schon Berührung mit der Bahn?
Ja, und zwar schon seit zwölf Jahren ist die Innen- und Außengestaltung von Schienenfahrzeugen der Schwerpunkt unserer Arbeit. Lassen Sie mich als Beispiele die Gestaltung der Doppelstock-Steuerwagenköpfe BR 761, BR 764 und DO-ET BR 445 „Meridian" nennen, sowie den Steuerwagenkopf für den Innovationszug und den „Puma" der DB, aber auch die Inneneinrichtung der Sitzwagen für den einstmals so propagierten

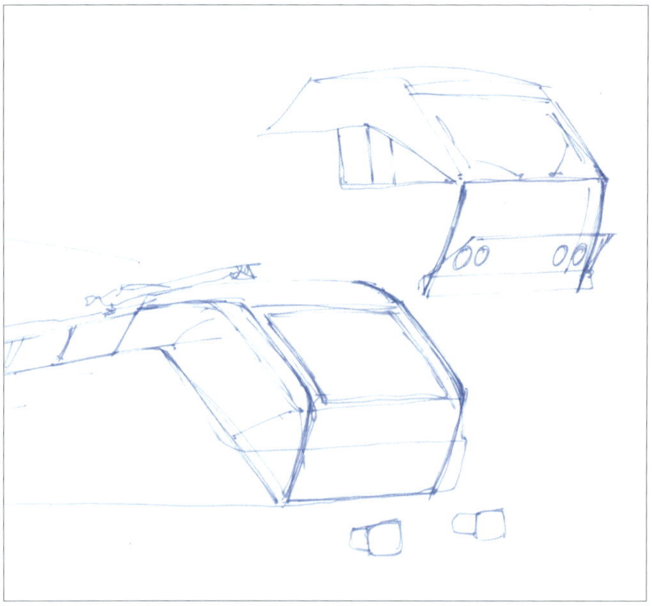

Touristikzug, der Liegewagen des InterCity Night der DB und des Lirex-Prototyps von Alstom. Auch kleinere Arbeiten wie die Gestaltung von Komponenten spielen immer wieder eine Rolle, so z.B. Sitze, Gepäckablagen oder ähnliches. Eine wichtige neue Aufgabe für mein Büro ist die Innenausstattung und die Gestaltung des Triebkopfes für den neuen Talgo Hochgeschwindigkeitszug.

Welcher Art waren die vorgegebenen technischen Zwänge wie Aerodynamik, Werkstoffe, Gewicht oder Kosten?

In allen diesen Bereichen hatten wir Vorgaben, wovon wir am meisten das Kostenkorsett spürten. Die Vorgaben durch Siemens erhielten wir in Form eines Lastenheftes. Hierin waren viele Dinge festgelegt wie die Türen in der Seitenwand, die zu öffnenden Seitenfenster oder die Anordnung eines Spiegels. Doppelt gekrümmte Flächen waren im Gegensatz zu DB-Loks erlaubt, ebenso die Anwendung von glasfaserverstärktem Kunststoff. Festgelegt war auch eine geteilte Frontscheibe, die aber wiederum doppelt gekrümmt sein durfte. Natürlich waren technische Zwänge zu berücksichtigen, wie die Anordnung des Fahrpultes, die Frontneigung, die Crashzone oder die Lage von UIC-Dosen und Scheibenwischer.

Wie war die Mitsprache von Siemens und der ÖBB, kamen von diesen Partnern auch kreative Ideen oder nur Anforderungen?

Siemens war unser Auftraggeber, und das Design des TAURUS ist heute Eigentum von Siemens. Von den ÖBB, genauer gesagt, von deren damaligem Generaldirektor, kam überhaupt der Wunsch nach einem herausragenden Design für die neuen Lokomotiven. Beide Partner haben Ideen mitgebracht und bemühten sich um den offenen Umgang mit unseren Ideen. Respektieren, was der andere einbringt, das erscheint mir ein Schlüssel für gute Lösungen zu sein. Es ist mir wichtig, die sehr gute Zusammenarbeit mit den Konstrukteuren von ehemals Siemens-Krauss Maffei zu erwähnen. Diese Partner waren die Herren Dr. Jörg Wach, Sieghard Schneider, Bernhard Braun, Konrad Kleehaupt und Rüdiger Holz, wie Sie sehen, ein ganzes Team, das mit uns auf partnerschaftliche Weise zusammenarbeitete.

Diese Entwurfsreihe aus Skizzen und mit Layout-Markern gezeichneten Ansichten orientiert sich noch recht stark am EuroSprinter.
Alle Zeichnungen: Gestaltungsbüro Haslacher

Wie lange hat die Zusammenarbeit von Auftragserteilung bis zum Abschluss gedauert?
Insgesamt eineinhalb Jahre mit fünf Monaten intensiver Arbeit von zwei Leuten. Insgesamt waren vier Mitarbeiter beschäftigt, teilweise mit der CAD-Ausarbeitung. Alles in allem war es ein aufwendiges Projekt.

Gab es außer technischen Zwängen auch ästhetische Vorgaben? Ist es richtig, dass der damalige ÖBB-Generaldirektor das Design der neuen Lokomotiven zur Chefsache machte und wie war sein Beitrag?
Es gab nicht gerade ästhetische Vorgaben aber doch sehr bald ganz klar formulierte Wünsche zum Erscheinungsbild der neuen Loks. Ich denke schon, dass dieses Projekt von vornherein Chefsache war. Bei der Präsentation des ersten Konzeptes hatte ich Gelegenheit mit Herrn Dr. Draxler über verschiedene Ansätze zur Gestaltung einer Lok zu diskutieren. Dabei äußerte er dezidiert den Wunsch nach einer ungeschminkt technischen und minimalistischen Formensprache ohne modische Attribute, oder wie er es ausdrückte, ohne jeden „Schnickschnack". Wenn Sie so wollen, so stellt der TAURUS die in eine Form übersetzte Interpretation dieses Wunsches dar.

Wie geht man bei solch einem Projekt an die Arbeit, welche Hilfsmittel benutzen Sie?
Als erstes versuchen wir den Auftraggeber zu verstehen. Wir studieren selbstverständlich sein Lastenheft und tragen alle Daten, Wünsche und Vorstellungen zusammen, um ein abgerundetes Bild unserer Aufgaben und der Erwartungen des Auftraggebers zu bekommen. Dabei entstehen schon die ersten Skizzen, die zu Dialogen über mögliche Konzepte führen. Am Anfang steht ein sehr weit gefasstes Brain-Storming.
Wir skizzieren einen Schwung Papier voll und manchmal sind es auch Servietten oder Bierdeckel. So spüren wir ersten Entwurfsmöglichkeiten nach. Parallel dazu werden alle bereits bekannten Daten in CAD-Programmen als bemaßte technische Zeichnungen festgehalten. Diese werden ständig ergänzt und aktualisiert und begleiten den gesamten Gestaltungsprozess. Dann beginnt bald

die Arbeit am Modell im Maßstab 1:10. Hier überprüfen wir unsere Konzepte und optimieren diese in allen Details. Alle wichtigen Entscheidungen zur Formfindung werden am Modell getroffen. Auch diese Arbeit wird durch CAD und CAS, in diesem Falle durch 3D-Programme begleitet und dokumentiert. Nach einem Dutzend Iterationen ist man dem Ziel schon ziemlich nahe. Natürlich werden die Fortschritte der Arbeit dem Auftraggeber immer wieder gezeigt und es werden Vor- und Nachteile einzelner Varianten mit ihm abgewogen.

Gab es auch ganz abweichende Ideen für das Aussehen der Lok?
Ja natürlich, aber keine wurde ernsthaft weiter verfolgt.

Können Sie den Lesern einige Entwürfe vorstellen und sie das Werden der Lok miterleben lassen?
Natürlich überlasse ich Ihnen und Ihren Lesern gerne solche Entwürfe, sowohl aus der Bierdeckelphase, aber auch schon aus

Die oben gezeigte farbige Ansicht kommt auf den ersten Blick dem TAURUS schon recht nahe, doch die abgeknickte Front und die Anordnung der Scheinwerfer werden sich noch verändern, wie auf der nebenstehenden Zeichnung zu erkennen ist.

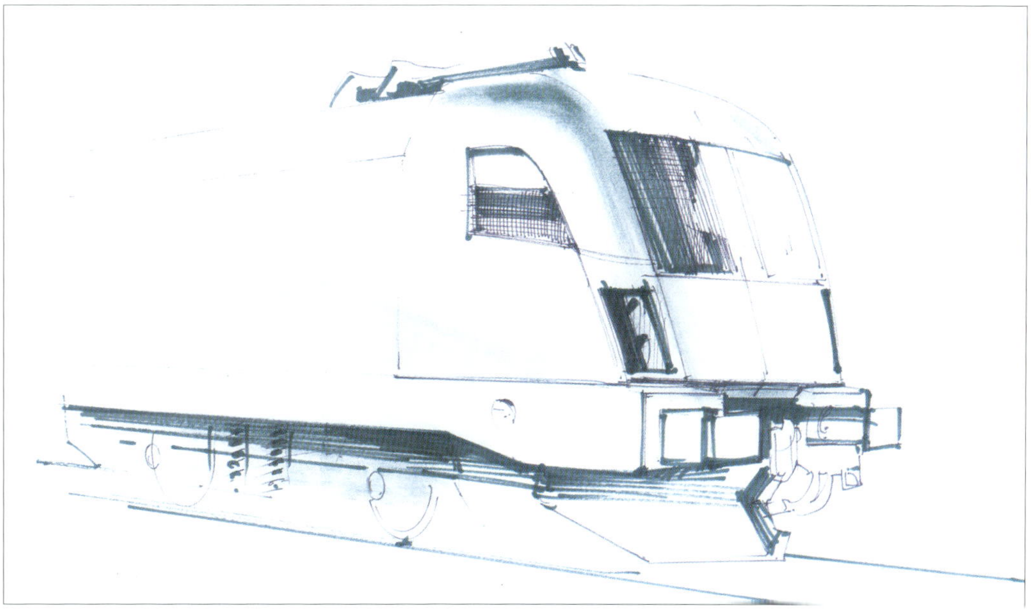

Die Arbeitsmodelle aus dem gut zu modellierenden Clay werden als Längsschnitt durch das Fahrzeug erstellt. Erst vor einem Spiegel kann die Wirkung der gesamten Front beurteilt werden.
Aufnahme: Gestaltungsbüro Haslacher

einer Periode, als der Zustand des TAURUS schon deutlich zu erkennen war. Sehen Sie selbst, was Sie hiervon Ihren Lesern zeigen wollen. Auch Abbildungen des fertiggestellten Modells sollten Sie nicht vergessen.

Welche Modelle wurden gebaut, dienten diese nur als Anschauungsobjekte oder hatten sie auch eine Funktion?
Zunächst arbeiten wir selbst an unseren Arbeitsmodellen, die aus sogenanntem Clay bestehen. Das ist ein in der Automobilindustrie regelmäßig genutztes Material, welches beim Erwärmen weich und formbar ist, beim Erkalten dagegen sofort hart wird. Durch Schaben kann man dieses Material sehr gut bearbeiten. Wir stellen einen Längsschnitt durch das Fahrzeug als halbes Modell her und stellen dieses vor einen Spiegel. So werden übrigens auch die Fotos gemacht, wie man auf diesen beim genauen Hinsehen erkennen kann.
Später wurden von einem professionellen Modellbauer zwei Kunststoffmodelle, immer im Maßstab 1:10 gebaut, die heute im Besitz der ÖBB sind. Solche Modelle baut man am Ende des Gestaltungsprozesses für Pressekonferenzen und für Präsentationen.

War die Farbgebung vorgegeben oder bestanden Freiheiten in der Auswahl?
Vorgegeben war von Seiten der ÖBB eine einheitlich rote Farbgebung, von der Dr. Draxler gerne als Ferrari-Rot sprach. Es ist schon denkbar, dass er den TAURUS gerne mit Sportwagen assoziierte. In Diskussion waren noch weiße Streifen, die aber schließlich nicht realisiert wurden.

Sie wissen jetzt, wie ein preiswürdiges Lokomotivdesign aussieht. Haben Sie auch einen Blick für andere Lokomotiven und welche gefallen Ihnen?
Natürlich die Schweizer Lok 2000, die 103 der DB in ihrer alten Farbgebung und die Lok 15 000 der SNCF.

Was ist Ihre Meinung über die äußere Form der deutschen Neubauloks?
Sie haben in Ihrem vorangegangenen Text das Wesentliche schon gesagt. Ich finde sie lieblos, schlicht langweilig. Übrigens finde ich das weiße Lätzchen an der 103 der DB ganz schlimm.

Was hätten Sie beim TAURUS, wäre es allein nach Ihnen gegangen, anders gemacht?
Die Haltestange unter den Frontfenstern mit den UIC-Dosen stellt mich nicht ganz zufrieden, ebenso der Absatz zwischen dem Aluminiumteil und dem Längsträger an der Seitenwand. Der schwarze Rahmen um die Lampen könnte dünner sein und wäre

Zur ersten öffentlichen Präsentation wurde das 1:10-Modell wirkungsvoll „in Szene" gesetzt. *Aufnahme: Markus Inderst*

die Dachschräge wie das Ende des Führerhausdaches bombiert (gerundet) statt eben, so käme das der Schönheit der Lok wohl zugute. Auch der Griff neben den Leuchten ist nicht ganz nach unseren Wünschen ausgefallen, denn seine Befestigung unten konnte nicht wie von uns vorgesehen ausgeführt werden können. Aber über technische Zwänge haben wir bereits gesprochen. Bedauern möchte ich noch die unsensible Ausführung der Oberseite an den Rangiertritten. Zur asymmetrisch angeschriebenen Nummer lassen Sie mich noch sagen, dass Asymmetrie generell Interesse weckt, immer wenn kein Zwang zur Symmetrie vorhanden ist. Insofern finde ich die Ziffern bei den 182 nicht so gut gelungen wie beim Original-TAURUS.
Da wir gerade bei der 182 sind: Die Betonung der horizontalen Bezüge der Frontgestaltung vor allem durch die Spitzensignale wird durch die schräg angebrachten und über den Radius verlaufenden weißen Streifen missachtet, beziehungsweise sogar konterkariert. So erhält die 182 einen säuerlichen Ausdruck verpasst, vergleichbar mit jemandem, der seine Mundwinkel hängen lässt (siehe Anmerkung).

Was empfinden Sie, wenn sie in München oder anderswo einen TAURUS auf dem Bahnhof sehen?
Natürlich Freude, auch als neutraler und kritischer Beobachter.

Hätten Sie jemals erwartet, mit Ihrer Arbeit den höchsten Preis für Eisenbahn Design zu erhalten? Wie zufrieden waren Sie damals selbst, wie zufrieden Ihre Auftraggeber?
Darüber habe ich nie nachgedacht, aber natürlich war ich begeistert. Allerdings waren der Empfänger des Preises nicht ich oder meine Firma sondern die ÖBB. Ich denke, wir können alle miteinander zufrieden sein. Letztenendes wird doch durch diesen Preis ausgedrückt, dass ein Bemühen um gute Gestaltung auch in der Öffentlichkeit erwartet wird und sich für alle Beteiligten lohnt.

Wer hat eigentlich den berühmten Brunel Award erhalten, aus was besteht der Preis?
Wie bereits gesagt, der Preis wird an den Betreiber verliehen. Der Preis besteht aus einer Urkunde und dem Recht oder der Ehre, diese Preisverleihung jederzeit nennen zu dürfen.

Wie denken Sie über die Farbgebung der Siemens Dispoloks und die neuerlichen Änderungen der ÖBB am TAURUS?
Bei den Dispoloks steht Werbung und Marketing im Vordergrund und so sind die Loks mehr unter dem Aspekt von Show Cars zu bewerten. Für diese Loks gibt es andere Zuständigkeiten, etwa wie für Messen oder anderes. Mir gefällt das Gelb natürlich nicht, auch nicht der Anstrich der MÁV- oder GySEV-Loks. Diese Loks wären für mich ein Lehrstück über Farbgestaltung im Unterricht. Allerdings finde ich die silbernen Hupac-Loks wirklich sehr schön. Die Veränderungen, welche die ÖBB wahrscheinlich am TAURUS vornehmen werden, finde ich hinsichtlich des Logos gelungen, während die Frontansicht bezüglich der Loknummer ganz sicher keine Verbesserung darstellt.

Das Design des TAURUS wurde von Siemens bezahlt und ist Eigentum der Firma Siemens. Können sie dem Leser einen Eindruck vermitteln über den Aufwand für eine solche Arbeit?
Für unsere Firma war die Gestaltung des TAURUS und damit natürlich auch aller seiner Abkömmlinge weniger ein wirtschaftlicher Erfolg als vielmehr ein bedeutender Prestigegewinn. Reich geworden sind wir nicht an diesem Projekt.

Was bearbeitet Ihre Firma in der Regel, haben Sie weitere Projekte für die Eisenbahn?
Das Design des Talgo Hochgeschwindigkeitszuges beschäftigt uns, hier der Triebkopf wieder in Zusammenarbeit mit Krauss Maffei, nein, nun müssen wir korrekterweise Siemens sagen. Ebenso die Innenausstattung in Zusammenarbeit mit Talgo Madrid. Ein anderes „Eisenbahnprojekt" ist, allerdings in einem ganz anderen Maßstab, ein Handregler für Trix Modellbahnen.
Wir arbeiten auch an einem Fahrradanhänger für Transportzwecke, der den Radfahrer sogar schiebt und elektrisch durch Radnabenmotoren angetrieben wird im Auftrag der Firma Sun and Cycle.

Was würden Sie einem Leser des Buches über den TAURUS noch mitgeben?
Die Leser Ihres Buches sind sicher in erster Linie Eisenbahnliebhaber mit einem breiten Wissen über alte und neue Lokomotiven und ausgeprägten Vorstellungen über die gestalterischen Merkmale einer schönen Lok. Sollten nun die Leser, sozusagen als Experten, unser beider Ansicht über die gelungene Formgebung der TAURUS-Lokomotiven teilen, so würde ich mich ein weiteres Mal darüber freuen, dass Designqualität ihre Wirkung zeigt.

Anmerkung:
Schlaue Leute haben den unfreundlichen „Gesichtsausdruck" der 182 bemerkt und ihr diesen ausgetrieben, in dem das DB-Logo mit dem weißen Balken in der Mitte der Lokfront um 40 mm nach unten geschoben wurde, bei unveränderter seitlicher Lage des Balkens bezogen auf die Lampen. Diese Änderung mit merklich positivem Effekt wurde bei 182 010 und ab Lok 182 014 eingeführt.

Das Design der beiden neuesten Lokomotiv-Baureihen der ÖBB weicht deutlich voneinander ab. Erstmals bespannte am 26. Februar 2002 eine Lok der Rh 2016 den über die Aspangbahn verkehrenden „Thermenland-Express" (Wiener Neustadt – Graz Hbf). Im Traktionsstandort Graz kam es zum Treffen von 1116 031 und 2106 002. *Aufn.: Dietmar Zehetner*

Äußerlich sind die Lokomotiven der Reihen 1016 und 1116 praktisch identisch. Im innerösterreichischen Verkehr werden beide Typen vollkommen gleichwertig eingesetzt. Im Traktionsstandort Salzburg stehen 1016 046 und 1116 078 im Februar 2003 für neue Einsätze bereit.

Diese Aufnahme zeigt die unterschiedlichen Fronten neuer Lokomotiven der DB, wobei sich die 182 wohltuend heraushebt. Cargo-Standort Kornwestheim im August 2002.
Aufnahmen (2): Karl Gerhard Baur

Oben: 182 014 passiert am 5. Januar 2002 mit TEC 42833 vom dänischen Tinglev ins italienische Verona die mächtige Abraumhalde des Kalibergwerkes Neuhof bei Fulda. Die Lok bespannt den Zug von Maschen bis nach München.
Aufnahme: Oliver Peist

Am 16. März 2002 wartet 182 020 im Vorfeld des ehemaligen Bw Frankfurt (M) 2 auf neue Aufgaben. Der große, einstmals für die Versorgung der Stadt bedeutende Hauptgüterbahnhof wurde vor einigen Jahren von der DB stillgelegt, der östliche Teil wird heute von der Messe Frankfurt genutzt bzw. ist seit Jahren unbebautes Brachland. Im Hintergrund der vom Architekten Helmut Jahn entworfene Messeturm
Aufnahme: Dieter Kempf

Der elektrische Teil

Vorbemerkung

Es versteht sich von selbst, dass die TAURUS-Lokomotiven Drehstromlokomotiven mit Asynchronmotoren sind. Von insgesamt 400 bestellten Exemplaren sind 50 Loks für das System 15 kV und 16,7 Hz ausgerüstet. Diese Loks sind bereits alle ausgeliefert. 350 Exemplare sind als Zukunftsoption Zweisystemlokomotiven mit Ausstattung für 15 kV 16,7 Hz und 25 kV 50 Hz. Diese Variante wurde auch in 25 Exemplaren an die DB als Baureihe 182 geliefert. Weitere Zweisystemloks werden für die Ungarische Staatsbahn, für die GySEV sowie für Siemens Dispolok und Hupac geliefert. Die Zweisystemvariante kann bei diesem Stückzahlverhältnis als die Normal-Variante angesprochen werden.

Eine auch für Einsatz unter Gleichspannungsnetzen geeignete Lokomotive ist in der TAURUS-Familie bisher nicht vorgesehen, aber schon angedacht. Die DB beschafft ab 2003 als Baureihe 189 insgesamt 100 Lokomotiven, die unter sämtlichen Spannungssystemen Europas verkehren könnten, sofern die Signal- und Sicherungstechnik hierfür eingerichtet wäre. Man wird abwarten müssen, in welchem Umfang diese Lok bei privaten EVU Einzug halten wird.

Als zeitgemäße Lokomotive ist die TAURUS-Familie mit einer Leittechnik auf Mikrocomputerbasis ausgerüstet, die im zugehörigen Kapitel näher beschrieben wird. Die elektrische Ausrüstung der TAURUS-Lokomotiven lehnt sich eng an die deutsche Baureihe 152 gleicher Leistung an, die in insgesamt 172 Exemplaren geliefert wurde und sich im täglichen Einsatz bestens bewährt (170 Exemplare DB, 2 Exemplare Siemens Dispoloks).

Stromabnehmer

Die Loks der Rh 1016 sind mit zwei Stromabnehmern ausgerüstet, die als Einholm-Stromabnehmer mit dem Kniegelenk nach außen auf dem Dach montiert sind. Bei der Baureihe 1116 mit MÁV-Paket kommt ein weiterer Stromabnehmer mit breiterer Wippe für Ungarn hinzu, der auf der Lokseite 1 montiert ist, mit dem Kniegelenk nach innen.

Aus Gründen der Geometrie zur Fahrleitung liegen die Schleifstücke möglichst genau über der Drehgestellmitte. Die Unterschiede zwischen den Stromabnehmern beziehen sich nur auf deren Abmessungen, nicht auf das unterschiedliche Spannungssystem. Die Dachausrüstung der Rh 1016 ist bezüglich Überschlagweiten und Kriechwege vorsorglich für eine spätere Aufrüstung für 25 kV wie bei der Rh 1116 bemessen.

Die von Siemens hergestellten Stromabnehmer entsprechen dem ÖBB-Typ 8e AS, die Wippen produziert die Firma Schunk.

Aufnahme: Siemens

Stromabnehmerabmessungen der 1116 in mm

	ÖBB	MÁV	CFR	SBB*
Breite über Hornenden	1950	2060	1600	1450
Länge der Schleifleisten	1030	1169	840	
Mittenabstand der Schleifleisten	597	330	300	

Identisch sind die Stromabnehmer bezüglich Höhe in Senklage von 220 mm, Länge in Senklage von 2450 mm und maximaler Arbeitshöhe von 2100 mm. Für einen Besuch in Rumänien war die ÖBB-Lok 1116 001 mit einer Palette der CFR ausgerüstet. *SBB zum Vergleich

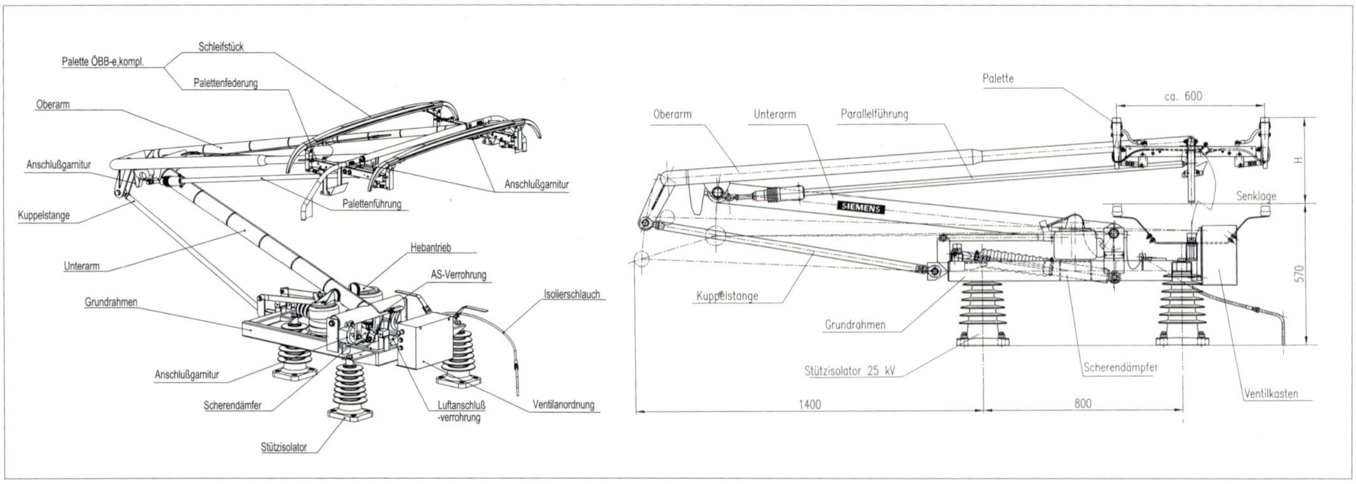

Die beiden Zeichnungen des Siemens-Stromabnehmers Typ ÖBB-8e-AS geben einen umfassenden Überblick über die einzelnen Bauteile und ihre Bezeichnungen.

Grafik: Siemens

Stromabnehmer Einschaltbedingungen

Richtungsschalter in V, M oder R
ZSG und ASG funktionsfähig
Hauptschalter aus
Stromabnehmerventil offen
Hauptluftbehälter Druck über 4.8 bar
LSS (Leistungsschutzschalter) Stromabnehmer Hauptschalter ein
Keine Senkbedingung steht an

Selbsttätiges Senken des Stromabnehmers

nach 15 Min. kein Hauptschalter ein
Schleifleistenüberwachung angesprochen
Druck unter 4.8 bar im HB und im 25 l Behälter
Batteriesicherung defekt
Stromabnehmerventil wird geschlossen
LSS Stromabnehmer Hauptschalter aus
Nothalt Schlagknopf betätigt

Die Stromabnehmer entsprechen dem ÖBB-Typ 8e AS und werden von Siemens hergestellt. Die Wippen sind ein Produkt der Firma Schunk. Eine pneumatische Schleifleistenüberwachung ist beim TAURUS nicht vorhanden, jedoch ist deren Nachrüstung vorgesehen. Die deutschen 182 sind hiermit bereits ausgerüstet.

Schleifleistenüberwachung

Im unteren Teil der Schleifleiste aus spezieller Kohle befindet sich ein durchgehender Luftkanal, der unter Überdruck steht. Bei einem Bruch oder zu starker Abnutzung der Schleifleiste vermindert sich dieser Überdruck durch Entweichen von Luft, wodurch gewollte Schaltungen ausgelöst werden. Es wird der Stromabnehmer und sofern angelegt auch der nicht betroffene Stromabnehmer der Lok automatisch gesenkt, um die Fahrleitung vor Beschädigungen zu schützen. Natürlich wird zuvor der Hauptschalter ausgeschaltet, um Lichtbogen und möglichen Abbrand der Fahrleitung zu vermeiden. Ferner wird eine Störungsmeldung ausgegeben. Die TAURUS-Loks sind bisher mit einem Scherbolzen als mechanische Sollbruchstelle im Stromabnehmer ausgestattet. Diese Einrichtung wird später entfallen.

Gehoben und mit definierter Anpresskraft an den Fahrdraht angelegt werden die Stromabnehmer durch einen Druckluftbalg, der zum isolierten Teil des Stromabnehmers gehört. Die Luftzufuhr erfolgt über einen nicht leitenden Schlauch, der das Spannungsniveau von bis 25 kV überbrückt. Der Ventilkasten der Pneumatik ist auf dem Dach am Stromabnehmer angebaut. Bei der BR 152 sind diese Ventile im Maschinenraum unterhalb des jeweiligen Stromabnehmers untergebracht.

Beide Stromabnehmer (sofern vorhanden alle drei) sind über eine Dachleitung ohne Trennschalter miteinander, mit dem Hauptschalter, mit einem Überspannungsableiter und mit einem Oberspannungswandler verbunden, die sämtliche auf dem Dach untergebracht sind. In dieser Anordnung unterscheidet sich die TAURUS-Familie von der deutschen BR 152, wo ein spezielles Hochspannungsgerüst im Maschinenraum vorhanden ist. Die Stromabnehmer können nur gehoben werden, wenn das Absperrventil an der Bremstafel geöffnet ist. Hierzu ist ein Schlüssel erforderlich. Der Schlüssel kann nur abgezogen werden, wenn das Ventil geschlossen und damit die Stromabnehmer von der Druckluft abgesperrt und gesenkt sind sowie ein Heben nicht möglich ist.

Der dritte Stromabnehmer der 1116, sofern damit ausgerüstet, kann später entfallen, da die MÁV an den wenigen Stellen in Ungarn, die diesen Stromabnehmer erforderlich machten, die Fahrleitung an ÖBB-Maße angepasst haben. Diese Änderung ist inzwischen auch bei der GySEV durchgeführt worden. Auf dem Netz der MÁV können die Loks bereits mit der ÖBB-Stromabnehmerwippe fahren.

Der Hauptschalter

Moderne Lokomotiven sind mit einem weitgehend verschleißfreien Vakuumhauptschalter ausgerüstet, der mit einem Druckluft-Federantrieb geschaltet wird. Mit Druckluft wird er eingeschaltet, wobei gleichzeitig eine Feder gespannt wird und der Schalter elektromagnetisch in geschlossenem Zustand gehalten wird. Bei Unterbrechung des Haltestroms durch Unterbrechung des Steuerstromkreises wird er durch diese gespannte Feder ausgeschaltet. Dieses System garantiert ein sicheres Öffnen des Hauptschalters. Vakuumhauptschalter bedeutet, dass die plattenförmigen Schaltkontakte in einer Hochvakuum-Schaltkammer relativ zueinander bewegt werden, wobei ein Schaltkontakt feststehend und der andere beweglich ist. Das Hochvakuum besitzt hervorragende Isolationseigenschaften und verringert dadurch den notwendigen Abstand der Schaltkontakte. Die Abdichtung des beweglichen Kontaktes, der durch eine Führung in der richtigen axialen Position gehalten wird, erfolgt über einen Metallfaltenbalg, der sowohl am beweglichen Kontakt wie am feststehenden Abschlussflansch angeschweißt ist. Der Arbeitsweg des beweglichen Kontaktes liegt bei 16 mm, die Öffnungsgeschwindigkeit beträgt 1,4 m/sec, das bedeutet, dass der Schalter in 0,01 sec vollständig geöffnet ist. Ein entstehender Lichtbogen erlöscht beim Nulldurchgang. Der Hauptschalter dient nicht nur zum Schließen und Öffnen des Primärstromkreises und damit zum Ein- und Ausschalten der Lokomotive, sondern er ist als wichtiges sicherheitstechnisches Bauteil in der Lage, die Lok bei voller Leistung ebenso wie Kurzschluss-Strömen von 20 kA im Millisekundenbereich zuverlässig abzuschalten. Die Kurzschlussleistung beträgt bis 600 MVA, das entspricht der Leistung von bis zu 100 TAURUS-Lokomotiven. Die mechanische Lebensdauer des

Hauptschalter Einschaltbedingungen

Richtungsschalter in V, M oder R
Fahrschalter in 0
Fahrdrahtspannung vorhanden
Zugsammelschiene ausgeschaltet
Hauptschalter ausgeschaltet
Hauptschalter von ASG freigegeben

Selbsttätiges Ausschalten Hauptschalter (Auswahl)

Buchholzschutz
Oberstrom >600 A (15 kV) >360 A (25 kV)
Fahrdrahtspannung . <10,5 kV (15 kV) <17,5 kV (25kV)
Fahrdrahtspannung >18,5 kV (15kV) >29 kV (25kV)
Strom Zugsammelschiene >900 A (15kV) >600 A (25 kV)
Erdstrom >50 A, Ausfall beider Trafopumpen,
Trafo Kühltemperatur 110 °C
Kühlwassermangel Stromrichter

Übersicht über das Dach mit Spannungswandler, Überspannungsableiter (blau), Hauptschalter und Stromabnehmer. Ferner sind Stützisolatoren für die Dachleitung und das Lüftergitter für einen Kühlturm zu sehen. Die Montage ist noch nicht abgeschlossen.

Hauptschalter mit waagrechter Schaltkammer und senkrechtem Antrieb. Im Vordergrund ist der Erdungsschalter mit zwei Trennmessern zu erkennen. Hinter dem Hauptschalter ist der Ventilkasten für den Stromabnehmer zu sehen.

Schalters ohne Last beträgt 250.000 Schaltvorgänge. Zur Abschätzung der Wartungsintervalle ist der Schalter mit einem Zählwerk ausgestattet. Der Hauptschalter BVAC ist in der Bauart als Außenschalter ein Produkt der Schweizer Firma Sécheron und bei den ÖBB üblich. Der Hauptschalter selbst liegt auf dem Dach waagrecht, der Antrieb von unten steht im rechten Winkel dazu. Der Siemens-Hauptschalter der BR 152 ist nur für den Inneneinbau geeignet.

Mit dem Hauptschalter mechanisch kombiniert und ebenfalls auf dem Dach eingebaut ist ein Erdungsschalter. Dieser verbindet mittels zweier Trennmesser sowohl die Hochspannungsanlage der Lok als auch die Primärseite des Trafos mit der Lokmasse und erdet damit das Fahrzeug. Der Erdungsschalter wird durch einen Griff im Maschinenraum manuell im Bedarfsfall bedient. Als Voraussetzung für eine Bedienung müssen die Stromabnehmer gesenkt sein und das Luftabsperrventil zum Heben der Stromabnehmer abgesperrt sein. Nachdem das Heben der Stromabnehmer sowohl pneumatisch als auch elektrisch unterbunden ist, kann dort ein Schlüssel abgezogen werden, mit welchem der Erdungsschalter aufgeschlossen werden kann. Eine Betätigung des Erdschalters ohne diesen Schlüssel ist nicht möglich. Auch die Neubaulokomotiven der DB sind mit einem in der Funktion ähnlichen Erdungsschalter ausgestattet, der allerdings im Hochspannungsgerüst im Maschinenraum eingebaut ist. Bei bestimmten Arbeiten an der Lok ist diese auf die beschriebene Weise zu erden.

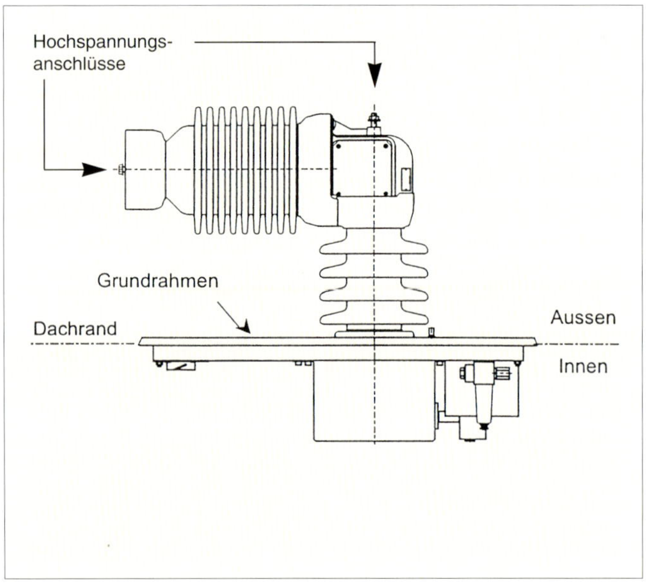

Hauptschalter, Übersichtszeichnung

Grafik: Sécheron

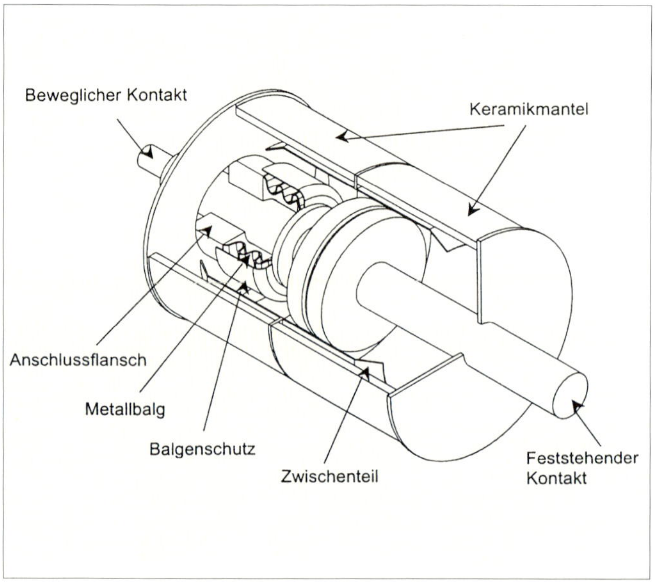

Hauptschalter, Funktionszeichnung

Grafik: Sécheron

Wandler auf dem Dach

Ein besonders auffälliges Bauteil auf dem Dach ist der Oberspannungswandler. Dieses Bauteil der Firma Ritz, im österreichischen Marchtrenk, ist auf Wunsch der Behörden in einer gekapselten explosionsgeschützten Bauform ausgeführt. Explosionsgeschützt heißt hier nicht Schutz vor Auslösung von Explosionen brennbarer Stoffe durch elektrische Einrichtungen, sondern Schutz vor mechanischen Schäden beim Bersten von Hochspannungsgeräten selbst, die nie vollkommen auszuschließen sind.

Zunächst waren die Loks der Reihe 1016 mit einer konventionellen Type ausgerüstet, die aber kostenträchtig durch die genannte Bauform mit doppeltem Preis ersetzt werden musste, obwohl die konventionellen Geräte sich vielhundertfach ohne Zwischenfälle bewährt haben. Der vergossene Aktivteil des Wandlers ist in einem GFK-Isolator angeordnet, der mit einem federbelasteten Deckel verschlossen ist, wodurch eine Druckentlastung möglich ist.

Der Oberspannungswandler liegt elektrisch vor dem Hauptschalter, damit der Lokführer auch bei ausgeschaltetem Hauptschalter das Vorhandensein der Fahrdrahtspannung erkennen kann. Der Oberstromwandler ist als Durchführungswandler ausgeführt, was heißt, dass die Dachdurchführung gleichzeitig als Oberstromwandler ausgebildet ist. Das hellblaue Bauteil auf dem Dach ist der Überspannungsableiter. Weitere Wandler der Lok sind der Erdstromwandler und der Heizstromwandler, welche oberhalb des Transformators eingebaut sind.

Der Transformator

Die Baureihen 1016 und 1116 sind mit verschiedenen Transformatoren ausgestattet. Wie bereits berichtet ist der Transformator unterflur eingebaut, mit kurzen Wegen für die hohe Ströme führenden Leitungen zu den Stromrichtern. Die Hochspannungseinführung vom Hauptschalter zum Transformator führt über den Oberstromwandler mit einem Kabel durch den Maschinenraum zu einem Winkelstecker auf der rechten Lokseite. Der 25 kV-Stecker ist gemäß Forderung der Behörde mit einem Blechkasten abgedeckt. Der Rückstrom des Transformators wird über Erdkontakte der Bauart Frost an alle vier Radsätze und somit an die Schienen geleitet, wobei in diese Leitung ein Erdstromwandler eingebaut ist. Die Erdkontakte bestehen aus einer Wellenendscheibe aus Messing, die auf das Ende der Radsatzwelle aufgeschraubt ist. Auf dieser Welle schleifen mit Federkraft angepresst jeweils drei Kohlen mit einer Kontaktfläche von insgesamt 24 cm^2. Diese Kohlen sind in einem Bürstenhalter geführt, welcher mittels eines Kabels mit der Lokmasse verbunden ist. Die Erdkontakte, die einen Stromdurchgang durch die Radsatzlager vermeiden, sind für einen Strom von je 600 Ampère ausgelegt.

Eingebaut sind der Aktivteil des Transformators und die beiden Saugkreisdrosseln zur Glättung der Gleichspannung der Zwischenkreise in einem Stahlbehälter, welcher mit Mineralöl gefüllt und mit angeschweißten Pratzen unten am Lokkasten befestigt ist. Der Aktivteil des Trafos ist gegen den Kesselboden mit Kernblech abgeschirmt.

Zwei fertiggestellte Transformatoren verlassen auf einem Straßentieflader das Siemens-Werk Nürnberg. Das Werbebanner an der Fassade zeigt verschiedene Transformatoren für Schienenfahrzeuge unterschiedlicher europäischer Bahnunternehmen.
Aufnahme: Karl Gerhard Baur

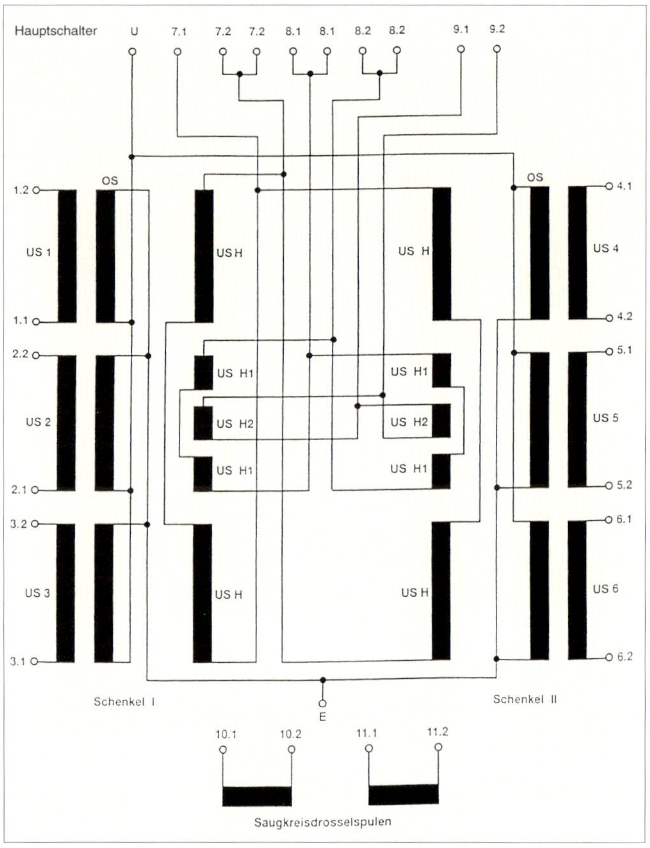

Prinzipschaltbild des Transformators.
Legende:
OS = Oberspannung, US = Unterspannung Traktionswicklungen,
USH = Unterspannung für Hilfsbetriebe, E = Erde *Grafik: Siemens*

Eisenkern eines Trafos aus einem Blechpaket.

Der Eisenkern des Trafos ist aus zwei Schenkeln und aus zwei diese verbindenden Jochen aufgebaut. Der Kern wird aus kalt gerolltem Transformatorstahlblechen aufgebaut, welche eine temperaturstabile isolierende Oberfläche aufweisen. Um die Kernverluste und die Geräuschentwicklung gering zu halten, sind die laminierten Bleche sorgfältig gestapelt und zusammengepresst. Solche Bleche werden auch als Dynamoblech bezeichnet. Die Wicklungen des Transformators bestehen aus hochwertigen Kupferleitern, die aus Flachdrähten ausgebildet und mit Isolierpapier auf Basis Cellulose oder Insuldurpapier isoliert sind. Die Traktionswicklungen der Unterspannung sind der besseren Biegsamkeit wegen sowie zur Verminderung von Wirbelstromverlusten aus Drillleitermaterial ausgebildet. Sie sind in sich und als Gesamtleiter wiederum mit temperaturstabilem Papier isoliert, welches eine Übertemperatur von 85 K zulässt.

In den Wicklungen und Eisenblechen des Trafos und der Saugkreisdrosseln entsteht Verlustwärme, welche durch Umpumpen des Mineralöls durch zwei gleichzeitig betriebene Pumpen über jeweils einen Kühlturm im Maschinenraum an Luft abgeführt wird. Bei Ausfall einer Pumpe kann der Trafo und die Lok mit verminderter Leistung weiterbetrieben werden. Neben dem Kühl-

Einer der letzten Arbeitsgänge ist das Verspannen von Blechen und Wicklungen in einem kräftigen Gestell.
Alle Aufnahmen: Karl Gerhard Baur

Konzentrische Traktionswicklungen eines Trafos.

Isolierarbeiten an den Zuleitungen eines Transformators.

turm 1 befindet sich ein mit dem Trafodeckel über eine Leitung verbundenes Ausdehnungsgefäß zur Aufnahme von Öl bei Ausdehnung durch Erwärmung sowie ein kleiner Behälter mit einem Trockenmittel, über welchen das Ausdehnungsgefäß belüftet ist. Das Ausdehnungsgefäß ist mit einem Schauglas zur Kontrolle des Füllstandes versehen. Ein zweistufiges Buchholzrelais in der Leitung zum Ausdehnungsgefäß detektiert Flüssigkeitsverlust sowie Gasblasen im Öl, die z. B. durch Isolationsfehler und sich daraus herleitende Überschläge im Trafo entstehen können. Es gibt in diesem Fall zunächst eine Störungsmeldung im Display ab bzw. löst bei stärkerer Gasbildung automatisch den Hauptschalter aus. In den Rohrleitungen wird auf der Vorlaufseite die Temperatur des umlaufenden Öls gemessen und zur Regelung der Kühlleistung herangezogen. Der Kessel des Trafos kann an einer Ölablassvorrichtung entleert werden.

Die Primär- und Sekundärwicklungen sind konzentrisch auf einem Eisenschenkel aus Blechen von 0,3 mm Dicke angeordnet, wobei die Primärwicklung außen, die Sekundärwicklung innen liegt. Die Wicklungen sind so aufgebaut, dass Flüssigkeitskanäle für das Kühlmittel frei bleiben.

Der Transformator ist mit folgenden Sekundärwicklungen ausgerüstet:

- Sechs Traktionswicklungen mit 1260 Volt zur Versorgung der Stromrichter,
- eine Hilfsbetriebewicklung 344 Volt zur Versorgung der vier Hilfsbetriebeumrichter,
- eine Hilfsbetriebewicklung 200 Volt für Ladegerät und Führerraumheizung,
- eine Zugsammelschienenwicklung 1000/1500 Volt (1500 Volt nur bei Rh 1116).

Blick in einen leeren Trafokessel. An der rechten Wand liegt die Hochspannungseinführung und eine Ölleitung mit Temperaturmessung.

In einem Drehrahmen werden die Transformatorendeckel mit den elektrischen Bauteilen bestückt, hier die spätere Innenseite des Deckels.

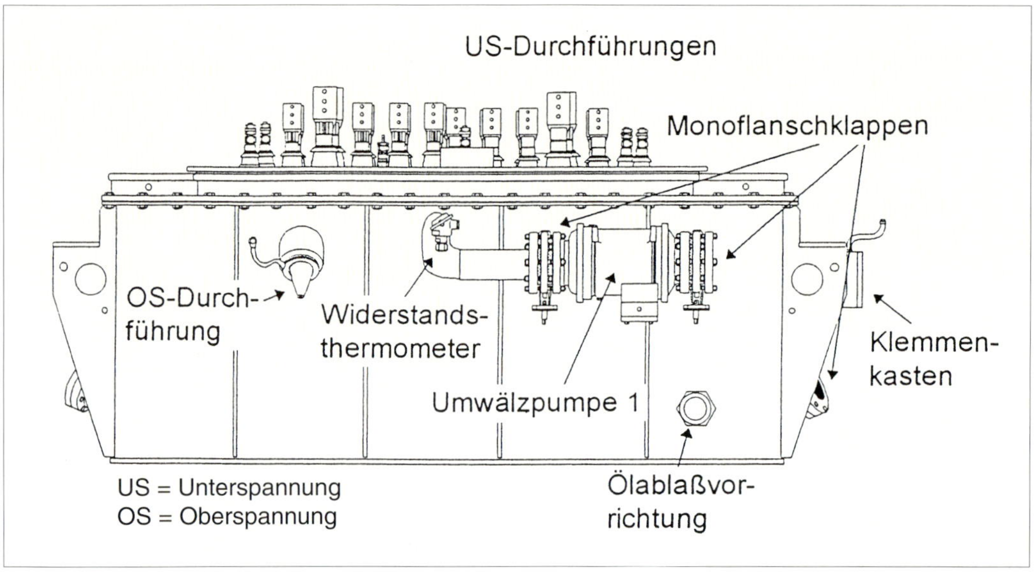

Seitenansicht des Transformators mit den Anbauteilen.
Grafik: Siemens

Alle Sekundäranschlüsse sowie die Anschlüsse der Saugkreisdrosseln sind zur Oberseite des Trafos geführt und ragen bei eingebautem Trafo beidseitig des Mittelgangs in den Maschinenraum der Lok. Oberhalb dieser Anschlüsse sind die Schränke für die Stromrichter aufgestellt. Bei der Rh 1116 haben alle Sekundärwicklungen sowie die Drosseln Anzapfungen im Windungsverhältnis 25/15, die mit jeweiligen Schaltern an die Stromrichter oder sonstigen Verbraucher angeschaltet werden können. Hierdurch werden alle sekundärseitigen Verbraucher unabhängig von der Fahrleitungsspannung stets mit der selben Spannung versorgt. Der weitere elektrische Aufbau der Reihen 1016 und 1116 ist durch diese Schaltung der gleiche. Auch die deutsche BR 182 ist auf die gleiche Weise als Zweifrequenzlokomotive eingerichtet.

Die beidseitig am Trafokessel montierten und von außen gut zu sehenden Ölpumpen sind mit Monoflanschklappen als Absperrorgane ausgestattet, so dass deren Demontage und Auswechseln ohne Entleerung des Trafos möglich ist. Die Pumpen sind dichtungslos, was bedeutet, dass sich der Rotor mit Pumpenrad im Medium selbst befindet und hierdurch Leckagen an den Pumpen nicht möglich sind. Die Verbindungsleitungen zu den Kühltürmen bestehen zum Teil aus flexiblen Metallschläuchen. Das warme Öl wird oben aus dem Kessel entnommen und unten über einen speziellen Verteilerkanal in den Trafokessel

Weitere technische Daten des Trafos (1016)

Gewicht mit Anbauteilen und Ölfüllung: 13,5 t, Ölfüllung: 2,7 t. Saugkreisdrosseln: 2 Stück, 2,43 mH, 1010 A, Ohm'scher Widerstand 24 mOhm, Gesamtverlustleistung 24 kW. Isolation Nomex, max. Leistung 7528 kVA bei 12 °C Umgebungstemperatur, 7228 kVA bei 35 °C Umgebungstemperatur.
Der Transformator muss gleichzeitig die Leistung für Traktion, Zugheizung und Hilfsbetriebe zur Verfügung stellen.
Zulässige mechanische Belastungen: längs zur Fahrtrichtung 5 g, quer zur Fahrtrichtung 1 g, senkrecht zur Fahrtrichtung 1,5 g.

Der Deckel des Trafobehälters besteht aus Gewichtsgründen aus Aluminium. Im Montagegestell wurde die Oberseite des Trafodeckels für den Einbau vorbereitet.

Fertiggestellter Trafo mit Transportgefäß für die Ölfüllung. Deutlich sind auf dieser Abbildung Sekundäranschlüsse, eine Ölpumpe, das Typenschild sowie die Montagepratzen zu erkennen.

Aufnahmen: Karl Gerhard Baur

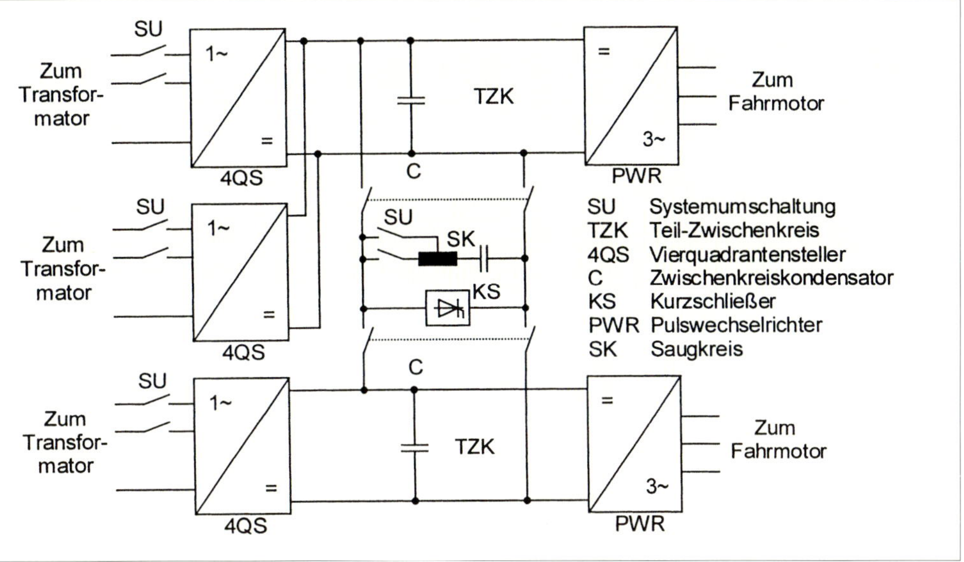

Traktions-Stromrichter für ein Drehgestell (Prinzipskizze): Drei Vierquadrantensteller (4QS), ein gemeinsamer Gleichspannungs-Zwischenkreis, bestehend aus zwei Teilzwischenkreisen, Kondensatoren und Saugkreisdrossel. Je Fahrmotor ist ein eigener Pulswechselrichter (PWR) vorhanden. Durch diesen Aufbau ist bei Ausfall eines 4QS oder eines PWR eine 75-prozentige Redundanz gegeben. Jedem Drehgestell ist ein separater Stromrichter zugeordnet, der in einem ebenfalls separaten Schrank aufgebaut ist. *Grafik: Siemens*

zurückgeführt. Der Wirkungsgrad solch eines Transformators beträgt im Nennpunkt über 96 Prozent, so dass je nach Betriebsbedingungen dennoch ca. vier Prozent der Leistung als Verlustwärme abgeführt werden müssen, was bei Volllast beachtlichen 300 kW entspricht.

Die Zugsammelschiene wird über das Heizschütz an die entsprechende Wicklung des Transformators gelegt, wobei Heizspannung und Heizstrom zur Zugsammelschiene mit Wandlern überwacht werden. Es ist möglich, einen abgestellten Zug vorzuheizen und hierfür die Zugsammelschiene zeitgesteuert automatisch einzuschalten. Die Zugsammelschiene kann auf der Lok nur eingeschaltet werden, sofern nicht anderweitig Spannung an der Zugsammelschiene vorhanden ist.

Kühlmedium für den Transformator

Der Transformator des TAURUS wird im Gegensatz zu den Neubauloks der DB mit Mineralöl gekühlt, welches von zwei hermetisch dichten Pumpen über jeweils einen Kühlturm umgepumpt wird. Die DB verwendet zur Kühlung ihrer Transformatoren ein synthetisches Estergemisch und führt hierfür Umwelt- und Brandschutzgründe an. Bei den ÖBB wollte man sich diesen Argumenten nicht anschließen und setzt – wie bei allen anderen Loks auch – Mineralöl ein. Dieses besitzt als Isolations- und Kühlmedium hervorragende Eigenschaften. Ferner werden durch den Gebrauch von Mineralöl Verwechselungsgefahren vermieden. Der Inhalt des Trafo-Kühlkreislaufes beträgt 2500 Liter. Zum Einfüllen des Öls wird der Trafokessel evakuiert, um ein optimales Eindringen des Kühlmittels zu erreichen. Transformatoren werden zum Ausschluss von Luftsauerstoff stets in gefülltem Zustand transportiert.

Traktions-Stromrichter

Die Traktions-Stromrichter der TAURUS-Lokomotiven bestehen aus Vierquadrantensteller (4QS) als Eingangsgleichrichter, Gleichspannungs-Zwischenkreis mit Saugkreis sowie Pulswechselrichtern zur Erzeugung von Dreiphasen-Wechselstrom mit variabler Spannung und Frequenz zur Speisung der Drehstrom-Asynchronmotoren. Aufgebaut sind die Stromrichter aus GTO-Thyristoren, was eine erhebliche Vereinfachung der Schaltungstechnik sowie eine Verminderung der Anzahl an Leistungshalbleitern ermöglicht. Die Stromrichter des Baureihe 1016 entsprechen fast völlig denen der deutschen BR 152, die der Rh 1116 enthalten zusätzlich die bereits besprochene Systemumschaltung .

Die Wirkungsweise der gesamten Stromrichter beruht auf der Möglichkeit mit modernen Leistungshalbleitern Ströme schnell ein- und auszuschalten und somit Spannungs- und Stromblöcke aus einer sinusförmigen Wechselspannung oder einer Gleichspannung herauszuschneiden, die gewünschten Pulsmustern entsprechen. Die insgesamt sechs Vierquadrantensteller der Lok werden zeitversetzt mit hoher Frequenz getaktet (max. 283 Hz), wodurch die Netzrückwirkungen so gering gehalten werden kann, dass ein spezielles Störstromfilter mit den damit verbundenen negativen Nebenwirkungen nicht benötigt wird. Solche Filter weisen eine Saugwirkung und damit Wechselwirkungen mit den Störströmen anderer Lokomotiven auf, so z.B. der Thyristorlok Rh 1044. Bei Ausfall eines 4QS wird durch Änderung der Taktung die Einhaltung maximal zulässiger Störströme gewährleistet.

Der Einsatz von Vierquadrantenstellern ermöglicht es, beim generatorischen Bremsen die erzeugte elektrische Energie in die Fahrleitung zurückzuspeisen und hierdurch einen nennenswerten wirtschaftlichen Vorteil zu erzielen. Die 4QS arbeiten im Fahrbetrieb als gesteuerte Gleichrichter, im Bremsbetrieb als gesteuerte Wechselrichter. Die Stromrichter moderner elektrischer Lokomotiven ermöglichen es, die Phasenverschiebung zwischen Spannung und Strom (cosinus phi) nahe 1 zu regeln, bzw. einen Leistungsfaktor von nahe 1 zu erreichen, so dass aus der Fahrleitung fast ausschließlich Wirkleistung und keine Blindleistung entnommen wird, bzw. beim Bremsen Wirkleistung in diese zurückgespeist wird.

Drei Vierquadrantensteller versorgen zwei Teilzwischenkreise mit Energie aus der Fahrleitung und stellen eine Gleichspannung von maximal 2600 Volt im Zwischenkreis ein. Das Hochsetzen der Spannung von 1260 Volt der Sekundärwicklungen des Trafos auf die Spannung des Zwischenkreises erfolgt durch das Takten der 4QS aus der Streuinduktivität des Trafos und ähnelt hierin der Funktion einer Zündspule beim Otto-Motor. Wesentlicher Bestandteil der Stromrichter ist der auf die doppelte Netzfrequenz abgestimmte Saugkreis, der aus Saugkreiskondensator, Saugkreisdrossel sowie aus Widerständen besteht und die Aufgabe

Schaltschrank mit GTO-Stromrichtern wie er in der Baureihe 152 und im TAURUS in nahezu baugleicher Form verwendet wird.
Aufnahme: Siemens

hat, die im Zwischenkreis vorhandenen Pulsationen der Eingangsleistung mittels Kapazitäten und Induktivitäten zu glätten bzw. „abzusaugen". Der Zwischenkreis mit Kondensatoren dient als kurzzeitiger Energiespeicher für zwei voneinander unabhängige Pulswechselrichter (PWR) und stellt das Bindeglied zwischen 4QS und PWR dar. Die Kondensatoren sind als Folienkondensatoren ausgeführt und im Stromrichterschrank eingebaut, die Drosseln sind zur Kühlung im Trafokessel untergebracht. Zum Vorladen der Kondensatoren in Zwischen- und Saugkreis dient ein Vorladewiderstand, welcher nach Einschalten des Hauptschalters über ein Schütz zugeschaltet und nach Abschluss dieses Ladevorgangs über ein weiteres Schütz überbrückt wird. Ferner beinhaltet der Zwischenkreis einen Thyristor als Kurzschließer, der die GTO-Thyristoren im netzseitigen und maschinenseitigen Stromrichter vor unzulässigen Überspannungen schützt. Beim Zünden dieses Thyristors wird gleichzeitig der Hauptschalter ausgelöst. Jeder 4QS besitzt im Eingang Trennschütze, mit denen es möglich ist, jeden einzelnen 4QS von der Traktionswicklung abzutrennen. Ebenso kann jeder PWR separat abgetrennt werden.

Elektrischer Drehgestellantrieb/Einzelachsantrieb

Einzelachsantrieb:	DB BR 101, 152, 182, 189. ÖBB TAURUS-Familie, Rh 1012. BLS* Lok 2000/Re 465
Drehgestellantrieb:	DB BR 145, 146, 185, 120, 401. ÖBB Rh 1014, 1114, 1822, 2016, SBB-Lok 2000/Re 460, Dänemark: EG 3100 (sechsachsig)

* BLS = Bern Lötschberg Simplon Bahn. Längere Zeit Betreiberin der leistungsfähigsten vierachsigen elektrischen Lokomotive der Welt, der Re 465.

Die SBB-Re 460 sind mit Drehgestellantrieben ausgestattet. Seit Frühjahr 1997 werden die Güterzüge mit Westerwälder Tonerde als Ganzzüge mit bis zu 3250-t-Gesamtgewicht über den Lötschberg geführt. Am 3. April 1997 zogen zwei SBB-Re 460 bei Spiezmoos Nord, während eine BLS-Re 465 den Zug nachschob.
Aufnahme: Carlo Hertogs

Die Pulswechselrichter erzeugen nach demselben Prinzip des Ein- und Ausschaltens mittels schnell schaltender Leistungshalbleiter aus der Zwischenkreisgleichspannung einen Dreiphasenwechselstrom variabler Spannung und variabler Frequenz. Durch Anwendung der Pulsbreitenmodulation weist der Ausgangsstrom der PWR einen nahezu sinusförmigen Verlauf auf. Bei niedriger angeforderter Leistung wird die Zwischenkreisspannung zur Verbesserung des Wirkungsgrades abgesenkt.

Die Stromrichter des TAURUS sind aus identischen Modulen respektive Phasenbausteinen aufgebaut. In einem Modul sind zwei GTO-Thyristoren 4,5 kV/3 kA, zwei antiparallel geschaltete Dioden sowie die zugehörige symmetrische Beschaltung integriert. Zwei solcher Module bilden einen 4QS, drei Module eine PWR. Die Ansteuerung der GTO durch die sogenannten Gate Units wird im Kapitel Leittechnik beschrieben.

Der Aufbau der Stromrichter garantiert bei Störungen an einzelnen 4QS oder PWR immer nur den Ausfall eines Fahrmotors oder eine sogenannte 75 % Redundanz. Dies erhöht den Wert einer Lokomotive für den Betrieb erheblich, denn in den allermeisten Fällen kann eine Lok die geforderte Zugförderung auch mit 75 % ihrer Leistung erbringen.

Der aufwendigere Aufbau der Stromrichter mit der achsselektiven Ansteuerung im Gegensatz zur Drehgestellsteuerung ist heute bei Hochleistungslokomotiven üblich. Bei der Drehgestellansteuerung werden zwei Fahrmotoren eines Drehgestells parallel von einem Pulswechselrichter angesteuert. Diese Lösung wird bei verminderten Ansprüchen an Redundanz zur Einsparung von Kosten angewendet.

Technische Daten eines Stromrichters

Eingang:
3 x 1260 V (+20% / –30%), 3 x 980 A, Max. Taktfrequenz: 283 Hz.

Zwischenkreis:
Nennbetriebsspannung 2300–2600 V, Überspannungsschutz 3450 V
Kapazität des Zwischenkreises 8,28 mF.

Saugkreis: Kapazität 9,38 mF.

Ausgang: 2 x 1900 V, 3 AC 0–150 Hz. Max. Taktfrequenz 260 Hz.
Steuerung SIBAS 32.

Gesamtgewicht eines Stromrichters: ca. 3 500 kg

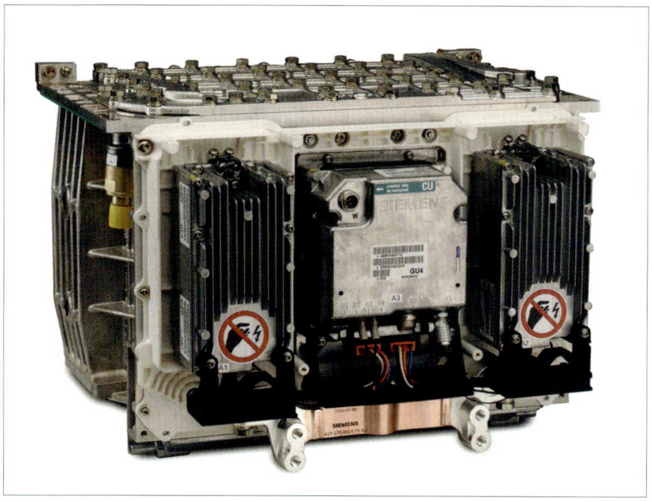

Ein GTO-Phasenbaustein, wie er in den Lokomotiven der ÖBB-Reihen 1016 und 1116 Verwendung findet. *Aufnahme: Siemens*

Die der BR 120 nachfolgenden neuen Universallokomotiven sind, mit Ausnahme der Lok 2000, Re 460 der SBB, mit dem aufwendigeren Einzelachsantrieb ausgerüstet. Der Einzelachsantrieb ermöglicht einen separaten Schleuder- und Gleitschutz je Radsatz und lässt dadurch eine höhere Zugkraft der Lok bei ungünstigen Adhäsionsbedingungen erwarten, ebenso wie einen Zugkraftausgleich je Radsatz für die – trotz Tiefanlenkung der Zugkraftübertragung – immer noch vorhandene Achsentlastung.

Die sehr ähnlichen Lokomotiven der Baureihen 460 der SBB und 465 der BLS wurden diesbezüglich unter vergleichbaren Bedingungen untersucht. Bei diesen Untersuchungen konnte entgegen den Erwartungen eine höhere Zugkraft der Re 465 nicht reproduzierbar nachgewiesen werden. Erneute systematische Untersuchungen dieser Problematik sind seither nicht mehr bekannt geworden.

Die Bahngesellschaften sehen für Hochleistungslokomotiven, so auch für die deutschen Loks der Baureihen 152 und 189 die höhere Redundanz durch den Einzelachsantrieb als hinreichende Motivation für dessen Beschaffung trotz höherer Kosten an.

Die Re 465 der BLS sind dagegen mit Einzelachsantrieben ausgestattet. Über mehrere Jahre war 465 002 als Versuchslokomotive der BLS zum Testen neuer Komponenten im Einsatz. Am 22. Juni 1997 ist sie mit einem Messwagen, SBB-Selbstentladewagen und der nachschiebenden BLS-Re 465 003 bei Fürten im Einsatz. *Aufnahme: Carlo Hertogs*

Kühlkreisläufe

Nicht anders als beim Transformator muss die in den Stromrichtern anfallende Verlustwärme durch einen Kühlkreislauf an die Umgebungsluft abgeführt werden. Wie bei modernen Loks üblich sind hierfür auch bei der TAURUS-Familie zwei spezielle Kühltürme installiert, die Trafoöl und Kühlmedium der Stromrichter gemeinsam rückkühlen. Jeder Stromrichter ist daher mit einer eigenen Kühlmittelpumpe ausgestattet, die zwischen dem Stromrichterschrank und dem benachbarten Kühlturm eingebaut ist und die das Kühlmittel über Kühlturm und Stromrichter umpumpt. Zur Wärmeabfuhr von den Halbleiterelementen haben sich mehrere Methoden etabliert, von denen sich die Kühlung mit Brauchwasser und Frostschutzmittel, wie bei der deutschen Baureihe 152 und beim TAURUS realisiert, weiter durchzusetzen beginnt. Der Adtranz/Bombardier-Erprobungsträger 12X respektive 128 001 ist ebenfalls mit Wasserkühlung der Stromrichter in Betrieb, im Hinblick auf eine bei der BR 185 von Bombardier während der langen Lieferphase vorgesehene Bauartänderung zu IGBT-Halbleitern mit Wasserkühlung.

Brauchwasser ist Wasser, das keiner besonderen Behandlung zur Verminderung der Leitfähigkeit unterzogen ist. Es kommt mit den Halbleitern nur unter Zwischenschaltung einer wärmeleitenden Keramikscheibe in Verbindung und muss daher keine speziellen physikalischen Eigenschaften aufweisen. Dem Wasser wird Frostschutzmittel Glykol bis zu einem Festpunkt von -25 °C zugesetzt. Wasser als Kühlmittel ist umweltfreundlich, unbrennbar und weist durch hohe spezifische Wärme und hohe Wärmeleitfähigkeit optimale thermische Eigenschaften auf. Die Kühlsysteme der Stromrichter in jeweils einem Schrank sind parallel geschaltet. Die Kühlkreisläufe der Stromrichter besitzen ebenfalls Ausdehnungsgefäße mit Schaugläsern und werden bezüglich Temperatur überwacht. Der Inhalt eines Kühlsystems beträgt ca. 200 Liter.

Das Kühlwasser der Stromrichter und das Mineralöl des Transformators werden über gemeinsame Kühltürme im Maschinenraum gepumpt. Diese werden von Kühlluft, welche von einem Radialgebläse im Dach angesaugt wird, durchströmt, wobei die Kühlregister übereinander angeordnet sind. Das obere Register wird vom Wasser durchströmt, dem damit kältere Kühlluft zugeführt wird. Die erwärmte Luft wird auf der Fahrzeugunterseite ausgeblasen. Für jedes Stromrichtergerüst ist ein eigener Kühlkreislauf und ein eigener Kühlturm vorhanden. Spezielle Schnellverschlusskupplungen in diesen Kreisläufen erleichtern den Ausbau von einzelnen Elementen.

Jeder Stromrichterschrank ist zusätzlich zur Wasserkühlung noch mit einem Kühlgebläse ausgestattet. Ferner ist in jedem Stromrichterschrank ein Rauchmelder installiert. Weitere Rauchmelder befinden sich im Luftgerüst sowie im Hilfsbetriebegerüst.

Das Kühlmittel des Trafos wird auf beide Kühltürme verteilt. Es bedarf noch der Erwähnung, dass die Kühlluft wohl axial von oben nach unten durch den Kühlturm, aber dennoch von Radialgebläsen gefördert wird.

Kühlung von Halbleitern der Stromrichter

Zur Halbleiter-Kühlung in Stromrichtern existieren mehrere Techniken:

- Luftkühlung: Führung der Kühlluft über Kühlelemente bei gekapselten Halbleitern. Realisiert bei mehreren ausländischen Typen und Rangierlokomotiven. Es existiert auch die Variante mit einem separaten geschlossenen Kreislauf besonders sauberer Luft, welche ihrerseits in einem Luftkühler rückgekühlt wird.
- Öltauchkühlung: Die Halbleiter sind komplett in ein Ölbad eingetaucht. Das Öl wird an einem Luftkühler zurückgekühlt. Realisiert in den Prototypen 120 004 und 120 005 und in der Lok 2000 der SBB. Zur Anwendung können Mineralöl, Siliconöl oder Ester kommen.
- Öldosenkühlung: Es werden Öldosen von Öl durchströmt, auf welche die Halbleiter getrennt durch Keramikscheiben montiert sind. Es handelt sich um eine indirekte Kühlung. Das Öl wird in Luftkühlern, häufig konstruktiv vereinigt mit den Trafokühlern, zurückgekühlt. Realisiert in der BR 120 der DB sowie teilweise im ICE. Die moderne Variante dieser Technik benutzt Wasser statt Öl und wird bei der deutschen BR 152 und 189* sowie bei der Rh 1012 der ÖBB und bei der TAURUS-Familie angewendet.
- Siedekühlung: Die Halbleiter sind in einem hermetisch dichten Gehäuse aufgebaut, welches evakuiert ist und mit einem speziellen Kühlmittel teilweise gefüllt ist. Das Kühlmittel verdampft durch die eingetragene Wärme, wird an einem kalten oberen Teil des Gehäuses kondensiert und läuft wieder zurück. Diese Kühlung ist besonders wirkungsvoll. Der Kondensationsteil des Gehäuses kann mit Luft oder Wasser rückgekühlt werden. Allerdings benötigen diese Kühler als Siedebad bisher Fluor- oder Fluorchlorkohlenwasserstoffe (FCKW), gegen welche Umweltbedenken bestehen. Realisiert in einem Teil der ICE-Triebköpfe und in der EuroSprinter-Familie der ersten Generation wie bei den Siemens-Lokomotiven für Spanien, Portugal und Griechenland.

* Die BR 189 ist mit IGBT-Halbleitern für die Traktions-Stromrichter ausgestattet.

Die Fahrmotoren und Fahrmotorlüfter

Jeder der vier Fahrmotoren wird durch einen Pulswechselrichter mit Dreiphasen-Drehstrom variabler Frequenz und variabler Spannung versorgt. Die Motoren sind vierpolige kollektorlose Drehstrom-Asynchronmotoren. Die Bezeichnung der Motoren ist

Statoren der Fahrmotoren vorbereitet zum Einlegen der Wicklung.

Aufnahmen (3): Karl Gerhard Baur

1TB2824. Die Abmessungen der Motoren gewährleisten gleichermaßen die geforderte Leistung wie einen hohen Wirkungsgrad, wobei die optimierten Pulsmuster der Halbleiter eine Verminderung der thermischen Verluste im Motor bewirken.

Technische Daten der Fahrmotoren und Getriebe
Dauerleistung: 1640 kW, Kurzzeitleistung 1750 kW, Max. Spannung 2027 V, Max. Strom 690 A, Frequenzbereich 0 – 150 Hz, max. Drehzahl 3900 min^{-1}, max. Anfahrdrehmoment bis 15.000 Nm, Übersetzung Großrad/Ritzel 3,37, Übersetzung Großrad/Bremswelle 2,22. (Die Bremswelle dreht also merklich schneller als der Radsatz.) Zahnräder einfach schräg verzahnt. Motorschaltung Stern.
Gewichte: Motor komplett ca. 2775 kg, Läufer ca. 780 kg, Ständer ca. 1650 kg. Gewicht Antrieb komplett mit Motor, Getriebe, Bremse und Sphärolager ca. 5000 kg.

Die Leistung der Fahrmotoren wird wie die vieler anderer elektrischer Bauteile zu einem Teil durch die Güte der Wärmeabfuhr bestimmt. Daher sind in die Bleche des Stators Löcher eingestanzt, die nach Zusammenbau zu Blechpaketen axiale Kühlkanäle bilden und von der Kühlluft durchströmt werden. Um den Motor hoch auszunutzen ist die Kühlung in der Nähe der Entstehung von Verlustwärme wichtig. Am Innendurchmesser der Ständerbleche sind rechteckige Nuten eingestanzt, in denen die Leiter der Ständerwicklung eingelegt sind. Diese Leiter aus Kupfer haben einen rechteckigen Querschnitt, um möglichst viel Kupfer in dieser Nut unterzubringen und damit geringen ohmschen Widerstand und kleine Wärmeverluste zu erreichen. Auch sind die rechteckigen Leiter gegenüber dem rauen Bahnbetrieb besonders widerstandsfähig. Die Isolationsklasse genügt der Wärmeklasse 200, was eine zulässige Temperatur von 200 K oberhalb der Umgebungstemperatur bedeutet. Forderung der ÖBB 40 °C entsprechend max. 240 °C in der Wicklung.

Die Welle des Läufers ist aus hochfestem Vergütungsstahl gefertigt und das Läuferblechpaket ist zusammen mit den beidseitigen Druckringen auf die Welle aufgeschrumpft. Auch in das Blechpaket des Läufers sind wie oben beschrieben Kühlkanäle eingestanzt, die nahe den Verlustquellen eine optimale Wärmeabfuhr ermöglichen. Am Außendurchmesser des Läuferblechpaketes sind die Nuten für die Aufnahme der „Läuferwicklung" eingestanzt, die aus Kupferstäben bestehen. Diese Kupferstäbe sind trapezförmig ausgeführt, wiederum um das Volumen der Nuten bestmöglich auszunutzen. Durch diese Form wird ein Optimum aus möglichem Querschnitt, aus geringstem ohmschen Widerstand und damit aus geringsten Wärmeverlusten erreicht. Der Spalt zwischen Rotor und Stator ist so klein wie technisch realisierbar und wird ebenfalls von der Kühlluft durchströmt.

Das B-seitige Lager des Motors ist fettgeschmiert und wie das A-seitige Lager mit einer im Plasma-Spritzverfahren aufgebrachten elastischen und isolierenden Schicht zum Schutz vor Stromdurchgang versehen. Es handelt sich hierbei um hochfrequente kapazitive Ströme. Zur Erfassung der Motordrehzahl wird ein im B-seitigen Lagerschild eingebauter Drehzahlgeber genutzt. Dieser lässt sich im eingebauten Zustand des Motors austauschen.

Das A-seitige Lager ist im Getriebegehäuse eingebaut, wodurch die Lagerkräfte und eine geringfügige Wellendurchbiegung vermindert werden. Hierdurch erreicht man eine erhöhte Lebensdauer des Fahrmotorlagers. Das A-seitige Lager wird mit dem Getriebeöl geschmiert. Von der früher üblichen „fliegenden" Anbringung des Ritzels auf der Motorwelle, also außerhalb des A-Lagers, ist man auch bei anderen modernen Lokomotiven abgegangen, wie bei den deutschen Loks der Baureihe 101 (integrierter Gesamtantrieb) und der 145-Familie mit dem Gealaif-Antrieb von AEG. Die Getriebe sind unter Berücksichtigung optimaler Dichtigkeit und somit minimaler möglicher Ölverluste konstruiert. Die Temperaturen der Fahrmotorwicklung und des A-seitigen Lagers werden überwacht. Die Bleche der Fahrmotoren sind spezielle Dynamobleche.

Jede fertiggestellte Einheit aus Fahrmotor und Getriebe wird vor ihrer Auslieferung im Siemens-Werk Nürnberg einem mehrstündigen Probelauf unterzogen. Hierbei werden vielfältige elektrische und mechanische Kontrollen durchgeführt, wie z.B. Vibrationsmessungen oder Prüfung auf völlige Öldichtigkeit.

Das Aus- und Eingruppieren von Fahrmotoren erfolgt nicht wie bei der 101 am Diagnose-Display sondern an den Antriebs-

Rotor eines Fahrmotors. Deutlich sind Lüftungskanäle sowie die verlängerte Welle zur Aufnahme des A-seitigen Lagers zu sehen.

Getriebegehäuse mit Großrad (links) und Kupplung für die Bremswelle (rechts). Durch die Öffnung wird die Radsatzwelle geführt.

steuergeräten oder an einem Motorschutzschalter des zugehörigen Fahrmotorlüfters.

Die Fahrmotorlüfter saugen die Kühlluft über Gitter in den Dachschrägen und spezielle Kanäle an und fördern diese über Bälge zur B-Seite der Fahrmotoren. Die Luft durchströmt die Fahrmotoren im Spalt zwischen Rotor und Stator sowie in den beschriebenen Kanälen und tritt unter weiterer Kühlung des Getriebes auf der A-Seite der Motoren aus. Die Fahrmotorlüfter stehen entsprechend der Anordnung der Fahrmotoren im Drehgestell beidseitig des Mittelgangs im Maschinenraum mit möglichst kurzen Luftwegen oberhalb der Fahrmotoren. Entsprechend den Fahrmotoren werden sie numeriert, der Fahrmotorlüfter 1 steht rechts im Maschinenraum. Die Kühlung der Fahrmotoren erfolgt bedarfsgerecht und wird von den Hilfsbetriebeumrichtern angesteuert. Wie bei den Kühltürmen wird die Luft in axialer Richtung von oben nach unten gefördert, dennoch sind die Lüfter Radialgebläse. Ein Teil der von den Gebläsen geförderten Luft wird abgezweigt und über Mattenfilter dem Maschinenraum zugeführt. Die gewünschte Menge wird über den Druckverlust der entsprechenden Öffnung eingestellt. Der Maschinenraum wird hierdurch unter Überdruck gehalten, weshalb auch die Türen geschlossen sein sollen.

Elektrische Bremse

Moderne elektrische Lokomotiven sind mit einer Netz- oder Nutzbremse ausgerüstet, die die beim Bremsen erzeugte elektrische Energie in die Fahrleitung zurückspeisen und damit Energie sparen kann. Bremswiderstände sind nicht mehr vorhanden, so dass für die Funktion der elektrischen Bremse eine Aufnahmefähigkeit des Netzes Voraussetzung ist. Ist diese nicht gegeben, so wird die Bremsleistung zurückgeregelt. Die pneumatische Bremse kann immer die erforderliche Bremsleistung erbringen, so dass ein Nichtfunktionieren der E-Bremse keine Gefahr bedeuten kann. Die Leistung der elektrischen Bremse ist mit 6,4 MW die gleiche wie beim Fahren, die Bremskraft ist aber aus Gründen der Entgleisungssicherheit des schiebenden Zuges auf 150 kN begrenzt. Unterhalb einer Geschwindigkeit von 10 km/h wird die Bremskraft zurückgeregelt um einen Halteruck zu vermeiden. Fällt während einer elektrischen Bremsung diese aus, (z.B. Hauptschalter Aus) so wird sofort die pneumatische Bremse aktiviert. Ein Zusammenwirken der verschiedenen Bremsen führt nicht zu einer Überbremsung, da eine Summenbremskraft-Begrenzung wirksam wird. Bei Ausfall eines Fahrmotors wird die Bremsleistung der verbliebenen Motoren erhöht, so dass 150 kN Bremskraft auch mit drei Fahrmotoren erreicht werden.

Hilfsbetriebe und Hilfsbetriebeumrichter

Für das Funktionieren einer elektrischen Lokomotive sind zahlreiche Einrichtungen erforderlich, die ihrerseits elektrische Energie benötigen. Die TAURUS-Lokomotiven verfügen hierfür über drei unterschiedliche Bordnetze.

- Vier Dreiphasen-Versorgungen, die durch die Hilfsbetriebeumrichter erzeugt werden.
- Ein Einphasen-Bordnetz AC 200 Volt, unabhängig von Hilfsbetriebeumrichtern.
- Ein Bordnetz DC 110 Volt, unabhängig von Hilfsbetriebeumrichtern.

Für die Hilfsbetriebe eines TAURUS werden, neben anderen, insgesamt 19 Drehstrommotoren benötigt, die mit variabler oder fester Frequenz und damit Drehzahl von den Hilfsbetriebeumrichtern (HBU) versorgt werden. Diese Motoren sind standardisierte Drehstrom-Asynchronmotoren mit Käfigläufer, die für eine maximale Frequenz von 60 Hz und eine maximale Spannung von 440 V vorgesehen sind. Variable Frequenz und Spannung und damit variable Drehzahl der Motoren kommt zur Anwendung, wenn diese Motoren bedarfsgerecht angesteuerte Lüfter antreiben, feste Frequenz und Spannung für die übrigen Motoren. Die bedarfsgerechte Ansteuerung von Lüftermotoren spart Energie und vermeidet Lärm.

Drehstrommotoren für Hilfsbetriebe

Variable Frequenz und Spannung: 4 Fahrmotorlüfter, 2 Kühlturmlüfter.

Feste Frequenz und Spannung: 2 Trafo-Ölpumpen, 2 Stromrichter-Kühlwasserpumpen, 2 Stromrichter-Lüfter, 2 HBU-Lüfter, 4 Hochdrucklüfter für Druckschutz sowie 2 Klimageräte für die Führerräume, ferner 1 Luftpresser und ein Trafo für Verbraucher 220 V 60 Hz. Um den Anlauf des Luftpressers zu erleichtern wird hierzu die Frequenz des HBU kurzfristig abgesenkt, wodurch ein spezieller Anlassschalter überflüssig wird.

Zwei Hilfsbetriebeumrichter in baugleichen Schränken beziehen Energie aus der zugehörigen Wicklung des Trafos auf einem Niveau von 344 Volt bei 16,7 Hz respektive 50 Hz. Diese Wicklungen geben bei der Rh 1116 durch die Systemumschalter bei unterschiedlichen Eingangsspannungen die gleiche Sekundär-

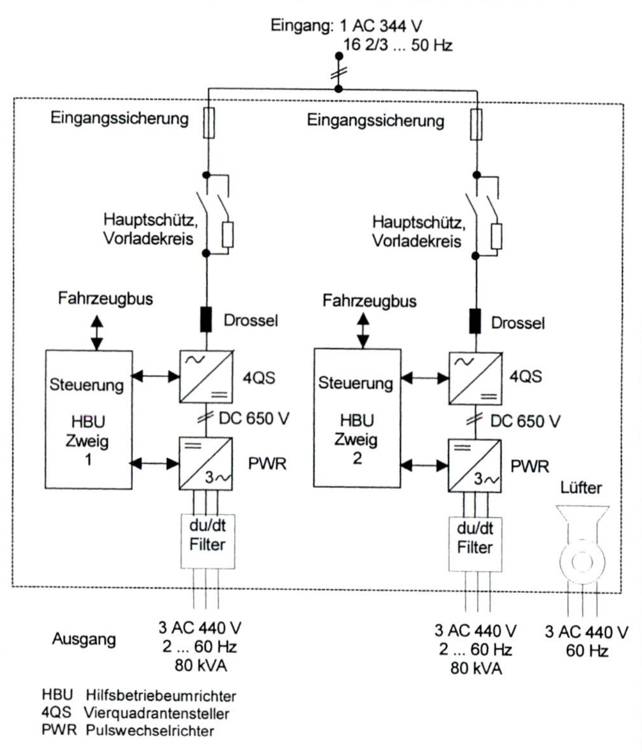

Prinzipschaltung eines Hilfsbetriebeumrichters. *Grafik: Siemens*

spannung, allerdings bei unterschiedlicher Frequenz ab. Ihre Funktion ist jener der Stromrichter ähnlich, mit Ausnahme, dass der Energiefluss nur in eine Richtung erfolgen muss. Die Lokomotive ist mit zwei identischen HBU ausgestattet, die jeweils in einem Schrank aufgebaut und zumindest teilweise jeweils einem Drehgestell zugeordnet sind.

Der Eingangsstromrichter ist als 4QS ausgeführt und formt die Eingangsspannung in 650 Volt Gleichspannung um. Ein 4QS kommt hier aus Gründen der Netzfreundlichkeit zum Einsatz, obwohl ein 2QS ebenfalls geeignet wäre. Der Ausgangsstromrichter generiert aus der Zwischenkreisspannung ein symmetrisches Drehspannungssystem mit variabler Frequenz zwischen zwei und 60 Hz sowie einer Spannung von 3 AC 0 bis 440 Volt. Aufgebaut ist der HBU mit IGBT-Halbleitern, die mit einer Pulsfrequenz von 1,5 kHz betrieben werden. Die Steuerung sowie Überwachung und Diagnose sind für jeden separaten Zweig des HBU in einer Mikroprozessor-Steuerung aufgebaut. Die HBU mit einer Leistung von maximal 80 kW bedürfen ebenfalls einer Kühlung, wofür Luft in der Dachschräge über ein Abscheidegitter angesaugt wird, welche Kühlkörper der Halbleiter umströmt. Die Kühlluft wird auf der Unterseite der Lok ausgeblasen.

Die HBU-Zweige sind folgendermaßen aufgebaut und benannt:

- HBU 1.1 und 2.1 frequenzvariabel für Fahrmotorlüfter jeweils für ein Drehgestell bedarfsgerecht geregelt sowie für Kühlturmlüfter 1 bzw. Kühlturmlüfter 2.
- HBU 1.2 und 2.2 mit fester Frequenz für alle anderen Verbraucher.

Der Unterschied zwischen Festfrequenz und variabler Frequenz innerhalb eines HBU ist durch Software realisiert.

Bei Ausfall eines der vier Zweige ist durch ein wirksames Redundanzkonzept ein Betrieb der Lokomotive mit 100 Prozent Leistung möglich. Der defekte Zweig wird automatisch abgeschaltet und alle festfrequenten Verbraucher werden von einem HBU versorgt. Bei Ausfall von zwei Zweigen bleibt die Lok mit 50 Prozent Leistung betriebsbereit.

Bedarfsgerechte Kühlung und Zwangslüftung
Maximale Frequenz von 60 Hz wird angefordert bei:
Kühlwasser >40°, Trafoöl >65°, Fahrmotorstator >120°, Fahrmotorrotor >150°.
Zwangslüftung (Schalter Aus bleibt ohne Wirkung) wird verordnet bei Kühlwasser >45°, Trafoöl >85° und Fahrmotorwicklung >180°.

Ein Einphasen-Wechselstrom-Bordnetz 200 Volt 16,7 bzw. 50 Hz wird ebenfalls aus einer zugehörigen Trafosekundärwicklung gespeist und versorgt Fußboden- und Nischenheizungen, die Heizungen der Klimageräte in den Führerständen, die Lufttrocknungsanlage, die Heizungen für die Sandanlagen, Frontscheiben und Spiegel. Ferner ist das Batterieladegerät an dieses System angeschlossen, welches auch aus der Remisen-(Werkstatt-)Einspeisung mit Energie von 220 V und 50 Hz versorgt werden kann.

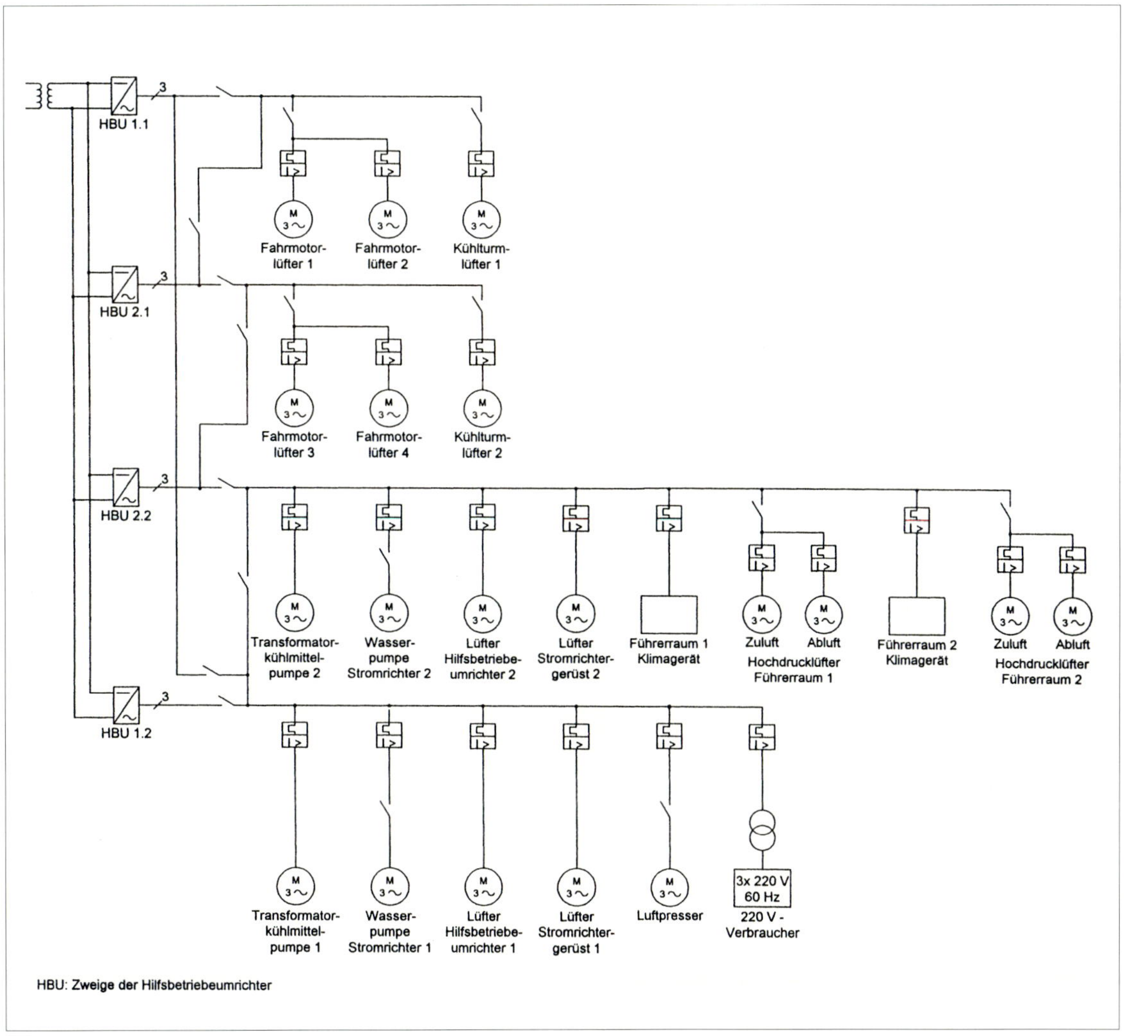

Grafik des Hilfsbetriebekonzeptes mit den von den vier Hilfsbetriebeumrichtern ausgehenden Zweigen.
Grafik: Siemens

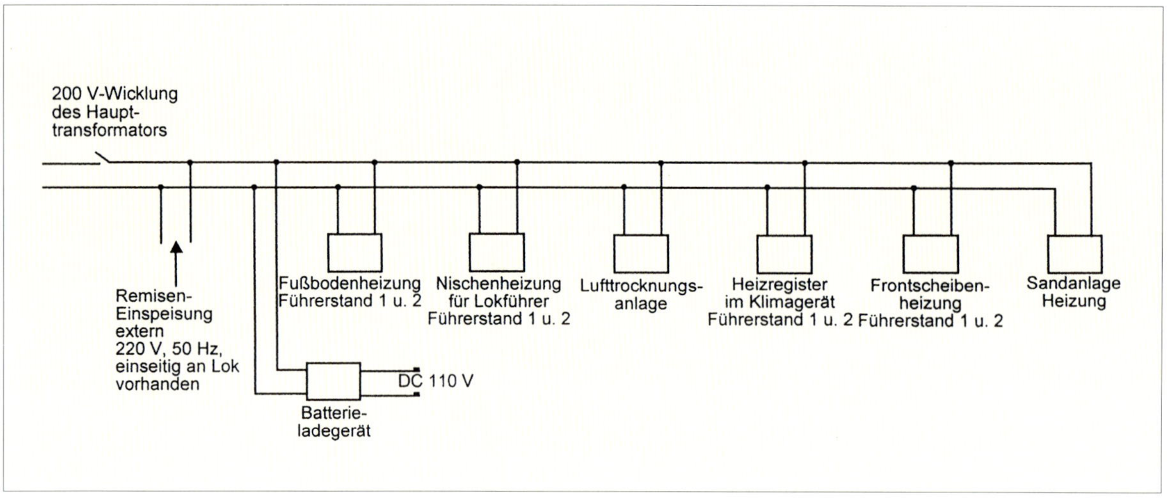

Prinzipbild der Bordnetz-versorgung.
Grafik: Siemens

Batterie und 110-Volt-Netz

Die TAURUS-Loks sind mit einer Bleibatterie einer Kapazität von 92 Ah und einer Spannung von 104 V (max. 110 V) ausgerüstet. Die Batterie ist beidpolig mit 100-Ampère-Sicherungen abgesichert. Eine Zelle dieser Batterie ist mit einer Temperaturmessung ausgestattet, die eine temperaturgeführte und schonende Ladung der Batterie gestattet, welche von den HBU unabhängig ist. Eine externe Ladung der Batterie ist möglich. Eingebaut ist die zweigeteilte Batterie in zwei Kästen am Untergestell auf der linken Lokseite.

Das Ein- und Ausschalten der Batterie ist gegenüber der DB-BR 152 verschieden und bietet einige Besonderheiten. An der Schalttafel des Führerraumes 1 befinden sich ein Batteriehauptschalter und ein Batteriesteuerschalter. Der Hauptschalter hat die Stellungen 0 und 1 zum Ausschalten aller Stromkreise sowie zum Einschalten aller Stromkreise, was nur in besonderen Fällen, wie Störungen oder bei Arbeiten in der Werkstatt benötigt wird. In der Stellung AUT (Automatik) übernimmt der Batteriesteuerschalter die weiteren Funktionen. Mit der Taststellung START werden die Batterieschütze an Spannung gelegt und es läuft ein Selbsttest ab, nach welchem die Elektronik die Kontrolle über das Batteriehauptschütz übernimmt. Die Stellung BEREIT ist die Grundstellung.

In der Stellung AUS werden zeitverzögert ausgeschaltet: Nach acht Sekunden das Batteriehauptschütz A, nach zwei Stunden das Batterieschütz B und nach 48 Stunden das Batterieschütz D. Dies bedarf weiterer Erläuterung, siehe dazu den nebenstehenden Kasten.

Verbraucher an der Batterie

An der Batterie:	Federspeicherbremse, Führerstands- und Maschinenraumbeleuchtung, Zugschluss Notlicht, Inverter 24 V.
Batterieschütz A:	Zentralsteuergerät, Bremssteuergerät, Antriebssteuerung, LZB/PZB, HBU, Gleitschutz, Display, MFA, Zugfunk, Steuerung Klimaanlage, Inverter 12 V DC.
Batterieschütz B:	Thermofach.
Batterieschütz D:	Batteriesteuerung, Fernsteuerung über IS-Leitung (= Informations- und Service-Leitung, bisher UIC-Kabel).

Die zeitverzögerte Ausschaltung bewirkt, dass das Thermofach für zwei Stunden in Betrieb bleiben kann, ferner dass die Lok innerhalb 48 Stunden ferngesteuert in Betrieb genommen werden kann.
Alle Verbraucher werden über Sicherungen und Leitungsschutzschalter (LSS) abgesichert. Alle LSS werden überwacht, wobei bei Unterbrechung eine Störungsmeldung im Display erfolgt.

Über Inverter DC/DC werden aus der Batterie zusätzlich versorgt:

24 Volt DC:	Lautsprecher, UIC-Leitung, Rauchmelder, Scheibenwaschanlage, Türsteuerung, Notbremsüberbrückung, ep-Bremse.
12 Volt DC:	Spitzen- und Schluss-Signal.

Die beiden Niederspannungen sind gewählt, um Standard-Glühlampen oder Scheibenwischermotoren einbauen zu können. Pneumatische Scheibenwischerantriebe werden bei modernen Lokomotiven nicht mehr eingesetzt.

Hilfsbetriebegerüst

Das sogenannte Hilfsbetriebegerüst ist im Maschinenraum neben dem Kühlturm 1 aufgestellt. Es umfasst weitere Einrichtungen der Hilfsbetriebe, wie die Leitungsschutzschalter und Motorschutzschalter. Diese Schalter sind von der Vorderseite gut zugänglich und entsprechend ihrer Bedeutung beschriftet. Es sind alles Schutzschalter, die einzelne Verbraucher und die zugehörigen Leitungen vor zu hohen Strömen schützen. Im Hilfsbetriebegerüst ist auch das Batterieladegerät mit dem zugehörigen Transformator und Gleichrichter untergebracht, ferner das Zugheizschütz sowie die Schütze für die Umschaltung der Heizspannung, Lüfter- und Hilfsschütze sowie Sicherungen. Auch das Hilfsbetriebegerüst ist mit einem Kühlgebläse ausgerüstet.

Bei der Rh 1116 sowie den entsprechenden Loks der BR 182 und Dispoloks enthält das Hilfsbetriebegerüst zusätzlich die Schütze und Trennschalter für die Zugsammelschiene, die mit 1000 V 16,7 Hz oder 1000 V 50 Hz sowie 1500 V 50 Hz versorgt werden kann (Nur 1116).

Bei der Rh 1116 bereitete das Heizschütz durch Fehler eines Unterlieferanten zeitweise Probleme, weil durch Funkenbildung das darüber eingebaute Batterieladegerät beschädigt werden konnte. Durch entsprechenden Einbau von Keramikteilen konnte dieses Problem aber rasch behoben worden.

An einem frühen Sonntagmorgen im Sommer 2002 hat 1116 047 in Frankfurt (Main) Hbf den aus Dortmund angekommenen IC 521 „Thurn und Taxis" übernommen und befördert ihn bis nach Passau. Die 1888 in Betrieb genommenen drei zentralen Bahnsteighallen wurden 1924 um zwei weitere ergänzt und letztmals 1952 umfassend instandgesetzt und gestrichen. Die Ende 2002 begonnene Sanierung soll fünf Jahre dauern. *Aufn.: Martin Hahmann*

1016 025 bespannt am 23. April 2002 den EuroCity 112 „Wörthersee" von Klagenfurt nach Saarbrücken, hier beim Halt in Salzburg Hbf. Seit mehr als 30 Jahren fahren Fernzüge der DB mit verschiedenen Namen in ähnlicher Fahrplanlage über die Tauern-Strecke. *Aufnahme: Karl Gerhard Baur*

Durch das bekannte Felsentor zwischen Etterzhausen und Regensburg (KBS 880) führt 1016 006 am 2. Juni 2002 den IC 521 „Thurn und Taxis" (Dortmund – Passau). Gegen Mitternacht des Vortages hatte die Lok mit dem Gegenzug IC 520 den Frankfurter Hauptbahnhof erreicht. Nach rund sechs Stunden Pause begann um 6.12 Uhr die Rückfahrt nach Passau. *Aufnahme: Matthias Reder*

Mit einem bunten Wagenpark überquert 1016 035 am 14. August 2001 die Laaberbrücke bei Beratzhausen. In der sogenannten „Tagesrandlage" stellte der IC 521 von Dortmund nach Passau bis zum 15. Dezember 2002 vor allem für Anschlussreisende des Frankfurter Flughafens wichtige Verbindungen her. In gleicher Fahrplanlage, allerdings ohne TAURUS, verkehrt seitdem das Zugpaar IC 2020/2021 zwischen Passau und Hamburg-Altona. *Aufnahme: Thomas Schwade*

Den ehemaligen Block Hilperting bei Freilassing passiert 1116 073 am 1. Oktober 2002 mit EuroCity 63 „Bartók Béla" auf der Fahrt von München nach Budapest. Die Lok befördert den Zug von München bis nach Wien. *Aufnahme: Achim Datko*

Von Beilngries fließt die Altmühl in weiten Mäandern bis Kelheim, erst danach engt der Rhein-Main-Donau-Kanal den Fluss ein. Am 13. September 2002 überquert 182 018 mit zahlreichen Lkw-Wechselpritschen die Altmühl bei Dollnstein. *Aufnahme: Joachim Gutjahr*

So sollte die europäische Zusammenarbeit aussehen: Am 14. Oktober 2002 zieht 1016 040 der ÖBB den aus Wagen der ungarischen MÁV gebildeten EuroCity 63 „Bartók Béla" durch die deutsche Voralpenlandschaft bei Traunstein. *Aufnahme: Achim Datko*

Bei eisigen Temperaturen von -15 °C hat 1016 022 am 15. Dezember 2001 mit dem EuroCity 63 auf seinem Weg von München nach Budapest bei Mehring/Teisendorf in Kürze die deutsch-österreichische Grenze erreicht. *Aufnahme: Christoph Grimm*

Die Leittechnik

Allgemeines

Es sind die gleichen physikalischen Phänomene des elektrischen Ladungstransportes in Festkörpern, welche die Herstellung von Transistoren, Thyristoren und Dioden jeglicher Bauart und somit die Funktion der Stromrichter moderner Lokomotiven ermöglichen wie ebenso den Bau der heute allgegenwärtigen Computer. Das vollständige Fehlen mechanisch bewegter Teile beim Transport elektrischer Ladungen in sogenannten Halbleitern ermöglicht eine bisher nicht gekannte Zuverlässigkeit und Schnelligkeit bei Schaltvorgängen und somit eine nahezu trägheitslose Informationsverarbeitung sowie eine Signalverstärkung bei geringstem Energie- und Platzbedarf. Die Vorteile der durch die Leistungselektronik möglich gewordenen Drehstromtechnik bei elektrischen Lokomotiven ziehen sich durch dieses Buch wie ein roter Faden. Die Steuerung dieser Lokomotiven mit modernen Mikrocomputern sowie die hierdurch mögliche perfektionierte Diagnose aller guten und fehlerhaften Zustände ergeben technische und wirschaftliche Vorteile, die denen der neuen Antriebstechnik kaum nachstehen. So ist es fast trivial zu berichten, dass moderne Triebfahrzeuge mit einer Microcomputersteuerung ausgestattet sind, die in ihrer Gesamtheit als Leittechnik bezeichnet wird.

Diese Steuerung hielt bei der Deutschen Bahn AG mit dem ICE und den Neubaulokomotiven in den neunziger Jahren ihren Einzug, also eine Lokgeneration nach der Drehstromtechnik selbst, da die Baureihe 120 in wesentlichen Teilen noch mit einer konventionellen Analogtechnik ausgestattet ist. Bei den Österreichischen Bundesbahnen kam die moderne Leittechnik gemeinsam mit der Drehstromtechnik bei der Reihe 1063 erstmals zur Anwendung, um dann selbstverständlich in jeweils fortentwickelter Form bei allen weiteren Drehstromloks zum zeitgemäßen Standard zu werden. Die Drehstromtechnik und eine Computersteuerung der Loks ergänzen einander in idealer Weise und ermöglichen Eigenschaften von Triebfahrzeugen, die heute

Leittechnik moderner Lokomotiven

ÖBB: Rh 1014/1114 Micocomputer gestützte Steuerung, Rh 1822 MICAS 32, Rh 1012 SIBAS 32, Rh 1016/1116 SIBAS 32, Rh 2016 SIBAS 32.
DB: BR 101 MICAS-S, BR 145, 146 , 185 MITRAC, BR 152 SIBAS 32, BR 182 SIBAS 32, BR 189 SIBAS 32,
SBB: BR 460/465 MICAS 32 (ABB Schweiz)

SIBAS 32 = Siemens-Bahnautomatisierungs-System mit 32 Bit-Prozessor
MICAS-S 32 = Microcomputer-Automatisierungs-System Bauart S mit 32 Bit-Prozessor (Adtranz)
MITRAC = Zusammengesetztes Wort aus MICAS und TRACS (Adtranz/Bombardier)

als Stand der Technik gelten. Andere Fahrzeugbauarten, auch bei Nahverkehrszügen oder Straßenbahnen sind durch die Kombination dieser neuen Technologien vollkommen obsolet geworden. In dieser Hinsicht unterscheiden sich auch die Produkte konkurrierender Hersteller nicht im Prinzip, sondern allenfalls in der Ausführung und Namensgebung der entsprechenden Techniken.

Wesentliche Bestandteile der Leittechnik sind außer mehreren Microcomputern diverse Bussysteme, welche diese untereinander sowie mit der Peripherie verbinden. Die Datenverarbeitung in Rechnern und der Datenaustausch dieser Rechner untereinander über die Bussysteme erfolgt grundsätzlich digital. Die TAURUS-Lokomotiven sind mit zwei Bussystemen ausgestattet: dem „Multifunction Vehicle Bus" (MVB) für den Datenaustausch innerhalb der Lokomotive selbst und dem „Wire Train Bus" (WTB) für den Datenaustausch innerhalb des gesamten Zuges gemäß dem Fernsteuerkonzept der ÖBB für Wendezugbetrieb und Mehrfachtraktion.

Bei deutschen Reisezügen beginnt die Ausrüstung mit dem WTB. Bei der Rh 1116 ist teilweise das Zugbeeinflussungssystem der Ungarischen Staatsbahnen EVM zusätzlich integriert. An die Bussysteme sind alle wichtigen Systemkomponenten der Lok angeschlossen. Die Steuerung aller wichtigen Funktionen der Lokomotiven ist mittels Software realisiert. Analoge Eingaben werden in Analog-Digital-Wandlern digitalisiert, ebenso wie digitale Ausgaben der Rechner zur Umsetzung in entsprechende Aktionen

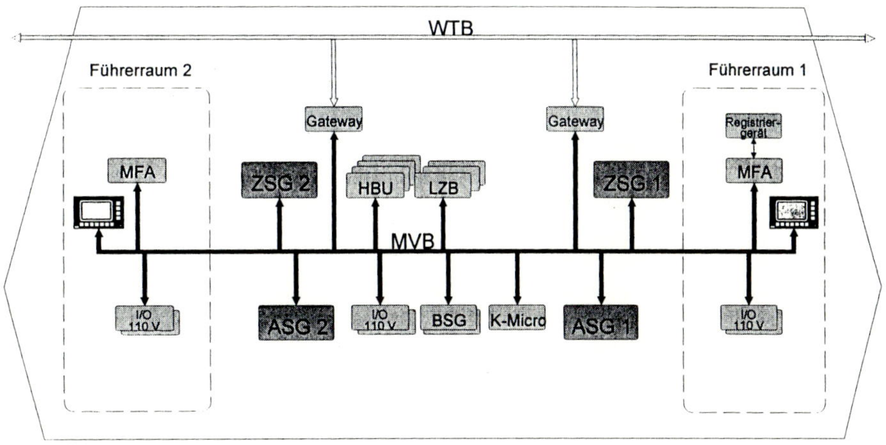

WTB Wire Train Bus (Zugbus)
MVB Multifunction Vehicle Bus (Fahrzeugbus)
ZSG Zentrales Steuergerät
ASG Antriebssteuergerät
MFA Moduläres Führerstandsanzeigegerät
I/O Peripherieanbindung SIBAS KLIP
HBU Hilfsbetriebeumrichter
LZB Linienzugbeeinflussung
ATC Automatic Train Control (Zugbeeinflussung)
BSG Bremssteuergerät
K-Micro Mechanischer Gleitschutz
Gateway

Leittechnik des TAURUS: Die Zeichnung gibt einen Überblick über deren Aufbau.
Zeichnung: Siemens

im Fahrzeug in Digital-Analog-Wandlern analogisiert werden müssen. Die Übertragung einer Vielfalt von Informationen über ein Bussysteme bedeutet eine erhebliche Verminderung des Aufwandes für Verdrahtung bei einer gleichzeitigen Erhöhung der Leistungsfähigkeit der Fahrzeugsteuerung und der Diagnose. Die Übertragung von Sicherheitsverantwortung auf die Leittechnik setzt Redundanz der Rechner voraus, die sich gegenseitig überwachen und bei nicht vorhandener Übereinstimmung die Ausgabe sicherheitsrelevanter Befehle verhindern.

Ein wesentlicher Bestandteil der Leittechnik ist die Diagnose, welche für den Lokführer ein äußerst hilfreiches Instrument bei der Bedienung der Lok sowie bei der Vermeidung von Fehlern ist. Ohne die perfekte Diagnose wären moderne rechnergesteuerte Loks kaum zu verstehen, zu bedienen und in der Werkstatt im Störungsfall zu reparieren.

SIBAS KLIP-Stationen

Wichtiger Bestandteil der Leittechnik sind die SIBAS KLIP-Stationen. Über diese KLIP-Stationen erfolgt die Anbindung der Peripheriegeräte an die Rechner der Lok. Die Abkürzung bedeutet „Klemmen für intelligente Peripherie" und beschreibt Ein- und Ausgänge zum Zentralsteuergerät (ZSG). Gelegentlich kann man auch die Bezeichnung I/O lesen, was für in/out steht und die Anbindung analoger Geräte an eine digitale Signalverarbeitung respektive umgekehrt steht. Es sind dies die d/a- und a/d-Wandler, mittels derer analoge und digitale Signale miteinander kommunizieren. Nicht nur Befehle des Lokführers, sondern auch vielfältige Stellungen von Ventilen und Schaltern werden digitalisiert und dem ZSG zugeführt. Andererseits werden hierdurch digitale Ausgangssignale des ZSG in analoge Steuerbefehle, beispielsweise für Bremsdruck umgewandelt.

Durch die KLIP-Stationen werden die Zustände aller Geräte und Komponenten erfasst, die nicht direkt an den Fahrzeugbus angeschlossen werden können. Durch diese Schnittstelle ist das Zentralsteuergerät zur Ansteuerung von Schützen, Ventilen oder Anzeigeinstrumenten befähigt, außerdem zum Einlesen von Befehlen oder Statussignalen. Diese dezentrale Signalerfassung und Steuerung erfolgt am Einbauort der Komponenten.

Die Zentralsteuergeräte

Die Lokomotiven sind mit zwei identischen Zentralsteuergeräten (ZSG) ausgerüstet, welche die gesamte Steuerung der Fahrzeuge übernehmen. Im Normalfall übernimmt ein ZSG die Steuerung und fungiert hierbei als „Master", während das zweite im Standby-Betrieb als „Slave" bereitsteht. Hierzu muss es ständig mit allen Eingangssignalen versorgt werden. Bei jedem Einschalten der Batterie wechseln die ZSG automatisch die Master-Funktion. Im Falle einer Störung wird automatisch von einem ZSG zum anderen umgeschaltet, wobei auch der Lokführer die Möglichkeit zum Eingriff an der Schalttafel im Maschinenraum hat. Die ZSG verarbeiten die Signale aus dem Führerstand und erzeugen hieraus die Sollwerte für die Antriebssteuerung. Darüber hinaus werden von den ZSG die Steuerungen von Stromabnehmer, Hauptschalter, den Hilfsbetrieben sowie der zentralen Weg- und Geschwindigkeitserfassung wahrgenommen. Weitere Aufgaben sind die AFB, die Sifa und die Mehrfachsteuerung. Zur Steuerung des Fahrzeuges ist nur ein ZSG erforderlich, lediglich bei AFB-Betrieb werden die Funktionen beider Geräte benötigt. Beide ZSG sind über den „Multifunction Vehicle Bus" (MVB) miteinander sowie mit den anderen rechnergesteuerten Sub-Systemen verbunden. Die dezentralen Ein- und Ausgabestationen der Fahrzeugsteuerung sind ebenfalls redundant aufgebaut und den ZSG logisch zugeordnet. Beide ZSG sind zusammen mit dem Gleitschutz im Elektronikschrank installiert.

Die Zentralsteuergeräte übernehmen neben anderen folgende Aufgaben: Ansteuerung der Anzeigen, Sollwertvorgaben für Traktionssteuerung, Steuerung der Hilfsbetriebe, Fahrzeugdiagnose, AFB, Weg- und Geschwindigkeitserfassung, Sifa.

Die hierzu nötigen logischen Verknüpfungen sind weitgehend als Software ausgeführt.

Weg- und Geschwindigkeitserfassung

Die Geschwindigkeitserfassung ist ein sicherheitstechnisch äußerst wichtiges Signal. Es werden zur Erfassung herangezogen: Die Signale der Drehzahlgeber an den Fahrmotoren, die Signale der Gleitschutzgeräte für die Drehzahlen der entsprechenden Achsen, die Signale der LZB-Drehzahlgeber. Ferner werden in den Algorithmus zur Geschwindigkeitsberechnung Raddurchmesser, Schlupf und Gleitzustand sowie Fahr- und Bremsbefehle einbezogen.

In Rollphasen, also bei Drehung der Räder ohne Schlupf, werden die Mess-Signale einander angeglichen. Durch die Diversität und Redundanz der Signale wird ein sehr zuverlässiger Messwert für die Geschwindigkeit erreicht. Die TAURUS-Lokomotiven sind im Gegensatz zur BR 101 bisher nicht mit einem Radargerät zur Messung der Geschwindigkeit – unabhängig von Raddrehzahlen – ausgerüstet, eine Ausstattung im Zusammenhang mit ETCS ist jedoch vorgesehen. Hierbei werden aus Gründen der Redundanz zwei Geräte eingebaut.

Antriebssteuerung

Die beiden Antriebssteuergeräte (ASG) übernehmen die Steuerung und Regelung der Antriebsausrüstung für je ein Drehgestell. Sie steuern die Stromrichter entsprechend den vom Lokführer vorgegebenen Werten für Zug- oder Bremskraft und führen Fehlerdiagnosen des Antriebssystems durch. Mit den ZSG kommunizieren sie über den Fahrzeugbus. Die Antriebssteuergeräte sind im jeweiligen Stromrichterschrank eingebaut und steuern die Netz- und Motorstromrichter wie bereits berichtet in Form des Einzelachsantriebes, also ist für jeden Pulswechselrichter eine Antriebssteuerung vorhanden. Die Antriebssteuergeräte sind mit dem integrierten Kraftschlussregler ausgestattet, welcher Zug- und Bremskräfte optimiert.

Es sei an dieser Stelle noch einmal ausdrücklich darauf hingewiesen, dass die Optimierung des Kraftschlusses zwischen Rad und Schiene durch Drehzahlmessung und die dadurch hergeleitete Geschwindigkeitserfassung an allen vier Radsätzen sowie die praktisch trägheitslose Regelung dieses Kraftschlusses durch automatische Anpassung der Zugkräfte ein wesentlicher Bestandteil der hohen Leistungsfähigkeit moderner Drehstromlokomotiven ist. Nicht ausschließlich die installierte Leistung sondern gerade deren Übertragung auf die Schienen, auch unter nicht idealen

Adhäsionsbedingungen, bestimmen die Leistungsfähigkeit einer Lok im Betrieb. Durch die perfektionierte Kraftschlussregelung ist es möglich geworden, mit vierachsigen Lokomotiven Zugförderungsleistungen zuverlässig zu erbringen, die früher weitgehend sechsachsigen Lokomotiven vorbehalten waren.

Der Signalweg von den Antriebssteuergeräten zu den Stromrichtern führt mittels Kupferleitern über die sogenannten Gate Units. Die „Gate Units" bestehen aus schnell schaltenden Transistoren, welche ihrerseits die Zünd-, respektive Löschimpulse für die Thyristoren erzeugen. Sie sind auf den Stromrichtermodulen aufgebaut, wobei ein Modul aus zwei GTO-Thyristoren, zwei Dioden und einer Gate Unit besteht.

Steuerung und Regelung

Der Unterschied zwischen Steuerung und Regelung sei am Beispiel der Zugkraft erläutert. Der Lokführer kann mit dem Zugkraftsteller die Zugkraft steuern, also einen Wert vorgeben. Die mit der vorgegebenen Zugkraft erreichte Geschwindigkeit hängt von vielen Einflüssen ab und wird den vom Lokführer gewünschten Wert der Geschwindigkeit nur durch ständiges Nachstellen der Zugkraft erreichen und einhalten. Dieser Vorgang ist eine Steuerung der Zugkraft und damit auch der Geschwindigkeit.

Bei AFB-Betrieb wird die Geschwindigkeit dagegen ständig gemessen und die Zugkraft entsprechend dem Messergebnis nachgeführt, so dass die gewünschte Geschwindigkeit genau eingehalten, respektive geregelt wird. Eine Regelung setzt stets eine Messgröße voraus, aus der der Regler ein Ausgangssignal zur Einhaltung des vorgegebenen Sollwertes generiert, in diesem Falle der Zugkraft. Die Messgröße Geschwindigkeit wird ständig aktualisiert und wieder in ein aktualisiertes Ausgangssignal umgewandelt. Beim Fahren mit LZB wird die Geschwindigkeit ebenfalls geregelt.

Auch der Kraftschluss, was im Grunde nichts anderes ist, als die Raddrehzahl unter bestimmten Umständen zu einem bestimmten Zeitpunkt, wird geregelt und nicht gesteuert.

Die Bremsrechner

Die Loks sind mit zwei identischen Bremsrechnern ausgestattet, deren einer wie beim ZSG als Master fungiert und vom Lokführer bedient wird. Der zweite Bremsrechner arbeitet im Standby-Modus als Slave und wird im Falle einer Störung automatisch aktiviert. Beim Einschalten der Batterie findet jeweils ein Wechsel statt. Mit Ausnahme der Bremswelle, Bremsscheiben und zugehöriger Bremszylinder sind die pneumatische Ausstattung der TAURUS-Loks und die Geräte der Bremsmechanik ebenso wie die Bremsrechner eine Lieferung der Firma Knorr-Bremse in München. Bei Totalausfall der gesamten Bremselektronik kann immer eine von diesem Signalweg völlig unabhängige Schnellbremsung ausgelöst werden. Zusätzlich ist noch der Schlagtaster „Not Aus" vorhanden, mit dem der Lokführer die Hauptluftleitung über einen großen Querschnitt direkt entlüften kann. Bei Betätigung wird zusätzlich der Hauptschalter ausgeschaltet, der Stromabnehmer gesenkt, der Gleitschutz außer Betrieb genommen sowie das Makrofon für einige Sekunden angesteuert. Dieser Not-Aus-Taster ist auch auf dem nicht besetzten Führerstand wirksam.

Herzstück der elektronischen Bremssteuerung HSM-MEP sind die beiden Bremsrechner in Microprozessortechnik, in denen alle Funktionen in einer Software-Logik gespeichert sind. Die Bremsrechner steuern sowohl die elektrische und die pneumatische Bremse der Lok als auch die pneumatische Bremse des Zuges an. Auch die ep-Bremse des Zuges, sofern vorhanden, wird vom Bremsrechner angesteuert, wenn der Betriebsart-Wahlschalter in Stellung ep steht. Für die Bremssteuerung ist eine Vielfalt von binären und analogen Ein- und Ausgangssignalen erforderlich. Die Hebelstellungen des Führerbremsventils und des Stellers für die elektrische Bremse der Lokomotive werden durch elektronische Baugruppen an diesen Stellern erfasst und als digitale Signale verarbeitet über den Knorr ESRA-Bus an die Bremsrechner übertragen. Die Bremsrechner sind oben an der Bremsgerätetafel eingebaut.

Ein wichtiger Bestandteil der elektronischen Bremssteuerung ist der Gleitschutzregler für die mechanische Bremse, welcher ein Blockieren der Räder bei ungünstigen Adhäsionsverhältnissen zwischen Rad und Schiene und damit eine Verlängerung des Bremsweges verhindert. Die Geschwindigkeitssignale der Räder werden untereinander und mit gespeicherten Werten verglichen. Durch einen Rechner werden dann die Gleitschutzventile feinfühlig angesteuert, womit die Radsätze selektiv nur soweit gebremst werden, dass die Kräfte auch auf die Schienen übertragen wer-

Die Eröffnungsfahrt zum Ausbau der Westbahn zwischen St. Pölten West und Pöchlarn durch die Eisenbahnhochleistungsstrecken AG (HL AG) fand am 21. Oktober 2000 mit 1016 003 statt. Die Aufnahme zeigt den Sonderzug bei der Einfahrt nach St. Pölten.
Aufnahme: Markus Inderst

den können. Ein feststehendes und auf der Schiene gleitendes Rad kann nur wesentlich geringere Kräfte übertragen als ein mit definiertem Schlupf drehendes Rad. Auch werden die Räder durch den Gleitschutz zuverlässig vor dem Entstehen von Flachstellen geschützt. Die Verhältnisse sind der Kraftübertragung beim Fahren ähnlich.

Die TAURUS-Lokomotiven sind mit dem Gleitschutzregler K-Micro ausgerüstet, einem Produkt von ehemals Krauss Maffei, heute von Siemens. Der Gleitschutzregler K-Micro ist nicht Bestandteil des Bremsrechners. Lange Zeit nach der Einführung bei der Eisenbahn wurde eine Bremskraftregelung auch bei Automobilen als Anti-Blockier-System (ABS) üblich.

Wendezug- und Mehrfachsteuerung

Die Österreichischen Bundesbahnen verfolgen beim TAURUS ein neuartiges Konzept für Wendezug- und Mehrfachsteuerung. Dieses basiert auf dem sogenannten „Wire Train Bus" (WTB), dessen Signale über ein Adernpaar des 18-adrigen UIC-Kabels übertragen werden. Wichtiger Vorteil dieses modernen Konzeptes ist die Möglichkeit der Mehrfachsteuerung auch mit anderen Lokomotivtypen, beispielsweise mit der aus der 1044 entstandenen Reihe 1144. Durch diese Besonderheit sind die TAURUS-Lokomotiven einerseits universeller einzusetzen, andererseits aber zunächst mit deutschen Fahrzeugen nicht kompatibel, so dass von der Baureihe 1116 bisher 25 Exemplare ebenso wie die 25 Loks der DB-Baureihe 182 mit der bei der DB generell eingesetzten zeitmultiplexen Wendezug- und Doppeltraktionssteuerung (ZWS) ausgerüstet sind. Bei letzterer werden die Befehle des Lokführers zeitmultiplex kodiert und mittels einer Trägerfrequenz über ein Adernpaar des UIC-Kabels an die Lokomotive als analoge Signale übertragen. Dort werden diese Befehle dekodiert und ausgeführt. Über eine andere Trägerfrequenz des Meldekanals werden Rückmeldungen an den Steuerwagen übermittelt. Eine Variante des 18-poligen UIC-Kabels ist die 13-polige Informations- und Service Leitung = IS-Leitung. Die Stecker beider Leitungen sind genormt und kompatibel. Auf dem Steuerwagen ist der Lokführer über die wichtigsten Betriebszustände seiner Lok informiert. Die Wendezugsteuerung wird an der Schalttafel 3 im Maschinenraum ein- oder ausgeschaltet.

Von der „Zeitmultiplexen Mehrfachtraktionssteuerung" (ZMS) können bis zu vier Triebfahrzeuge in einem Zugverband vom Führerstand einer Lok gesteuert werden. Die Funktion der ZMS ist der ZWS ähnlich. Zu Beginn der Kommunikation unter den Loks wird eine Zugbustaufe durchgeführt, was bedeutet, dass die Teilnehmer nummeriert werden. Die Benutzung des Meldekanals durch die ferngesteuerten Loks erfolgt im Wechsel, wobei die Rückmeldungen der geführten Loks auf der führenden Lok am Display visualisiert werden.

Die Datenübertragung für Wendezug und Mehrfachtraktionssteuerung werden beim TAURUS mittels „Wire Train Bus" digital übertragen. Die eigentliche Steuerung erfolgt im Zentralsteuergerät. Eine ÖBB-Mehrfachtraktionssteuerung des TAURUS ist unter folgenden Lokomotiven möglich: 1014/1114, 1063, 2016, nicht 1044, aber 1144. Die österreichische Bezeichnung für Mehrfachsteuerung ist „Tandembetrieb". Eine Funkfernsteuerung für Schiebedienst am Berg, wie bei der Lok 2000 der SBB nachträglich teilweise installiert, ist bisher nicht eingebaut, kann aber bei Bedarf nachgerüstet werden. Im Zusammenhang mit dieser Einrichtung in den diesbezüglich modifizierten Loks der Rh 1144 könnte diese Nachrüstung in Zukunft bedeutsam werden. Mit der DB-kompatiblen zeitmultiplexen Wendezug- bzw. Mehrfachsteuerung sind die Loks 1116 035-059 ausgerüstet, die Loks 1116 060-125 vorbereitet. Eine zukünftige Ausrüstung der DB-Reisezugwagen mit dem WTB wird eine Angleichung bringen.

Der Wire Train Bus

Wie die Bezeichnung sagt ist dieser Bus die Verbindung zu elektronischen Einrichtungen im Zug und als Drahtleitung über das UIC-Kabel oder die IS-Leitung ausgeführt. Die Verbindung dieses WTB mit den einzelnen Fahrzeugen erfolgt über sogenannte

Auch für den Betrieb mit zwei Lokomotiven an jedem Zugende wird die Steuerung über das UIC-Kabel genutzt. Planmäßig bis nach Köln kommen seit 15. Dezember 2002 die TAURUS-Loks der ÖBB mit EuroCity von Wien. Am 1. Februar 2003 befindet sich 1116 036 mit EC 23 vor den Türmen der mittelalterlichen Stadtmauer von Oberwesel am Rhein bereits wieder auf der Rückfahrt.
Aufnahme: Oliver Peist

Gateways. Der Bus kann mit wechselnder Teilnehmerzahl arbeiten, wobei diese zwischen zwei und 22 liegen muss. Beim Aufrüsten oder einer Änderung der Zugkonfiguration findet eine sogenannte Zugtaufe statt, wobei die neue Konfiguration ermittelt und der Datenverkehr aufgenommen wird. Auch dieser Bus ist zur Erhöhung der Verfügbarkeit redundant ausgeführt. Mittels des WTB können zusätzlich die Zugbeleuchtung und die Türen gesteuert sowie Lautsprecherdurchsagen innen und außen gemacht werden. Die Datenübertragung durch den WTB ist wesentlich umfangreicher als ZMS oder ZWS über die UIC-Leitung.

Den ÖBB folgend rüstet auch die DB ihre Intercity-Wagen im Rahmen einer umfangreichen Renovierung mit dem WTB aus. Bei Realisierung eines neuen Ganzzugkonzeptes der DB sollen Lok und Wagenzug längerfristig miteinander verbunden bleiben und Wartungsarbeiten an der Lok in den Abstellanlagen der Züge ausgeführt werden. Die Entwicklung bezüglich der WTB ist in beiden Ländern noch im Fluss.

Sprachausgabe

Statt durch akustische Signale wird bei Lokomotiven der jüngsten Generation der Lokführer durch die Sprachausgabe auf Besonderheiten oder Störungen aufmerksam gemacht. Die möglichen Meldungen sind nach folgenden Prioritäten geordnet, für den Fall, dass mehrere Meldungen gleichzeitig anstehen:

- Bremsausfall: Fehler bei der Verarbeitung von Bremsbefehlen, Schnellbremsung ist immer möglich durch direkte Entlüftung der Hauptluftleitung.
- Notbremse: Im Zug wurde die Notbremse betätigt. Nur bei eingeschalteter Notbremsüberbrückung oder ep-Bremse.
- Zwangsbremsung: LZB- oder PZB-Zwangsbremsung.
- Sifa: Aufforderung zur Betätigung der Sifa.
- Zugbeeinflussung: Bei Überfahren eines 1000-Hz-Magneten und Betätigung der Wachsamkeitstaste. Auch beim Aktivieren der LZB und PZB.
- Federspeicherbremse: Anfahrversuch bei angelegter Federspeicherbremse.
- Sifa-Zwangsbremsung: Erfolgte Zwangsbremsung bei unterlassener Betätigung der Sifa. Sofortiges Lösen der Bremse kann bei höherer Geschwindigkeit einen Zwangshalt vermeiden.
- AFB: Bei Ein- und Ausschalten der AFB.
- Türfreigabe: Erinnerung, die Türen freizugeben bei V< 30 km/h (bei Bedarf).
- Störung: Meldung wird bis zur Abfrage des Textes im Display alle 25 sec. wiederholt.
- Bremse nicht lose: Fernsteuermeldung, wenn Triebfahrzeug Zugkraft abgibt und zweites Fahrzeug pneumatisch bremst.

Die ÖBB haben für die Sprachausgabe die bekannte Fernsehansagerin Chris Lohner mit ihrer wirklich angenehmen Stimme engagiert und damit der Sprachausgabe die bei deutschen Loks etwas störende Strenge im Tonfall genommen. Auch bei Ansagen in Zügen oder auf Bahnsteigen kann man diese sympathische Stimme hören. In manchen Fällen aber nervte in der Anfangszeit selbst diese Stimme schon einmal den Lokführer, insbesondere wenn sie Störungen ansagte, die in Wirklichkeit gar nicht aufgetreten sind. Andererseits klingt diese Stimme selbst bei der wirklich unbeliebten Ansage „Zwangsbremsung" immer noch milde. Bei Nebengeräuschen, z. B. bei offenem Fenster, wird die Sprachausgabe als zu leise angesehen. Hier läge eine typische Aufgabe für die Software-Spezialisten. Bei der 1116 ist die Sprachausgabe auf – für deutschsprachiges Personal völlig unverständliches – Ungarisch umzuschalten.

Zugsicherung

Alle Lokomotiven sind mit der Zugsicherung PZB 90 sowie der Linienzugbeeinflussung LZB 80/16 ausgerüstet. Ein Teil der Lokomotiven der Rh 1116 ist zusätzlich mit der Zugsicherung EVM 120 für die Ungarischen Staatsbahnen ausgerüstet. Die Lokomotiven 1116 040-044 sind zusätzlich mit dem Zugsicherungssystem MIREL für die Slowakischen Staatsbahnen ausgerüstet, die Lokomotiven 1116 045-049 dafür vorbereitet. Die Ausrüstung mit ETCS befindet sich in der Entwicklung.

Zugsicherung EVM 120 der MÁV

Die Information wird durch einen modulierten Wechselstrom von 75 Hz über die Schienen übertragen. Die Antennen an der Lokfront empfangen dieses Signal, welches Geschwindigkeitsbeschränkungen übermittelt. Die Abkürzung EVM steht für Elektronikus Vonatmegállító (Elektronischer Zuganhalter). Die Ziffer 120 besagt, dass dieses System ursprünglich für eine Geschwindigkeit von 120 km/h ausgelegt war. Das System MIREL funktioniert ähnlich. Um einen 75 Hz Anteil im Motorstrom bei bestimmten Geschwindigkeiten zu kompensieren ist eine Kompensationsspule in das Motorfeld längs zur Fahrtrichtung hinter dem Schneepflug eingebaut.

Ausrüstung mit ETCS

Von den für den Übergang nach Ungarn ausgestatteten Loks 1116 001-025 sollen nachträglich 13 Stück mit dem in Entwicklung befindlichen funkbasierten Signalsystem „ETCS Level 1" ausgerüstet werden, zunächst allerdings zur Erprobung nur die Lok 1116 001. Weitere werden dann nach entsprechendem Fortschritt des Projektes folgen. Versuchsstrecke der ÖBB ist als EU-Projekt die Strecke Wien – Hegyeshalom, die Grenzstation zwischen ÖBB und MÁV. Gemeinsam mit ETCS wird in den Loks auch ein Doppler-Radargerät zur präzisen Erfassung der Geschwindigkeit über Grund installiert.

Diagnose und Displays

Die Displays auf den Führerständen dienen zur Visualisierung wichtiger Informationen, aber auch zur Vornahme von Bedienungshandlungen. Der Leser muss wissen, dass die Kenntnis der Bedienung und der Nutzen aus dieser Bedienung für den Lokführer der komplizierteste Teil seines Umgangs mit einer modernen rechnergesteuerten Lokomotive ist. Ein Blick in die Ausbildungsunterlagen für die Lokführer zeigt, dass die Erläuterungen von Diagnose und Display einen großen Teil der gesamten Unterlagen in Anspruch nehmen. Insofern kann hier nur eine zusammenfassende Darstellung dieser Technik gegeben werden.

Die Displays sind auf dem TAURUS abweichend von deutschen Lokomotiven rechts neben dem MFA eingebaut, entsprechen diesen aber weitgehend, wie aus der Herleitung des TAURUS aus der BR 152 naheliegt. Allerdings folgen die Anzeigen bei

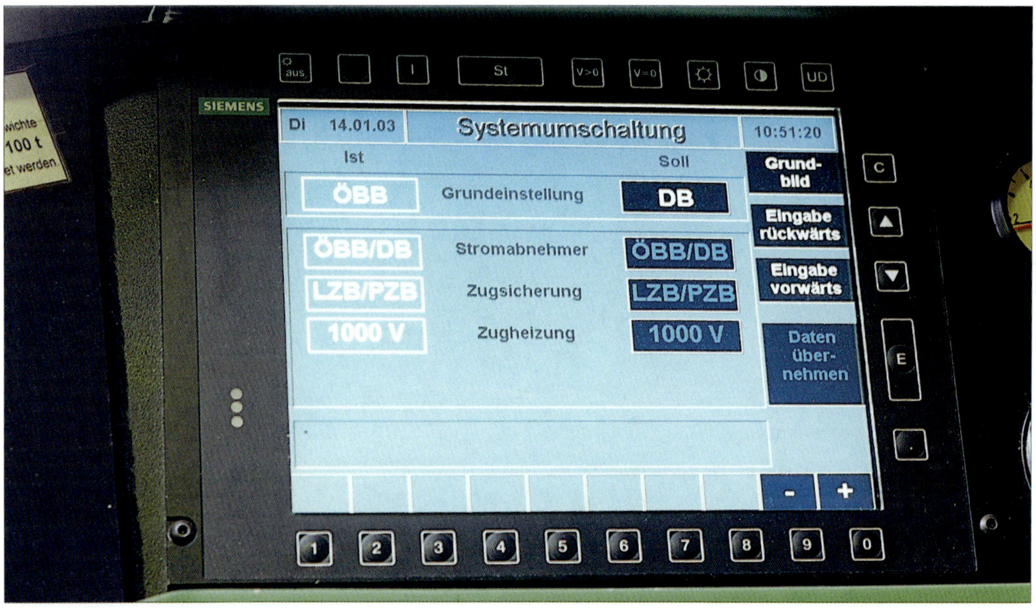

Am oberen und rechten Rand des Displays befinden sich die beschriebenen Hardkeys, am unteren Rand die 10 Softkeys. Mit der großen Taste St kann der Lokführer eingegangene Störungsmeldungen abrufen, an den rechts daneben liegenden Tasten Abhilfevorschläge während der Fahrt oder im Stillstand. Die große Taste E rechts dient der Eingabe von Daten. Bei der Baureihe 182 muss beim Aufrüsten ein Systemwechsel vorgenommen werden, da dieses Fahrzeug als Grundeinstellung das ÖBB-System hat. Die Systemumschaltung DB/ÖBB hat wegen der Ähnlichkeit beider Systeme nur wenig Bedeutung.

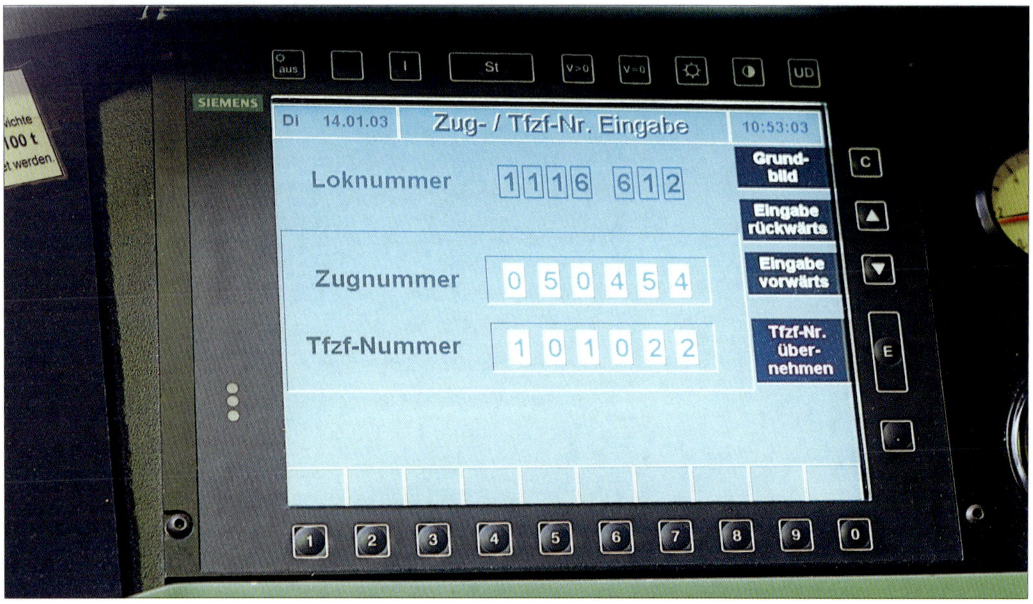

Vor Beginn einer neuen Zugfahrt hat der Lokführer die Zugdaten in den Datenspeicher einzugeben, darunter auch seine persönliche Kenn-Nummer, da die Aufzeichnung des Fahrtverlaufes nicht mehr auf einem Schreibstreifen erfolgt. Die Nummer des Lokführers unterliegt dem Datenschutz und wird nach Eingabe zu keinem Zeitpunkt mehr angezeigt. Die zu sehende Loknummer 1116 612 entspricht der DB-Lok 182 012. Beim Aufrufen des Displays meldeten sich die Loks der BR 182 mit 1116 601-625. Seit einer Software-Aktualisierung wird die korrekte Nummer angezeigt.
Die vier Aufnahmen des Displays stammen von einer Lok der Baureihe 182 der DB.

den ÖBB verglichen mit Loks der DB einer anderen Bedienungsphilosophie. Sie zeigen häufig Piktogramme statt rein verbalen Textes an, um eine rasche Aufnahme durch das Personal zu erleichtern. Generell liefern die Diagnose-Displays Informationen und Handlungshinweise für Betriebszustände, Diagnose, Störungen und Sonderfunktionen für Lok oder den gesamten Zug. Es können Eingaben und Schaltungen vorgenommen werden, die vom Display über den MVB an die Zentralsteuergeräte geleitet werden.

Das Display ist oben, rechts und unten mit Tasten auf der Frontplatte ausgestattet, die beleuchtet werden können. Die Tasten der oberen Reihe und rechts haben eine zugeordnete Funktion und werden deshalb als „Hardkeys" bezeichnet. Die mit 1–0 bezeichneten Tasten der unteren Reihe haben eine vom jeweils aufgerufenen Bild abhängige Funktion und werden als „Softkeys" bezeichnet.

Außer den vom Lokführer gewünschten Anzeigen über alle Betriebszustände seiner Lok zeigt das Display bei eingetretenen Störungen und erfolgter Sprachausgabe bei Betätigung der durch ihre Größe herausgehobenen Taste „St" die Liste der eingetretenen Störungen auf, wobei die jüngste Störung immer oben angezeigt ist. Mit den benachbarten Tasten „V > 0" und „V = 0" kann der Lokführer Abhilfemaßnahmen abfragen, die in solche während der Fahrt und solche bei Halt unterteilt sind. Der besseren Lesbarkeit wegen sind die während der Fahrt zu treffenden Maßnahmen in größerer Schrift dargestellt. Weitere Tasten dienen der Einstellung der Bildhelligkeit, dem Wechsel von Tag- zu Nachtbild sowie dem Aufruf der Diagnose für die Werkstatt.

Üblicherweise wird der Lokführer während der Fahrt eines der möglichen Grundbilder einstellen, das ihm Zug- und Bremskraft der vier Fahrmotoren oder die Summe aller Zugkräfte sowie Fahrdrahtspannung und Oberstrom anzeigt. Zusätzlich sind in diesen Bildern ober rechts Datum und Uhrzeit sowie die Zugnummer eingeblendet.

Auch für Mehrfachtraktion lassen sich entsprechende Bilder aufrufen. Besonders nützlich im Vergleich zu früher üblichen Aufschreibungen ist ein Kilometerzähler, der auf dem Display aufgerufen werden kann. Es gibt fast keine Information über den Zustand der Lokomotive oder des Zuges, die auf diesem Display nicht visualisiert werden kann.

Für die Fahrt wählt der Lokführer ein ihm wichtig erscheinendes Grundbild, wie hier die Anzeige von Fahrdrahtspannung und Primärstrom, auch als Oberstrom bezeichnet. Jeweils bis zur Eingabe einer neuen Zugnummer bleiben die Anzeigen des Energiezählers über die aus der Fahrleitung entnommene sowie zurückgespeiste elektrische Arbeit in kWh auf dem Display erhalten. Die Anzeige kN durchgestrichen bedeutet: Hauptschalter eingeschaltet aber keine Traktionsfreigabe (Traktionssperre). Die Symbole rechts daneben bedeuten: Zugsammelschiene ausgeschaltet und pneumatische Bremse angelegt.

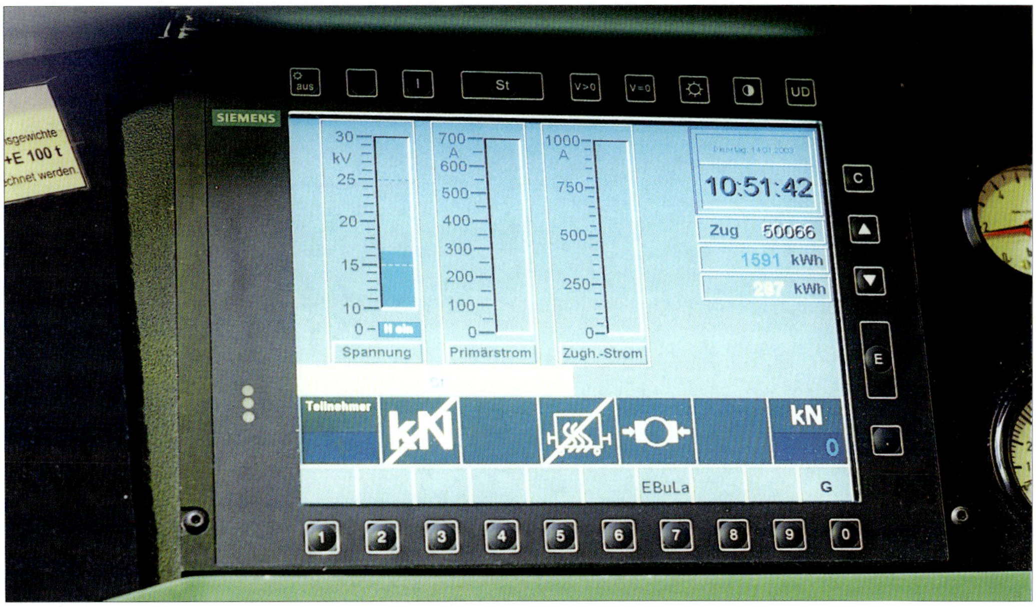

In das Grundbild und das Bild für Oberspannung und Oberstrom werden auch die Daten des Energiezählers als aus der Fahrleitung entnommene bzw. rückgespeiste Kilowattstunden eingeblendet. So kann der Lokführer unmittelbar den Energieverbrauch einer Zugfahrt ablesen und, so er das möchte, auch seinen eigenen Fahrstil überprüfen. Bei Eingabe einer neuen Zugnummer werden diese Daten am Display rückgestellt, bleiben aber im Speicher erhalten. Der bei der Beschaffung des TAURUS prognostizierte Wert der Energierückspeisung in die Fahrleitung von etwa 10 Prozent wird in der Regel übertroffen.

Am 20. Oktober 2002 hatte der Autor Gelegenheit, den Energieverbrauch des EuroCity „Wörthersee" EC 112 mit sieben DB-Wagen auf der Lok 1116 025 zwischen Villach und Salzburg (Tauernstrecke) zu beobachten.

Aus der Fahrleitung entnommen wurden 4060 kWh, in die Fahrleitung rückgespeist 690 kWh. Dies entspricht knapp 17 Prozent, allerdings auf einer Bergstrecke. Die elektrische Bremse hält diesen Zug bei der Talfahrt bei trockenen Schienen problemlos in der Beharrung, auch mit neun Wagen, und wandelt so potienzielle Energie in elektrische Energie um.

Neue Software

Bisher galten für die Förderung der Rollenden Landstraße spezielle Vorschriften für den Lokführer. Diese sind neuerdings der Leittechnik übertragen. So wird durch Betätigen der Softkey RoLa die elektrische Bremse auf 100 kN begrenzt und gegenüber der Luftbremse erst verzögert angesteuert. Hierdurch wird das Fahren der RoLA auch mit AFB ermöglicht, das vorher nicht gestattet war. Die Beförderung der RoLA-Wagen erfordert spezielle Sicherheitsmaßnahmen.

Bei starkem Schleudern, z.B. bei Laubfall im Herbst kann die Spurkranzschmierung abgeschaltet werden, wobei diese sich nach 15 Minuten automatisch wieder einschaltet.

Am Ende von Langsamfahrabschnitten oder restriktiven Signalbegriffen kann der Lokführer den Knopf am Fahrschalter zweimal niederdrücken, wodurch die Leittechnik die Zuglänge aus dem Zugdateneinsteller übernimmt und nach Durchfahren einer der Zuglänge entsprechenden Strecke dem Lokführer ein akustisches Signal gibt, dass er jetzt wieder voll beschleunigen kann. Hierdurch entfällt das Abschätzen der Zuglänge oder der Blick auf die Hektometertafeln an der Strecke.

Die Zugheizung kann mit vorgewähltem Datum und Uhrzeit automatisch eingeschaltet werden. Voraussetzung ist selbstverständlich eine aufgerüstet abgestellte Lok sowie Zugheizschalter Ein und Richtungsschalter in Stellung M. Die Einstellung erfolgt am Display. Bei kurzem Ausfall der Fahrleitungsspannung schaltet der Hauptschalter automatisch wieder ein, bei Ausfall länger als 15 Minuten, wird die Batterie ausgeschaltet. Eine Anzeige des Zugheizstroms wird nachgerüstet. Die Meldelampe „Zugheizung Aus" wird auch im System ÖBB wieder aktiviert.

Die Zugmasse kann am Zugdateneinsteller exakt eingegeben werden, so dass eine relativ ungenaue Abschätzung aus der Zuglänge entfällt. Dies führt zu einem verbesserten Regelverhalten der AFB.

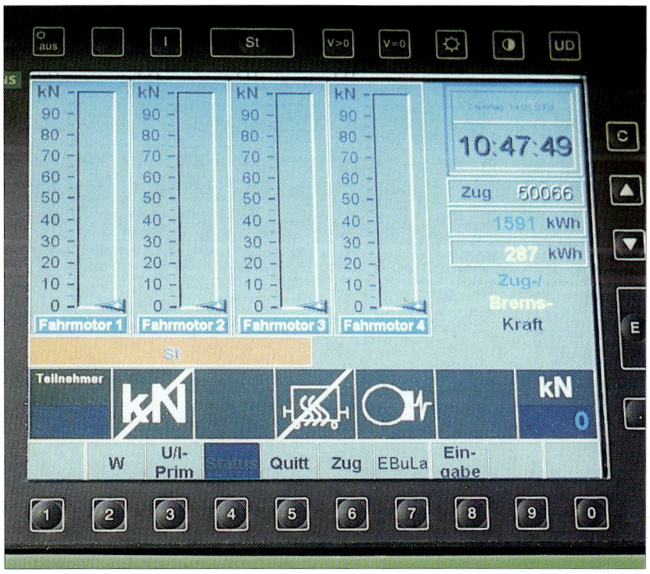

Hier ist das Bild für die Anzeige der Fahrmotorströme respektive Fahrmotorzugkräfte in kN angewählt. Die Anzeigen erfolgen als blaue Balkendiagramme (Bargraphen), beim Bremsen als braune Balken. Als Pfeile rechts daneben werden die Sollwerte angezeigt. Im Grundbild rechts oben: Datum, Uhrzeit und Zugnummer. Dieses Bild ist bei Stillstand der Lok aufgenommen. Das Bremssymbol in der unteren Anzeigeleiste bedeutet: Federspeicherbremse angelegt. Die gelbe Anzeige St weist auf eine eingegangene Störungsmeldung hin, verbunden mit der Sprachausgabe Störung. Weitere Hardkeys dienen der Helligkeitseinstellung, dem Wechsel zwischen Tag- und Nachtbild, dem Blättern in den Anzeigen.

Aufnahmen (4): Karl Gerhard Baur

Vier Aufnahmen aus dem Streckennetz der ÖBB zeigen, wie alltäglich der Einsatz von Siemens-Lokomotiven aus der „TAURUS-Familie" inzwischen ist: Infolge der Hochwasserschäden kam es auf der Ennstal- und Phyrnbahn im Sommer 2002 zu etlichen Streckensperren. Am 20. August 2002 befördern 1116 076 und 035 gemeinsam einen schweren Erzzug im Umleitungsverkehr über Selzthal nach Linz. Ausfahrt aus Admont. *Aufn.: Eduard Saßmann*

Im ersten Grün des beginnenden Frühjahrs bespannen 182 023 und 182 011 am 3. April 2002 in Doppeltraktion bei Matrei den Güterzug 43101 von Köln-Eifeltor bis zum Grenzübergang Brenner/Brennero. *Aufnahme: Markus Inderst*

rechts:
Das Westportal des 668 m langen Weinzettelwand-Tunnels ist als einziges am Semmering nicht gemauert. Der Schnellzug mit 1016 045 verschwindet sogleich im anschließenden Weinzettelfeld-Tunnel, durchfährt in Kürze den Bahnhof Semmering und den 1511 m langen Scheiteltunnel
Aufnahme: Erich Simon

unten:
Über die Arlberg-Westrampe ist EuroCity 163 „Transalpin" mit 1016 041 bei Braz unterwegs. Vor der intensiven Frühlingssonne am 6. April 2002 haben sich die Fahrgäste im Panoramawagen der Schweizerischen Bundesbahnen mit Jalousien geschützt.
Aufnahme: Martin Hahmann

Führerstand und Bedienung

Die Führerstände und die Bedienung der TAURUS-Lokomotiven orientieren sich eng an der deutschen Baureihe 152 und stellen insofern für die ÖBB eine teilweise gewöhnungsbedürftige Neuerung dar. Die Führerstände moderner österreichischer Loks sind von diesem Einheitsführerstand, wie in Deutschland bei der BR 111 erstmals realisiert und in Folge in leicht modifizierter Form für alle neueren Fahrzeuge übernommen, merklich verschieden. Allerdings sind viele ÖBB-Lokführer seit Jahren mit deutschen Loks bestens vertraut. Die ÖBB machten für die Gestaltung der Führerstände des TAURUS keine Vorschriften und akzeptierten die deutsche Ausführung. Man kann ohne Übertreibung sagen, dass die Führerstände der deutschen Neubauloks einschließlich ICE und in Folge davon auch der TAURUS-Familie ein Optimum an Übersichtlichkeit und Komfort für das Personal bieten. Ergonomie und der Begriff Humanisierung der Arbeitswelt sind hier in bester Weise realisiert.

War früher bei den ÖBB das linke Gleis das Regelgleis, so sind doch alle Loks und so logischerweise auch der TAURUS mit dem Führerpult auf der rechten Seite ausgestattet. Lediglich die aus Schweden importierten Loks der Rh 1043 hatten das Führerpult auf der linken Seite. Nachdem in Österreich der Gleiswechselbetrieb schon früh verbreitet eingerichtet war und stets auch umfassend genutzt wird, ist heute von Ausnahmen abgesehen (Semmering) wie in Deutschland das rechte Gleis das Regelgleis. Von der deutschen Baureihe 152 und so natürlich auch von den anderen Neubauloks der DB unterscheidet sich der Führerstand des TAURUS auf den ersten Blick durch die auch im Inneren deutlich erkennbare Rundung der Frontseite der Lok und die merklich verschiedenen Fenster. Diese Rundung sowie die Rundung der Fenster erzwingen eine andere, nicht an den Scheiben anliegende, sondern dem Lokführer nähere Anordnung der Sonnenschutzrollos, die aber praktisch zu greifen und zu bedienen sind und einen guten Schutz vor grell einfallendem Licht bietet. Ein weiterer merklicher Unterschied zu den Neubauloks der DB ist die freundlichere Farbgebung des gesamten Führerstandes. Im Gegensatz zu dem etwas kalten Blaugrau der DB-Loks ist der Führerstand der TAURUS-Loks mehrfarbig gestaltet und in wärmeren Farbtönen gehalten. Die Grundfarbe der Seitenwände und des Unterteils des Führerpultes ist ein freundliches Beige, das Bedienpult ist in einem angenehmen Grün (Reseda-Grün) und das Anzeigepult in Stahlblau gehalten. Dies gilt für die 50 Loks der Rh 1016, für die 1116 001 sowie für die deutsche BR 182. Die jüngeren Loks ab 1116 002 sind auf Wunsch der ÖBB im Führerstand anders gestaltet und entsprechen weitgehend der 2016 mit einer eleganten blauen Bedienebene (Capri-Blau). Vielleicht passt diese Farbgebung sogar noch besser zum modernen Design und der Grundfarbe der gesamten Lok.

Die Einrichtungen des Führerstandes sind nach Bedienebene und Anzeigeebene auf dem Führerpult gegliedert, bestehen des Weiteren aus Bedientafeln an der Führerhausrückwand, aus Fußtasten in der Nische des Pultes sowie beidseitigen davon installierten Bedieneinrichtungen. Das gesamte Pult ist gerundet, um alle Anzeigen und Bedienelemente in ähnlichem Abstand zum Lokführer und in gutem Blickwinkel anordnen zu können. Neben

Zwei Aufnahmen aus dem Führerstand eines TAURUS: Auf der Südbahn (Wien Süd – Bruck/M. – Graz) herrscht noch Linksverkehr, der entgegenkommende ÖBB-EuroCity ist aus modernisierten Wagen im aktuellen ÖBB-Design gebildet. *Aufnahme: Karl Gerhard Baur*

Die ältere Ausführung des Bedienpultes in Reseda-Grün auf dem Führerstand einer Lok der Baureihe 182 der DB.
Aufnahme: Karl Gerhard Baur

dem rechten Seitenfenster ist ein Hilfsfahrschalter angebracht. Ein wichtiger Fortschritt moderner Lokomotiven ist die Möglichkeit, Führerraum- und Maschinenraumbeleuchtung ohne vorherige Bedienung des Batterieschalters an mehreren Stellen einschalten zu können, wodurch eine Unfallquelle vermieden wird. Das Ausschalten der Führerraumbeleuchtung darf nicht vergessen werden, da die Batterie entladen werden könnte. Die Maschinenraumbeleuchtung wird nach drei Minuten automatisch ausgeschaltet. Dem Leser wird empfohlen, den folgenden, alle Einrichtungen des Führerstandes beschreibenden Text gemeinsam mit den zugehörigen Abbildungen zu studieren.

Anzeigeebene

Die Anzeigeebene des Führerpultes ist schräg gestellt und oben durch einen Überstand gegen Sonneneinstrahlung geschützt. Alle wichtigen Anzeigen hat der Lokführer stets gut ablesbar im Blickfeld. In der Mitte der Anzeigeebene befindet sich das „Modulare Führerraum Anzeigegerät" (MFA), als zentrale Informationsquelle für den Lokführer. Es beinhaltet rechts einen analogen Tachometer mit integrierter digitaler Geschwindikeitsanzeige, links ein Instrument zur anlogen Anzeige von Zug- und Bremskraft, ebenfalls mit einer integrierten digitalen Anzeige. Die Anzeige-

Schwerer Güterzug auf der Westbahn, die 1858 von Wien bis nach Linz und zwei Jahre später bis Salzburg in Betrieb genommen werden konnte.
Aufnahme: Karl Gerhard Baur

instrumente unterscheiden sich entsprechend österreichischer Gepflogenheit von denen deutscher Loks durch schwarze Anzeige auf weißem Grund. Die TAURUS-Loks sind mit einem zusätzlichen analogen Anzeigeinstrument für die Oberspannung im MFA ausgerüstet, das links neben der Zugkraftanzeige eingebaut ist. Dieses Instrument ist wegen der vielen im österreichischen Netz vorhandenen Trennstellen für den Lokführer sehr hilfreich, da er die Fahrdrahtspannung jederzeit, auch bei ausgeschaltetem Hauptschalter und unabhängig vom angewählten Bild im Display erkennen kann. Das Anzeige- und Diagnosedisplay der TAURUS-Familie ist, im Unterschied zu den deutschen Loks, rechts neben dem MFA eingebaut und hat keinen speziellen Namen. Bei den deutschen Neubauloks befindet sich an dieser Stelle das EBuLa-Display. Als hätte man beim TAURUS den zögerlichen Erfolg der EBuLa schon vorhergesehen, hat man hierauf beim Einbau zunächst keine Rücksicht genommen, sich über eine Nachrüstung aber wohl Gedanken gemacht. Für eine EBuLa-Anzeige könnte bei Bedarf ein spezieller Flachbildschirm nachgerüstet werden oder die Anzeige auf dem Lokdisplay zusätzlich dargestellt werden. Rechts am Rand der Anzeigekonsole sind konventionelle Manometer eingebaut für Bremszylinder und vereinigt in einem Instrument für Hauptluftbehälter und Hauptluftleitung sowie der Taster für den Angleicher.

Anzeigen im MFA

Analoginstrumente für Oberspannung (klein), Zug- und Bremskraft sowie Geschwindigkeit (groß), beide Instrumente enthalten einen Außenzeiger für den Sollwert und einen Innenzeiger für den Istwert, dazwischen Anzeige für LZB-Zielentfernung. Der Außenzeiger für Zug- und Bremskraft gibt den Gesamtwert für das Fahrzeug in kN vor, Anzeige nach links=Bremsen, Anzeige nach rechts=Fahren. Die digitale Anzeige gibt den Prozentsatz der maximalen Zug- oder Bremskraft an, bezogen auf die jeweilige Geschwindigkeit. Unterhalb dieser Instrumente befinden sich Leuchtmelder, die in zwei Gruppen einzuteilen sind. Linke Gruppe = maschinentechnische Leuchtmelder, rechte Gruppe = Leuchtmelder für PZB und LZB. Links der Leuchtmeldergruppe kann die Helligkeit der Instrumentenbeleuchtung des MFA verändert werden, rechts davon die der LED-Anzeigen der Leuchtmelder selbst.

Links neben dem MFA befindet sich auf der Anzeigekonsole eine Führerraumsprechstelle mit einem Schwanenhalsmikrofon, einem kleinen Lautsprecher und vier Sprechtasten. Neben einer grünen Signalleuchte werden die vier Tasten im aktivierten Führerstand schwach ausgeleuchtet. Die Taste FST ermöglicht Wechselsprechen zwischen beiden Führerständen der Lok, die Taste 1 Durchsagen in einen Zug, die Taste 2 Durchsagen an eventuell vorhandene Außenlautsprecher. Die vierte Taste ist nicht belegt. Solche Anlagen existieren bei den DB-Neubauloks nicht. Ganz links auf der Anzeigekonsole ist das Zugbahnfunkgerät eingebaut.

Bedienebene

Die Erläuterung der Bedienelemente folgt von links nach rechts. Ganz links und von Lokführer und einem eventuell mifahrenden Beimann gleichermaßen gut zu erreichen befindet sich ein roter Notbremsschlagknopf. Bei Betätigung wird eine Notbremsung eingeleitet, der Hauptschalter ausgeschaltet, der Stromabnehmer gesenkt sowie das Makrofon mit beiden Frequenzen für fünf Sekunden angesteuert. Diese Einrichtung ist auch im nicht besetzten Führerraum wirksam. Bei den deutschen BR 185 und 189 ist dieser Not-Aus im Hinblick auf zukünftige Auslandseinsätze ebenfalls eingebaut.

Links vor dem Funkgerät liegt eine Gruppe von zwei Schaltern, mit folgenden Schalterstellungen:

Luftpresser: 1 = Ein (Taststellung), A = Automatik (Grundstellung), 0 = Aus. Lüfter: 1 = manuell Ein , A = Automatik (temperaturgesteuerter Betrieb), 0 = manuell Aus (sofern es die Bauteiltemperaturen zulassen).

Schalter für Kompressor und Fahrmotorlüfter

Die Schalter für Luftpresser und Fahrmotorlüfter sind von denen deutscher Loks verschieden ausgeführt. Unabhängig vom Druck des Hauptluftbehälters kann der Kompressor mit der Taststellung eingeschaltet und der Behälter hierdurch (beispielsweise vor dem Abstellen der Lok) auf maximalen Druck gebracht werden. Die Lüfter können unabhängig vom Automatikbetrieb auf maximale Leistung gebracht werden.

Unterhalb des AEG-Funkgerätes liegt die „Bedienhilfe für Sprechsäule". Mit ihrer Hilfe ist es den Triebfahrzeugführern der DB-182 trotz fehlender Führerstandstüren möglich, die Sprechsäulen vom Seitenfenster aus zu erreichen. Die ÖBB-Loks der Rh 1016 und 1116 sind mit Funkgeräten der Firma Kapsch ausgerüstet, wie auf der folgenden Abbildung zu sehen.

Die neuere Ausführung des Bedienpultes in Capri-Blau auf dem Führerstand einer 1116. Diese Aufnahme ermöglicht auch einen guten Blick auf die Fußnische mit dem hellen Makrofon- und dem breiten Sifa-Pedal sowie die zahlreichen Schalter unterhalb des Pultes. *Aufnahmen (2): Karl Gerhard Baur*

Rechts davor: LZB-/PZB-Taster = „Befehlstaste" (versenkt eingebaut, im Gegensatz zu Schaltern bei älteren Loks), Schalter „Frei" und mit Gummikugel zur Erkennbarkeit bei Dunkelheit „Wachsamkeitstaste". Rechts dahinter: Stromabnehmerschalter mit Quergriff zur Erkennbarkeit bei Dunkelheit mit daneben angebrachten Symbolen. In der Mitte neutrale Grundstellung, nach hinten Taststellung „Stromabnehmer hoch", nach vorne Taststellung „Stromabnehmer nieder", ganz nach vorne „Stromabnehmer nieder und Sanden" (Notaus-Stellung). Daneben Hauptschalterbedienung: Taststellung nach hinten „Ein", Taststellung nach vorne „Aus". Rechts daneben Drehschalter für Zugsammelschiene (ZS). 0 = Grundstellung Aus, 1 = Ein, weitere Drehung nach rechts: Einschalten (Taststellung). Rechts daneben: Betätigung für Fahrtrichtungsschalter: V = Führerstand aktiv, vorwärts, M = Führerstand aktiv, keine Fahrtrichtung gewählt, 0 = Führerstand nicht aktiv, R = Führerstand aktiv, rückwärts. Die Aktivierung des Führerstandes ist Voraussetzung für weitere Bedienungshandlungen. In der Stellung R „rückwärts" ist die Geschwindigkeit auf 40 km/h begrenzt.

In bester Reichweite der linken Hand liegen die beiden Fahrschalter für die Geschwindigkeitsvorgabe bei AFB-Betrieb und die Zugkraftvorgabe nebeneinander. Mit der Geschwindigkeitsvorgabe wird der Sollwert der Geschwindigkeit bei AFB-Betrieb eingestellt, erkennbar am roten Außenanzeiger des Tachometers. Zur Betätigung aus der 0-Stellung ist der Knopf des Bedienhebels zu drehen. Die Zugkraftvorgabe zwischen 0 und 100 Prozent ist erst nach Niederdrücken des Knopfes am Bedienhebel zu betätigen (AFB links, Zugkraft rechts)..

AFB, Automatische Fahr- und Bremssteuerung

Bei modernen Fahrzeugen steht dem Lokführer eine automatische Regelung der Geschwindigkeit zur Verfügung, die AFB. Mit dem V_{soll}-Steller gibt der Lokführer in Schritten von jeweils 5 km/h die gewünschte Geschwindigkeit vor, die als rote Markierung außen am Geschwindigkeitsmesser angezeigt wird. Diese Geschwindigkeit wird angestrebt und unabhängig von Zuggewicht, Steigung oder Gefälle durch eine präzise Regelung eingehalten. Die Regelung umfasst Zugkraft ebenso wie Bremskraft (bei Rh 1044 nur elektrisch, bei TAURUS und Neubauloks der DB sowohl elektrisch als auch pneumatisch). Durch Verstellen des V_{soll}-Stellers kann der Zug beschleunigt oder verlangsamt werden. Diese Fahrtechnik reagiert wegen geringerer vorgegebener Kräfte wesentlich langsamer als es beim manuellen Beschleunigen oder Bremsen möglich ist. Die AFB kann am beschriebenen Schalter ein- oder ausgeschaltet werden, was mit einer Sprachausgabe bestätigt wird. Beim Halten mit eingeschalteter AFB wird automatisch die Zusatzbremse angelegt, respektive beim Anfahren gelöst. Eine AFB-Haltebremsung darf nicht zum Sichern des Fahrzeuges benutzt werden, da diese ungewollt auslösen kann. Die AFB benötigt beide Zentralsteuergeräte in Funktion. Die Einstellung der Zugdaten gibt der AFB die Betriebsweise vor, wobei die V_{max} die Höchstgeschwindigkeit begrenzt. Die eingegebene Zuglänge dient der Abschätzung des Zuggewichtes. Bremsung erfolgt bei Reisezug mit 0,7 m/sec^2 und bei Güterzug mit 0,5 m/sec^2.

Manuelle Bremsung hat Vorrang vor AFB-Bremsung. Vor Zügen der „Rollenden Landstraße" ist ein AFB-Betrieb wegen möglicherweise zu hoher Bremskräfte teilweise nicht zulässig (siehe „Neue Software"). Für Fahrten über Steilstrecken ist die AFB nur bedingt geeignet.

In der Mitte des Führerpultes ist Platz für die Fahrplanunterlagen freigehalten, die mit drei Klammern fixiert werden können. Für die La oder allfällige Befehle ist oberhalb des Displays ein spezieller Zettelhalter mit zugehöriger Lampe angebracht. Hinter dem Platz für die Fahrplanunterlagen befinden sich von links nach rechts: der Schalter für die Türfreigabe mit den vier Stellungen: zu, links frei, beide frei und rechts frei. Rechts daneben sind in einer Dreiergruppe Taster für Zugbeleuchtung, ein Taster für Betätigung des Sandstreuers fahrtrichtungsabhängig sowie ein Taster zum raschen Lösen der indirekten Bremse. Weiter rechts daneben wiederum in einer Dreiergruppe sind Schalter für Beleuchtungen, wie der Schalter für zwei Einstellungen des Fernlichtes sowie zum Abblenden des Signallichtes, der Schalter für das Signallicht und der Schalter für Buchfahrplan- und Deckenleuchte im Führerstand. Ein blauer Leuchtmelder signalisiert die Einschaltung des Fernlichtes. Ein rechts daneben angeordneter Trennstellentaster ist eine spezielle ÖBB-Einrichtung.

Trennstellentaster

Arbeitserleichterung für den Lokführer zum Überfahren von Trennstellen im elektrischen Netz. Bei Betätigung wird die Zug- oder Bremskraft abgeregelt. Danach oder spätestens nach zehn Sekunden schaltet der Hauptschalter selbsttätig aus. Eine von der AFB angeforderte elektrische Bremsung wird automatisch von der pneumatischen Bremse übernommen. Nach Überfahren der Trennstelle muss der Hauptschalter vom Lokführer wieder eingeschaltet werden. Elektrische und pneumatische Bremse werden danach auf den ursprünglichen Wert eingeregelt. Zum Aufschalten der Zugkraft besteht Nullstellungszwang des Zugkraftstellers. Diese hilfreiche Einrichtung fehlt bei deutschen Loks. In Österreich sind nicht durchgekuppelte Trennstellen wesentlich häufiger als im Netz der DB, da die Stromversorgung der ÖBB überwiegend aus dem Landesnetz erfolgt.

Rechts neben den Fahrplanunterlagen und symmetrisch zu den Fahrschaltern befinden sich, wiederum in bester Reichweite für die rechte Hand des Lokführers, die Bremssteller, links das Führerbremsventil für die indirekte Bremse, daneben der Bremssteller für die elektrische Lokbremse. Beide sind miteinander gekoppelt, so dass bei Betätigung des Führerbremsventils automatisch die elektrische Bremse der Lok in Wirkung tritt. Die elektrische Bremse kann ohne weitere Handlungen auch allein betätigt werden, die pneumatische Bremse ohne elektrische Bremse nach Entkoppeln von letzterer durch Niederdrücken des Knopfes am E- Bremssteller. Die Betätigungsrichtung der Bremssteller ist logischerweise gegensinnig zu jener der Fahrschalter.
Die Bremssteller haben folgende angezeigte Positionen.
Führerbremsventil: FÜ = Füllstoß, FA = Fahrtstellung, 1–7 = Bremsstufen, VB = Vollbremsung, SB = Schnellbremsung.
Bremssteller E-Bremse: FA = Fahrtstellung, 1–7 = Bremsstufen, VB = Vollbremsung. Rechts neben den Bremsstellern befindet sich der kleiner ausgeführte Steller für die direkte Bremse (Zusatzbremse) mit den Stellungen: VLÖ = Volllösen (Raststellung), LÖ = Lösen (Taststellung), BR = Bremsen (Taststellung), VBR = Vollbremsen (Raststellung).

Ganz rechts auf der Bedienkonsole befindet sich eine Zweiergruppe mit einem weißen Taster für Türblockierung bzw. Türfreigabe und der Taster für die Makrofonbetätigung mit den Stellungen hoher Ton und tiefer Ton, die mit einem Violin- und einem Bassschlüssel bezeichnet sind. Alle Piktogramme zur Bezeichnung der Betätigungsorgane entsprechen UIC-640, die Sprache aller Beschriftungen bzw. Abkürzungen ist Deutsch.

Hilfsfahrschalter bzw. Seitenabfahreinrichtung sind unmittelbar neben dem rechten Seitenfenster des Führerstandes angebracht. Am Fenster ist die Reißleine mit dem roten Griff erkennbar, mit der im Gefahrenfall die Glasscheibe aus dem Rahmen gelöst werden kann, um dem Lokführer eine weitere, von der Notausstiegsluke unabhängige Fluchtmöglichkeit zu geben.

Hilfsfahrschalter

Für den Einsatz im Nahverkehr sind die TAURUS-Lokomotiven mit einem Hilfsfahrschalter – im Gegensatz zu den neueren DB-Lokomotiven nur rechts – ausgerüstet, der es dem Lokführer ermöglicht, während der Abfahrt den Zug am offenen Fenster zu beobachten. Er besteht aus der Wachsamkeitstaste und der Befehlstaste der Indusi sowie einer Freigabetaste zum Aktivieren der gesamten Einrichtung. Die fünf Stellungen des mit einem Knebel drehbaren Hilfsfahrschalters sind: SB = Schnellbremsung über das Sifa-Ventil, 0 = Grundstellung, – = Zugkraft-Sollwert wird um 10 kN/s vermindert, I = Zugkraft-Sollwert wird konstant gehalten, + = Zugkraft-Sollwert wird um 10 kN/s erhöht (Taststellung). Die Sifa kann über einen Fußtaster unterhalb des Fensters bedient werden. Der Übergang vom Hilfsfahrschalter auf den normalen Fahrschalter ist jederzeit möglich. Bei Betätigung des Führerbremsventils oder des Zugkraftstellers wird die Einrichtung unwirksam. Vor der Benutzung des Hilfsfahrschalters muss der Zugkraftsteller in Position F = Fahren stehen. Der Hilfsfahrschalter ist ein vollwertiger Fahrschalter für den gesamten Geschwindigkeitsbereich. Die Bezeichnung bei der DB ist Seitenabfahreinrichtung. Bei Abfahrt mit Bahnsteig links beobachtet der ÖBB-Lokführer den Bahnsteig über den Spiegel.

Fahrersitz

Im Gegensatz zu vielen modernen Triebwagen mit Sitz- und Bedienplatz für den Lokführer in der Mitte des Führerstandes sind moderne Lokomotiven bei den ÖBB und der DB immer noch mit einem asymmetrisch rechts angeordneten Bedienplatz ausgestattet. In der Schweiz befindet sich der Platz für den Lokführer traditionell links. Der Fahrersitz ist am Boden angeschraubt und kann vor- und rückwärts verschoben sowie in der Höhe verstellt werden. Hierzu ist eine pneumatische Unterstützung vorhanden. Ferner ist er mit Armlehnen und einer Kopfstütze ausgestattet und kann in eine sogenannte „Liegestellung" geklappt werden, mit welcher das Personal allerdings Probleme hat. Hierzu muss man wissen, dass ältere ÖBB-Loks mit einem Liegebrett, ursprünglich als Rettungsbrett gedacht, ausgestattet sind, das den Lokführern in vielen Situationen das Leben erleichtert und das beim TAURUS bisher fehlt. Die Liegestellung des Fahrersitzes wird nicht als Ersatz hierfür angesehen und veranlasst die Lokführer sich gelegentlich in eine nicht gerade die Wirbelsäule schonende Position zu begeben. Besonders problematisch ist diese Situation am Brenner, wo Güterzüge aus Italien häufig über mehrere Stunden unbekannt verspätet sind und der Lokführer mangels geeigneter Räumlichkeiten seine Lok kaum verlassen kann, was insbesondere nachts Probleme bereitet. Diese Informationen wurden dem Autor mitgegeben mit der Bitte, auch einmal Probleme des Personals in ein Buch aufzunehmen. Diese altmodische Pritsche hätte das Personal gerne auch auf dem modernen TAURUS wieder, zumal zu deren Unterbringung im sauberen Maschinenraum hinreichend Platz vorhanden ist.

Im Panikfall kann der Lokführer den Sitz durch Drehen schnellstens verlassen und unter Betätigung des Panikverschlusses an der Maschinenraumtür im Maschinenraum Schutz suchen.

Die Tür vom Führerstand in den Maschinenraum ist mit einem Panikverschluss ausgerüstet, der es einerseits erlaubt, die Tür dicht zu schließen (Anheben des roten Bügels), andererseits ein im Notfall besonders schnelles Öffnen ermöglicht. Bei deutschen Loks fehlt das Fenster in der Tür. *Aufnahmen (2): Karl Gerhard Baur*

Fußnische

Weitere Bedieneinrichtungen befinden sich in der Fußnische sowie an beiden Seiten davon. In der Fußnische ist das große Sifa-Pedal untergebracht, rechts davon die Betätigung des Makrofons mit beiden Frequenzen gleichzeitig und links des Sifa-Pedals die pneumatische Betätigung der Außenspiegel. Großgewachsene Lokführer empfinden die Fußnische als zu niedrig. Für das Sifa-Pedal ist eine ergonomisch bessere Ausführung vorgesehen.

Sicherheitsfahrschaltung

Die Loks sind mit einer Zeit/Zeit-Sifa ausgerüstet. Nach 30 Sekunden erscheint bei gedrücktem Pedal eine Meldelampe im MFA, nach 2,5 Sekunden bei Nichtbeachtung eine Sprachausgabe und ein Signalton sowie nach weiteren 2,5 Sekunden der Nichtbeachtung eine Sifa-Zwangsbremsung. Außer dem Sifa-Pedal und den Sifa-Tastern wirkt auch der Entriegelungsknopf des Fahrschalters als Sifa-Taste. Bei ausgeschalteter oder gestörter Sifa zeigt die Meldelampe Dauerlicht an.

An der linken Konsole der Fußnische befinden sich oben der Schalter für die AFB sowie der Helligkeitsregler für die Konsolenbeleuchtung. Links senkrecht ist der Hörer für den Zugbahnfunk angebracht, in der zweiten Reihe von oben befinden sich die Schalter für Scheibenheizung, Fußbodenheizung und Heizung der Nische selbst.

Darunter liegen die Schalter für die Klimaanlage mit Lüfterdrehzahl, Temperaturregler und Ein-/Ausschalter für die Klimaanlage. Nochmals darunter ist der Schalter für den Druckschutz des Führerstandes. Selbstverständlich ist eine moderne Schnellfahrlok mit einem druckgeschützten Führerstand ausgestattet, um dem Personal unangenehme Druckstöße bei Zugbegegnungen oder Tunnelfahrten zu ersparen.

An der rechten Konsole der Fußnische befindet sich ein Dimmer für die Buchfahrplan-Leuchte, darunter der Schalter für die Scheibenwischer mit den Stellungen 0 = Aus, INT = Intervall, 1 = normal, 2 = schnell. Ferner ist ein Drucktaster für die Scheibenwaschanlage eingebaut. Bei der Konstruktion der Scheibenwischer sind die hohe Geschwindigkeit sowie der Staudruck bei Tunneleinfahrten oder Zugbegegnungen berücksichtigt. Die Scheibenwischer stehen in Parkstellung senkrecht entlang der Mittellinie beider Frontfenster und damit leider teilweise im Blickfeld des Lokführers.

Der elektrische Antrieb der Scheibenwischer mit automatischer Parkstellung wird als großer Fortschritt empfunden

Fenster

Die Seitenfenster sind als Fallfenster mit einem praktischen Griff und einer Arretierung ausgeführt und mit einer Lichtabsorption von 90 Prozent getönt. Beim Öffnen bleiben wegen des Griffes ca. 10 cm Fensterhöhe stehen. Die Seitenfenster sind neben der Notausstiegsluke als weiterer Notausstieg geeignet, wofür eine Reißleine eingebaut ist. Vor den Seitenfenstern sind nochmals – als solche kaum zu erkennen – kleinere Fenster für die Durchsicht auf die Spiegel eingebaut. Die Frontscheiben bestehen wie die Seitenfenster aus Mehrschichten-Verbund-Sicherheitsglas und sind in zwei Leistungsstufen heizbar. Die hohe Heizleistung dient lediglich zum Abtauen, wobei in dieser Stellung auch die Spiegel beheizt werden. Die hohe Heizleistung ist nur mit einem Taster schaltbar und für Kurzzeitbetrieb vorgesehen.

Schalttafeln

Weitere Einrichtungen befinden sich auf den Schaltafeln auf der Führerraum-Rückwand, welche in den Führerständen 1 und 2 verschieden ausgeführt sind. Auf der Tafel des Führerstandes 1 sind sämtliche Einrichtungen vorhanden, auf der des Führerstandes 2 nur ein Teil davon. Der Dienstbeginn und das Aufrüsten oder Abrüsten der Lok erfolgen immer auf dem Führerstand 1.

Bei der Beschreibung der Schalttafel des Führerstandes 1 bedeutet das Zeichen (+), dass dieser Schalter sich auch auf dem Führerstand 2 befindet, und zwar in der gleichen Position auf der Tafel. Die anderen Plätze bleiben leer.

Die im Text beschriebene Schalttafel im Führerstand 1.

Links oben befindet sich das Anzeigeinstrument für die Batteriespannung sowie für die Anzeige des Isolationswiderstandes bei dessen Prüfung. Rechts daneben ist ein Umschalter, der es ermöglicht, die Federspeicherbremse innen an der Schalttafel selbst und außen an einem Drucktaster zu lösen oder die Lösemöglichkeit außen abzuschalten. Diese Einrichtung fehlt bei den deutschen Neubau-Elloks. Rechts daneben ist ein Schalter (+) zur Einschaltung oder Absperrung des Führerbremsventils. Darunter sind Schalter für die verschiedenen Signalleuchten (+) sowie daneben für den LZB-Nothalt (+). Mit diesem Schalter kann der Lokführer auf Strecken mit LZB-Einrichtung einen Halt-Befehl an die LZB-Zentrale und somit an andere Züge absetzen, sobald er Gefahren an der Strecke erkennt. Alle diese Schalter befinden sich in einem beige lackierten oberen Feld der Schalttafel.

Im unteren dunkelgrauen Teil befinden sich weitere Schalter und Taster. Von links: Batterie-Hauptschalter und Batterie-Steuerschalter, Stromabnehmer-Wahlschalter und der GPR-Bremsart-Umschalter.

Stromabnehmer-Wahlschalter, Batterie-Hauptschalter und Batterie-Steuerschalter

Der Stromabnehmer Wahlschalter ermöglicht die Vorwahl des anzulegenden Stromabnehmers. 1 = SA 1 vorgewählt, A = Automatik, je nach besetztem Führerstand wird der hintere Stromabnehmer gehoben, 2 = SA 2 vorgewählt, 1+2 = beide Stromabnehmer vorgewählt. Diese Stellung wird z. B. bei stark vereister Fahrleitung angewendet. Beim Führerstandswechsel in der Stellung A wird der neu anzulegende Stromabnehmer gehoben und der andere erst nach 15 sec gesenkt. So wird ein Ausschalten des Hauptschalters vermieden. Wird während der Fahrt der Stromabnehmer-Wahlschalter betätigt, wird der Hauptschalter ausgelöst. Der während der Fahrt üblicherweise angelegte Stromabnehmer ist der hintere. Bei Beschädigungen bleibt auf diese Weise der Schaden an den Dacheinrichtungen geringer.
Der Batterie-Hauptschalter hat die Stellungen 0 = alle Stromkreise Aus (bei Störungen oder für die Werkstatt), AUT (abhängig vom Batterie-Steuerschalter, beschrieben im Abschnitt über die Batterie) und 1 = alle Batterieschütze Ein (bei Störungen oder für die Werkstatt).

Rechts befinden sich zwei Leuchttaster (+) zum Anlegen und Lösen der Federspeicherbremse, rot = anlegen, grün = lösen. In der unteren Reihe von links nach rechts: Schalter zum Prüfen der Batterie (0 = Grundstellung, es können + und – gegen Lokmasse geprüft und am Anzeigeinstrument in MOhm abgelesen werden). Schalter für Notbremsüberbrückung und ep-Bremse (+) mit den Stellungen UIC, 0 und DB. Neben einem Leerfeld rechts Schalter für Türsteuerung (+) mit den Stellungen ÖBB, 0, und DB. Ganz rechts ein Taster (+) zum Prüfen der Meldelampen.

Eine dritte Schalttafel befindet sich im Maschinenraum am Hilfsbetriebegerüst. Auf dieser sind untergebracht: Drehgestellstörschalter zum Abschalten eines schadhaften Stromrichters oder Antriebsteuergerätes. ZSG-Störschalter zum Abschalten eines gestörten Zentralsteuergerätes. ZMS-Wahlschalter für Wendezugsteuerung und Doppel- oder Mehrfachtraktion-Steuerung. Fernsteuer-Störschalter zum Abschalten des Triebfahrzeuges vom WTB (Wire Train Bus). Sifa-Störschalter zum Abschalten der Sifa, Schalter zum Ausschalten der E-Bremse. Nachbremswirkung zum Sperren der indirekten Druckluftbremse bis zur Absenkung des Druckes in der Hauptluftleitung auf 3,5 bar oder niedriger.

Darunter befinden sich auf einem abgesetzten Tableau die Taster für: LZB-Störschalter (gelb) zum Ausschalten der LZB, PZB-Störschalter (gelb) zum Abschalten der PZB (Indusi), sowie zwei

Nachbremswirkung
Diese kann an der Schalttafel 3 im Maschinenraum ein- oder ausgeschaltet werden. Bei Normalbetrieb ist sie eingeschaltet, was bedeutet, dass die Lok bis zu einer Druckabsenkung von 1,5 bar auf also 3,5 bar ausschließlich elektrisch bremst. Erst dann bei weitergehender Druckabsenkung wird die indirekte Druckluftbremse wirksam. Beim Fahren als Lokzug oder in anderen speziellen Fällen wie Rangierbetrieb oder gegebenenfalls bei kurzen Zügen ist die Nachbremswirkung unbedingt auszuschalten, so dass die Druckluftbremse sofort einsetzt.

Taster grün und gelb für „Ein" und „Aus" der Remiseneinspeisung (Fremdeinspeisung für die Werkstatt). Die Loks sind mit einer Fremdeinspeisung 230 V 50 Hz ausgerüstet, für welche sich Steckdosen beidseitig am Untergestell befinden. Diese Einspeisung dient zum dauerhaften Betrieb der gesamten Beleuchtung bei Werkstattaufenthalten.

Weitere Einrichtungen des Führerstandes sind: Schrank in der Führerraum-Rückwand mit einem Buchregal, Thermofach, Lautsprecher, Elektronikblock des Funkgerätes. Ferner Feuerlöscher, Kleiderhaken, Fluchthaube (Dräger Sauerstoffgerät), Ablage für Buchfahrpläne, Abfallbehälter, Zettelhalter, Leuchte für den Beimann, Halter für Getränke und einige weitere Kleinigkeiten.

Neben dem Feuerlöscher gehören die Fluchthaube der Lübecker Dräger-Werke und der umfangreiche Gefahrgut-Ordner in jeden Führerstand.
Aufnahmen (2): Karl Gerhard Baur

Schulungskonzept der ÖBB

Für die Schulung der Lokführer auf dem TAURUS wenden die ÖBB erstmals ein sogenanntes „Computer Based Training" (CBT) an. Mit Bildern und Videosequenzen wird den Lokführern an speziell hierfür eingerichteten Schulungsplätzen mit PC und Bildschirmen die Technik und Funktion der neuen Fahrzeuge nahegebracht. Wichtiger Vorteil dieser Ausbildungsmethode ist eine Verminderung von Fahrzeugbereitstellungen, wodurch der Einsatzbestand der Flotte verbessert wird. Die Ausbildung der Lokführer auf dem TAURUS dauert 30 Stunden und endet selbstverständlich mit einer theoretischen und praktischen Prüfung. Ein Simulator ist allerdings nicht vorhanden.

Die Ausbildung wird in jeweils zwei Gruppen mit fünf Lokführern und einem Ausbilder gemäß beigegebenem Plan an allen großen Standorten der ÖBB durchgeführt, wobei Theorie und Praxis abwechseln. Mehr als 80 Prozent aller ÖBB-Lokführer haben inzwischen eine TAURUS-Ausbildung erhalten, wobei für eine Vielzahl von Lokführern die Ausbildung auf einer Drehstromlok neu war. Die Ausbildungsunterlagen als Ringbuch sowie CD-ROM können mit nach Hause genommen werden.

Seit November 2002 werden die Verwendungsprüfungen für das Personal von ÖBB und DB auf den Lokomotiven der Reihen 1016 und 1116 sowie der Baureihe 182 gegenseitig anerkannt. Das bedeutet, dass die Lokführer auch die Loks der jeweils anderen Bahngesellschaft ohne weitere Ausbildung führen dürfen.

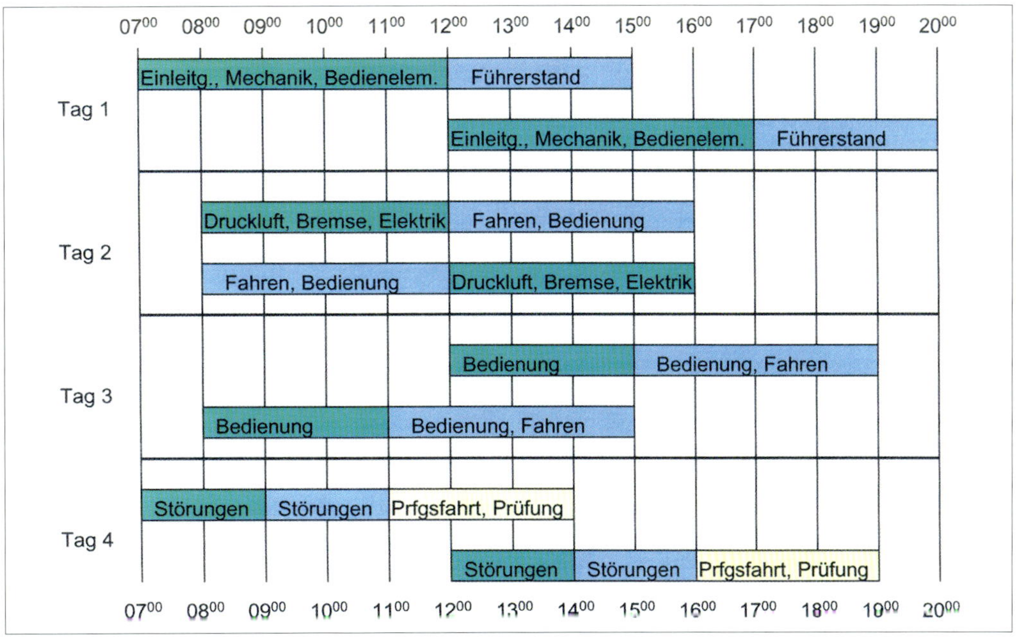

Der Ausbildeplan der ÖBB für die Lokomotiven der Reihen 1016 und 1116 zeigt den Ablauf der 30 Stunden umfassenden Schulungen für die Triebfahrzeugführer. Grün dargestellt ist das „Computer Based Training", blau die Praxis am Fahrzeug und gelb die abschließenden Prüfungen.
Grafik: ÖBB

Alle Anzeigegeräte im Blickfeld und die Bedienungselemente in Griffweite, die Fahrt mit Triebfahrzeugführer Gerhard Kahlbacher vom ÖBB-Traktionsstandort Mürzzuschlag hat begonnen. Auf diesem Bild sind gut zu sehen: Das Seitenwandfenster für den Spiegel, der Griff für das Fenster, der Zettelhalter mit Lampe und das Schwanenhalsmikrofon für Durchsagen. *Aufnahme: Karl Gerhard Baur*

Einmal einen TAURUS fahren

Würden Sie, verehrte Leserin, verehrter Leser, nicht gerne einmal einen TAURUS selbst fahren? Zumindest in Gedanken wollen wir Ihnen dabei helfen. Stellen Sie sich vor, Ihr IC-Zug steht abfahrbereit, der Lokführer hat die Lok aufgerüstet, die Zugdaten am Display eingegeben, den Richtungsschalter schon nach vorwärts verlegt sowie Luft und Bremsen kontrolliert und Ihnen nun seinen Arbeitsplatz überlassen. Die Abfahrzeit ist gekommen und der Abfahrauftrag erteilt. Sie beobachten den Zug durch den praktischen Spiegel und erkennen, dass alle Türen geschlossen und keine Personen mehr unmittelbar am Zuge stehen.

Sie drücken den Knopf des Zugkraftstellers nieder und bewegen diesen aus der 0-Stellung über die Raste F vorsichtig nach vorne in den Zugkraftbereich. Langsam setzt der Zug sich in Bewegung und die blauen Balkendiagramme im Zugkraftbild des Display zeigen gleiche Zugkräfte aller vier Fahrmotoren an. Ein Tonleitergeräusch lässt die Anfahrt auch akustisch vernehmen (Erläuterung dazu bei BR 182). Durch die Weichenstraßen sind 40 km/h zugelassen und eine mittlere Zugkraft von 50 kN je Motor reicht aus, um den Zug zu beschleunigen und dennoch in diesem Bereich nicht zu schnell werden zu lassen. Vergessen Sie nicht regelmäßig die Sifa zu betätigen, besser bevor Sie hierzu von der Sprachausgabe gemahnt werden. Nach einer Aufforderung „Sifa" durch die sympathische Frauenstimme haben Sie nicht mehr viel Zeit, um die zwar ebenso sympathische aber im Betrieb nicht gerade beliebte Ansage „Zwangsbremsung" mit ihren Folgen zu vermeiden.

Hat der Zug seine im Bahnhofsvorfeld zulässige Geschwindigkeit erreicht, so müssen Sie die Zugkraft zurücknehmen, um die erlaubten 40 km/h nicht zu überschreiten, wobei Sie auch nicht langsamer werden sollen. Natürlich haben Sie die Fahrplanunterlagen vor sich liegen und auch einen Blick in die La geworfen. Auch den Rückspiegel haben Sie inzwischen eingeklappt.

Eine Kilometertafel zeigt Ihnen freie Fahrt an, zunächst mit 120 km/h. Legen Sie, wenn Sie nicht gerade ängstlich sind, den Zugkraftsteller auf volle Zugkraft und überlassen ruhig dem perfekt arbeitenden Schleuderschutz der Lok die Optimierung der Zugkraft. Allerdings muss der Zug mit dem letzten Wagen die Geschwindigkeitsschwelle überfahren haben. Auf dem Balkendiagramm der Motorzugkräfte können Sie erkennen, ob der Schleuderschutz wirksam wird. Die Zugkraftübertragung ist effizienter als Sie oder der Lokführer es manuell unter vorsichtiger Steigerung der Zugkraft bewirken können. Deshalb sind die Lokführer aufgefordert, bei angestrengter Fahrplanlage die Zugkraft voll anzufordern und dem Schleuderschutz seine Aufgabe zu übertragen.

Der Schleuderschutz regelt den Schlupf der Räder auf eine größtmögliche Zugkraft ein. Auch bei hoher Zugkraft ist ein Kreischen der Räder beim TAURUS nicht hörbar. Wären die Schienen nass, so könnten Sie durch Sanden die Reibung zwischen Rad und Schiene verbessern, wobei so lange gesandet wird, wie Sie den Taster in der Taststellung festhalten. Beim Befahren von Weichen darf natürlich nicht gesandet werden.

Die vorausliegende längere Strecke mit gleichförmiger Geschwindigkeit legt die Benutzung der AFB nahe. Stellen Sie den V_{soll}-Steller auf 120 km/h ein, wobei der Knopf des Stellers zu

Schlupf:
Bei der Übertragung von Kräften zwischen rollenden Rädern und einer Fahrbahn ergeben sich bei der Übertragung von Zug- oder Bremskräften stets geringfügige Unterschiede zwischen Umfangsgeschwindigkeit des Rades und der Geschwindigkeit des Fahrzeuges über Grund. Diese werden als Mikroschlupf bezeichnet. Zwischen Mikroschlupf und dem völligen Verlust der Haftung, dem sogenannten Schleudern beim Fahren oder Gleiten beim Bremsen, liegt ein Bereich, in welchem der Schlupf gemessen, kontrolliert und zur maximalen Zugkraftübertragung geregelt werden kann. Dieser Bereich wird als Makroschlupf bezeichnet und kann in Prozent bewertet werden. Bei hoher Zugkraft kann der Makroschlupf bis etwa vier Prozent betragen. Bei einem definierten Makroschlupf kann die Lok ihre größte Zugkraft aufbringen. Ähnliche Verhältnisse beim Bremsen werden als Gleiten bezeichnet. Dieser beschriebene Schlupf darf keinesfalls mit dem Schlupf zwischen Drehfeld und Rotor eines Drehstrom-Asynchronmotors verwechselt werden.

drehen und der rote Zeiger im Tachometer auf 120 hinzuführen ist. Wenn Sie jetzt den Schalter AFB einschalten, was die Sprachausgabe mit „AFB" bestätigt, wird die Lok den Zug – sofern hinreichende Zugkraft gewählt ist – auf 120 beschleunigen und diese Geschwindigkeit unabhängig von der Topographie der Strecke genau eingehalten. Auf einen bevorstehenden Geschwindigkeitswechsel auf 140 km/h reagieren Sie, indem Sie den V_{soll}-Wert einfach auf 140 erhöhen. Den Rest erledigt die AFB für Sie. Beobachten Sie, wie im leichten Gefälle die AFB die Zugkraft zurücknimmt und beginnt, mit der E-Bremse die Geschwindigkeit einzuhalten. Ein Nachteil der AFB ist, dass sie von der Möglichkeit des freien Auslaufs, den der Lokführer bei guter Streckenkenntnis zur Energieersparnis nutzen kann, keinen Gebrauch macht. Allerdings kann man ja jederzeit die Zugkraft manuell zurücknehmen.

Eine bevorstehende Langsamfahrstelle von 50 km/h erfordert vom „Lokführer" am besten schon vorausschauend eine Reaktion. Sie können den Sollwert herunternehmen und das Abbremsen des Zuges sorgfältig überwachen, wobei bei derartigem Geschwindigkeitsunterschied beide Bremsen wirken werden. Sie können aber auch die Zugkraft abschalten und den Zug mit dem Führerbremsventil auf die einzuhaltende Geschwindigkeit abbremsen. Letztere Möglichkeit greift wesentlich schneller und wird von routinierten Lokführern bevorzugt. Zug- und Bremskräfte sind bei AFB-Betrieb begrenzt, beim Bremsen bei Reisezügen auf 0,7 m/sec^2, bei Güterzügen auf 0,5 m/sec^2. So kann es bei AFB-Betrieb passieren, dass Sie eine Zielbremsung verfehlen, wenn Sie den Sollwert zu spät heruntersetzen, wobei Sie aber immer und grundsätzlich mit dem Führerbremsventil eingreifen können, welches Vorrang vor der AFB hat. Vergessen Sie keinesfalls bei der Vorbeifahrt an der Ankündigungstafel für die Langsamfahrstelle die Wachsamkeitstaste zu drücken.

Zum Beschleunigen wieder auf 140 km/h stellen Sie den Sollwert wieder herauf, wobei Sie, falls Sie das Führerbremsventil benutzt haben, mit dem Zugkraftsteller zunächst in 0-Stellung gehen müssen und ihn dann erneut auslegen können. Einen bevorstehenden Halt können Sie auf die geschilderte Weise ansteuern. Bei eingeschalteter AFB legt der Zug beim Halt automatisch die Bremsen an, abhängig von den zuvor eingestellten Zugdaten. Die erneute Anfahrt kennen Sie bereits und Sie können erproben, wie eine Anfahrt bei eingeschalteter AFB zögerlicher verläuft als Sie es schon kennen. Wenn Sie, um etwas aktiver zu sein, die AFB während der Fahrt ausschalten wollen, verlegen sie den Zugkraftsteller kurzzeitig in 0-Stellung, schalten die AFB aus, was durch die Sprachausgabe quittiert wird, und schon stellen Sie die zur Einhaltung der Fahrgeschwindigkeit notwendige Zugkraft von Hand ein. Sie werden bald erkennen, dass Sie bei kurvenreichen und nicht vollkommen ebenen Strecken ununterbrochen beschäftigt sind, die fahrplanmäßige Geschwindigkeit genau einzuhalten. So erkennen Sie rasch, in welchem Maße die AFB den Lokführer entlastet und seine Aufmerksamkeit für andere Dinge frei hält.

Plötzlich meldet die gar nicht mehr so sympathisch klingende Stimme der Sprachausgabe „Störung Störung Störung", die Zugkraft ist weg und der Zug rollt seines Weges. Lehnen Sie sich, lieber Leser in Ihrem Sessel zurück und überlassen Sie diese Situationen getrost dem Lokführer. Solche gar nicht so seltenen Ereignisse haben in den wenigsten Fällen Auswirkungen auf die Pünktlichkeit der Züge, was ein Anzeichen für perfekte Diagnose moderner rechnergesteuerter Lokomotiven und Abhilfevorschläge noch während der Fahrt und ein ebenso gutes Zeichen für die Ausbildung und Qualifikation der Lokführer ist. Und natürlich haben Sie während der kurzen fiktiven Fahrt nur einen ganz kleinen und den einfacheren Teil aus der Tätigkeit eines Lokführers erlebt. Bedenken Sie, dass nicht alle Loks so komfortabel und praktisch zu bedienen sind wie der TAURUS und bedenken Sie auch, dass ein Lokführer häufig zehn verschiedene Loktypen und Steuerwagen fehlerfrei bedienen und eine unendliche Zahl an Vorschriften kennen und beachten muss. Und wenn Sie dann noch berücksichtigen, dass die Arbeitszeit des Lokpersonals die unregelmäßigste und anstrengendste ist, die man sich vorstellen kann, dann haben Sie eine kleine Vorstellung vom Dienst auf der Lok bekommen. Dennoch: auch heute empfinden viele Lokführer ihren Beruf als schön und erlebnisreich, als verantwortungsvoll und interessant, trotz vieler Verschlechterungen durch Personalabbau und Leistungsdruck.

Schönwetterlok?
Bei allem Lob, welches der TAURUS von den Lokführern erhält, wird er, nicht anders als auch deutsche vierachsige Neubauloks, gelegentlich als „Schönwetterlok" bezeichnet. Dieses Urteil beruht auf einem grundlegenden Missverständnis. Die Zugkraft einer modernen vierachsigen Drehstromlok mit hochdynamischer Adhäsionsregelung wird bei einem Gewicht von 84 t mit 300 kN ab Stillstand angegeben, entsprechend einem Adhäsionskoeffizienten μ von 28. Dieser Wert wird im Regelfall immer erreicht, bei trockenen Schienen sogar deutlich übertroffen. Unter extrem ungünstigen Bedingungen, wie beim herbstlichen Laubfall und dadurch schmierigen Schienen kann trotz optimaler Zugkraftregel die jeweilige Zugkraft des Zugkraft/Geschwindigkeits-Diagramms nicht immer zuverlässig erreicht werden. Die Lokführer übersehen gerne, dass früher in der Regel sechsachsige Loks für entsprechende Zugförderungsaufgaben eingesetzt wurden.
Der Autor hatte Gelegenheit am 18. Oktober 2002 auf dem IC 537 mit einem Gewicht von >630 t bei 650 t Grenzlast auf der Bergfahrt am Semmering bei extrem ungünstigen Bedingungen diese Problematik zu beobachten. Es war dem TAURUS 1116 013 kaum möglich, im Geschwindigkeitsbereich zwischen 60 und 70 km/h weiter zu beschleunigen. Das perfekte Arbeiten der Adhäsionsregelung konnte man an den Fahrmotorströmen bestens beobachten. Die Zuhilfenahme von Sand erbringt allerdings in solchen Situationen eine merkliche Verbesserung. Die geschilderte Problematik hat mit dem TAURUS selbst oder einer „Schönwetterlok", welcher Art auch immer, nichts zu tun, sondern basiert auf physikalischen Gesetzmäßigkeiten. Derentwegen aber wieder sechsachsige Loks zu beschaffen, das will sich heute keine Bahngesellschaft mehr leisten.

Die Marksburg, einzig erhaltene Höhenburg am Mittelrhein, ist Sitz der Deutschen Burgenvereinigung. Der nach und nach wieder aufgebrachte Verputz nach mittelalterlichem Vorbild verändert das Aussehen der Burg ständig. Am 28. März 2002 hat 182 009 mit dem aus lediglich fünf Güterwagen bestehenden IRC 51515 die Stadt Braubach am Fuße der Burg hinter sich gelassen. *Aufnahme: Matthias Reder*

„Warum ist es am Rhein so schön?" Für Eisenbahnfreunde könnte der Grund im abwechslungsreichen Zugverkehr auf zwei parallel verlaufenden Hauptstrecken liegen. Am 6. April 2002 führte 182 023 den IRC 51515 über die rechte Rheinstrecke bei St. Goarshausen. Der bekannte Loreleyfelsen verengt die Fahrrinne so stark, dass der starke Schiffsverkehr mit Signalen gesteuert werden muss. *Aufnahme: Martin Lock*

Ein strahlend blauer Himmel über der Burg Ehrenfels – einst strategisch bedeutend für die Mainzer Erzbischöfe, da sie gemeinsam mit dem Binger „Mäuseturm" die Zolleinnahmen sicherte – sorgt für den richtigen Kontrast zu 182 009, die am 28. März 2002 mit IRC 51515 (Gremberg – Nürnberg Rbf) stromaufwärts in Richtung Wiesbaden fährt. Diese Leistung wird inzwischen nicht mehr mit Loks der Baureihe 182 gefahren. *Aufnahme: Johannes Rapp*

Der Bau eines Umgehungstunnels für Rüdesheim ist offenbar in weite Ferne gerückt. So wird man auch zukünftig Güterzüge, bespannt mit der Baureihe 182, vor der Kulisse Rüdesheims fotografieren können. Am 27. März 2002 fährt 182 004 mit IRC 51515 in Richtung Nürnberg. Links neben dem alten Stadtturm ist auf der Höhe das 1877-83 erbaute Niederwalddenkmal mit der Statue der Germania erkennbar. *Aufnahme: Matthias Reder*

Nachdem sie ihre Abnahmefahrten nach Trier und Wasserbillig erfolgreich abgeschlossen hatte, erreichte 182 001 am Abend des 12. Juli 2001 das Cargo-Werk Nürnberg, die Heimatdienststelle aller 25 von der Deutschen Bahn beschafften Maschinen der Baureihe 182. Auf dieser Aufnahme ist die unschöne, gekrümmte Ausführung des Frontbalkens besonders gut zu erkennen. *Aufnahme: Karl Gerhard Baur*

Die Baureihe 182 der DB

Im Jahr 1994 bestellte die Deutsche Bahn nach langen Jahren weitgehender Abstinenz wieder neue elektrische Lokomotiven verschiedener Bauarten, ausnahmslos in Drehstromtechnik. An die Firma Krauss-Maffei ging damals eine Bestellung über 195 Güterzuglokomotiven der BR 152 mit den wesentlichen Merkmalen: Höchstgeschwindigkeit 140 km/h, Leistung 6,4 MW, Anfahrzugkraft 300 kN, Einzelradsatzregelung und Tatzlagerantrieb. Verbunden mit dieser Bestellung war eine Option auf weitere 100 Lokomotiven gleicher oder ähnlicher Bauart. Die neuen Loks bauten auf dem Erprobungsträger EuroSprinter auf und folgten wesentlichen Vorgaben der DB, nicht zuletzt auch deren Preisvorstellungen, welchen einige Kompromisse geschuldet wurden.

Ab Mitte 1997 begann die Auslieferung der inzwischen weit verbreiteten und allgemein bekannten Lokomotiven. Planmäßig war die letzte Lokomotive Ende 2001 abzuliefern. Nicht anders als die ÖBB wurde auch die Deutsche Bahn von einer Europa-Euphorie erfasst, berechtigt oder unberechtigt wird die Zukunft erweisen, und die Option für weitere 100 Lokomotiven wurde im August 1999 als Viersystemvariante mit der neuen Bezeichnung 189 eingelöst. Auch das Nachfolgemodell der BR 145 – hier bestand gegenüber Adtranz gar eine Option über 400 Stück – wurde als Zweisystemlok der BR 185 eingelöst, die inzwischen in der Auslieferung ist.

Nun ereignete sich im Sommer 2000, man kann getrost den Ausdruck gebrauchen, ein „schwerwiegender Zwischenfall", der die BR 152 betraf. Deutschland und Österreich sind eisenbahntechnisch besonders eng durch gleiche Fahrdrahtspannung, gleiche Bauart der Fahrleitung und gleiche Signaltechnik verbunden, so dass ein länderübergreifender Einsatz elektrischer Triebfahrzeuge weitgehend problemlos ist, oder man kann inzwischen auch sagen „war". Nach jahrzehntelanger engster Kooperation verweigerten das österreichische BMVIT (Bundesministerium für Verkehr, Innovation und Technologie) und die Zulassungsstelle der ÖBB der deutschen BR 152 die Zulassung auf ihren Gleisen wegen zu hoher Gleiskräfte nach UIC-518. Diese Entscheidung kam wohl auch für Eingeweihte recht überraschend.

Allerdings fahren auf dem Netz der ÖBB heute noch, und wohl auch noch für einige Zeit, sechsachsige Loks, die deutlich weniger gleisfreundlich sind als eine 152, und so stellt sich doch die Frage, ob nicht die Sorge vor der Konkurrenz um die Märkte der Zukunft mehr zu diesem Entschluss beigetragen hat, als ein Radsatzstand von 3000 mm kombiniert mit einem Tatzlagerantrieb. Die DB wurde durch die verweigerte Zulassung in eine unerwartete und unerfreuliche Situation gebracht. Sind doch moderne leistungsfähige Loks prädestiniert für lange Durchläufe von Güterzügen, und sind doch gerade die Loks der BR 152, durch ihre Stationierung in Nürnberg und somit durch die räumliche Nähe zu Österreich, die geeigneten Kandidaten für die Bespannung solcher Züge. Es sei betont, dass die Erledigung von Zulassungen hier nicht die Aufgabe von Siemens oder Krauss-Maffei, sondern die Aufgabe von DB Cargo war. Dass dieses Malheur nach Ablieferung von weit mehr als der Hälfte aller bestellten Loks eintrat, das zeigt deutlich, dass die Zulassungsformalitäten

UIC-518

Für die lauftechnische Zulassung von Schienenfahrzeugen wurde früher die DIN 5550 angewendet, welche die Summe von Führungskräften, den Quotienten aus Führungskraft und Radkraft, die maximale Radkraft sowie Grenzwerte für das Schwingungsverhalten definierte. Neuerdings verlangen die Zulassungsstellen die Einhaltung des UIC-Merkblattes 518.
In diesen Empfehlungen sind Grenzwerte für die Fahrwegbeanspruchung festgeschrieben, so z.B. die quasi statische Führungskraft Y mit max. 60 kN je Radsatz. Die Einhaltung dieses Grenzwertes ist bei Loks mit einer Masse von mehr als 80 t kritisch und mit konventionellen Mitteln kaum möglich. Bemerkenswert ist daher die Formulierung: „Falls der Betreiber der Infrastruktur und das Eisenbahnunternehmen sich darüber einig werden, können die für die Fahrwegbeanspruchung angegebenen Grenzwerte überschritten werden."
Als Maßnahmen zur Verminderung der Führungskraft kommen in Frage: Reduzierung der Ausdrehsteifigkeit der Drehgestelle, kleiner Radsatzstand, verbesserte radiale Einstellung der Radsätze sowie Reduzierung des Lokgewichtes und Verminderung der Schwerpunktlage. Der Grenzwert wird im Wesentlichen beim Befahren kleiner Radien wie 250 m < R < 400 m und bei hohen Reibwerten (µ > 0,4) erreicht oder überschritten.
(R. Wagner, Eisenbahningenieur 10/2000)

für die 152 in Österreich zu spät in Angriff genommen und möglicherweise unterschätzt wurden. Bei der Nachfolgebauart der Baureihe189 wurden mehrere konstruktive Maßnahmen zur Verbesserung der Situation getroffen.

Die Reaktion von DB Cargo war die Stornierung der letzten 25 Maschinen der BR 152 und deren Ersatz durch ebenfalls 25 Lokomotiven der geringfügig angepassten österreichischen Rh 1116, die bei der DBCargo als Zweisystemloks die Baureihenbezeichnung 182 zugeteilt bekamen und die ebenfalls im Werk Nürnberg stationiert wurden. Selbstverständlich musste die Ersatzlieferung für die stornierten Exemplare der BR 152 von der Firma Siemens-Krauss Maffei kommen.

Wesentliche Unterschiede der Baureihen 182 und 152

Lokkasten, äußere Form, Aerodynamik, zwei Türen zum Maschinenraum statt vier Türen zu den Führerständen, Höchstgeschwindigkeit 230 km/h statt 140 km/h, Länge 19.280 mm statt 19.580 mm, Raddurchmesser neu 1150 statt 1250 mm, voll abgefederter Antrieb statt Tatzlagerantrieb, separate voll abgefederte Bremswelle statt Radscheibenbremsen, Radsatzlenker, Drehzapfen, Kraftübertragung durch Drehzapfen nur 420 mm statt 550 mm über Schienenoberkante, Trafo mit sekundärseitiger Umschaltung für Einsatz unter 25 kV, Hochspannungsausrüstung auf dem Dach statt im Maschinenraum, kein Hochspannungsgerüst, Kurzzeitleistung sieben MW, Kühlmedium des Trafos (Mineralöl/Polyolester), Einsatz von Aluminium zur Gewichtsersparnis, Einsatz von GFK zum Aufbau der Führerhäuser, Sandstreuer nur vorauslaufende Achse jedes Drehgestells, Details im Führerstand, Anordnung der Spurkranzschmierung .

Unterschiede zwischen der BR 182 DB und der Rh 1116 ÖBB

182: Keine vorsorgliche Ausrüstung mit Stromabnehmern und Signaltechnik für andere Länder. Spezielle DB-Einrichtungen ZDS, ZWS, Energiezähler, Datenübertragung durch GSM, vorbereitete EBuLa, Schleifleistenüberwachung der Stromabnehmer (wird bei ÖBB nachgerüstet), Funkgerät, Farbgebung Führerstand (teilweise), Farbgebung unterhalb der Führerhausfenster im Bereich des Rangiergriffes und der UIC-Steckdosen, weißer Frontbalken, DB-Logo und Loknummer zentriert, Dachschrägen und Lüftergitter grau statt rot.

„Lehrstunde in Lokomotivdesign": Zur Bildung eines eigenen Urteils über das Design von Lokomotiven ist zu bedenken, dass sich die 139 von ihrer einstigen schlichten Eleganz in Grün aus dem Jahr 1956 durch Entfeinerungen und Farbänderung weit entfernt hat und dass die 182 den Vorstellungen ihres Gestalters durch das DB-Logo, den Kontrastbalken und die symmetrisch angeschriebene Nummer nur wenig entspricht. Die 152 weist eigentlich überhaupt kein gestalterisches Konzept auf.
Aufnahme: Karl Gerhard Baur

Am 5. Januar 2002 kam 182 015 außerplanmäßig vor IRC 51049 (Maschen – Kornwestheim) zum Einsatz. Im verschneiten Bahnhof von Mannheim-Friedrichsfeld wartete sie neben 152 075 auf die Weiterfahrt. *Aufnahme: Martin Hahmann*

So kam das Cargo-Werk Nürnberg – ist es so abwegig zu sagen: „wie die Jungfrau zum Kind“ – in den Besitz einer Universallok mit einer Höchstgeschwindigkeit von 230 km/h und einer äußeren Form, welche die 152 wirklich als „hässliches Entlein“ erscheinen lässt, die begehrte ÖBB-Zulassung selbstverständlich inklusive. Solllten die Möglichkeiten der hohen Geschwindigkeit nicht durch einen anderen Einsatz in einiger Zukunft doch sinnvoll genutzt werden, so brachte dieser Wechsel der DB eine Reihe von Nachteilen. Eine neue Baureihe erfordert erhebliche Anstrengungen für eine deutschlandweite Ausbildung des Personals sowie einen nicht zu unterschätzenden Aufwand für das Heimatwerk. Von einer einstmals gewünschten Universallok für alle Traktionsaufgaben der DB entfernt man sich mit jedem neuen Triebfahrzeugtyp immer weiter.

Die 182 001 kam nach einer Probefahrt zwischen Trier und Wasserbillig am Abend des 12. Juli als erste Lok dieser neuen Baureihe in das Heimatwerk Nürnberg. Durch den Wechsel der Loktype veränderte sich das Lieferprogramm kaum und wie ursprünglich für die 152 195 vorgesehen, wurde als letzte Lok der BR 182 die Lok 025 zum Jahresende 2001 planmäßig abgeliefert. Diese Produktumstellung ohne weitere Verzögerung darf als besondere logistische Leistung gerühmt werden. Zwischen der BR 182 der DB und der Rh 1116 der ÖBB bestehen wesentliche Gemeinsamkeiten, allerdings auch einige Unterschiede. Wichtig für das Personal sind aber die Unterschiede zwischen der gewohnten BR 152 und der neuen BR 182.

Im Gegensatz zu den Loks für die ÖBB wurden die 25 Exemplare der BR 182 in München-Allach bei Siemens gebaut, allerdings ebenfalls unter Zulieferung wichtiger Teile aus Österreich, wie z. B. der Drehgestelle aus Graz. Die Lackierung der deutschen 182 ist durch die graue Dachschräge, den weißen Frontbalken mit dem DB-Signet sowie durch die symmetrisch angeschriebene Loknummer auf der Frontseite gekennzeichnet. Den Brunel Award hätte sie wahrscheinlich trotzdem verdient. Allerdings darf die 182 den Namen TAURUS nicht tragen, denn dieser ist den Loks der ÖBB vorbehalten.

Wesentliche Gemeinsamkeiten der Baureihen 182 und 152

Dauerleistung und Zugkraft, Zugkraftübertragung durch Drehzapfen, Drehzapfenabstand 9900 mm, Radsatzstand 3000 mm, Einzelachsregelung, Stromrichter mit drei Vierquadrantensteller je Drehgestell, Stromrichter in GTO-Technik mit Wasserkühlung, Hilfsbe- triebe und Hilfsbetriebeumrichter, überwiegende Ausstattung des Führerstandes, Bedienung der Lokomotive.

Inbetriebsetzung und Probefahrt

Ist eine neue Lokomotive mechanisch und elektrisch völlig fertiggestellt, so erfolgt ihre Umsetzung aus der Richthalle der Lokomotivfabrik zur sogenannten Inbetriebsetzung. Dieses Wort bezeichnet eine Einrichtung gleichermaßen wie eine Tätigkeit. Die „Inbetriebsetzung“ ist eine spezielle mit Fahrleitungen für alle benötigten Spannungen ebenso wie mit Gruben und Zugängen zum Dach ausgestattete Werkstatt, meistens für mehrere Lokomotiven. Wichtigstes Kennzeichen dieser Werkstatt ist eine Vielzahl von Sicherheitseinrichtungen zum Schutz vor den Gefahren der Hochspannung ebenso wie vor Absturz von Personen. Stets ist sie verschlossen und nur befugten Personen zugänglich. Aus der Inbetriebsetzungshalle können die Loks häufig mit eigener Kraft auf das Werksgelände fahren, so in Kassel bei Bombardier, oder es liegen spezielle Gleise für kleinere Probefahrten in der Nähe und diese sind über eine Schiebebühne wie in München-Allach zugänglich. Zur Inbetriebsetzung wird ein umfangreiches Instrumentarium an Messinstrumenten benötigt.

Die Inbetriebsetzung einer Lok ist die genaueste Überprüfung sämtlicher Funktionen und damit eine letzte Kontrolle der Fertigung. Ausgeführt werden diese Arbeiten von einer speziellen Inbetriebsetzungsgruppe, die hierfür besonders geschult ist und auf der eine hohe Verantwortung ruht, denn schließlich wird jetzt die Lok auch zum ersten Mal an Hochspannung gelegt. Üblicherweise sind drei bis vier Mann etwa eine Woche mit der Inbetriebsetzung einer neuen Lok beschäftigt. Dass hierbei ernste Fehler gefunden werden, die es erfordern, die Inbetriebsetzung zu unterbrechen und die Lok nochmals in die Werkhallen zurückzubringen, das gehört zu den Seltenheiten. Selbstverständlich müssen alle Arbeitsschritte zum Fortgang der Arbeiten selbst, ebenso wie für eine spätere Dokumentation sorgfältig protokolliert werden. Diverse Prüfungen können aber während der Inbetriebnahme in der Werkstätte logischerweise nicht ausgeführt werden, wie Bremsvorgänge oder die Überprüfung des Laufs der Lok im Gleis. Die einzelnen Firmen handhaben die noch notwendigen Probe- oder Abnahmefahrten und die Übergabe der Lok zum Kunden auf verschiedene Weise. Es sei betont, wenn in diesem Zusammenhang auch das Wort Abnahmefahrt gebraucht wird, dass dieser Vorgang natürlich mit der Abnahme einer Lok durch das EBA oder eine Aufsichtsbehörde nichts zu tun hat. Nach ersten „Gehversuchen" auf Werksgleisen steht für jede fertiggestellte Lok eine individuelle Probefahrt an.

Am 13. November 2001 stand die Probefahrt der 182 016 von München-Allach ausgehend an, die praktischerweise im Werk Nürnberg endete und somit gleichzeitig eine Überführung als Service der Firma Siemens war. Früher hatte die DB ihre Loks auch selbst „ab Werk" in Allach abgeholt. Bei den Probefahrten muss für mehrere Untersuchungen auch die Höchstgeschwindigkeit der Lok erreicht werden, was für Siemens Umwege nach Nürnberg über Mannheim oder Fulda erfordert. Bombardier ist durch die Lage der ehemaligen Henschel-Werke in Kassel unmittelbar an der Hochgeschwindigkeitsstrecke Hannover–Würzburg für solche Fahrten begünstigt.

Als Dienstbeginn war 6.45 Uhr weit im Osten des Bahnhofs Allach verabredet, wo die Lok bereits auf dem Verbindungsgleis außerhalb des Werksgeländes stand, um dem Personal einen aufwendigen Umweg zu ersparen. Mit Schneeregen nahm der Tag keinen guten Anfang, aber die Lok war glücklicherweise schon aufgeschlossen, so dass der Autor als erster vor Ort nicht schon vor Fahrtbeginn durchnässt wurde. Als Lokführer für diesen interessanten Tag war Marco Mansch von der MEV Independent Railway Services GmbH eingeteilt. Bereits am Vortag hatte er die gleiche Leistung mit der Lok 015 gefahren. Als Inbetriebsetzungs-Ingenieur von Siemens war Markus Taubert verantwortlich für alle auszuführenden Untersuchungen und deren Protokollierung nach Checkliste. Ein Güteprüfer der DB war nicht vertreten, wie es umgekehrt bei den ÖBB Vertragsbedingung ist. Am Ende einer solchen Probefahrt mit allen erfolgreichen Prüfungen wird für das EBA eine Konformitätserklärung ausgestellt, welche die Übereinstimmung jeder Lok mit der Lokomotive erklärt, die das EBA abgenommen hat.

Am Abend des 12. November 2001 sind bei 182 016 die letzten Arbeiten weitgehend abgeschlossen. In der Siemens-Werkshalle in München-Allach steht die Lok für die Abnahmefahrt bereit. *Aufn.: Karl Gerhard Baur*

Die neue Lok 016 war nach Anzeige auf dem Display 77 km gefahren, hatte also bisher das Werksgelände allenfalls für kurze Zeit verlassen. Mit großer Wahrscheinlichkeit handelte es sich um eine Indusi-Prüffahrt.

Als Lz 80571 verließ nach einer kurzen Fahrt zurück hinter das Signal die neue Lok um 7.22 Uhr den Bahnhof Allach. Am Stellwerk Laim-West Fahrdienst LWF nach nur wenigen Kilometern Fahrt mussten wir Kopf machen zur Fahrt in Richtung Augsburg. Um die Neugier des Lesers vorab zu befriedigen, sei die weitere Fahrtroute dieser Probefahrt vorab genannt: Augsburg, Donauwörth, Treuchtlingen, Ansbach, Würzburg, Fulda. Wegen Bauarbeiten im Raum Kitzingen erfolgte die Rückfahrt ab Würzburg als Umweg wieder über Ansbach. Ob die Neubaustrecke nach Fulda oder Mannheim für die unerlässliche Fahrt mit Höchstgeschwindigkeit gewählt wird, hängt von der jeweiligen Betriebssituation dieser Strecken ab und wird erst wenige Tage zuvor entschieden.

Bei einer Fahrt auf dem TAURUS oder natürlich auch auf der 182 fällt beim Beschleunigen, wie auch von außen, so lange die Lok noch in der Nähe ist, deutlich hörbar eine harmonische Tonleiter auf, die durch die Magnetisierung der Fahrmotoren durch das Takten der GTO-Thyristoren bei zunehmenden Frequenzen abgestrahlt wird. Die Software zur Ansteuerung wurde in der Tat so gewählt, dass sich diese harmonische Tonfolge ergibt.

Schlechtes Wetter ermöglicht gelegentlich stimmungsvolle Aufnahmen, wie hier bei einem Signalhalt in der Nähe von Donauwörth.

An den jüngeren 182 sowie beim TAURUS sind neuartige Schallabsorber an den Rädern angebracht, die verglichen mit den bisher eingesetzten Blechscheiben wirksamer und einfacher sind. Mit einem Blick auf die Räder sind sie deutlich zu erkennen. Das dem DAVIS der Adtranz/Bombardier-Loks entsprechende Display ist rechts neben dem „Modularen Führerstands-Anzeigegerät" (MFA) eingebaut und die anwählbaren Bilder sind von denen anderer deutscher Loks etwas verschieden. Für die Sprachausgabe ist wie beim TAURUS die Stimme einer bekannten österreichischen Fernsehansagerin gewählt, welche ihre Muttersprache sympathischerweise nicht völlig verbergen kann. Zusätzlich zur Anzeige auf dem Display ist für die Oberspannung ein separates Anzeigeinstrument der Firma Deuta eingebaut. Auch die Funkgeräte sind zwischen 182 und TAURUS verschieden und derzeit nicht kompatibel.

Außer der bekannten Notausstiegsluke haben die Loks an den herablassbaren Seitenfenstern zwischen Glas und Rahmen noch ein Stahlseil mit einem Griff, um im Notfall das Fensterglas aus dem Rahmen reißen zu können (siehe Abbildung auf S. 122).

Ab Augsburg begann das Prüfprogramm für die Bremsen, wobei aus verschiedenen Geschwindigkeiten in den Bremsstellungen G,P und R jeweils Vollbremsungen durchgeführt wurden, sowohl kombiniert, als auch elektrisch und mechanisch separat. Der Bremsvorgang wurde stets an einem markanten Kilometerzeichen in der Geraden eingeleitet und der Bremsweg anhand der weiteren Kilometertafeln ermittelt. Das für solche Messungen ungünstige Wetter mit Regen und Schneetreiben führte bei gleicher Messung mehrmals zu merklich verschiedenen Ergebnissen. Bei elektrischer Bremsung konnte die vom Haftwert abhängige Bremswirkung deutlich auf dem Display an Hand der Bremskräfte verfolgt werden, bei der mechanischen Bremse konnte man das Arbeiten des Gleitschutzreglers auf der Lok deutlich hören und ebenso die schwankenden Bremszylinderdrucke beobachten. Die Unterschiede in den gemessenen Bremswegen waren je nach Schienenzustand erheblich, lagen jedoch stets im erwarteten Bereich. In Extremfällen können die vom Schienenzustand abhängigen Bremswege der allein fahrenden Lok bis zum Faktor zwei schwanken. Das Abarbeiten dieses Prüfprogramms erforderte

Auf der Schnellstrecke von Würzburg nach Fulda wird die Höchstgeschwindigkeit von 230 km/h erreicht. Die Zugkraft von 25 kN reicht der allein fahrenden Lok zur Aufrechterhaltung der Geschwindigkeit. Ganz links ist das Oberspannungsinstrument zu erkennen. Zwischen den beiden Rundinstrumenten befindet sich der Anzeiger für die Zielgeschwindigkeit, der hier für 9800 m keine Verminderung fordert.
Die Leuchtmelder in zwei Reihen unten sind links maschinentechnischen Anzeigen zugeordnet, wie neben anderen der ep-Bremse, Zugsammelschiene, Sifa oder dem Hauptschalter, im rechten Teil den Zugsicherungen PZB 90 und LZB.

fast die gesamte Fahrzeit bis Ansbach, einige Proben aus 160 km/h mussten noch verschoben werden. Zur Eichung der Geschwindigkeitsanzeige wurde mittels AFB genau 120 km/h gefahren, was einer Zeit von genau 30 sec. je Kilometer entsprechen musste und natürlich auch entsprach. Weitere mehrfach ausgeführte Prüfungen betrafen die verschiedenen Wirkungsweisen der Sifa, das Makrofon sowie die ordnungsgemäße Funktion der Scheibenwischer und der zugehörigen Waschanlagen. Eine besondere Prüfung stellte die sogenannte „Meidlinger-Bremse" dar. Hierbei wird bei elektrischer Bremsung der Ausfall dieser Bremse durch Ausschalten des Hauptschalters simuliert, was zum sofortigen Ansprechen der pneumatischen Bremse mit einem Bremszylinderdruck von 3,8 bar bei < 50 km/h führen muss.

Ein Unfall im Rangierbahnhof Meidling (Stadtteil von Wien) führte zu dieser Benennung nach dem Unfallort. Eine 1063 war hier mit einer Rangierabteilung verunglückt. Lokführer wissen, dass man beim Heranfahren an einen Zug oder Prellbock nie die elektrische, sondern stets die pneumatische Bremse benutzt.

Bleibt zu erwähnen, dass zwischen Ausburg und Donauwörth immer noch die Kombisignale der Frühzeit stehen, für die eine Ergänzung zum Signalbuch vorliegt und für die Lokführer eine spezielle Einweisung besitzen müssen. Nach einem Halt in Ansbach mit Fotogelegenheit bei reichlich schlechtem Wetter führte die Fahrt unter Fortsetzung des Prüfprogrammes weiter nach Würzburg. Es begegneten uns interessante Züge, wie ein Messzug mit der 103 126, sowie zwei BoXXpress Züge, bespannt mit gelber 152 und ES 64. In Würzburg fand die Lok das Interesse eines einzelnen Mannes mit Fotoapparat, an der Strecke waren wir keinem einzigen Fotografen begegnet.

Nach einem kurzen Halt in Würzburg Hbf begann die Fahrt über die Schnellfahrstrecke mit Geschwindigkeiten zwischen 200 und 230 km/h. Wichtigste Messungen während dieser hohen Geschwindigkeiten waren die lateralen und vertikalen Beschleunigungen auf dem Fahrzeug, welche ein Maß für die Laufgüte der Lok sind. Hierfür wird wegen der Vergleichbarkeit auf dem gleichen Abschnitt auch immer mit der gleichen Geschwindigkeit gefahren. Selbstverständlich werden diese Messdaten streckenbezogen aufgezeichnet. Bei einer Höchstgeschwindigkeit von 230 km/h gleitet die Lok förmlich über die Schienen, bei angenehmem Geräuschpegel im Führerstand. Der gegenüber der 152 perfektionierte Drehzapfen zeigt hier seine Wirkung, wie selbstverständlich auch der voll abgefederte Antrieb. Druckstöße bei Einfahrt oder gar Begegnung im Tunnel waren nicht merklich, selbst bei Relativgeschwindigkeiten von 480 km/h wie bei Begegnung mit mehreren ICE. Komfortmindernd empfinden die Lokführer allerdings den ständigen Wechsel von hell und dunkel auf der tunnelreichen Strecke, weswegen sie grundsätzlich die Beleuchtung im Führerstand eingeschaltet lassen.

Für Menschen mit Sensibilität für moderne Technik ist eine solche Fahrt auf einer völlig neuen Lok und über eine zeitgemäße Strecke ein lehrreiches und gleichermaßen faszinierendes Erlebnis, zumal die Sonne die Landschaft inzwischen in schönstes Herbstlicht hüllte. Um 11.45 Uhr war Fulda nach 371 Kilometern erreicht und die Lok wurde für die Zeit einer verdienten Mittagspause auf dem bahnsteiglosen Gleis 5 abgestellt. Natürlich fallen auch bei einer Probefahrt Trassengebühren für DB Netz an, welche zu Lasten des Herstellers gehen.

Am Einfahrsignal von Würzburg entstand am trüben 13. November 2001 die Aufnahme von 182 016. Die Schnellfahrstrecke von Fulda endet im Bereich der bekannten Weinlage „Würzburger Stein", die auch dem letzten Tunnel dieses Streckenabschnittes den Namen gibt. *Aufn. (3): Karl Gerhard Baur*

Als Lz 80550 begann um 12.35 Uhr die Rückfahrt ohne Halt bis Würzburg, wiederum mit Geschwindigkeiten zwischen 200 und 230 km/h zur Wiederholung der Messungen. Als Fotograf musste man schon sehr bedauern, dass man an landschaftlich interessanten Punkten und bei schönstem Wetter nicht einfach einmal anhalten kann. Eine vollkommen neue Lokomotive bietet einen Anblick, der nach wenigen Tagen meist unwiederholbar verschwunden ist.

Ab Würzburg wurde auf der Strecke nach Ansbach das gesamte Messprogramm der Hinfahrt wiederholt, denn schließlich müssen Bremsen und alles Weitere von beiden Führerständen gleichermaßen funktionieren, was anlässlich der Probefahrt zu verifizieren ist. Tacho- und Sifa-Prüfung mit Zeitaufnahme gehörten ebenso dazu wie die Funktion von Makrofon und Scheibenwischer. Anlässlich des hässlichen Wetters mit häufigem Schneetreiben war eine spezielle Prüfung der Scheibenwischer allerdings wirklich überflüssig. Ein voranfahrender Güterzug war für unsere flotte Fahrt wegen der vielen Bremsungen bis zum Stillstand deswegen kein Hindernis. Nach Passieren von Ansbach konnten noch Bremsungen aus 160 km/h nachgeholt werden, wobei gerade hier der Einfluss des Schneetreibens auf den Bremsweg merklich wurde. Nach einem längeren Halt wegen einer Signalstörung in Nürnberg-Stein verließen wir auf Ersatzsignal sechs Kilometer vor dem Hauptbahnhof die Strecke von Ansbach, um nach wenigen Kilometern Nürnberg Rangierbahnhof zu erreichen. Zuvor war telefonisch die Verabredung überprüft worden, dass für die ankommende neue Lok ein Schuppengleis mit Grube freigehalten war. Nach einer Fahrtstrecke von 599 Kilometern war um 15.30 Uhr das neue Heimatwerk der Lok im Schuppen auf Gleis 7 erreicht. Eine Probefahrt wie 15 zuvor war zur vollen Zufriedenheit der Siemens-Fachleute zu Ende gegangen.

Zur Probefahrt gehören nach Beendigung noch eine Inspektion der Lok rundum, besonders aber von der Grube aus, wo Lagertemperaturen, Ölstände oder Bremsbeläge kontrolliert wurden. Dem kundigen Auge des Inbetriebssetzungsingenieurs bleiben keine Veränderungen unentdeckt und auch diese Inspektion wird selbstverständlich sorgfältig protokolliert. Nach Abschluss aller Arbeiten wird die Lok mit Fahrplänen ausgestattet und nach Ausstellung einer Konformitätserklärung an den Betrieb übergeben. Mit dieser bestätigt der Hersteller, dass die neue Lok in allen Einzelheiten mit dem vom EBA abgenommenen Exemplar übereinstimmt. Dieser Vorgang verläuft bei den ÖBB verschieden, was gesondert beschrieben wird.

So ist inzwischen das Werk Nürnberg bei DB Cargo wohl weit und breit als einziges im Besitz der früher so viel diskutierten und dann aus Kostengründen doch nie realisierten Universallok, (ausgenommen natürlich die 101) einer Lok mit 6,4 MW (max. kurzzeitig 7,0 MW) bei einer Höchstgeschwindigkeit von 230 km/h. Einen ihren Möglichkeiten entsprechenden Einsatz kann diese Lok bei DB Cargo in vorhersehbarer Zeit nicht finden und ihr weiterer Einsatz bleibt also abzuwarten.

In ihrer hervorragend gelungenen Form und in der – verglichen mit dem TAURUS der ÖBB – ebenfalls ansprechenden Lackierung mutet diese Lok auf Rangierbahnhöfen und vor Güterzügen fast anachronistisch an, dies natürlich im positiven Sinn. Aufmerksame Beobachter und auch die zahlreichen Eisenbahn-Fotografen werden sich an den Anblick einer so eleganten Lok vor langen Güterzügen, mit Containern, Kesselwagen oder Autotransportern, nur langsam gewöhnen.

Aber es sei die Vorhersage gewagt, verbunden natürlich mit der Hoffnung, dass diese Lok in absehbarer Zeit vor den bis dahin wohl seit Jahrzehnten erstmals wieder farblich einheitlichen IC-Zügen in ganz Deutschland zu sehen sein wird. Bezüglich ihrer Ästhetik wäre die 182 jedenfalls eine würdige Nachfolgerin der legendären 103 und könnte das stets unterschätzte Maß an Sympathie für die Bahn wieder wecken, welches durch die blasse Farbgebung der IC-Wagen und die wenig ansprechenden deutschen Loks weitgehend verloren gegangen ist.

182 001 erreichte im Juli 2001 ihr neues Heimatwerk Nürnberg. In der glänzenden Seitenwand spiegeln sich der gelb-schwarze Warnanstrich der Schuppentore und die Schilder besonders gut.
Aufnahme: Karl Gerhard Baur

Ihre Leistungsfähigkeit im schnellen Reisezugverkehr können die DB-Maschinen bislang leider (noch) nicht beweisen. Am 22. Mai 2002 durfte 182 013 mit der Oberbau-Messwagen-Einheit (OMWE 88789) des Forschungs- und Technologiezentrums Minden, aktuelle Bezeichnung „DB Systemtechnik", bei Hockenheim auf der Schnellfahrstrecke Mannheim – Stuttgart „Tempo machen". *Aufnahme: Gerd Wilhelm*

Einsätze und Bewährung der BR 182

Die 25 Lokomotiven der BR 182 wurden wie die ursprünglich vorgesehenen, dann aber stornierten 25 Loks der Baureihe 152 dem Cargo-Werk Nürnberg zugeteilt. Eine neue Lok in einem Betriebswerk schafft zunächst einmal viel Arbeit und, wenn sie über die vorhandenen Loks hinaus keine wesentlichen Vorteile für Traktionsleistungen und Personal bringt, nicht einmal unbedingt Freude. So waren das Werk Nürnberg und danach weitere Dienststellen erst einmal mit der Personalschulung beschäftigt, bevor die Loks in einen wirklich leistungsgerechten Umlauf kamen. Auch für die Werkstatt gab es einen erheblichen Ausbildungsbedarf, auch wenn die Loks aus der bestens bekannten 152 hergeleitet und mit ihnen in vielen Punkten ähnlich sind. Vorteile für die Zugförderung bringen die neuen Hochleistungs- und Universalloks – verglichen mit den 152 – dem Werk Nürnberg zumindest vorläufig nicht. Eine umfangreiche Vorhaltung von Ersatzteilen ist vorerst noch nicht erforderlich, da sich die Loks noch in der Gewährleistung befinden.

Die Loks der BR 182 werden inzwischen von Nürnberg aus weiträumig in Deutschland und Österreich eingesetzt. Eine längere Phase der Ausbildung war verantwortlich, dass die Loks erst nach und nach in den regulären Einsatz kamen. Im Werk Nürnberg ist man mit den neuen Loks hoch zufrieden und sie werden auch von den Lokführern geschätzt. Bisher ist Nürnberg als einzige Werkstatt zum Unterhalt autorisiert. Da im Umlauf Nürnberg regelmäßig angelaufen wird, sind allfällige Arbeiten einfach auszuführen. Das im Gegensatz zur 152 von Bauteilen nicht völlig freie Dach bereitet keine Probleme, da die Bauteildichte anders als bei älteren Loks gering ist. Die Anordnung der Türen ist gewöhnungsbedürftig und bereitet dem Personal bei der Zugänglichkeit der Sprechsäulen einige Probleme. Hierfür liegen in den Loks inzwischen Holzstäbe bereit (Abbildung auf S. 120), mit welchen der Lokführer seinen Arm zum Niederdrücken der Tasten an den Sprechsäulen verlängern kann.

Die Loks der BR 182 erreichen mit ca. 800 km pro Tag höhere Leistungen als die der BR 152. Eine anderweitige Verwendung der Loks als der Cargoeinsatz von Nürnberg aus steht, obwohl naheliegend, derzeit nicht zur Diskussion.

Einsatz der BR 182 ab 16. Juni 2002 (bis 14. Dezember 2002)

Die Loks werden in einem 20-tägigen Umlauf eingesetzt und erreichen außerordentliche Laufleistungen von 1013 km/Tag (Mittelwert Dienstag – Freitag). Diese Leistung ist besonders beachtlich, wenn man die übliche Höchstgeschwindigkeit von Güterzügen berücksichtigt.

Die erreichten Wendepunkte sind: Bremen-Neustadt, Brenner, Gremberg, Köln Betriebsbahnhof, Köln-Eifeltor, Köln-Kalk Nord, Kornwestheim, Kufstein, Linz Hbf., Ludwigshafen-BASF, Maschen, München-Nord, Nürnberg Rbf, Regensburg Hbf, Seelze Rbf, Sopron (Ungarn), Wien Zentralverschiebebahnhof, Würzburg Hbf. Langläufe über mehr als 15 Stunden sind die Regel, beispielsweise Bremen – Brenner oder Maschen – Wien. Die Loks sind bisher nicht mit CIR-ELKE ausgerüstet, so dass keine Einsätze in Richtung Basel erfolgen.

182 004 führt am Nachmittag des 11. Oktober 2002 den aus acht Flüssiggas-Wagen bestehenden „Kesselwagen-Ganzzug" ICL 43240 von Ingolstadt durch das reizvolle Altmühltal nach Nürnberg Rbf. *Aufnahme: Achim Datko*

„Glück muss man haben!" Gerade noch rechtzeitig hat der Neigetechnik-ICE 1557 von Frankfurt (M) nach Dresden den Blick auf 182 001 freigegeben, die an diesem Tag den 51047 von Maschen Rbf nach Kornwestheim bringt. Die Aufnahme entstand am 9. Oktober 2001 in Hermannspiegel an der Strecke Bebra – Fulda. *Aufnahme: Achim Datko*

Durch den menschenleeren Bahnhof von Bad Soden-Salmünster an der Kinzigtalbahn (KBS 615) eilt am 9. April 2002 ein Güterzug mit 182 015.
Aufnahme: Dieter Kempf

Aufgrund der Lage zwischen Rheinufer, Bundesstraße und Empfangsgebäude sind die Bahnsteige im Bahnhof Rüdesheim (Rhein) seit 145 Jahren ungewöhnlich schmal und niedrig. Bei haltenden Personenzügen in Richtung Wiesbaden ist kein Begegnungsverkehr erlaubt. Für 182 007 spielt das freilich keine Rolle, die am 29. März 2002 den Bahnhof passiert.
Aufnahme: Dieter Kempf

Die Bahnstrecke Bebra – Göttingen wurde von 1870-75 erbaut. Bei Oberrieden querte ursprünglich ein Viadukt mit sieben Bögen das Werratal. Nach der Sprengung im Zweiten Weltkrieg erfolgte der Wiederaufbau bis 1949 in vereinfachter Form. Am 17. Mai 2002 überquert eine 182 mit IRC 51047 das Bauwerk. Im Hintergrund liegt die Burgruine Ludwigstein. *Aufnahme: Matthias Reder*

Der Langlauf mit TEC 42375 von Hamburg-Waltershof nach Ebenfurth in Österreich war am 17. Mai 2002 Aufgabe der 182 011. Die Aufnahme entstand an der Strecke Nürnberg – Regensburg bei Laaber. *Aufnahme: Achim Datko*

Auf der Fahrt in Richtung Norden passiert 182 012 am 8. Oktober 2002 mit einem voll ausgelasteten Zug für Wechselpritschen, Sattelauflieger und Container den Bahnhof Jossa zwischen Gemünden und Fulda. Die östliche Bahnhofsausfahrt liegt bereits in einem deutlich sichtbaren Gefälle.
Aufnahme: DHE

Bei Flieden an der alten Nord-Süd-Strecke schlängelt sich 182 003 mit IRC 51300 am 29. März 2002 durch die vorfrühlingshafte Landschaft des Naturparks Hessische Rhön.
Aufnahme: Oliver Peist

Die beiden Aufnahmen auf dieser Seite stammen von der Strecke München – Ingolstadt. Eine seltene Kombination ist am 12. Januar 2003 bei Reichertshausen (Ilm) unterwegs: Hinter ES 64 U2-008 läuft die mächtige, ursprünglich für Norwegen gebaute, ME 26-07 im DFG 80424. *Aufnahme: Markus Karell*

Am 15. August 2000 kommt 1116 902 aus dem Siemens Lokpool das erste Mal zum Einsatz. Gemeinsam mit 152 901 befördert sie den DFG 80063 vor dem schönen Ortsbild von Paindorf. *Aufnahme: Bernd Eisenschink*

Am 23. August 2000 standen in der ehemaligen Zugförderungsleitung Linz die 1016 016 der ÖBB, 1116 901 (Hupac) und 1116 903 (SIEMENS Dispolok). Am 15. Dezember 2002 wurde der neue Traktionsstandort Linz in Betrieb genommen. Die Nutzung der alten Anlagen in der Raimundstraße endet im April 2003. *Aufnahme: Karl Weigl*

Siemens Dispolok GmbH, MÁV, GySEV und Hupac

Siemens Dispolok

Die Lokomotiven der TAURUS-Familie sind als moderne Universallokomotiven höchster Leistung und neuester Konzeption für private Eisenbahn-Verkehrsunternehmen (EVU) und weitere Staatsbahnen von hohen Interesse, zumal durch Großserienfertigung günstige Lieferzeiten und ebenfalls günstige Preise möglich sind. Die Bahnreform hat durch den freien Netzzugang fast revolutionäre Entwicklungen in Gang gesetzt, die es vom EBA anerkannten Bahngesellschaften ermöglichen, Züge in eigener Regie auf dem Netz der Deutschen Bahn zu fahren. Der Netzzugang weist die Besonderheit auf, dass die zu entrichtenden Trassengebühren praktisch nicht von der Last der Züge abhängen, sondern Kilometerpreise sind. Hierdurch ist es für die EVU wirtschaftlich, schwere Züge zu fahren. Ebenso sind kurze Transportzeiten im Konkurrenzkampf gegen den übermächtigen Lkw ein wesentliches Qualitätsmerkmal. Für beide Anforderungen sind leistungsfähige Lokomotiven erforderlich.

Auf Vorstandsbeschluss wurde ein Siemens Lokpool mit Sitz in München-Allach zu dem für ein solches Geschäft sehr günstigen Zeitpunkt im März 2000 als gegründet. Als Kapitalgeber fungierte ein Bankenkonsortium. Im Januar 2001 wurde die Gesellschaft in die eigenständige Siemens Dispolok GmbH überführt, wobei zum Start zunächst 13 Loks zur Verfügung standen. Die weitere Aufstockung des Lokparks ist bereits fest geplant und bis Ende 2003 werden 60 Loks zur Verfügung stehen, darunter auch 15 Lokomotiven der neuen Viersystembaureihe 189. Auch die für die ÖBB gebaute Diesellok HERCULES der Rh 2016 soll unter der Bezeichnung ER 20 (EuroRunner) Einzug in den Lokpark Einzug halten.

Der Kauf moderner Hochleistungslokomotiven überfordert häufig kleine und junge EVU, so dass die Anmietung von Lokomotiven, oder besser noch von Traktionsleistung als Gesamtpaket für diese die bessere Lösung zur schnellen Realisierung von Zugförderung ist. Unter Gesamtpaket wird die Vermietung der Loks einschließlich Instandhaltung, Versicherung, Wartung und Zusage zur Stellung von Ersatz bei Ausfall einer Lok verstanden. Die Lokführer für die mit Dispoloks bespannten Züge werden häufig von der in Mannheim ansässigen Firma MEV gestellt, sofern der Kunde nicht eigenes Personal einstellen und ausbilden will. Aber auch Lokführer der DB fahren auf den Loks, beispielsweise bis zum Brenner. Eine Mobilitätsgarantie sagt die Reparatur einer gestörten Lokomotive oder eine Ersatzstellung innerhalb von 36 Stunden verbindlich zu, so dass der Lokpark niemals zu 100 % vermietet werden kann. Einem Mieter bietet diese „All-Inclusive"-Vermietung rasche Bereitstellung der benötigten Traktionsleistung bei fest kalkulierbaren Kosten. Eine geringe Kapital-

Vom 12. bis 16. März 2001 erfolgten in der Schweiz umfangreiche Zulassungsmessfahrten mit 1116[9]. Am letzten Tag wird der 3200 t schwere Tonerdezug 41061 von der Siemens-Dispolok 1116 903 und der Hupac-1116 901, unterstützt durch die BLS-Re 465 004, über die Lötschbergbahn befördert, aufgenommen im Bahnhof Kandersteg.
Aufnahme: Christof Frutiger

bindung ist für neue Unternehmen häufig geradezu die Voraussetzung für einen günstigen Zugang zum Markt. Die Mietdauer für die Loks kann wenige Tage, aber auch einige Jahre betragen. Eine übliche Mietdauer beträgt etwa drei Jahre, wobei eine Kilometerleistung von 200.000 Kilometern pro Jahr zugrunde gelegt ist und die Mietkosten selbstverständlich auch von dieser Kilometerleistung abhängen. Auch zur Abdeckung von vorübergehenden Bedarfsspitzen bietet sich die Anmietung einer Dispolok an. Und wer es wollte, könnte bei Siemens Dispolok auch eine gebrauchte Lokomotive kaufen.

Für das Thema dieses Buches ist von Wichtigkeit, dass die bevorzugte Lokomotive von Siemens Dispolok das Pendant zur österreichischen 1116 geworden ist. Es ist trivial, dass eine Lok aus dem Produktionsprogramm von Siemens das Paradepferd der Gesellschaft ist, wobei weitere Beschaffungen dieser Loktype bereits eingeleitet sind. Bezeichnet sind die Lokomotiven reichlich gewöhnungsbedürftig als ES 64 U2, wie auch an der Front mit der Betriebsnummer angeschrieben. ES steht für die Ableitung aus der EuroSprinter-Familie, 64 für 6,4 MW Leistung und U2 bedeutet Universallokomotive für zwei Spannungssysteme. So ein-

Das ehemalige Basaltwerk Ramholz der Westerwaldbrüche Marienberg liegt weit ab vom Westerwald und ist schon lange außer Betrieb. Mit DFG 80082 von Regensburg Ost nach Bremerhaven-Kaiserhafen passiert ES 64 U2-004 auf der alten Nord-Süd-Strecke zwischen Gemünden (Main) und Flieden die historische Industrieruine.
Aufnahme: Oliver Peist

Auf der Fischbauchträgerbrücke bei Donauwörth überquert die Siemens-Dispolok ES 64 U2-903, die für die Firma „boxXpress“ im Einsatz ist, am Nachmittag des 7. September 2002 die Wörnitz. *Aufnahme: Martin Hahmann*

fach ist das! Diese Namensgebung rührt aus älteren Gepflogenheiten von Krauss Maffei her. Eine Kontrollziffer fehlt.

Die Farbgebung der Loks folgt einem Corporate Identity der Firma mit leuchtend gelber Frontpartie und silbernen Seitenwänden, die den Kunden für Anschriften nach eigenem Wunsch zur Verfügung stehen. Gestaltet wurde dieses Farbdesign von „Siemens Design and Affaires“, der früheren Messeabteilung des Hauses Siemens. Noch im Jahr 2002 erschien erstmals eine Dispolok der TAURUS-Familie mit Privatwerbung der HypoVereinsbank. Bei besonders langfristiger Vermietung ermöglicht es Dispolok ihren Kunden, die Loks nach eigenem Design zu gestalten. So sind im November 2002 die Lok 020 in Blau-Hellbeige an die Wiener Lokalbahnen AG und am 10. Dezember 2002 die Lok 022 an CargoServ in Linz übergeben worden, die beide recht elegant aussehen. Im August 2002 setzt Siemens Dispolok 23 Loks der Type ES 64 U2 ein neben zwei Loks entsprechend der DB-Baureihe 152 und als ES 64 F bezeichnet (F= freight) und den EuroSprinter als ES 64 P (P= Prototyp) bezeichnet. Hinzu kommen zwölf sechsachsige aus Norwegen zurückgenommene Dieselloks der Type ME 26 (ME = Motor-Elektrisch, 26 = 2600 kW). Die Zahl der verfügbaren Lokomotiven beträgt also 38 Stück, wobei eine Reserve aufrecht erhalten wird. Die neuen Loks der BR 189 werden entsprechend als ES 64 F4 eingeordnet. Die Anzahl der Lokomotiven wird sich während der Niederschrift dieses Buches weiter erhöhen, so dass im Kapitel „Nachrichten nach Redaktionsschluss“ der dann gültige Stand zu ersehen sein wird.

Der Kerosinzug zwischen Lingen-Holthausen und dem Münchner Flughafen der Karsdorfer Eisenbahn-Gesellschaft (KEG) wird seit August 2002 von der Siemens Dispolok ES 64 U2-095 bespannt. Diese hat die Zulassung für Deutschland, Österreich und die Schweiz und verfügt daher über einen dritten Stromabnehmer mit schmaler Wippe. Mit DFG 80325 ist die Lok am 2. August 2002 bei Neuhof auf dem Weg nach München. *Aufnahme: Oliver Peist*

Am 15. Dezember 2001 bespannten die Siemens-Dispoloks ES 64 U2-002 und 001 (Lokomotion) einen Sonderzug von München über die winterliche Karwendel- und Mittenwaldbahn nach Innsbruck und zurück.

Aufnahme bei Klais: Thomas Spreer

Die RAG Bahn und Hafen GmbH verfügt seit Ende Mai 2002 mit ES 64 U2-017 über eine Siemens-Dispolok. Im Betriebsgelände in Gladbeck steht die Lok am 4. Juni 2002 neben 185-CL 008 der Ruhrkohle AG.

Aufnahme: Thomas Feldmann

Neben zehn Lokomotiven der Reihen 145 und 185 (Stand: November 2002) setzt die Essener „rail4chem Eisenbahnverkehrsgesellschaft mbH" die Siemens-Dispolok ES 64 U2-005 bundesweit im Güterverkehr ein, die in der Abenddämmerung mit einem Kalizug Ludwigshafen-Oggersheim erreicht hat.

Aufnahme (Januar 2002): K. G. Baur

ES 64 U2-002 und 001 (1116 702 und 701) ziehen am 17. Oktober 2001 den TEC 64809 bei Matrei am Brenner. *Aufnahme: Kurt Feuerfeil*

Kunden und Einsatz der Loks will der Eigentümer aus verschiedenen Rücksichten nicht gerne nennen, jedoch kann der interessierte Leser diese Informationen tagesaktuell aus dem Internet beziehen (z.B. www.railfan.de). Nachschau, Fristarbeiten sowie präventive und korrektive Arbeiten an den Loks werden, sofern der Kunde keine eigene Werkstätte hat, bei Franchise-Werkstätten verschiedener Vertragspartner aus dem privaten und dem DB-Bereich durchgeführt, wo man Deckungsbeiträge für nicht voll ausgelastete Werkstätten gerne hereinnimmt. Weitere Partner für Instandhaltung und Reparatur sind die Ruhrkohle AG, die Firma Igeno in Nordhausen, die HGK in Köln und natürlich die Siemens-Werke in München und Nürnberg. Die Siemens Dispolok GmbH ist seit Sommer 2002 selbst als EVU anerkannt.

Die Loks ES 64 U2 sind von 001 ab durchlaufend nummeriert. Fünf Loks mit den abweichenden Betriebsnummern 095–099 besitzen eine Schweizausrüstung und -zulassung. Zulassungsverfahren für weitere Länder sind im Gange, wobei bei diesen Verfahren durchaus Protektionismus einzelner Länder zu erkennen ist. Alle Loks sind mit GPS-Datenübertragung, Fax und Mobiltelefon ausgerüstet, elektrische Lokomotiven mit einem Energie-

Als Tagesleistung verkehrt ein Zugpaar mit SIEMENS-Dispoloks über die Brennerstrecke. Am 2. August 2002 waren ES 64 U2-013 und 001 bei Matrei mit DFG 46809 zum Bahnhof Brenner unterwegs.
Aufnahme: Sven Strößner

Zwischen dem dänischen Padborg, Flensburg und Hamburg sind als Ersatz für die aus dem Angebot genommenen InterRegio-Züge der DB seit dem Fahrplanwechsel am 15. Dezember 2002 die Züge der privaten FLEX Verkehrs-AG im Einsatz. Die Aufnahme mit der Siemens Dispolok ES 64 U2-098 und DFR 84125 mit der Wagengarnitur aus 1.-Klasse-, Bistro- und drei 2.-Klasse-Wagen entstand am 10. Januar 2003 bei Dauenhof. *Aufnahme: Jürgen Lorenz*

zähler und Übertragung dessen Daten zum Kunden. Eine „Hotline" der Firma ist täglich rund um die Uhr besetzt.

Die Firma Siemens Dispolok beschäftigt 15 Mitarbeiter für die Geschäftsbereiche Flottenmanagement, Ersatzteilmanagement, Servicemanagement, Vertrieb und kaufmännische Abwicklung. Die sehr hohe Nachfrage und die ständig ansteigende Zahl zu vermietender Lokomotiven ermöglichen einen erfolgreichen Geschäftsgang. Der große Erfolg der Lokomotiven aus der TAURUS-Familie manifestiert sich über die stattliche Zahl an Dispoloks hinaus in weiteren drei an Hupac verkauften Lokomotiven in silbernem Anstrich mit den Nummern ES 64 U2 100-102. Die Lok 100 wurde seinerzeit aus Kapazitätsgründen wie die ÖBB-Loks in Linz montiert und als 1116 901 ausgeliefert, während fast alle anderen Dispoloks aus München-Allach stammen – nur ES 64 U2-902 und 903 stammen ebenfalls aus Linz.

Angesichts des bis 2015 prognostizierten Verkehrszuwachses und des unzweifelhaft bevorstehenden Kollapses des Straßenverkehrs ist jede Verlagerung von Transporten auf die Schiene volkswirtschaftlich in höchstem Maße erwünscht. Die „TAURUS"-Lokomotiven von Siemens Dispolok leisten hierzu ihren Anteil.

Unter dem filigranen Netz der Fahrleitungsspinne rollt Dispo-Lok 1116 903 auf die Drehscheibe der Zfl. Linz. Links leuchtet 1016 019 am sommerlichen 24. August 2000 in der Sonne.
Aufnahme: Markus Inderst

Von Bremerhaven-Kaiserhafen nach Dingolfing ist der Zug DFG 80087 der Firma Netlog unterwegs. ES 64 U2-007 befährt am 8. April 2002 die Güterumgehungsbahn von Hannover zwischen Ahlem und Hannover-Linden. *Aufnahme: Matthias Reder*

„Es ist geschafft!" ES 64 U2-01 und 013 haben mit dem DFG 46809 (München – Verona) am 1. Oktober 2002 zwischen Innsbruck und dem soeben erreichten Grenzbahnhof Brenner/Brennero einen Höhendifferenz von knapp 800 m bewältigt. Ganz links wartet eine 182 der DB im Ausziehgleis auf ihre Rückleistung. *Aufnahme: Achim Datko*

Die Übergabe der ungarischen Variante der ES 64 U2, die bei den Ungarischen Staatsbahnen als Reihe 1047bezeichnet wird, erfolgte am 3. April 2002 im Rahmen einer Feierstunde in der schönen Bahnhofshalle von Budapest Nyugati pu. *Aufnahme: Kurt Feuerfeil*

Lokomotiven der MÁV

Für den grenzüberschreitenden Verkehr nach Österreich haben die Ungarischen Staatsbahnen (MÁV) zehn Lokomotiven der Zweisystemreihe 1116 in blau/gelber Farbgebung beschafft, welche die Nummern 1047 001–010 tragen. Die Beschaffung wurde aus mehreren Gründen erforderlich. Die Hauptstrecke zwischen Budapest und Hegyeshalom wurde in den letzten Jahren für eine Geschwindigkeit von 140 bis 160 km/h ausgebaut. Da hierfür ein geeignetes Triebfahrzeug nicht zur Verfügung stand, wurde bei der vorhandenen Ellok-Baureihe V 63 die Übersetzung geändert. Diese Lokomotiven sind aber mit ihrem Tatzlagerantrieb mit Gleittatzlagern für diese Geschwindigkeit wenig geeignet. LCC-Betrachtungen zeigten, dass moderne Lokomotiven eine günstige Wiedereinbringung des investierten Kapitals ermöglichen. Die Beschaffung weiterer Lokomotiven hängt von den finanziellen Möglichkeiten ab. Ein späterer Einsatz nach Deutschland und in die Slowakei ist angedacht.

Die MÁV hatte bislang die Laufleistungen der in Ungarn verkehrenden ÖBB-Lokomotiven im Verhältnis 1:3,75 mit den ÖBB durch Reisezugwagen ausgeglichen. Dieses Zahlenverhältnis gibt das Verhältnis der Investitionskosten eines Reisezugwagens zu einer modernen Lokomotive wieder, lässt aber zu erzielende Einnahmen außer Acht. Die MÁV strebt also einen Kilometerausgleich Lok für Lok an. Als zu beschaffendes Fahrzeug kam nur eine Zweisystemlokomotive in Frage. Hinzu kommt, dass das durchschnittliche Alter der bei der MÁV am häufigsten vertrete-

Bei den ungarischen MÁV tragen die als Variante 4 der Siemens-Reihe ES 64 U2 bezeichneten Maschinen die Betriebsnummern 1047 001 bis 010.
Die offizielle Präsentation der Lok erfolgte am 30. April 2002 in Sopron (Ödenburg) anlässlich einer gemeinsamen Veranstaltung mit der GySEV.
Aufnahme: IBT

Am 27. Juni 2002 verlässt 1047 001 mit einem Schnellzug nach Budapest den Bahnhof von Györ. Der barocke Turm im Hintergrund gehört zum Rathaus der schönen Bezirkshauptstadt. *Aufnahme: Ernst Kabelka*

nen Baureihe V 43 über 30 Jahre beträgt und diese zur Ausmusterung ansteht.

Für die Beschaffung neuer Lokomotiven lagen sowohl ein Angebot der BR 185 von Bombardier als auch des TAURUS entsprechend Rh 1116 der ÖBB von Siemens vor. Wegen günstigerer Zahlungsbedingungen und kürzerer Lieferzeiten hat Siemens letztlich den Zuschlag für die zu liefernden zehn neuen Lokomotiven erhalten. Als Besonderheit weisen die Loks der MÁV ein Handwaschbecken auf dem Führerstand 2 auf, ferner ein leiseres Warnsignal zur Benutzung beispielweise im Bahnhofsbereich. Der dritte Stromabnehmer, wie ursprünglich bei der Rh 1116 für Ungarn vorgesehen, ist bereits entfallen. Die MÁV-Loks sind im Gegensatz zur ÖBB-1116 mit dem AEG-Funkgerät ausgerüstet. Die Ungarn-Loks weisen die gleiche beige/grüne Führerraum-Gestaltung auf, wie die ersten Lokomotiven der ÖBB-Reihen 1016 und 1116.

Planmäßig bespannte MAV 1047 002 den EuroCity 63 „Bartók Béla" am 3. August 2002, hier in Wien Westbahnhof. *Aufnahme: Kurt Feuerfeil*

Die offizielle Präsentation der ersten Lokomotive der neuen GySEV-Baureihe 1047 erfolgte im Rahmen einer Sonderfahrt. Am 30. April 2002 verlässt 1047 501 mit ihren beiden Wagen als Sonderzug 94283 den Bahnhof Wulkaprodersdorf, um nach Sopron zurückzukehren. *Aufnahme:* IBT

Lokomotiven der GySEV

Auch die österreichisch-ungarische Privatbahn GySEV hat aufgrund des stark zunehmenden Güterverkehrs auf ihren Strecken fünf gleichartige Lokomotiven in grün-gelber Lackierung gekauft, die mit den Nummern 1047 501-505 versehen sind. Die Anordnung der Farbflächen ist – wie auf den Abbildungen unschwer zu erkennen – zwischen den MÁV- und GySEV-Loks verschieden, ebenso wie die Anbringung eines Signets oder von Anschriften. Die GySEV verfügte bisher über 15 elektrische Triebfahrzeuge der Reihe V 43 mit einer Leistung von 2,2 MW, die teilweise über dreißig Jahre im Dienst stehen und deren Ersatz durch zeitgemäße Drehstromloks ein Gebot der Zeit ist. Die Gleichheit der Loks mit denen der ÖBB und der MÁV erleichtert natürlich deren Einsatz. Die insgesamt 15 neuen Lokomotiven für die beiden ungarischen Bahngesellschaften wurden in München-Allach gebaut.

Eine technische Beschreibung dieser Loks ebenso wie der ES 64 U2 oder der Lokomotiven der Hupac erübrigt sich, da alle der österreichischen Reihe 1116 weitgehend entsprechen. Selbstverständlich sind die Ungarn-Loks mit der Zugsicherung EVM ausgestattet. Lediglich die Farbgebung unterscheidet sie merklich.

Wahrscheinlich können sich viele Leser der Ansicht des Autors anschließen, dass keine der Lackierungsvarianten die Eleganz der ÖBB-Loks in der Ursprungsausführung erreicht.

Im Münchener Werksgelände stehen am 28. August 2002 zwei Siemens-Loks für Ungarn kurz vor der Ablieferung. Durch Abspritzen mit einem Wasserstrahl wird die Dichtigkeit von Fenstern und Türen bei 1047 503 der GySEV nochmals überprüft.
Aufnahme: Karl Gerhard Baur

Die mächtigen Empfangsgebäude des Bahnhofs von Györ bilden die eindrucksvolle Kulisse für die ausfahrende 1047 502 der GySEV. Da die Loknummern in blauen Ziffern auf grünem Grund kaum lesbar waren, hat man dies bereits vor der Auslieferung der zweiten Lok abgeändert.
Aufnahme: Olaf Saenger

In Wien-Hüttelsdorf kam es am 28. Februar 2003 zur Begegnung zwischen 1047 505 der GySEV vor RoLa 42633 und der Siemens-Dispolok ES 64 U2-005 mit der „rail4chem"-Aufschrift, die für die LTE, Logistik- und Transport GmbH,.Graz, unterwegs ist.
Aufnahme: Ernst Kabelka

Seit 15. Dezember 2002 fahren die GySEV-Lokomotiven der Reihe 1047.5 in einem dreitägigen Umlauf im Netz der ÖBB. Sie bespannen dabei durchgehende Züge zwischen Sopron und Wien Zentralverschiebebahnhof, Wels und Villach. Im Kilometerausgleich fahren dafür ÖBB-1116 bis Sopron, der Lokwechsel in Ebenfurth entfällt. Am 21. März 2003 ist 1047 504 mit einem Güterzug bei Bruck an der Mur unterwegs.
Aufnahme: Dietmar Zehetner

Mit dem Containerzug DFG 80060 von Stuttgart Hafen nach Bremerhaven ist die erst seit wenigen Wochen an die Hupac gelieferte ES 64 U2-102 am 22. August 2001 zwischen Weinreben und Fluss bei Lauffen am Neckar unterwegs. *Aufnahme: Joachim Gutjahr*

Lokomotiven der Hupac

Die Schweizer Speditionsgesellschaft Hupac hat drei Lokomotiven aus der TAURUS-Familie beschafft, die der ÖBB-Variante 1116 weitgehend entsprechen. Diese haben die Bezeichnungen ES 64 U2 100-102. Mit ihrer durchgängig silbernen Lackierung unterscheiden sie sich von den Siemens Dispoloks und gehören zu den attraktivsten Erscheinungen der TAURUS-Familie. Die Lok ES 64 U2-100 wurde aus Termingründen in Linz gebaut und demzufolge als 1116 901 im Dezember 2000 geliefert. Die Loknummer wurde aber nachträglich geändert. Die Loks ES 64 U2 101 und 102 wurden in München-Allach gebaut und im Juni 2001 fertiggestellt. Alle drei tragen trotz unvorhergesehener Einsätze (s. Kasten) die silberne Lackierung mit den stilisierten Schweizer Bergen. Die Loks 100 und 102 sind noch mit dem ro-

Im Rahmen der Zulassungsfahrten für die Schweiz war ES 64 U2-102 der Hupac am 16. April 2002 als Vorspann vor einer Re $4/4^{II}$ bei Riedtwil unterwegs. *Aufnahme: Christof Frutiger*

Im Werk Dessau der DB war im Februar 2002 die Siemens-Lok ES 64 U2-102 zu Gast, die hier für den Einsatz in der Schweiz „helvetisiert“ wurde. Besonders schön sind die stilisierten Schweizer Berge auf der Seitenwand der Lok zu sehen. *Aufnahme: Karl Gerhard Baur*

ten Schriftzug HUPAC (in Versalien) versehen, während die Lok 101 entsprechend ihrem derzeitigen Einsatzgebiet einen Aufkleber „DLC“ trägt. Alle drei Loks sind durch kleine Änderungen auf gleichen Stand gebracht und mit einem „Schweizpaket“, bestehend aus Integra- und ZUB-Zugsicherung, Stromabnehmer mit schmaler Wippe, zusätzlicher Signalleuchte sowie einigen weiteren Besonderheiten ausgerüstet. Einrichtungen für Ungarn, wie die Zugsicherung EVM oder der spezielle Stromabnehmer fehlen bei diesen Loks.

Eine feste Beheimatung haben die drei Lokomotiven nicht. Revisionen und fällige Reparaturen werden gemäß einem Wartungsvertrag mit Siemens durchgeführt, wie oben für die Dispoloks beschrieben.

Einsätze der Hupac Loks: (November 2002)

ES 64 U2 100: Rückvermietet an Siemens Dispolok.
ES 64 U2 101: Eingesetzt im Automobilverkehr zwischen Aachen und Regensburg für DLC.
ES 64 U2 102: Vermietet an SRE für Verkehre Köln – Basel.

SRE = Swiss Rail Europe, Singen (D)
75 % SBB Cargo, 25 % Hupac
DLC = Dillen & Le Jeune Cargo, Belgien

Auflistung der Maschinen gemäß der bei Siemens verwendeten internen Bezeichnung

			geliefert	– bestellt
		1016 ÖBB	50	50
		1116 ÖBB	100	350
ES 64 U2:	Variante V 1 =	Baureihe 182 DB	25	25
ES 64 U2:	Variante V 2 =	Siemens Dispoloks	22	33
ES 64 U2:	Variante V 3 =	Hupac Lokomotiven	3	3
ES 64 U2:	Variante V 4 =	Lokomotiven für die MÁV	10	10
ES 64 U2:	Variante V 5 =	Lokomotiven für die GySEV	5	5
ES 64 U2:	Variante V 6 =	Dispoloks mit Schweiz-Paket	5	5
ES 64 U2:	Variante V 7 =	reserviert für Frankreich	–	–
ES 64 U2:	Variante V 8 =	reserviert für Slowenien	–	–
ES 64 U2:	Variante V 9 =	Funkfernsteuerung für Verschub	(1)	(1)
			220	481

Endmontage der Lokomotiven

	ÖBB	DB	Dispolok	MÁV	GySEV	Hupac		
Linz:	396	–	2	–	–	1	Summe	399
Allach:	4	25	36	10	5	2	Summe	82

Ende November 2002 waren fast 46 Prozent der bisher bestellten Lokomotiven ausgeliefert. Von den in Allach zu fertigenden Lokomotiven sind im November 2002 bereits 73 Prozent, von den in Linz zu fertigenden Lokomotiven dagegen erst 38 Prozent ausgeliefert, so dass in Linz ein größerer Arbeitsvorrat für Lokomotiven aus der TAURUS-Familie besteht.
In München-Allach werden dagegen Loks der Rh 2016 für die ÖBB sowie die Viersystemloks der Baureihe 189 für die DB und weitere Siemens Dispoloks gebaut.

Im November 2001 läuft die Montage der Baureihe 182 für die Deutsche Bahn auf Hochtouren. Fünf Maschinen stehen in unterschiedlichen Baufortschritten in der großen Werkshalle. Im Hintergrund leuchtet die erste Lok der ÖBB-Rh 2016.

In den Werkshallen von Siemens, ehemals Krauss Maffei in München-Allach stehen die Loks während der Montage nebeneinander. Nach Fertigstellung der BR 182 für die DB ist es dort im September 2002 wesentlich bunter geworden.

Aufnahmen: Karl Gerhard Baur

Bau der Lokomotiven durch Siemens und ÖBB TS-Werk Linz

Über die Veränderungen im Verhältnis der Staatsbahnen zur sie beliefernden Lokomotivindustrie wurde bereits berichtet. Nicht nur in Deutschland sondern ebenso in Österreich und der Schweiz sind traditionsreiche Unternehmen aus dem Geschäft ausgeschieden oder durch Zusammenschlüsse mit größeren und potenteren Firmen vereinigt worden, wobei sie ihren Namen verloren haben. Der Kostendruck der Bahngesellschaften auf die Industrie ist so nicht ohne Auswirkungen geblieben, die man zwar bedauern mag, die aber doch zu Vorteilen für die Bahnen und somit auch für deren Kunden geführt haben. Der Konzentrationsprozess der Eisenbahnindustrie hat besonders für kleinere Länder zu einem weitgehenden Verlust ihrer eigenen Industrie geführt.

Unter dem Gesichtspunkt der Sicherung heimischer Arbeitsplätze ist es heute bei notwendigen Importen üblich geworden, nicht nur bei Eisenbahnprodukten eine teilweise Fertigung der zu importierenden Artikel im eigenen Land zu fordern, oder diese geradezu zur Vertragsbedingung zu machen. Auf diese Weise ersetzen die Länder die verlorengegangene Industrie im Lande zumindest teilweise, sichern eigene Arbeitsplätze und erhalten zusätzlich wichtiges Know-how. Beispiele hierfür sind die Siemensloks für Spanien, Portugal, Griechenland, Korea und China, sowie neuerdings eben der TAURUS. Natürlich bedeutet dieses für die Herstellerfirma einen Verlust an eigener Wertschöpfung und einen Abfluss wichtiger Kenntnisse und Fähigkeiten in andere Länder. Bei multinationalen Konzernen wiegen diese Erscheinungen allerdings häufig weniger schwer, da sie in den fraglichen Ländern ohnehin eigene Produktionsstätten unterhalten. Um Aufträge zu erhalten, müssen sich die exportierenden Unternehmen aber dennoch sehr oft solchen Forderungen einfach beugen.

Die Lokomotiven der TAURUS-Familie werden an zwei Standorten produziert:

- 1016 001–003 und 1116 001, BR 182 der DB und Siemens Dispoloks sowie die Loks für MAV und GySEV in München-Allach bei Siemens Transportation Systems.
- Alle restlichen TAURUS-Lokomotiven für die ÖBB durch den Geschäftsbereich Technische Services TS der ÖBB am Standort Linz, sowie eine Lok für die Hupac und zwei Siemens-Dispoloks. Weitere Komponenten werden von anderen Stellen der ÖBB TS sowie von Siemens SGP zugeliefert.

Technische Services TS Werk Linz

Mit Wirksamkeit vom 1. Januar 1995 wurde die vormalige Maschinendirektion der ÖBB, zu der auch der gesamte Werkstättenbereich gehörte, in die neuen Geschäftsbereiche TS, Technische Services und TR, Traktion aufgeteilt. Der Bereich TS umfasst im Wesentlichen die früheren Hauptwerkstätten und die Betriebswerkstätten. Aufgaben sind die Reparatur und Instandhaltung von Triebfahrzeugen und Wagen sowie die Betreuung von Sonderfahrzeugen und Komponenten. 1995 wurde eine Investitionsoffensive von zwei Milliarden Schilling, entsprechend ca. 150 Mio. Euro gestartet.

TS Werk Linz ist der neue Name für die frühere Hauptwerkstätte Linz, zuständig für die Unterhaltung sämtlicher elektrischer Lokomotiven der ÖBB. Die Produktion der TAURUS-Lokomotiven erfolgt teilweise in neugebauten respektive erweiterten Montagehallen, teilweise auch in alten Werkstätten. Die Anlagen liegen in unmittelbarer Nähe des Hauptbahnhofs Linz. Etwa 200 überholte oder modernisierte elektrische Lokomotiven verlassen neben 75 TAURUS-Lokomotiven jedes Jahr das Werk.

Im TS Werk Knittelfeld werden Stahlteile für das Untergestell, für das Führerhaus, Schränke sowie Türen gefertigt, im Werk Floridsdorf im Wesentlichen Kunststoffteile.

Es versteht sich von selbst, dass ein solch komplexes Gebilde wie eine elektrische Lokomotive aus einer Vielzahl von Teilen zusammengesetzt wird, die an vielerlei Standorten des eigenen Konzerns sowie anderer Zulieferfirmen hergestellt werden. Auch bei der Zulieferung von Bauteilen wurde Wert auf einen möglichst hohen Anteil an Wertschöpfung aus Österreich gelegt, was seinen Niederschlag z.B. in der Fertigung von Teilen des Lokkastens in ÖBB-Werkstätten in Knittelfeld und in Linz selbst fand. So sind

Der erste TAURUS 1016 001 hat die Werkhallen in München verlassen. In der Seitenansicht fällt der im Verhältnis zur Gesamtlänge der Lokomotive recht kurze Drehgestellabstand auf. Der traditionsreiche Schriftzug KraussMaffei wird auch weiterhin am Gebäude erhalten bleiben, da die Firma im Bereich Kunststofftechnik weiterhin am Standort Allach produziert.
Aufnahme: Siemens-KraussMaffei

Die Kabelkanäle unter dem Mittelgang werden von Siemens in Linz gebaut. Sie enthalten elektrische Kabel und pneumatische Leitungen und werden als Ganzes in die Lok eingebaut und mit den dort vorhandenen Anschlüssen verbunden. *Aufnahme: Karl Gerhard Baur*

nicht nur die ÖBB der Kunde von Siemens, sondern Siemens ist hierdurch auch Kunde der ÖBB, wobei die Verantwortung für die Zusammenarbeit und die Qualität der Zulieferungen bei Siemens liegt. Als größere Bauteile stellen auch die Drehgestelle, die in Graz hergestellt werden, eine wesentliche österreichische Wertschöpfung dar.

Aus dieser Aufteilung ist deutlich zu erkennen, in welchem Maße jeder Partner bei diesem Geschäft an einer Fertigung im eigenen Land interessiert ist. Vertragspartner der ÖBB für die Herstellung der TAURUS-Lokomotiven ist Siemens Österreich. Von einer nahezu 100%igen Wertschöpfung in Österreich, wie anlässlich der Bestellung der ersten Loks in der Presse der Öffentlichkeit gelegentlich in Aussicht gestellt, konnte allerdings nie die Rede sein.

Im Hinblick auf die beginnende Fertigung des TAURUS wurde in der Werkstätte Linz die Summe von umgerechnet 16 Mio. Euro investiert, was immerhin dem Gegenwert von sechs (!) TAURUS-Lokomotiven entspricht. Hierfür wurden eine große Halle erweitert, so dass man praktisch von einem Neubau reden kann, sowie weitere Produktionen an anderen Werksteilen eingerichtet. Die zunächst vorgesehene Produktion von 25 Lokomotiven pro Jahr wurde nach Einlösung der Option zum Sommer 2001 auf 50 verdoppelt. Ab 2002 kann die beachtliche Zahl von 75 Loks pro Jahr geliefert werden. Diese Produktion soll beibehalten werden, so dass die Herstellung des TAURUS bis zum Jahr 2006, mit in diesem Jahr dann noch zu liefernden 25 Lokomotiven andauern wird. Eine wichtige Neuinvestition war eine modernsten Umweltstandards entsprechende Lackieranlage.

Die Wertschöpfung der ÖBB insgesamt beträgt ca. 10 Prozent, die von Siemens Österreich ca. 15 Prozent, so dass sich aus österreichischer Sicht eine heimische Wertschöpfung von immerhin fast 25 Prozent ergibt.

Zulieferung von Teilen für den TAURUS nach Linz (Auswahl)

Lokkasten [1]	Siemens, München	Trafo	Siemens, Nürnberg
Drehgestelle [2]	Siemens SGP, Graz	Fahrmotoren	Siemens, Nürnberg
Bremswelle	SAB WABCO, Remscheid	Antrieb	Siemens, Nürnberg
Bremsausrüstung	Knorr Bremse, München	Stromrichter	Siemens, Nürnberg
Lüfter	Siemens, Bremen	HBU	Siemens, Krefeld
Lüftermotoren	Siemens, Bad Neustadt	Schalter, Schütze	Siemens, Amberg
Stromabnehmer	Siemens, Wien	Display	Siemens, Frankfurt
Kühltürme	Behr, Stuttgart	LZB	Siemens, Berlin
Hauptschalter	Sécheron, Schweiz	Leittechnik	Siemens, Erlangen
Radsätze [3]	Bonatranz, Buhmin CS	Erdkontakte	Stemman, Bauart Frost
Klimaanlagen	Behr, Stuttgart	Schalttafeln	ÖBB Linz
Radsatzlager	FAG, Schweinfurt	Führertische [5]	ÖBB/Siemens, Linz
GFK-Teile [4]	Wollinger, St. Pölten	Hilfsbetriebegerüst	ÖBB Linz
Schwingungsdämpfer	Mannesmann	Funkgerät	Kapsch, Wien [6]
Dach	Siemens, München	MFA	Deuta, Bergisch Gladbach

[1] Der Lokkasten wird unter Zulieferung von Teilen aus dem ÖBB TS Werk Knittelfeld gefertigt. Dieses sind neben anderen: Führerhäuser, Kopfstücke, Trafoquerträger, Drehzapfenquerträger, Mittellängsträger, Druckluftgerüste, Sandkästen, Schneeräumer, Führertische, Crashelemente, Batteriekästen, Kabelkanäle, Maschinenraumtüren, Pufferverkleidungen mit eingelaserter Schrift und die berühmte Notausstiegsluke. Ein Teil dieser Elemente besteht aus Aluminium. Diese Einzelstücke werden teilweise nach München-Allach geliefert und kommen in den Lokkasten integriert wieder zu ÖBB TS nach Linz zurück. Trotz der Vielzahl der Einzelteile bleibt aber der Anteil der Wertschöpfung des Werkes Knittelfeld mit ca. zwei Prozent am Wert des TAURUS eher gering.

[2] Endmontage der Drehgestelle für ÖBB-Loks ab 1016 005 in Linz, für alle anderen in Graz.

[3] Erste 75 Lokomotiven Gutehoffnungshütte

[4] Erste fünf Loks Speedwave Stuttgart

[5] Führertisch mech. ÖBB, elektr. Siemens

[6] Poolloks Siemens: AEG Zugfunkgerät (siehe Erläuterungen)

Anmerkung: Das Werk Knittelfeld von ÖBB TS mit 550 Mitarbeitern ist über die Fertigung von Teilen für den TAURUS hinaus zuständig für die Aufarbeitung sämtlicher Radsätze der ÖBB sowie für die Erhaltung von Sonderfahrzeugen und der Niederflurwagen der Rollenden Landstraße.

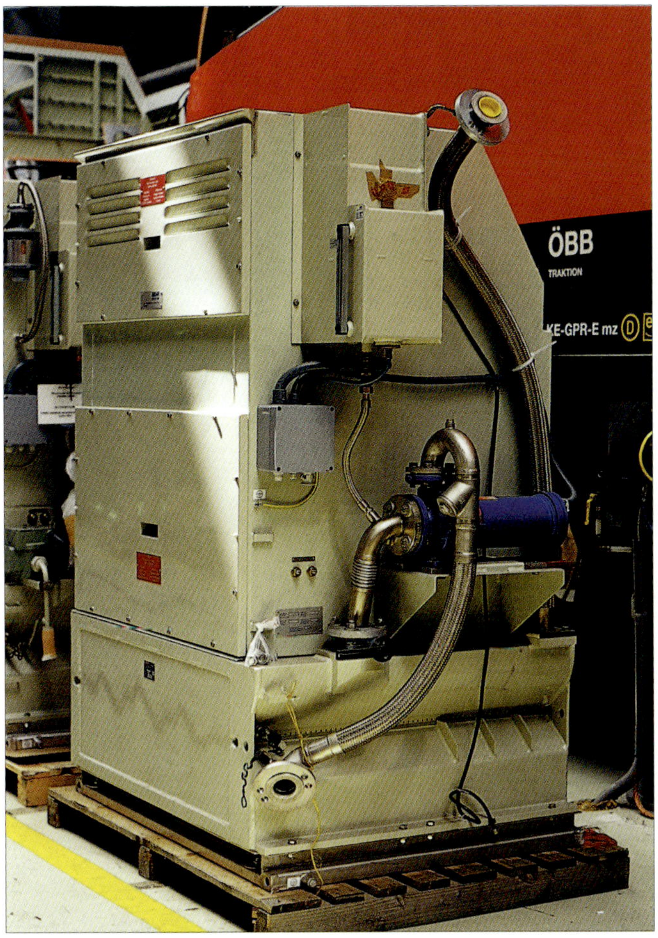

Kühlturm für das Kühlwasser der Stromrichter sowie das Mineralöl des Trafos. Im Vordergrund sind eine Pumpe sowie Metallschläuche als Verbindungen zu einem Stromrichter zu erkennen.

Das Druckluftgerüst besteht im Wesentlichen aus Zulieferungen der Firma Knorr Bremse. Links die Bremsgerätetafel, oben die Bremsrechner, rechts unten der Kompressor, darüber die Lufttrocknungsanlage. Rechts oben auf dem Gerüst befindet sich der kleine Hilfsluftpresser.

Die Druckluft-Kompressoren sind eine Zulieferung der Firma Knorr.

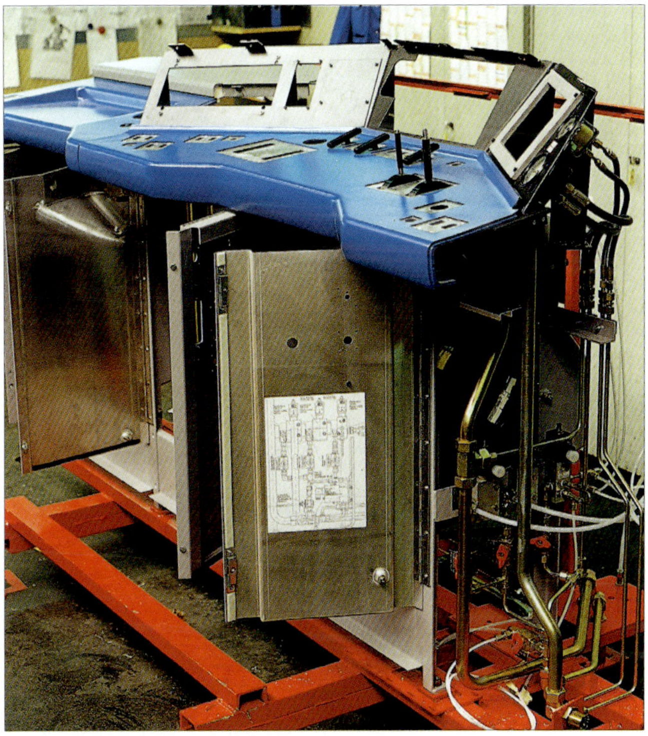

Die Führertische werden von ÖBB TS (mechanischer Teil) und Siemens (elektrischer Teil) gemeinsam in Linz gebaut und durch das oben noch offene Führerhaus eingebaut. *Alle Aufnahmen: Karl Gerhard Baur*

Die Bilder zeigen fortschreitend die Fertigung der Seitenträger eines Drehgestells bei Siemens SGP in Graz:
Die zum Heften eingespannten Teile des Längsträgers.

Der Aufbau und die Bearbeitung auf dem Schweißroboter.

Die auf dem Roboter geschweißten Längsträger stehen für die weitere Montage bereit.
Alle Aufnahmen: Karl Gerhard Baur

Drehgestelle aus Graz

Die Drehgestelle für sämtliche Fahrzeuge von Siemens Verkehrstechnik stammen aus dem Kompetenzzentrum Siemens SGP Graz. SGP steht für die traditionsreiche Firma Simmering Graz Pauker, den Hersteller fast aller modernen Lokomotiven für die ÖBB. Der Lokomotivbau in Graz endete 2002 mit dem Bau von drei schweren achtachsigen Güterzug Doppellokomotiven für die Chinesischen Eisenbahnen. Weitere 17 Loks werden in China in einem Joint Venture gebaut, um die dortigen Arbeitsplätze zu sichern. Der Bau der Drehgestelle verbleibt weiterhin in Graz.

Seit 1993 ist Siemens an SGP beteiligt, seit 2001 alleiniger Eigentümer. 1000 Mitarbeiter fertigen 2500 Drehgestelle pro Jahr, was etwa einer Auslieferung von einem Drehgestell je Arbeitsstunde entspricht. Der Exportanteil liegt bei 90 Prozent, wobei Drehgestelle für den TAURUS der ÖBB kein Export sind. Der weitaus größte Auftrag derzeit ist der Desiro UK. Es werden ca. 30 unterschiedliche Drehgestelle gefertigt. Beispiele aus jüngster Zeit sind die Drehgestelle des ICE 3 und des ICE-Neigezuges 605 für die DB.

Die Kernkompetenz des Werkes Graz ist die hochautomatisierte Fertigung von Drehgestellrahmen. Dabei werden 2/3 aller Schweißnähte durch Roboter hergestellt. Die Toleranzen der Rahmen liegen nach dem Schweißen bei 4 bis 5 mm, nach der mechanischen Bearbeitung bei 0,1 mm. Die mechanische Bearbeitung auf Bohrwerken erfolgt ohne Kühlschmiermittel, wodurch Temperaturen von 400 °C erreicht werden. Es versteht sich von selbst, dass im Werk Graz modernste Fertigungsmethoden mit modernstem Maschinenpark zur Anwendung gelangen. Für den TAURUS der ÖBB werden Drehgestellrahmen nach Linz zur Drehgestellmontage geliefert. Für die 182, Dispoloks sowie für die Loks für Ungarn wurden und werden die Drehgestelle komplett in Graz gebaut und montiert.

Mit dem Anbringen der Loknummer erhält die neue Lok ihre Identität.

Die Anlieferung der Lokkästen nach Linz erfolgt per Bahn. Dort werden sie zunächst lackiert, was einschließlich dem Trocknen der Farbe etwa zehn Tage dauert. Die Montage und erste Überprüfung nimmt rund 24 Tage in Anspruch, danach werden die Fahrzeuge an die Siemens-Mitarbeiter zur Inbetriebsetzung übergeben, die in der Regel knapp 20 Tage dauert. Von Siemens werden die Fähigkeiten der Mitarbeiter von TS Linz sehr gelobt und es werden viele Eigenbeiträge und Initiativen für eine gute und rationelle Herstellung der Loks ausdrücklich anerkannt. Auch wurden die Loks bisher vollkommen termintreu ausgeliefert, so dass Siemens alle diesbezüglich möglichen Pönalen (Vertragsstrafen) erspart blieben.

Das Werk TS in Linz beschäftigt 950 Mitarbeiter, von denen ca. 90 mit dem Bau des TAURUS betraut sind. In der großen Halle wird meist an sieben bis acht Loks gearbeitet. Die Inbetriebsetzungsmannschaft von Siemens umfasst zwölf, die Bauüberwachung durch Siemens weitere fünf Mitarbeiter.

Nach Aufsetzen des Kastens auf die Drehgestelle und Fertigstellung einer Lok wird diese in eine benachbarte Prüfhalle überführt, wo erste Überprüfungen durchgeführt werden. Hier kann an drei Loks gleichzeitig gearbeitet werden, wobei allerdings keine Hochspannung zur Verfügung steht. Nach diesen Vorprüfungen beginnt die eigentliche Inbetriebsetzung.

Eine Probezerlegung einer TAURUS-Lokomotive wurde naheliegenderweise nie durchgeführt, denn der Kunde ÖBB hat durch die Montage in eigener Regie natürlich alle hierdurch zu gewinnenden Erkenntnisse längst selbst erlangt. Für ein Recycling wesentlicher Teile am Ende der Nutzungszeit gibt es Zusagen des Herstellers. An Ersatzteilen werden an die ÖBB Fahrmotoren, Trafos, Stromrichter und andere Hauptbauteile geliefert.

Geplante Auslieferung des TAURUS (Stand 2002)

	2000	2001	2002	2003	2004	2005	2006
Rh 1016	24	26	–	–	–	–	–
Rh 1116	1	24	75	75	75	75	25

Eine der letzten Handlungen vor der ersten Fahrt ist das Sand einfüllen.

oben: In der Werkshalle bei ÖBB Technische Services in Linz stehen die Loks in zwei Reihen hintereinander, wie hier am 24. April 2002 zu sehen. Es sind jeweils etwa sieben bis acht Lokomotiven gleichzeitig in Arbeit.

links: Die Fertigung der Führerhäuser erfolgt sowohl bei den ÖBB im TS Werk Knittelfeld (Aufnahme vom Juli 2002) als auch bei Siemens in Allach. Interessant ist die rote Montageschablone zum passgenauen Einbau der Rückwand. Das Bild zeigt außerdem deutlich den Umfang der später einzubauenden GFK-Teile für das Führerhaus.

Zur Ablieferung fertiggestelltes TAURUS-Drehgestell auf dem Prüfstand im TS Werk Linz. Hier können alle einwirkenden Kräfte simuliert werden. Deutlich sind die stark gekröpften Längsträger zu erkennen.

Anschlussarbeiten an einem Fahrmotorlüfter. Dahinter ist der Hauptluftbehälter zu sehen, rechts das bereits eingebaute Druckluftgerüst. Der Mann im roten Hemd arbeitet im Führerhaus der nächsten Lokomotive, die in Reihe hintereinander stehen.

Im TS Werk Linz steht für den ersten Teil der Inbetriebsetzung eine separate Halle zur Verfügung, allerdings ohne Hochspannungsausrüstung. Gut ist bei dieser Aufnahme von 1116 056 aus dem April 2002 die Aussparung für den Stromabnehmer im GFK-Dach des Führerhauses zu erkennen, die zur Einhaltung der elektrischen Abstände erforderlich ist.

Alle Aufnahmen: Karl Gerhard Baur

Inbetriebsetzung und Abnahmefahrt

Die Inbetriebsetzung der Loks erfolgt nicht im TS Werk, sondern im wenige Kilometer entfernten Traktionsstandort Linz im Vorort Kleinmünchen. Dort befindet sich ein großer Ringlokschuppen mit Drehscheibe aus alter Zeit sowie zahlreiche Stellplätze im Freien. Sieben Lokstände im Schuppen bzw. in der Remise, wie man in Österreich hierzu sagt, stehen der Firma Siemens für die Inbetriebsetzung der Loks zur Verfügung. Diese verläuft im Grunde nicht anders als in München-Allach und wie im Zusammenhang mit der Baureihe 182 bereits beschrieben. Völlig verschieden ist dagegen aus administrativen und technischen Gründen die sogenannte Abnahmefahrt. Um hierüber berichten zu können, hat der Autor am 24. April 2002 die Abnahmefahrt der 1116 053 begleitet.

Im Gegensatz zu Deutschland wird jede neue Lok von einem durch das Bundesministerium für Verkehr nach § 15 des Eisenbahngesetzes bevollmächtigten Mitarbeiter der ÖBB verantwortlich abgenommen. Für diese Fahrt hat sich bei den ÖBB auch der Ausdruck „Polizeifahrt" eingebürgert. Begleitet wird die Fahrt von Technikern des Inbetriebsetzungsteams und von einem Mitarbeiter der ÖBB-Endmontage. Durchgeführt wird die Fahrt von einem Instruktor, oder Lehrlokführer nach deutschem Sprachgebrauch. Für die Fahrt mit Höchstgeschwindigkeit, 230 km/h +10 % = 253 km/h steht in ganz Österreich nur ein Streckenabschnitt von sieben Kilometern Länge zwischen km 216 und 223 der Westbahn zur Verfügung, und dies nur mit Ausnahmegenehmigung unter mehreren Auflagen.

Die Fahrten erfolgen von Linz Hbf zunächst nach dem 30 km entfernten Wels und zurück, wobei bei Geschwindigkeiten von meist 120 km/h alle Varianten der Bremse untersucht und protokolliert werden. Dies sind elektrische, pneumatische und kombinierte Bremsungen in den drei Bremsstellungen G, P und R sowie bei abgeschalteten Drehgestellen von beiden Führerständen.

oben links:
Nicht optimal sind die Arbeitsbedingungen für die Mitarbeiter von Siemens für die Inbetriebsetzung der Loks im Werk Kleinmünchen in Linz, wo ein Teil des Lokschuppens für diese Aufgaben abgetrennt worden war. April 2002.

links: Beim Halt in Wels ist nach der ersten Fahrt ein Blick auf das Fahrwerk opportun.

Das zufriedene Abnahmeteam sowie die interessierten Begleiter der Fahrt stellten sich zum Erinnerungsfoto vor der neuen Lok auf. Von rechts: Abnahmebevollmächtigter der ÖBB Riepl, Lokführer Wiesinger, Siemens-Mitarbeiter Muzar, Holzer (SGP), Pamer und Kafka sowie Praktikantin Lettl (SGP).
Alle Aufnahmen: Karl Gerhard Baur

Auch die sogenannte Meidlinger-Bremse wird selbstverständlich erprobt. Für diese Prüfungen vom anderen Führerstand dient dann die Rückfahrt nach Linz. Die Zugnummern für diese Fahrten, die grundsätzlich zur gleichen Uhrzeit stattfinden, sind 17410 und 17411. Die nächste Fahrt führt nochmals nach Wels und dann darüber hinaus.

Die folgenden Fahrten mit den Zugnummern 17412 und 17413 müssen minutengenau erfolgen, da die Ausnahmegenehmigung für die Schnellfahrten ein Begegnungsverbot auf dem Gegengleis verlangt. Die Strecke ist mit LZB ausgerüstet, welche maximal 200 km/h ermöglicht. Bis Wels erfolgt von Linz aus eine normale Fahrt, zwischen Wels und dem Lambacher Tunnel liegt der Abschnitt, auf welchem 253 km/h gefahren werden können. Der Abschnitt von nur sieben Kilometer Länge erlaubt einzig die Messung der sogenannten Wertziffer. Hierfür dient ein auf dem nachlaufenden Führerstand am Boden befestigter Beschleunigungsmesser, der ein Maß für die Laufgüte der Lok liefert. Diese Signale werden aufgezeichnet und mit der Kilometrierung der Strecke korreliert. Die Geschwindigkeit kann nur am Display nach einer Softwareänderung abgelesen werden, da der Tachometer der Lok nur eine Anzeige bis 240 km/h liefert. Die Schnellfahrt ist mit ca. 100 sec. Dauer reichlich kurz und ermöglicht es kaum, weitere Eindrücke über den Lauf der Lok aufzunehmen. Allerdings ist vorherzusagen, dass ein TAURUS diese Geschwindigkeit demnächst ohnehin nicht mehr erreichen wird. Der Bahnhof Lambach wird in einem neuen Tunnel umfahren, welcher aber nur für eine V_{max} von 200 km/h zugelassen ist. Der EuroCity 53 „Bartok Béla“ nach Budapest mit seinen eleganten hellblauen Wagen der MÁV wurde wegen unserer Fahrt über die alte Strecke umgeleitet, wie man gerade noch sehen konnte. In Schwanenstadt, dem Endpunkt der Fahrt, muss das Zeitfenster für die Rückfahrt, ebenfalls mit Höchstgeschwindigkeit, abgewartet, von dort dann aber wiederum minutengenau abgefahren werden. Zuvor überholte uns jedoch eine neue Lok für die GySEV,

Den ÖBB steht für die Abnahmefahrten mit der maximalen Geschwindigkeit von 253 km/h nur ein sieben Kilometer langer Abschnitt auf der Westbahn zur Verfügung. Im Wendebahnhof Schwanenstadt wird 1016 053 nachgesehen und von 1047 501, der ersten Lok aus der „TAURUS-Familie“ für die GySEV überholt.

Letzte Einstellungsarbeiten, wie hier am Scheibenwischer, erfolgen auch nach bereits erfolgter Abnahmefahrt in Linz. Am alten Standort in Kleinmünchen wird an 1116 048 wenige Tage nach der Übergabe an den Betriebsdienst nachjustiert. *Aufnahme: Karl Gerhard Baur*

die von Allach überführt wurde. Für die erneute Schnellfahrt wird das linke Gleis benutzt, denn die genannte Ausnahmegenehmigung gilt nur für ein Gleis der Strecke. Die auf der Strecke liegenden Weichen besitzen keine beweglichen Herzstücke, wie auf Hochgeschwindigkeitsstrecken üblich. Deshalb werden die Weichen nach der Vorbeifahrt von einem Fachtrupp inspiziert, bevor die Strecke wieder freigegeben wird. Natürlich wird die Wertziffer jetzt auf dem anderen Führerstand ermittelt. Abweichungen von den erwarteten Messwerten sind sehr selten, jedoch nicht ausgeschlossen, so dass auch Nacharbeiten am Laufwerk anfallen können. Die vier Fahrten erreichen zusammen eine Strecke von 150 km. Die Probefahrt einer Lok in Deutschland ist von den geschilderten Zwängen frei und die zur Verfügung stehenden Neubaustrecken ermöglichen ausgiebige Fahrten, auch mit hoher Geschwindigkeit. Hierbei können auch subjektive Eindrücke über die Laufgüte und über Geräusche aufgenommen werden, sowohl in den Führerständen als auch im Maschinenraum.

Nach Ende der Abnahmefahrt in Linz wird die Lok zum Standort der Inbetriebsetzung nach Kleinmünchen gebracht und dort in der Remise einer genauen Inspektion, insbesondere auf dem Dach und von der Grube aus unterzogen. Noch am gleichen Abend wird eine neue Lok dem Betrieb übergeben.

Bleibt zu erwähnen, dass der Traktionsstandort Kleinmünchen Ende 2002 aufgegeben wird. Bis dahin wird ein umfangreicher höchst moderner Neubau in der unmittelbaren Nähe des TS Werkes und des Hauptbahnhofes fertiggestellt sein. Dies wird ein als „Lok-Competence-Center Linz" bezeichneter Gemeinschaftsstandort von Technische Services und Traktion sein. Auch die Inbetriebsetzung durch Siemens wird dann in modernere Anlagen umziehen können. Eisenbahnfreunde allerdings mögen den Abbruch der schönen alten Anlagen mit Wehmut sehen.

Es sei nochmals wiederholt, dass die Loks für die ÖBB in Linz, die Loks BR 182 für die DB, die Loks für MÁV und GySEV sowie die Dispoloks in München-Allach gebaut bzw. endmontiert wurden und werden. Ausnahme davon sind die ersten vier TAURUS-Lokomotiven für die ÖBB, eine Hupac sowie zwei Siemens Dispoloks, die aus Termingründen ebenfalls in Linz montiert wurden.

Besonders bunt war es Anfang August 2000 in der Siemens-Abnahmehalle in Linz, als neben 1016 016 die ersten beiden Dispoloks – noch als 1116 902 und 903 bezeichnet – abgenommen wurden. Im Hintergrund wartet bereits 1016 017 auf die Inbetriebsetzung.
Aufnahme: Ernst Kabelka

Stationierung und Einsätze bei ÖBB, MÁV und GySEV

ÖBB (Stand August 2002)

1016:	Salzburg:	1016 001 – 24,
	Wien West:	1016 025 – 050.
1116:	Salzburg:	1116 001, 026 – 039,
	Wien West:	1116 002 – 025,
	Wien Süd:	1116 040 – 060,
	Villach:	1116 061 – 070.

Weitere Lieferungen ÖBB

1116:	Villach:	– 085 und 151 – 180
	Innsbruck:	086 – 110 und 181 – 195
	Wien West:	196–220, 246–270 und 291–340
	Salzburg:	111–135, 221–245, 271–290 und 341–350
	Wien Süd:	136 – 150

Die weiteren Einlieferungen der TAURUS-Lokomotiven bis 2006 sind auch aus der abgebildeten Graphik auf der nächsten Seite zu ersehen.

Die Nennung von Wendepunkten der Loks auf dem ÖBB-Netz macht keinerlei Sinn, denn sie werden österreichweit auf allen elektrifizierten Strecken eingesetzt. Ausnahme hiervon sind nur wenige Nebenbahnen mit geringerer zugelassener Achslast. Der Einsatz erfolgt gleichermaßen im Reisezug- wie im Güterzugdienst. Der Einsatz im Güterzugdienst überwiegt stückzahlmäßig den im Reisezugdienst, wegen der möglichen hohen Tonnage, die der TAURUS befördern kann. In den meist gemischten Umlaufplänen erscheinen TAURUS-Loks ebenso wie 1044, denn alle Lokführer sind natürlich auch auf der 1044 ausgebildet. Reisezüge sind vorwiegend schnellfahrende Intercity auf der Westbahn, aber auch Wendezüge im Regionalverkehr. Im Verkehr nach Ungarn sind die hierfür geeigneten 1116 eingeteilt, wobei in Hegyeshalom das Personal wechselt. Regelmäßig wird im Tandembetrieb (Doppeltraktionen) gefahren, auch mit der 1142, so besonders am Brenner oder zwischen Villach und Tarvisio. Der TAURUS wird oft vor Zügen der Rollenden Landstraße (RoLa) und im Herbst vor den in Österreich erfreulicherweise noch üblichen Zuckerrübenzügen eingesetzt. Die Ausbildung auf dem TAURUS ist inzwischen bundesweit erledigt, sieht man von wenigen abgelegenen Dienststellen einmal ab. Weitere Ausbildungen, vor allem der jungen Mitarbeiter erfolgen noch nach Bedarf.

Die grenzüberschreitenden Einsätze des TAURUS sind auf einer besonderen Abbildung dargestellt. Neu ab Fahrplanwechsel im Dezember 2002 ist ein Einsatz vor den Eurocityzügen 22, 23, 24 und 25 als „Sandwich“ (eine Lok an jedem Zugende) entsprechend dem Triebfahrzeugdurchlauf-Übereinkommen (TDÜ) für ein Jahr bis Köln, da vorläufig die ÖBB-Steuerwagen fehlen. Die Fotografen wird es freuen! Nachts sind die ÖBB-Loks von Köln

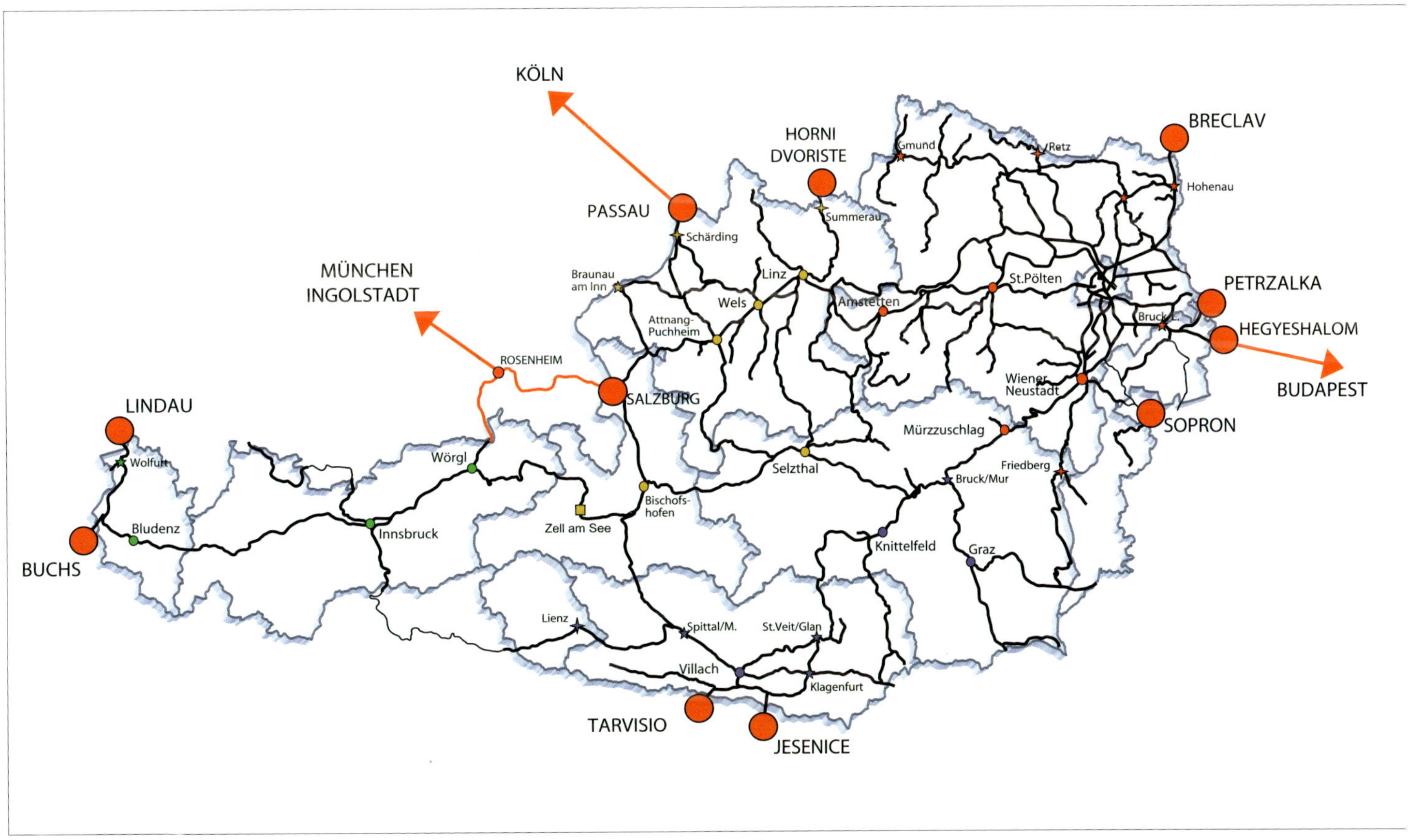

Auf der Streckenkarte der ÖBB sind die Grenzbahnhöfe besonders hervorgehoben, über die Lokomotiven der Reihen 1016 und 1116 regelmäßig ins Netz der Nachbarbahnen wechseln. Auch die jeweiligen Zielbahnhöfe sind angegeben. *Grafik: ÖBB*

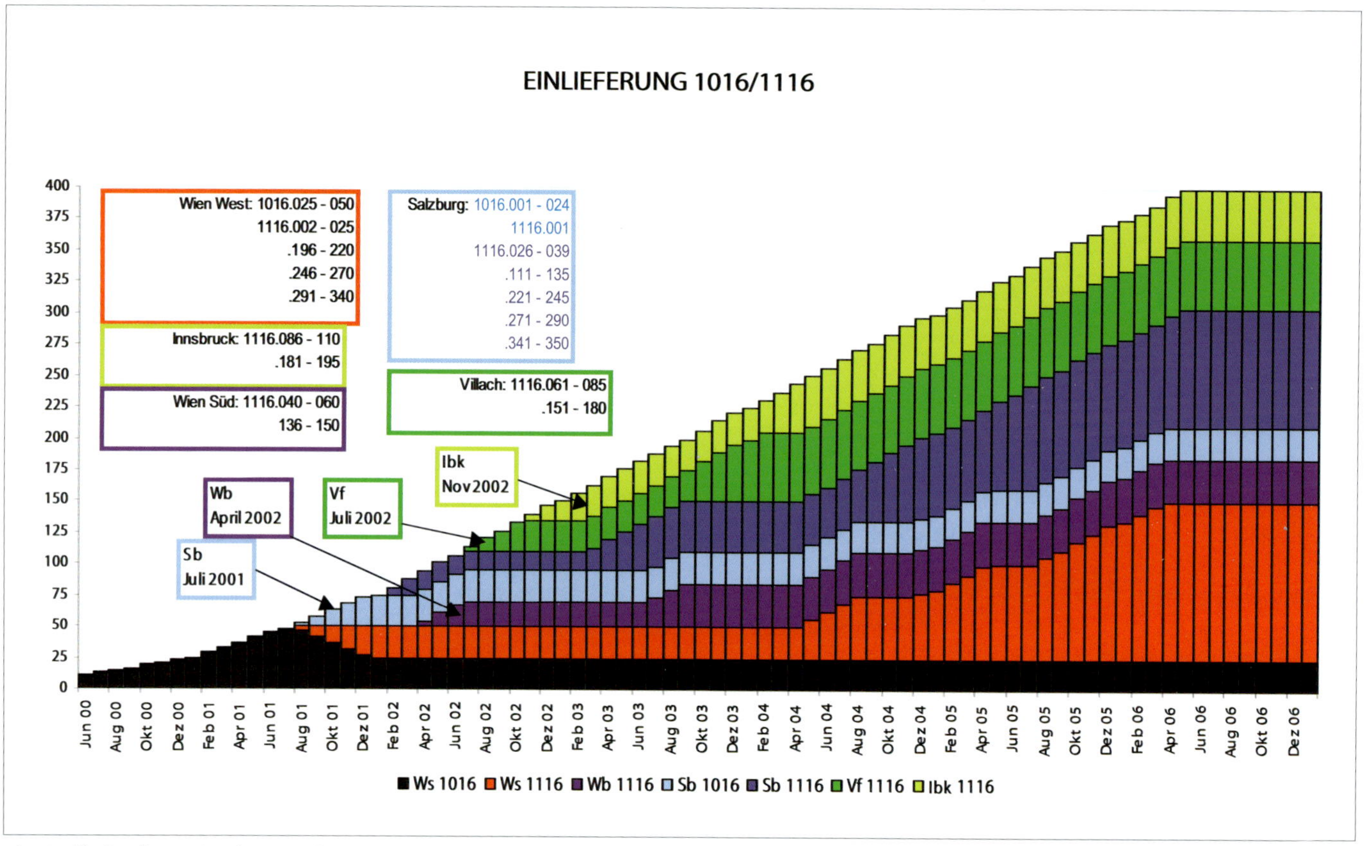

Die Grafik der ÖBB zeigt die Verteilung der Maschinen auf die Traktionsstandorte sowohl in der zeitlichen, als auch der mengenmäßigen Abfolge. Für Salzburg beginnt die Einlieferung von Loks der Reihe 1116 im Februar 2002. Wb= Wien Süd, Ws= Wien West. *Grafik: ÖBB TS*

aus sogar für DB Cargo im Dienst und erreichen mit Güterzügen Hagen-Vorhalle und Oberhausen Gbf sowie Köln-Kalk Nord und Gremberg. Dr. Draxler hätte seine wahre Freude daran, wäre er noch oberster Dienstherr dieser Lokomotiven.

MÁV

Die Lokomotiven der Reihe 1047 der MÁV sind im Lokdepot Budapest-Ferencváros stationiert. Die Loks der MÁV, die im Gegensatz zu denen der GySEV vorerst nicht mit der LZB sondern nur mit PZB 90 ausgerüstet sind, kommen mit der RoLa bis nach Wels, sonst nach Wien West und Wien Süd. Die Einsätze erfolgen im Ausgleichverkehr mit den ÖBB.

Nach ersten Einsätzen im Oktober 2002 konnten diese aber nicht planmäßig fortgeführt werden, da bei den Zulassungsformalitäten „irgendjemand – irgendwann – irgendetwas" vergessen hat, respektive zu dieser Zeit „irgendjemand – irgendwann" gerade in Urlaub war (sic). So war die fehlende Zulassung in Österreich eine bürokratische Formalität und der gestörte Einsatz hatte nichts mit den Lokomotiven selbst zu tun. Seit Ende November 2002 sind die Loks im planmäßigen Einsatz nach Wien. Bemerkenswert ist, dass die deutsche 182 über die GySEV-Strecke bis nach Sopron fährt.

Die Erfahrungen der MÁV mit den neuen Loks sind gut, von wenigen anfänglichen Problemen abgesehen. So bereitete die Dachdurchführung mehrmals Probleme, deren Ursachen zunächst nicht klar waren, ebenso wie mehrere Displays wegen Untauglichkeit während der Garantiezeit getauscht werden mussten. Bei der Umschaltung der Zugbeeinflussung konnte gelegentlich die Hauptluftleitung nicht gefüllt werden, wahrscheinlich wegen Problemen mit der Software. Die Schneeräumer aus Aluminium sollen trotz des höheren Gewichtes gegen eine Konstruktion aus Stahl getauscht werden, da sie beim Überfahren von größeren Tieren häufig beschädigt werden und die Reparatur auf Grund der Bauweise aufwendig ist. Die höchste in Ungarn mögliche Geschwindigkeit beträgt 200 km/h.

GySEV

Die ältesten der elektrischen Lokomotiven V 43 weisen bereits eine Einsatzzeit von über 30 Jahren auf und müssen alsbald ersetzt werden. Für eine auch nur geringfügig höhere Transportkapazität ist der Ersatz dieser Fahrzeuge unabdingbar. Für die Entscheidung der GySEV für den „Puszta-Stier" der Reihe 1047.5 war die Zweisystemausrüstung sowie die praktisch baugleiche Ausführung mit der 1116 der Nachbarbahnen ÖBB maßgeblich. Sie verspricht einen reibungslosen Einsatz in den jeweiligen Netzen.

Die neuen Lokomotiven sind in Sopron stationiert und werden zunächst vor Schnell- und Güterzügen zwischen Budapest und Sopron eingesetzt. Mittelfristig ist auch an einen Einsatz vor der RoLa über Sopron hinaus bis nach Wels gedacht. Die bisherigen Erfahrungen mit den neuen Lokomotiven sind ebenfalls gut, abgesehen von einer wesentlichen Störung an der Systemumschaltung.

In Anbetracht der durch die Aufnahme Ungarns in die EU zu erwartenden starken Zunahme des Güterverkehrs zwischen

Österreich und Ungarn erscheint die rechtzeitige Beschaffung zeitgemäßer Lokomotiven als eine zwingende Notwendigkeit. An den Seitenwänden der Loks sind die Schriftzüge GySEV und ROeEE (Raab-Oedenburg-Ebenfurther Eisenbahn) weithin sichtbar angebracht.

Wartung und Instandhaltung

Die präventive Instandhaltung des Lokomotivparks erfolgt wie bei allen Bahngesellschaften nach erbrachten Kilometerleistungen. Für jede Instandhaltungsstufe sind alle Einzelarbeiten in einer Liste festgelegt.
Werden diese nicht fristgerecht durchgeführt, so kann der Hersteller für Ausfälle als Folge von ungenügend gewarteten Teilen nicht verantwortlich gemacht werden. Insofern unterscheidet sich die Pflege einer Lokomotive nicht prinzipiell von der eines Autos.

Wartungsschema: Nachschau 10.000 km, Frist alle 100.000 km, Zwischenüberholung Drehgestell nach 1 Mio. km, Generalüberholung Drehgestell nach 2 Mio. km, Zwischenüberholung 1 Lokkasten: 1 Mio. km, Zwischenüberholung 2 Lokkasten: 3 Mio. km, Generalüberholung Lokkasten mit Neuanstrich: 6 Mio. km.

Spaß mit dem TAURUS

Besondere Einsätze kamen TAURUS-Lokomotiven im Rahmen von Wettbewerben zu. So wurde die Lok 1116 002 von einem schweren Motorrad aus der Halle in Linz gezogen, wobei die Kupplung dieses Motorrades erwartungsgemäß erheblich strapaziert wurde.

Noch spektakulärer war eine Veranstaltung der Firma Roco ebenfalls in Linz. 300 Modell-Lokomotiven des TAURUS setzten auf 50 parallelen Gleisen die Lok 1016 011 mit vereinten Kräften ebenfalls in Bewegung, ein Zeichen, welche ungewöhnlichen Leistungen richtig koordinierte Kräfte erbringen können.

David gegen Goliath: Dreihundert kleine TAURUS-Lokomotiven im H0-Maßstab zogen mit vereinten Kräften anlässlich einer Veranstaltung der Firma Roco am 2. September 2000 die große 1016 011 im Werk Linz ein kleines Stück weit durch die Halle.
Aufnahme: Josef Lukas

Während die Bäume in Innsbruck bereits frisches Grün tragen, kann sich der Winter auf der Nordkette des Karwendelgebirges noch behaupten. 1016 022 führt am 24. April 2001 den Sonderzug 18817 mit Wagen des EK-Verlags von Tuttlingen nach Rimini bis zum Brenner.
Aufnahme: Markus Inderst

Links:
Bei St. Jodok am Brenner zieht 1016 011 einen Zug der Rollenden Landstraße durch die winterliche Landschaft.
Aufnahme: Gerhard Prinz

Die in Innsbruck stationierte 1116 100 kommt planmäßig nicht auf die Semmeringbahn. Die Bespannung des E 1555 (Wien Südbhf. – Mürzzuschlag) am 15. Januar 2003 war daher eine seltene Ausnahme. Die Aufnahme mit der blau lackierten Werbelok entstand kurz vor dem Einfahrsignal des Bahnhofes Eichberg.
Aufnahme: Gerfried Moll

Der EC 162 „Transalpin" von Wien nach Basel hat am 9. März 2002 gerade den Arlberg-Tunnel verlassen und fährt in den Bahnhof Langen am Arlberg ein. Zuglok ist an diesem Tag 1016 032. Das Schild am linken Bildrand weist auf den Ausbau der stark befahrenen Arlberg-Strecke hin.
Aufnahme: Martin Hahmann

Leistung und Bewährung

Der oft geäußerte Verdacht, ein Preisverfall für Lokomotiven müsse sich zwangsweise in deren Qualität und Zuverlässigkeit widerspiegeln, hat sich beim TAURUS und seinen Artverwandten in keiner Weise bestätigt. Natürlich sind solch komplexe Fahrzeuge niemals frei von Fehlern und späteren Möglichkeiten zur Nachbesserung. Ein gut arbeitendes Fehlermanagement und eine partnerschaftliche Zusammenarbeit von Hersteller und Betreiber führten beim TAURUS rasch zu einem sehr erfolgreichen Betrieb dieser Lokomotiven.

In Anbetracht der rasch aufeinander folgenden Einlieferungen der neuen Loks wurde seitens des Geschäftsbereiches Traktion der ÖBB allergrößter Wert auf Disziplin in der Prozessabwicklung gelegt. Für die Implementierung der neuen Fahrzeuge wurde ein eigenes Projekt gestartet, das vor allem für die vertragsgemäße Lieferung in Bezug auf Preis, Termin und Qualität verantwortlich war und weiter ist.

Die ÖBB setzen im November 2002 bereits nahezu 150 Lokomotiven der Reihen 1016 und 1116 ein. Die erbrachte Flottenlaufleistung liegt zu diesem Zeitpunkt bereits bei 32 Millionen Kilometern. Die ersten Loks der Rh 1016 haben dabei jeweils bereits über 500.000 km zurückgelegt. Die bisher gesammelten Erfahrungen zeigen mehrheitlich ein überaus positives Bild.

Die Verfügbarkeit der Flotte liegt deutlich über 90 Prozent und ist vor allem durch die erst am Beginn stehende präventive Instandhaltung parallel zu allfälligen Abstellungen zur Durchführung von Änderungen geprägt, welche sich im Laufe der ersten Betriebszeit als notwendig und sinnvoll ergeben haben. Es ist bemerkenswert, dass die gute Verfügbarkeit trotz sofortiger Übernahme der schwersten Einsätze im Netz der ÖBB erreicht werden konnte.

Die Zuverlässigkeit konnte seit Beginn der Einlieferung deutlich gesteigert werden. Anfänglich wirken sich natürlich Serienmängel sehr stark aus. Von der Erkennung eines Problems über die technische Lösung, der Umstellung der Fertigung und dem Einbau in die Serie vergehen oft viele Wochen, im Extremfall Monate. Erschwerend und natürlich zeitverzögernd wirkt sich dabei die jedesmal neu zu beantragende Zulassung bei den zahlreichen dafür zuständigen Stellen aus. Um möglichst rasch die Änderungen in neu auszuliefernde Loks einzubringen und um zum Zeitpunkt des Verifizierungs-Starts auch zuverlässige und verfügbare Fahrzeuge im Betrieb zu haben, dafür war schnelles Handeln oberstes Gebot.

Die ÖBB haben zur Absicherung der in den Verhandlungen zugesagten Lieferbedingungen ein umfangreiches Vertragswerk erstellt. Eines der Hauptkapitel umfasst die sogenannten Spezialgarantien. Diese haben für die ÖBB den Vorteil, dass seitens der Lieferfirma konkrete Werte über Verfügbarkeit und Zuverlässigkeit garantiert werden mussten und bei Nichteinhaltung über die Vertragsmechanik Pönalen fällig würden. Das oberste Ziel der ÖBB war es eine Lösung festzulegen, welche in der Praxis ohne

Auf der Brennerstrecke sind TAURUS-Lokomotiven inzwischen allgegenwärtig. Am 2. August 2002 war 1116 071, die mit einem Güterzug den Bahnhof Matrei in Richtung Brenner durchfährt, erst wenige Tage im Dienst. *Aufnahme: Sven Strößner*

Erste „Werbelok" der ÖBB war 1016 011, die mit einem dezenten Aufkleber der Modellbahnfirma Roco versehen war. Am 3. August 2001 hat sie mit dem EuroCity 116 von Saarbrücken nach Klagenfurt soeben Bad Hofgastein durchfahren. *Aufnahme: Sven Strößner*

Lokzüge sind auf der Brennerstrecke nichts Ungewöhnliches. Auf der Talfahrt befinden sich am 3. April 2002 am Zugschluss 1016 006 und eine Schwesterlok. Es führen eine 1042 und eine 1142, danach folgen abgebügelt vier 1044.2. *Aufnahme: Markus Inderst*

allzu großen Aufwand umzusetzen ist. Demzufolge wird für die Verifizierung der Spezialgarantien nur eine Teilflotte von 50 Loks über einen Zeitraum von maximal sechs Jahren herangezogen, beginnend zwei Jahre nach Lieferung der ersten Lok. Dieser Beginn wurde mit Rücksicht auf die sogenannte Einschwingphase festgelegt, was sich mittlerweile als richtig herausstellt. Auch die Definition des Themenkreises war absolut richtig, die Praxistauglichkeit konnte nachgewiesen werden. Ein eingesetztes Team nimmt die Feinabstimmung sowie die Analyse aller Auswertungen vor.

Das Thema welches die Traktion derzeit beschäftigt ist die bisher unbekannte Entwicklung bei der Abnützung der Radlaufflächen, gekennzeichnet durch Hohllauf und Auswalzungen. Dieses Phänomen ist bei allen scheibengebremsten Hochleistungsloks festzustellen und beschäftigt derzeit die Spezialisten bei der Lieferindustrie und den Bahnen. Parallel dazu entsteht durch die fehlende Aufrauhung durch die Bremsklötze eine extrem glatte Lauffläche der Räder, welche zwangsweise zu Adhäsionsproblemen bei feuchten Schienen führt. Als Abhilfemaßnahme werden ab Herbst 2002 Versuche mit einer verbesserten Putzklotzbremse durchgeführt.

Zusammenfassend ist festzustellen, dass die zweifellos hohen Erwartungen in die neue Lokreihe bisher als erfüllt anzusehen sind. Die Verfügbarkeit liegt bereits in einem zufriedenstellenden Bereich, die Zuverlässigkeit hat sich in den letzten Monaten deutlich gebessert. Ob es gelingt, die vertraglich vereinbarten, ausgesprochen anspruchsvollen Werte zu erreichen, das wird die nahe Zukunft zeigen.

Verifizierung

Am 9. Januar 2002 hat die im Vertrag zwischen ÖBB und Siemens für sechs Jahre vereinbarte Verifizierung begonnen. Dabei werden die Zuverlässigkeit, die Verfügbarkeit und die LCC anhand von fünfzig Lokomotiven genauestens betrachtet und mit den im Vertrag fixierten Werten verglichen.
Betroffen hiervon sind die Loks 1016 025–050 und 1116 002–025. Eingesetzt ist ein spezielles LCC-Team.

Probleme in der Startphase des TAURUS

Bei einem Projekt in der Größenordnung der Einführung neuer Lokomotiven können anfängliche Probleme nicht ausbleiben. Von Kritikern wurde angesichts des niedrigen Lokpreises eine zwangsläufige Qualitätseinbuße vorhergesagt und es wurde oft versucht, einzelne Bauteile schlecht zu reden oder Kleinigkeiten zu „Riesenproblemen" zu machen. Aus Sicht der ÖBB-Projektleitung waren von Anfang an Probleme erwartet worden und es wurde Wert darauf gelegt, diese Themen sachlich zu sehen und im Sinne einer klar strukturierten Lösungsstrategie rasch und zuverlässig zu beheben.

Als Beispiele von Problempunkten seien genannt:

- Scheinwerfer: Die neue Frontpartie des TAURUS erforderte auch eine neue konstruktive Lösung im Bereich der Scheinwerfer. Anfänglich traten Probleme durch Beschlagen der Abdeckgläser auf, die nach mehreren Lösungsschritten zu einer Neukonstruktion führten. Diese ermöglicht jetzt auch einen einfacheren und schnelleren Tausch der Lampen.
- Schweißnähte: Bei Kontrollen wurden im Bereich der Längsträger vereinzelt Fehlstellen bei einigen Schweißnähten festgestellt. Um langfristig Probleme auszuschließen wurde eine Sanierung dieser Nähte vereinbart und ausgeführt.
- Elektronik: Die Elektronik nimmt bei modernen Triebfahrzeugen einen immer größeren Stellenwert ein. Die damit in Zusammenhang stehenden Probleme konnten aber zum großen Teil in kurzer Zeit behoben werden. Sehr komplizierte Systeme, wie z.B. die Fernsteuerung mit anderen Triebfahrzeugtypen, welche mit anderer Software ausgestattet sind, bedürfen daher einer detaillierten Betrachtung, die erst im praktischen Betrieb erfolgen kann.
- Klimaanlage: Die Optimierung der Klimaanlage im Führerstand ist in Anbetracht der unterschiedlichen Empfindungen des Personals äußerst diffizil. Konkrete Punkte wie Verbesserung der Luftführung oder die Anordnung des Temperaturfühlers wurden anhand mehrerer Probefahrten untersucht und optimiert.
- Sandanlage: Die Ausbringung der richtigen Sandmenge bei verschiedenen Umgebungstemperaturen ist ein immer wiederkehrendes Thema bei Lokomotiven. Auch beim TAURUS waren mehrere Entwicklungsschritte notwendig. Zur Erlangung einer Betriebsbewilligung musste eine Beheizung eingebaut werden.
- Dach aus GFK: Mängel bei der Fertigung führten zu Rissbildungen in den Führerhausdächern. Die ersten Hauben mussten getauscht und der Hersteller gewechselt werden. Durch Verbesserung der Fertigung wurde dieser Mangel behoben.
- Display: Die Optimierung der Führerstandsdisplays zog sich über längere Zeit hin. Mehrere Änderungen der Hard- und Software waren notwendig, ebenso wie der Tausch der Displays, um bessere Standzeiten zu erreichen. Bei solchen Komponenten erfolgt eine Neuentwicklung häufig rascher, als Fehler erkannt und behoben werden können.
- Drehzahlgeber: Ein Wassereintritt in die Drehzahlgeber der Fahrmotoren führte oftmals zum Ausfall von Fahrmotoren. In zwei Sanierungsstufen konnte dieser Mangel behoben werden.
- Heizschütz: Über die Probleme mit dem Heizschütz wurde bereits anderenorts berichtet.

Zulassungsproblematik

Eine Problematik besonderer Art sind die Zulassungsformalitäten für neue Lokomotiven, zumal wenn sie einmal Ländergrenzen überschreiten sollen. Die Leistungen der modernen Technik werden häufig, zumindest für längere Zeit, durch administrative Hemmnisse geradezu konterkariert. Neue Software beispielsweise für moderne rechnergesteuerte Loks, wie im Rahmen des technischen Fortschrittes häufig und auch rasch einzuführen, fordert auch bei geringfügigen Änderungen stets aufs Neue die Macht der Bürokratie heraus, so dass der Fortschritt gehemmt wird. Auch gibt es in einzelnen Ländern Forderungen der Zulassungsbehörden, die sich gegenseitig widersprechen, wie beispielsweise die Anordnung von Trittstufen. So sind auf diesem Gebiet endlich die Fortschritte notwendig, die die Techniker längst geleistet haben.

Als Beispiel für die Problematik der Zulassungsverfahren innerhalb Europas mag diese Aufnahme vom italienisch-österreichischen Grenzbahnhof Brenner stehen. Bislang gibt es immer noch keine Züge, die mit einer Lokomotive beispielsweise von Innsbruck bis Verona fahren dürfen, obwohl die geeigneten Loks in Form der Rh 1822 der ÖBB oder der neuen BR 189 der DB vorhanden, bzw. in Auslieferung sind. Brenner, im Februar 2002
Aufnahme: Karl Gerhard Baur

Unfälle

Bei der großen Zahl bereits ausgelieferter Lokomotiven ist es unausbleiblich, dass auch Unfälle geschehen. Die meisten dieser Unfälle ereigneten sich durch Zusammenstöße an Bahnübergängen, aber auch durch Überfahren von Tieren oder, bedauerlicherweise recht häufig, von lebensmüden Menschen. Hierbei zeigt sich meist der Schneeräumer aus Aluminium als empfindliches und reparaturbedürftiges Bauteil. Auch Aufstöße beim Rangieren haben sich bereits ereignet, wobei sich die Energieverzehreinrichtungen bestens bewähren. Von einem schweren Unfall ist die TAURUS-Flotte bisher glücklicherweise verschont geblieben.

(Die Informationen für dieses Kapitel verdanke ich Herrn Benes, ÖBB Traktion Technik.)

Schrankenstörung am Chiemsee

Einiges Aufsehen und ein vorübergehendes Fahrverbot für den TAURUS in Deutschland löste eine Störung an einer automatischen Schranke eines Übergangs bei Prien am Chiemsee aus. Am 19. Juli 2000 bemerkte der Lokführer eines mit einer Lok 1016 bespannten Güterzuges, dass sich die Schranken dieses Bahnübergangs nicht schlossen und somit eine ernste Betriebsgefahr eintrat. Obwohl die TAURUS-Lokomotiven die Korridorstrecke Salzburg–Innsbruck bereits regelmäßig befuhren und Störungen nicht aufgetreten sind, verfügte die DB ein Fahrverbot für den TAURUS auf dem gesamten DB-Netz, welches angesichts der Wichtigkeit dieser Korridorstrecke für die ÖBB einigermaßen aufwendige Maßnahmen zur Folge hatte. Umfangreiche Untersuchungen ergaben, dass die Ursache für diese gefährliche Störung nicht der Lokomotive sondern eindeutig der Bauart und Einstellung dieser Schienenkontakte zuzuordnen waren, so dass das Fahrverbot wieder aufgehoben wurde.
Allerdings erfolgte die Wiederzulassung des TAURUS erst nach mehr als einem Monat, so dass einige Mutmaßungen über die korrekte und partnerschaftliche Behandlung dieser Angelegenheit Eingang in die Literatur fanden.

Die Leistungsfähigkeit der Crash-Elemente im Bereich der Puffer hat sich bereits im Betriebsalltag bewährt. Die Siemens Dispoloks ES 64 U2-012 und 007 stehen im September 2002 nach einem Rangierunfall mit stark eingedrückten Puffern und einigen Blechschäden, aber intaktem Rahmen im ehemaligen Bw München.
Aufnahme: Manfred Traube

Vergleichbare Lokomotiven in Deutschland und der Schweiz

In diesem Kapitel werden nur Lokomotiven erwähnt, die als Universallokomotiven angesehen werden können. Dieses bedeutet eine Leistung von ungefähr 6 MW, eine Höchstgeschwindigkeit von mindestens 200 km/h sowie Ausrüstung mit dem universellen Drehstromantrieb. Als solche Lokomotiven können in den genannten Ländern die deutschen Loks der BR 120 und 101, die Schweizer Loks 2000 in den Varianten 460 und 465 sowie in Österreich der TAURUS eingesetzt werden. Auf die Rh 1012 wird wegen der begrenzten zugelassenen Höchstgeschwindigkeit nicht mehr eingegangen.

Eine Universallok soll in der Lage sein, das Traktionsprogramm einer Bahngesellschaft von wenigen Ausnahmen abgesehen übernehmen zu können. Für Güterzüge wird dies durch die hohe installierte Leistung und die bei vier Achsen perfektionierte Adhäsionsregelung erreicht. Für Reisezüge wird eine Geschwindigkeit von 200 km/h als ausreichend angesehen, wenn auch für Ausbaustrecken teilweise höhere Geschwindigkeiten lokomotivbespannter Züge diskutiert werden, bisher allerdings noch nicht realisiert wurden. Alle Universallokomotiven haben die Radsatzanordnung Bo'Bo'.

Hochleistungsloks gehören diese zum abgefederten Teil des Drehgestells. Die mechanische Bremse der Lok 2000 weist einige Besonderheiten auf. Die gestängelose Klotzbremse ist hier nur einseitig ausgeführt und übernimmt nur einen Teil der erforderlichen Abbremsung. Für eine Notbremsung kommt die Magnetschienenbremse zum Einsatz.

Die Federspeicherbremse hat sich als Feststellbremse bei modernen Lokomotiven durchgesetzt, wogegen die Lok 2000 hierfür mit einer Magnetschienenbremse ausgerüstet ist, welche auch als Notbremse Verwendung finden kann. Sie arbeitet aus Sicherheitsgründen mit kräftigen Permanentmagneten aus Neodym-Bor-Eisen und ist somit von der Batteriespannung unabhängig.

Bemerkenswert ist der geringe Drehgestell-Mittenabstand des TAURUS von 9900 mm, verglichen mit 10.950 mm bei der DB-BR 101 und 11.000 mm bei der Lok 2000. Zudem ist der TAURUS 780 mm länger als die kürzeste der verglichenen Loks, die Lok 2000. Der geringste Drehgestell-Mittenabstand und die größte Länge führen beim TAURUS zu einem entsprechend hohen Überhang von 4690 mm der Pufferebene gegenüber der Drehgestellmitte, verglichen mit 3 750 mm bei der Lok 2000, SBB-Re 460. Der Drehgestell-Mittenabstand des TAURUS entspricht den Maßen der BR 152. Der geringe Überhang bei der Lok 2000 wurde seinerzeit mit deren häufigem Einsatz vor Wendezügen und den dadurch beim Schieben verminderten lateralen Pufferkräften begründet.

Moderne Universallokomotiven im Vergleich

		BR 120[1]	BR 101	SBB-Re 460	BLS-Re 465	TAURUS
Dienstmasse	t	83	84	84	84	85
Dauerleistung	MW	5,6	6,4	6,1	7,0	6,4
Anfahrzugkraft	kN	300	300	275	300	300
Leistung el. Bremse	MW	3,3	6,4	6,1	7,0	6,4
El. Bremskraft	kN *	150	150	275	300	150
V_{max}	km/h	200	220	230	230	230
Raddurchmesser	mm	1250	1250	1100	1100	1150
Länge über Puffer	mm	19.200	19.100	18.500	18.500	19.280
mechan. Bremse		Klotz	Scheiben	Klotz	Klotz	Scheiben
Feststellbremse		Federsp.	Federsp.	Magnet	Magnet	Federsp.
Radsatzstand i. D.	mm	2800	2650	2800	2800	3000
Drehg.-Mittenabstand	mm	10.200	10.950	11.000	11.000	9900
Zugkraftübertragung		Drehzapfen	Zugstangen	Zugstangen	Zugstangen	Drehzapfen
elektr. Antrieb		Drehgestell	el. einzel	Drehgestell	el. einzel	el. einzel
Leittechnik		–	MICAS-S	MICAS S2	MICAS S2	SIBAS 32

Unter der Bezeichnung TAURUS wird die gesamte Lokfamilie verstanden.

* Die elektrische Bremskraft von 150 kN ist absichtlich auf diesen Wert begrenzt. In der Schweiz überlässt man diese sicherheitsrelevante Begrenzung dem Lokführer.

Ein Blick auf die Tabelle zeigt wesentliche Unterschiede der Loks verschiedener Hersteller bei der Zugkraftübertragung und dem Radsatzstand im Drehgestell. Der Raddurchmesser von 1250 mm der Loks für die DB entspricht einer Vorgabe des Kunden. Als einzige der hier verglichenen Lokomotiven ist die Lok 2000 der SBB mit radial einstellbaren Radsätzen ausgerüstet. Diese sind über die Radsatzlenker und eine Koppelwelle gegensinnig miteinander verbunden. Wegen der aufwendigen Mechanik hat diese Anordnung bisher keine Nachfolger bei Lokomotiven gefunden.

Die BR 120 und die Lok 2000 sind noch mit Klotzbremsen ausgerüstet, während neuerdings Scheibenbremsen als mechanische Bremsen generell bevorzugt werden. Bei schnellfahrenden Bei beiden Varianten der Lok 2000 wird, wie beim TAURUS, zum Bau der Führerhäuser GFK eingesetzt, wodurch sich die, beiden Loktypen eigene, elegante Form einfach verwirklichen lässt. Völlig abweichend von allen anderen Loktypen ist der Führerstand der Lok 2000 der SBB und BLS. Nicht nur die linksseitige Anordnung, sondern auch der völlig verschiedene Aufbau aller Bedien- und Anzeigeinstrumente unterscheidet ihn von den Ausführungen in deutschen und österreichischen Lokomotiven.

Im elektrischen Aufbau ähneln sich die genannten Lokomotiven grundsätzlich, gemäß den inzwischen allgemein gültigen Prinzipien der modernen Drehstromtechnik bestehend aus Transformator mit fester Übersetzung, Vierquadrantensteller, span-

Vor dem imposanten Zugspitzmassiv strebt 120 156 mit IC 816 „Wetterstein" (Garmisch-Partenkirchen – Wismar) im April 2000 dem nächsten Haltebahnhof München Hbf entgegen.
Aufnahme: Ernst Andreas Weigert

Umfangreiche Testfahrten absolvierte auch die Baureihe 101 der DB auf dem Netz der ÖBB. Vom 10. bis 26. März 1999 war dazu 101 003 im Einsatz. Mit Messzug 99005 und 1014 011 durchfährt sie am 23. März 1999 St. Georgen ob Judenburg.
Aufnahme: Peter Haslebner

Großes Glück gehört schon dazu, gleich vier Lokomotiven der BLS-Re 465 vor einem planmäßigen Güterzug zu fotografieren. Am 21. Juli 1997 bespannen 465 006, 011, 004 und 012 den kurzen Gz 51821 bei Kandersteg.
Aufnahme: Carlo Hertogs

nungsgeführtem Gleichstrom-Zwischenkreis und Pulswechselrichtern. Die Stromrichter aller Lokomotiven mit Ausnahme der BR 120 der DB sind mit GTO-Thyristoren aufgebaut, die zum Zeitpunkt des Baus der 120 noch nicht in der entsprechenden Leistungsklasse auf dem Markt waren. Die Baureihen 120 und 460 der SBB sind mit Drehgestellsteuerung und somit mit zwei Pulswechselrichtern, die anderen Lokomotiven mit Einzelradsatz-Steuerung und vier Pulswechselrichtern ausgerüstet. Außer einer höheren Redundanz im Störungsfall soll eine bisher nicht reproduzierbar nachgewiesene höhere Zugkraft der Vorteil letzterer Variante sein.

Eine bisher einmalig gebliebene Besonderheit weist die Lok Re 465 der BLS auf. Sie ist mit einer automatischen Abschaltung eines Drehgestells ausgerüstet, für den Fall dass nach einiger Zeit nur eine geringe Leistungsanforderung besteht. Hierdurch kann der Energieverbrauch der Baureihe weiter vermindert werden. Bei höherer Leistungsanforderung wird das vorübergehend abgeschaltete und im Standby-Zustand befindliche Drehgestell sofort wieder zugeschaltet und erbringt die angeforderte Zugkraft.

Die Baureihe 120 der DB blieb auf 60 Exemplare beschränkt, eine geplante BR 121 wurde nicht realisiert. Die Baureihe 101 wurde in 145 Exemplaren gebaut und fand eine Nachfolgerin, wenn auch deutlich modifiziert in 29 Lokomotiven für die „New Jersey Transit" als Baureihe ALP 46. Von beiden Varianten der Lok 2000 wurden für die Schweiz 119 Exemplare der Re 460 (SBB) und 18 Exemplare (BLS) der Re 465 gebaut. Exporterfolge erzielten die ehemals berühmte Schweizer Lokomotiv- und Maschinenfabrik SLM und ABB in Finnland (20 Stück), in Norwegen (22 Stück) und in Hong Kong (2 Stück). Die TAURUS-Lokomotivfamilie wird zur Zeit der Niederschrift dieses Buches noch für lange Zeit gebaut und eine endgültige Stückzahl ist noch nicht abzusehen, da Siemens Dispolok weitere Exemplare beschafft und Bestellungen anderer Bahnen denkbar sind.

Es bleibt zu erwähnen, dass die Firma Bombardier ihre Lokomotive der BR 185 auf eine Leistung von 5,6 MW gebracht hat und dass eine BR 146X mit einer Höchstgeschwindigkeit von 200 km/h ab Sommer 2003 zur Verfügung stehen wird. Die vorgesehene Kombination beider Merkmale lässt eine neue elektrische Lokomotive auf dem Markt erscheinen, die die Leistungsmerkmale der BR 120 trägt und demzufolge in den Kreis der Universallokomotiven einzureihen ist. Zusätzlich wird diese neue Baureihe eine Ausrüstung für 25 kV 50 Hz aufweisen. Man kann davon ausgehen, dass aus dem Hause Bombardier weitere Entwicklungen zu erwarten sind.

Die neuen DB-Lokomotiven der Baureihen 145, 146 und 185 erfüllen ebensowenig wie die Baureihen 152 und 189 die Anforderungen an eine Universallokomotive, zum einen wegen zu geringer Höchstgeschwindigkeit, teilweise aber auch wegen zu niedriger Leistung.

Einen Vergleich der BR 101 mit dem TAURUS aus Sicht des Lokführers veröffentlichte die Stuttgarter Lokführerzeitung von TRANSNET im Dezember 2000. Das dortige Personal hatte beide Loktypen im Plan zu fahren und war somit zu solchen Vergleichen prädestiniert. Erkennbar wird eine leichte Bevorzugung des TAURUS durch den Autor bezüglich Bedienerfreundlichkeit und Laufkultur, wenn auch beide Typen sich in vielen Punkten nur unwesentlich unterscheiden. Allerdings würde auch er sich gelegentlich eine sechsachsige Lok mit gleichen Eigenschaften wünschen, die ihm aber sicher in seinem weiteren Berufsleben keine Bahngesellschaft mehr zur Verfügung stellen wird.

Die neue „Europa-Lok" von Siemens ist für vier Stromsysteme konzipiert. Der Lokkasten behält die Systemmaße der Baureihe 152, unterscheidet sich aber durch die gesickten Seitenwände. Im Sommer 2002 erfolgten lauf- und bremstechnische Zulassungsfahrten in Österreich, die gleichzeitig die Zulassung für Deutschland ermöglichen. Am 20. August 2002 steht 189 001 mit zwei Bremsloks der Rh 1116 im Bahnhof Haag. *Aufnahme: Christoph Domay*

Ein Blick in die Zukunft

Noch haben die Firmen Siemens und Bombardier einen hinreichenden Arbeitsvorrat, aber man muss sich fragen, was nach der TAURUS-Familie und der 145–185-Familie kommt. Wahrscheinlich haben Viersystemloks, nicht nur mit Cargo-Höchstgeschwindigkeit trotz merklich höheren Preises eine Zukunft. Italien und die Benelux-Staaten sind wichtigste Handelspartner, die in diesen Vergleich einbezogenen Länder und ihre Bahnen sind zumindest vorläufig mit Gleichspannungssystemen ausgerüstet. Die Bestellung von 100 Loks der BR 189 durch die DB und von 15 gleichartigen Loks durch Siemens Dispolok deutet in diese Richtung. Eine vergleichbare Viersystemlok von Bombardier wird nicht mehr lange auf sich warten lassen. Kurz vor Redaktionsschluss dieses Buches ist eine Ausschreibung der SBB für 18 Loks mit 3-kV-Teil für Italien erfolgt, die letzlich wohl auch eine Viersystemlok sein wird.

Welche grundlegenden technischen Neuerungen könnte die Zukunft noch bringen? Die dargestellten Verbesserungen liegen zwar noch in einiger Ferne, würden aber wertvolle Fortschritte bringen. Leistungsfähige Motoren für einen direkten Antrieb der Achsen ohne zwischengeschaltetes Getriebe stehen zwar schon zur Verfügung, wobei ein Prototyp einer Lokomotive allerdings noch auf sich warten lässt. Motor und Radsatz hätten dann die gleiche Umdrehungszahl. Eine grundlegende Verkleinerung der Transformatoren durch Supraleitfähigkeit bei tiefer Temperatur ist mehr als eine Utopie und die erforderliche Kühlleistung durch flüssiges Helium scheint wirtschaftlich günstiger zu sein als die bisherigen Energieverluste eines herkömmlichen Transformators. Auch für dieselelektrische Fahrzeuge, die ja beim Bremsen keine Energie in eine Fahrleitung zurückspeisen können, zeichnen sich Energiespeicher in Form von bereits bekannten Schwungrädern oder ganz neuartiger Kondensatoren, an welchen Siemens arbeitet, als wesentliche Neuerung und Verbesserung ab. Hierdurch könnte die beim Bremsen durch Umwandlung von kinetischer Energie erzeugte elektrische Energie gespeichert und beim Anfahren wieder genutzt werden. Solche denkbaren Verbesserungen könnten allerdings erst in ganz neue Lokgenerationen Einzug halten.

Gemeinsam befördern 1116 057 und 031 am 30. Oktober 2002 einen Güterzug bei St. Jodok über die Brennerstrecke. *Aufnahme: Bernd Eisenschink*

Nachrichten nach Redaktionsschluss

Der Stand dieser Nachrichten entspricht dem 15. März 2003.

Umzug am Standort Linz

Termingerecht Mitte Dezember 2002 wurde das TAURUS Kompetenz-Center Linz in Betrieb genommen. Am neuen Standort in der Unionstraße, in unmittelbarer Nachbarschaft des Hauptbahnhofes Linz, konzentrieren sich die Produktionsstätten der ÖBB Geschäftsbereiche Traktion und Technische Services. Desweiteren erfolgt die Inbetriebsetzung der TAURUS Lokomotiven durch die Firma Siemens an diesem neuen Standort.

Mit einer gesamten Investitionssumme von 23 Mio. Euro ist die nach neuestem Stand der Technik errichtete Anlage in Bezug auf Dimension und Leistungsfähigkeit derzeit einzigartig in Österreich und gilt als Beispiel für eine effiziente Betriebsabwicklung hinsichtlich der Bereitstellung der Lokomotiven und des Service.

Herzstück sind zwei größtenteils im Selbststellbetrieb verkehrende Schiebebühnen, über welche die Lokomotiven die insgesamt 108 Stellplätze erreichen. Für die Abwicklung der bis zu 300 täglichen Lokbewegungen steht ein eigenes Traktionsstellwerk mit 14 fernbedienbaren Weichen zur Verfügung.

Ein besonders innovatives Detail des neuen Standortes ist die Bauart der Tankanlage zur Versorgung der Diesellokomotiven mit Kraftstoff, die einfaches und bedienfreundliches Arbeiten für die Mitarbeiter gewährleistet. Die Ausführung der Auffangeinrichtung für Mineralöl entspricht höchsten Umweltanforderungen und wird in Österreich erstmals angewendet.

Das Grundstück in der Raimundstraße mit einer Fläche von 70.000 m² wird in Folge der Standortkonzentration freigemacht und steht ab Mitte 2003 für die künftige Stadtentwicklung zur Verfügung.

Die neueste Ausführung der Breitbandabsorber wurde ab August 2002 an den Innenseiten der Räder aller Loks montiert. *Aufnahme: Siemens*

Ein Blick auf die Mechanik des ausgeklappten Spiegels zeigt den kräftigen Antriebszylinder. *Aufnahme: Karl Gerhard Baur*

Spiegel

Die Spiegel werden gegen das Eindringen von Wasser, Schnee und Schmutz besonders abgedichtet. An der rechten Konsole des Führerpultes ist ein Schlüsselschalter vorhanden, mit welchem die Spiegel zum Putzen ohne Betätigen des Pedals ausgestellt werden können.

Technische Änderungen

Versuchsweise fahren TAURUS-Loks der ÖBB mit verbessertem Stromabnehmer wie die BR 189 der DB. Der Schneepflug wird voraussichtlich verstärkt, Untersuchungen hierzu sind im Gange. Mit Siemens verhandeln die ÖBB über technische Weiterentwicklungen im Rahmen des Lokvertrages.
Bei den Trittstufen ist die Schrift „Krauss Maffei" entfallen. Wegen vorhandener Lagerbestände kann eine genaue Loknummer nicht angegeben werden. Die Loks 1116 125 und folgende enthalten diese Schrift sicher nicht mehr.

Laufleistung

Zum 4. März 2003 hatte die TAURUS-Flotte der ÖBB 46,3 Mio. km zurückgelegt, die Reihe 1016 davon 25,9 Mio. km.

Breitbandabsorber

Die Bedeutung der Breitbandabsorber (Schallabsorber an den Rädern) wird durch die inzwischen dritte Ausführung dieser Einrichtung unterstrichen. Ab August 2002 sind diese auf der Rad-Innenseite aller Lokomotiven angebracht und hiermit dem Anblick des interessierten Beobachters entzogen.

Auch in der dunkelblauen Farbgebung kann 1116 100 sich sehen lassen. Für ein Jahr werben ÖBB, Siemens und Roco für die seit 30 Jahren bestehende Hilfsaktion für benachteiligte Mitmenschen. Im Hauptbahnhof von Innsbruck, Februar 2003, unten die Aufschrift im Detail. *Aufn.: Karl Gerhard Baur*

Licht ins Dunkel

Die Lok 1116 100 wurde am 28. November 2002 anlässlich des Jubiläums „30 Jahre Licht ins Dunkel" durch die ÖBB, Siemens und Roco in einem diesem Ereignis gewidmeten Design präsentiert, mit welchem diese Lok ein Jahr unterwegs sein soll. Die Aktion „Licht ins Dunkel" ist eine Spendenaktion zugunsten bedürftiger und behinderter Menschen. Siemens unterstützt diese Aktion schon seit Jahren und spendete zur Übergabe dieser Lok einen großen Geldbetrag. Die Gestaltung der Lok 1116 100 wurde von der Salzburger Firma Roco initiiert, die nach diesem Vorbild eine Sonderserie gestaltet.

Für jedes verkaufte Modell wird ein Betrag von 13 Euro an die Aktion weitergeleitet. Anläßlich der Präsentation wurde von Roco bereits eine Anzahlung im Wert von 40.000 Euro geleistet. Eine Anschrift beidseitig an der Lok weist auf den Sachverhalt hin.

Software

Bei Tandembetrieb ist die Bremskraft der zweiten Lokomotive reduziert. Bei einer Lok am Zugschluss ist bei Talfahrt zur besseren Ausnutzung der Bremskraft sowie zur erhöhten Energierückspeisung die E-Bremskraft auf 240 kN erhöht. Bei einer Geschwindigkeit unter 40 km/h erfolgt eine Erhöhung von 100 auf 150 kN.

Auf dem Display kann eine Analoguhr aufgerufen werden, die alle 15 Minuten das Glockenspiel des Big Ben wiedergibt. Alle volle Stunde ertönt eine der Stunde entsprechende Zahl an Glockenschlägen wie von einer Turmuhr.

Neuerdings besteht die Möglichkeit, am Zugdateneinsteller auch die Zugmasse einzugeben, wodurch ein verbessertes Regelverhalten der AFB erreicht wird. Bisher wurde die Zugmasse aus den eingegebenen Zugdaten abgeschätzt.

Software-Änderungen erfolgen von Zeit zu Zeit und bieten im Allgemeinen Verbesserungen in der Bedienung, besseres Regelverhalten oder aber – wie im Falle der elektrischen Bremse – Möglichkeiten zur Energieeinsparung. In der Einfachheit solcher Anpassungen zeigt sich ein besonderer Vorteil von rechnergesteuerten Lokomotiven.

Entsprechende Änderungen werden dem Personal durch schriftliche Weisungen mitgeteilt.

Leasing-Modelle für den TAURUS

Je 50 Lokomotiven der Reihen 1016 und 1116 wurden über ein „Cross-Border-Leasing-Programm" abgewickelt.

Streckung der Investitionen

In den Jahren 2004 und 2005 werden die ÖBB nur mehr fünfzig Lokomotiven beziehen statt wie bisher geplant 75 Lokomotiven. Die Streckung der Lieferung wird durch eine Aktualisierung der Produktionspläne möglich, unter anderem durch den Entfall des Lokpools mit der DB. Damit kann auch die Investitonsspitze in diesen beiden Jahren abgeflacht werden. Ab dem Jahr 2006 erfolgt die Restlieferung.

TAURUS überrundet 1044

Voraussichtlich im Oktober 2003 wird der TAURUS erstmals die 1044 an Stückzahl übertroffen haben und damit zur weitest verbreiteten Lokomotive der ÖBB. Nicht nur die Schweizer Lok 2000 mit 137 Exemplaren, auch die deutschen Loks der BR 101 mit 145 Exemplaren und der BR 152 mit 172 gebauten Exemplaren (+2 Dispoloks) übertrifft er deutlich an Stückzahl. Lediglich die Lokfamilie 145, 146 und 185 der DB einschließlich ihrer Lieferungen an EVU und an Schweizer Bahnen liegt mit der gesamten TAURUS-Familie derzeit Kopf an Kopf.

Reihen 1012 und 1822

Die Lok 1012 001 ist nach einem schweren Motorschaden abgestellt und dient inzwischen als Ersatzteilspender. Dem Betrieb stehen daher nur noch zwei Loks zur Verfügung. Sic transit gloria mundi!!!

Die Lok 1822 003 wird ab Ende März 2003 mit 800.000 Kilometer Laufleistung der ersten Werksinstandhaltung unterzogen. Die anderen vier Loks sind von Innsbruck aus in Betrieb.

Bestand älterer Reihen (Januar 2003)

Der Umgang der ÖBB mit den Investitionsgütern der Vergangenheit erscheint verantwortungsvoller und sorgsamer als bei der DB üblich. Es werden nicht komplette Reihen aus Prinzip ausgemustert, sondern Restlaufleistungen bis zur nächsten Grundausbesserung oder bis zum Auftreten größerer Schäden ausgenutzt. Im Januar 2003 waren folgende Loks noch im Einsatzbestand (Angaben erfolgen nur, sofern Abweichungen von der Tabelle auf den Seiten 14/15 gegeben sind). Weitere Änderungen werden im Sommer 2003 erwartet.

1042	1042^5	1142	1044	1044^2	1144
47	15	168	119	67	24

Die Aufstellung zeigt, dass sich bei den älteren Reihen kaum Änderungen ergeben haben.

Abweichendes Logo oder Anschriften

Von Unbekannten wurden gelegentlich abweichende Logos oder Werbepiktogramme auf den Loks platziert. Die falschen Piktogramme wurden und werden bei der nächsten Instandhaltungsstufe jeweils wieder entfernt. Neben der auf Seite 76 abgebildeten 1016 012 wurden auch 1016 004, 005, 009, 010 und 021 zeitweise mit dem ÖBB-Logo auf der Frontseite gesichtet.

Baureihe 182 in Nürnberg

Die 25 Loks der Baureihe 182 sind zur vollkommenen Zufriedenheit ohne nennenswerte Veränderungen in Betrieb. Die Loks weisen Laufleistungen zwischen 190.000 und 230.000 km auf und stehen insofern zur Instandhaltung I 2 an, welche teilweise auch bereits erledigt ist. Das bisher stillgelegte Heizschütz wird derzeit modifiziert und wieder in Betrieb gesetzt, so dass die Loks demnächst wieder freizügig, so auch vor der RoLa eingesetzt werden können.

1116 093 setzt sich am 13. Februar 2003 in Innsbruck vor den Hilfszug. Bei dieser Lok fällt die fehlende Hälfte des Schneepfluges auf. Dieses aus Aluminium hergestellte Bauteil wird zukünftig in einer verstärkten Form montiert.

Aufnahme: Karl Gerhard Baur

Unter der lichtdurchfluteten Vorhalle des Kölner Hauptbahnhofes wartet 1116 059 am Zugschluss auf die Abfahrt des EuroCity 23 „Franz Liszt" nach Wien.
Aufnahme: Matthias-B. Müller

TAURUS in Köln

Seit dem Fahrplanwechsel 2003 erreichen die Lokomotiven der Reihen 1016 und 1116 vor den EuroCity-Zügen 22, 23, 24 und 25 Köln. Mangels ÖBB-Steuerwagen sind die Züge an beiden Enden mit einem TAURUS bespannt. Gefahren werden die Züge zwischen Passau und Köln von Nürnberger, Frankfurter und Kölner Personalen, wofür besondere Vorschriften gelten.

Bei Richtungswechsel in Frankfurt ist das Nachbremsventil auszuschalten und im Übergabegespräch zu bestätigen.

Bei der Bereitstellung der Züge in Köln-Deutzerfeld ist nach dem Kuppeln der Drehschalter „Nachbremsventil" in Stellung „Aus" zu schalten. Es ist eine vereinfachte Bremsprobe durchzuführen.

Am 13. Februar 2003 zog 1116 058 den EC 23 „Franz Liszt" (Köln – Wien West) bis Frankfurt (M) Hbf, am Zugschluss lief 1116 016. Die Aufnahme entstand beim Halt in Koblenz Hbf. Links im Bild der restaurierte Kehlturm des 1827–32 erbauten preußischen Forts Großfürst Konstantin. In seinen Kasematten befindet sich das Rheinische Fastnachtsmuseum.
Aufnahme: Hansjürgen Wenzel

Die Wiener Lokalbahnen konnten am 31. Oktober 2002 die erste Siemens Dispolok übernehmen, die zukünftig Containerzüge von verschiedenen Terminals in Österreich nach Bremerhaven befördern soll. Aufgrund der langen Mietzeit ist die Lok in den „Hausfarben" der WLB lackiert. Vor der Wallfahrtskirche Frauenberg bei Admont befindet sich ES 64 U2-020 am 7. November 2002 auf einer Einschulungsfahrt über die Gesäusestrecke. *Aufn.: Jens Hohmann*

Siemens Dispolok

Bis Ende März 2003 werden 34 ES 64 U2, bis Ende Juni 2003 sollen alle 38 Loks ausgeliefert sein. Für Siemens Dispolok sind darüber hinaus 15 Viersystemloks entsprechend der BR 189 DB fest bestellt. ÖBB Netz verlangt für den grenzüberschreitenden Einsatz der Loks eine rein numerische Bezeichnung, so dass die Loks mit Nummern ab 182 501 fortlaufend bezeichnet werden, diejenigen mit Schweizpaket ab 182 595 steigend. Diese Nummern werden einschließlich Kontrollziffer zusätzlich unter der ES 64-Bezeichnung klein angeschrieben. Auch die Loks der Baureihen 145 und 185 der Firma Bombardier sind von dieser Regelung betroffen, so dass die Buchstabenfolge CL vor der Seriennummer künftig entfallen wird. Die neuesten Loks der Baureihe 185 für EVU wurden als 185^5 ausgeliefert.

Wie bekannt wurde bei den deutschen Bahnen 1968 ein computergerechtes Nummernsystem eingeführt, speziell unter Vermeidung von Buchstaben wie E für Ellok oder V für Diesellok.

Seit Dezember 2002 steht neben ES 64 U2-016 auch ES 64 U2-022 in den Diensten der CargoServ GmbH. Zum speziellen Design erhielt sie den Namen „erz.her.zog", der vor der Kulisse des steirischen Erzberges verständlich wird. Von der Verladeanlage am Bahnhof Eisenerz transportieren die Loks Erzzüge nach Linz-Stahlwerke. Die zukünftigen Dispo-Loks 080 und 081 erhalten eine Rangierfernsteuerung, 016 geht an Siemens zurück. *Aufn: D. Zehetner*

Bei Stafflach begegnen sich am 29. August 2001 die talwärts fahrende „RoLa" mit zwei 1016 und der bergwärts fahrende mit Getreide beladene Behälterwagenzug mit drei Lokomotiven der Rh 1044. *Aufnahme: Bernd Eisenschink*

Lieferliste und Fabriknummern

Liste mit den Abnahmedaten für den TAURUS der ÖBB, für die Baureihe 182 der DB, für die ES 64 U2 für Hupac und Siemens Dispolok sowie für die Reihe 1047 für die MAV und die GySEV.

Lok Nr.:	Abnahmefahrt	EBA-Abnahme	Lokkasten-Nr.	Variante
ES64U2-101	26.06.01	11.-12.07.01	20 555	.-V3 Hupac
ES64U2-102	26.06.01	06.08.01	20 556	
ES64U2-100	aus Linz			ehem. 1116-901
182 001	11.-12.07.01	11.-12.07.01	20 298	.-V1
182 002	10.08.01	14.08.01	20 299	
182 003	27.07./14.08.01	20.08.01	20 300	
182 004	02.08.01	06.08.01	20 301	
182 005	21.08.01	24.08.01	20 302	
182 006	11.09.01	11.09.01	20 303	
182 007	21.09.01	21.09.01	20 304	
182 008	27.09.01	05.10.01	20 305	
182 009	11.10.01	11.10.01	20 306	
182 010	27.11.01	05.12.01	20 307	
182 011	22.10.01	23.10.01	20 308	
182 012	25.10.01	29.10.01	20 309	
182 013	31.10.01	05.11.01	20 310	
182 014	07.11.01	08.11.01	20 311	
182 015	12.11.01	12.11.01	20 312	
182 016	13.11.01	13.11.01	20 313	
182 017	28.11.01	30.11.01	20 314	
182 018	21.11.01	26.11.01	20 315	
182 019	29.11.01	30.11.01	20 316	
182 020	30.11.01	03.12.01	20 317	
182 021	12.12.01	13.12.01	20 318	
182 022	10.12.01	13.12.01	20 319	
182 023	14./19.12.01	20.12.01	20 320	
182 024	18.12.01	20.12.01	20 321	
182 025	20.12.01	20.12.01	20 322	
ES64U2-001	10.09.01	20.09.01	20 557	.-V2
ES64U2-002	21.09.01	05.10.01	20 558	
ES64U2-003	25.09.01	05.10.01	20 559	
ES64U2-004	11.01.02	14.01.02	20 560	
ES64U2-005	19.01.02	21.01.02	20 561	
ES64U2-006	21.02.02	26.02.02	20 562	
ES64U2-007	01.02.02	04.02.02	20 563	
ES64U2-008	08.02.02	12.02.02	20 564	
ES64U2-009	15.03.02	18.03.02	20 565	
ES64U2-010	06.04.02	08.04.02	20 566	
ES64U2-011	21.03.02	25.03.02	20 567	
ES64U2-012	17.04.02	18.04.02	20 568	
ES64U2-013	27.03.02	28.03.02	20 569	
ES64U2-014	15.04.02	17.04.02	20 570	

Lok Nr.:	Abnahmefahrt	EBA-Abnahme	Lokkasten-Nr.	Variante
ES64U2-015	29.05.02	03.06.02	20 571	
ES64U2-016	16.05.02	17.05.02	20 572	
ES64U2-017	26.04.02	29.04.02	20 573	
ES64U2-018	26.06.02	28.06.02	20 574	
ES64U2-019	23.08.02	26.08.02	20 769	
ES64U2-020	24.10.02	25.10.02	20 770	
ES64U2-021	25.11.02	26.11.02	20 771	
ES64U2-022	28.11.02	29.11.02	20 772	
ES64U2-023	05.12.02	09.12.02	20 773	
ES64U2-024	28.01.03	29.01.03	20 774	
ES64U2-025	29.01.03	30.01.03	20 775	
ES64U2-026	11.02.03	12.02.03	20 776	
ES64U2-027	27.02.03	10.03.03	20 777	
ES64U2-028	14.02.03	21.03.03	20 778	
ES64U2-029			20 779	
ES64U2-030			20 780	
ES64U2-080			20 781	.-V9 Funkfernsteuerung
ES64U2-081			20 782	
ES64U2-082			20 783	
ES64U2-095	18.07.02	29.07.02	20 784	.-V6 Helvetisiert
ES64U2-096	08./09.08.2002	12.08.02	20 785	
ES64U2-097	18.09.02	19.09.02	20 786	
ES64U2-098	18.10.02	21.10.02	20 787	
ES64U2-099	22.11.02	25.11.02	20 788	
1047 001	21.03.02		20 789	.-V4
1047 002	02.07.02	04.07.02	20 790	
1047 003	29.07.02	29.07.02	20 791	
1047 004	27.08.02	28.08.02	20 792	
1047 005	29.08.02	30.08.02	20 793	
1047 006	18./27.09.02*	30.09.02	20 794	
1047 007	16.10.02	17.10.02	20 795	
1047 008	16.10.02	17.10.02	20 796	
1047 009	06.11.02	07.11.02	20 797	
1047 010	27.11.02	28.11.02	20 798	
1047 501	18.04.02		20 799	.-V5
1047 502	11.07.02	15.07.02	20 800	
1047 503	19.09.02	20.09.02	20 801	
1047 504	07.11.02	08.11.02	20 802	
1047 505	26.11.02	27.11.02	20 803	

Zwei Generationen von Elektrolokomotiven – 1116 065 und die Nostalgie-Ellok 1020.47 – treffen sich am 12. November 2002 im Traktionsstandort Graz Hbf. Die Altbau-Ellok hatte an diesem Tag den „Exider"-Ausstellungszug der Siemens A&D (Automation and Drives), den sie auf einer innerösterreichischen Präsentationsfahrt bespannte, nach Graz Puntigam gebracht.

Aufnahme: Dietmar Zehetner

ÖBB-Lok	Lok-Nummer	Lfd. Lok-kasten	SKM Lokkasten Rahmen-Nr. Soll	EBA Lokkasten Rahmen-Nr. Ist	Auslieferung an ÖBB TR	EBA-Nr.
1	1016 001-8	001	20348		11.02.2000	EBA97X15A
2	1016 002-6	002		20349	19.01.2000	
3	1016 003-4	003		20350	05.01.2000	
4	1116 001-7	001	20351	–	02.02.2000	EBA97X14A
5	1016 004-2	004		20352	02.03.2000	
6	1016 005-9	005		20353	15.03.2000	
7	1016 006-7	006		20354	29.03.2000	
8	1016 007-5	007		20355	12.04.2000	
9	1016 008-3	008		20356	27.04.2000	
10	1016 009-1	009		20357	10.05.2000	
11	1016 010-9	010		20358	24.05.2000	
12	1016 011-7	011		20359	07.06.2000	
13	1016 012-5	012		20360	23.06.2000	
14	1016 013-3	013		20361	26.07.2000	
15	1016 014-1	014		20362	16.08.2000	
16	1016 015-8	015		20363	06.07.2000	
17	1016 016-6	016		20364	30.08.2000	
18	1016 017-4	017		20365	13.09.2000	
19	1016 018-2	018		20366	25.09.2000	
20	1016 019-0	019		20367	09.10.2000	
21	1016 020-8	020		20368	23.10.2000	
22	1016 021-6	021		20369	30.10.2000	
23	1016 022-4	022		20370	13.11.2000	
24	1016 023-2	023		20371	02.01.2001	
25	1016 025-7	025		20372	11.12.2000	
26	1016 026-5	026		20373	08.01.2001	
27	1016 024-0	024		20374	27.11.2000	
28	1016 028-1	028		20375	22.01.2001	
29	1016 029-9	029		20376	29.01.2001	
30	1016 027-3	027		20377	15.01.2001	
31	1016 030-7	030		20378	05.02.2001	
32	1016 031-5	031		20379	12.02.2001	
33	1016 032-3	032		20380	19.02.2001	
34	1016 033-1	033		20381	26.02.2001	
35	1016 034-9	034		20382	05.03.2001	
36	1016 035-6	035		20383	12.03.2001	
37	1016 036-4	036		20384	02.04.2001	
38	1016 037-2	037		20385	09.04.2001	
39	1016 038-0	038		20386	26.03.2001	
40	1016 039-8	039		20387	19.03.2001	
41	1016 040-6	040		20388	17.04.2001	
42	1016 041-4	041		20389	23.04.2001	
43	1016 042-2	042		20390	02.05.2001	
44	1016 043-0	043		20391	07.05.2001	
45	1016 044-8	044		20392	14.05.2001	
46	1016 045-5	045		20393	21.05.2001	
47	1016 046-3	046		20394	28.05.2001	
48	1016 047-1	047		20395	05.06.2001	
49	1016 048-9	048		20396	11.06.2001	
50	1016 049-7	049		20397	18.06.2001	
51	1016 050-5	050		20398	25.06.2001	
52	1116 002-5	002	20399		02.07.2001	EBA97X14A
53	1116 003-3	003	20400		09.07.2001	
54	1116 004-1	004	20401		16.07.2001	
55	1116 005-8	005	20402		23.07.2001	
56	1116 006-6	006	20403		30.07.2001	
57	1116 007-4	007	20404		20.08.2001	
58	1116 008-2	008	20405		06.08.2001	
59	1116 009-0	009	20406		13.08.2001	
60	1116 010-8	010	20407		27.08.2001	
61	1116 011-6	011	20408		03.09.2001	
62	1116 012-4	012	20409		10.09.2001	
63	1116 013-2	013	20411		17.09.2001	
64	1116 014-0	014	20410		24.09.2001	
65	1116 015-7	015	20412		08.10.2001	
66	1116 016-5	016	20413		15.10.2001	
67	1116 017-3	017	20414		08.10.2001	
68	1116 018-1	018	20415		22.10.2001	
69	1116 019-9	019	20416		29.10.2001	
70	1116 020-7	020	20417		12.11.2001	
71	1116 021-5	021	20418		05.11.2001	
72	1116 022-3	022	20419		19.11.2001	
73	1116 023-1	023	20420		26.11.2001	
71	1116 024-9	024	20421		03.12.2001	
75	1116 025-6	025	20422		10.12.2001	
76	1116 026-4	026	20455		17.12.2001	
77	1116 027-2	027	20456		07.01.2001	
78	1116 028-0	028	20457		14.01.2001	
79	1116 029-8	029	20458		08.10.2001	
80	1116 030-6	030	20459		21.01.2002	
81	1116 031-4	031	20460		16.01.2001	
82	1116 032-2	032	20461		23.01.2002	
83	1116 033-0	033	20462		28.01.2002	
84	1116 034-8	034	20463		06.02.2002	
85	1116 035-5	035	20464		30.01.2002	
86	1116 036-3	036	20465		04.02.2002	
87	1116 037-1	037	20466		25.02.2002	
88	1116 038-9	038	20467		11.02.2002	
89	1116 039-7	039	20468		18.02.2002	
90	1116 040-5	040	20469		20.03.2002	
91	1116 041-3	041	20470		20.02.2002	
92	1116 042-1	042	20471		04.03.2002	
93	1116 043-9	043	20472		06.03.2002	
94	1116 044-7	044	20473		27.03.2002	
95	1116 045-4	045	20474		11.03.2002	
96	1116 046-2	046	20475		13.03.2002	
97	1116 047-0	047	20476		17.04.2002	
98	1116 048-8	048	20477		25.03.2002	
99	1116 049-6	049	20478		03.04.2002	
100	1116 050-4	050	20479		10.04.2002	
101	1116 051-2	051	20480		08.04.2002	
102	1116 052-0	052	20481		29.04.2002	
103	1116 053-8	053	20482		24.04.2002	
104	1116 054-6	054	20483		22.04.2002	
105	1116 055-3	055	20484		22.05.2002	
106	1116 056-1	056	20485		03.06.2002	
107	1116 057-9	057	20486		06.05.2002	
108	1116 058-7	058	20487		27.05.2002	
109	1116 059-5	059	20488		15.05.2002	
110	1116 060-3	060	20489		13.05.2002	
111	1116 061-1	061	20490		05.06.2002	
112	1116 062-9	062	20491		10.06.2002	
113	1116 063-7	063	20492		17.06.2002	
114	1116 064-5	064	20493		19.06.2002	
115	1116 065-2	065	20494		24.06.2002	
116	1116 066-0	066	20495		01.07.2002	
117	1116 067-8	067	20496		03.07.2002	
118	1116 068-6	068	20497		08.07.2002	
119	1116 069-4	069	20498		29.07.2002	
120	1116 070-2	070	20499		15.07.2002	
121	1116 071-0	071	20500		17.07.2002	
122	1116 072-8	072	20501		22.07.2002	
123	1116 073-6	073	20502		31.07.2002	
124	1116 074-4	074	20503		12.08.2002	
125	1116 075-1	075	20504		05.08.2002	
126	1116 076-9	076	20505		19.08.2002	
127	1116 077-7	077	20506		21.08.2002	
128	1116 078-5	078	20507		02.09.2002	
129	1116 079-3	079	20508		26.08.2002	
130	1116 080-1	080	20509		23.09.2002	
131	1116 081-9	081	20510		18.09.2002	
132	1116 082-7	082	20511		04.09.2002	
133	1116 083-5	083	20512		09.09.2002	
134	1116 084-3	084	20513		16.09.2002	
135	1116 085-0	085	20514		30.09.2002	
136	1116 086-8	086	20515		07.10.2002	
137	1116 087-6	087	20516		02.10.2002	
138	1116 088-4	088	20517		14.10.2002	
139	1116 089-2	089	20518		16.10.2002	
140	1116 090-0	090	20519		21.10.2002	
141	1116 091-8	091	20520		28.10.2002	
142	1116 092-6	092	20521		30.10.2002	
143	1116 093-4	093	20522		04.11.2002	
144	1116 094-2	094	20523		11.11.2002	
145	1116 095-9	095	20524		13.11.2002	
146	1116 096-7	096	20525		18.11.2002	
147	1116 097-5	097	20526		25.11.2002	
148	1116 098-3	098	20527		27.11.2002	
149	1116 099-1	099	20528		02.12.2002	
150	1116 100-7	100	20529		09.12.2002	
151	1116 101-5	101	20530		14.01.2003	
152	1116 102-3	102	20531		18.12.2002	
153	1116 103-1	103	20532		17.01.2003	
154	1116 104-9	104	20533		17.01.2003	
155	1116 105-6	105	20534		20.01.2003	
156	1116 106-4	106	20535		22.01.2003	
157	1116 107-7	107	20536		27.01.2003	
158	1116 108-0	108	20537		29.01.2003	
159	1116 109-8	109	20538		03.02.2003	
160	1116 110-6	110	20539		05.02.2003	
161	1116 111-4	111	20540		10.02.2003	
162	1116 112-2	112	20541		12.02.2003	
163	1116 113-0	113	20542		17.02.2003	
164	1116 114-8	114	20543		19.02.2003	
165	1116 115-5	115	20544		24.02.2003	
166	1116 116-3	116	20545		26.02.2003	
167	1116 117-1	117	20546		03.03.2003	
168	1116 118-9	118	20547		05.03.2003	
169	1116 119-7	119	20548		10.03.2003	
170	1116 120-5	120	20549		17.03.2003	
171	1116 121-3	121	20550		19.03.2003	
172	1116 122-1	122	20551		24.03.2003	
173	1116 123-9	123	20552		31.03.2003	
174	1116 124-7	124	20553			
175	1116 125-4	125	20554			

Erläuterungen der Begriffe

ABB
Zusammenschluss von ASEA und BBC zu ABB vom Januar 1988. ABB und Thyssen-Industrie gründeten 1990 das Unternehmen ABB Henschel mit Sitz in Mannheim.

AC, DC
Alternating current = Wechselstrom, direct current = Gleichstrom.

Adhäsion
von lateinisch adhaerere = anhaften. Kräfte zweier verschiedener Körper bei Berührung, im speziellen Fall zwischen Rad und Schiene.

Adhäsionskoeffizient, auch Reibwert
Verhältnis von Tangentialkraft zu Normalkraft beim Vorgang der Reibung. Bei Eisenbahnen übertragbare Kraft des Radsatzes im Verhältnis zur Aufstandskraft des Radsatzes. Der A. hängt stark vom Zustand von Rad und Schiene sowie von der Geschwindigkeit des Fahrzeuges ab. Unter optimalen Verhältnissen beträgt der A. $\mu \sim 0{,}4$, er kann aber unter ungünstigen Bedingungen bis 0,15 absinken. Durch Sanden kann der A. erhöht werden.

Adsorption
Bindung von Gasen, Dämpfen oder von gelösten Stoffen aus Lösungen an die Oberfläche eines festen Körpers, der als Adsorbens bezeichnet wird. Adsorptionen erfolgen meist an großen inneren Oberflächen poröser Stoffe. Der umgekehrte Vorgang ist die Desorption.

Adtranz
ABB Daimler-Benz Transportation. Die Firma Adtranz war ein 1996 gegründetes Gemeinschaftsunternehmen für Bahnsysteme der Konzerne ABB und Daimler-Benz. Beide Firmengruppen waren mit 50 Prozent an der Firma Adtranz beteiligt. Die Firma Adtranz bestand aus 50 einzelnen Gesellschaften in 40 Ländern. Im Adtranz-Konzern waren im Laufe mehrerer Jahre in mehreren Schritten folgende Unternehmen aufgegangen:

AEG, Westinghouse, MAN, MBB, LEW Hennigsdorf -> Linie AEG
ASEA, BBC, Thyssen Henschel, Waggon Union -> Linie ABB
vereinigt seit 1996 -> Adtranz

Der Name Adtranz ist ein Akronym aus den Wörtern ABB, Daimler und Transportation mit dem Buchstaben Z am Ende für Benz. Am 20. Januar 1999 wurde als weiterer Schritt einer langen Entwicklungslinie die Übernahme der ABB-Anteile an Adtranz durch Daimler Chrysler bekanntgegeben. Der neue Firmenname wurde mit Daimler Chrysler Rail Systems festgelegt. Die Schreibweise ADtranz wurde nur in Verbindung mit dem grünen Punkt als Logo verwendet.

Im April 2001 schließlich wurde die Übernahme der Firma durch den kanadischen Mischkonzern Bombardier von der Europäischen Kommission unter Auflagen genehmigt. So sind die einstigen traditionsreichen deutschen Lokomotivhersteller AEG, BBC und Henschel in die Bombardier Transportation aufgegangen, während Teile von Krupp und Krauss Maffei heute zu Siemens gehören.

Angleicher
Taster mit dem der Druck in der Hauptluftleitung gewollt über den Regelwert von 5 bar angehoben werden kann um eventuell feste Bremsen im Zug zu lösen. Der Bremsrechner reduziert danach den erhöhten HL-Druck so langsam, dass ein Anlegen der Bremsen im Zug vermieden wird.

Anschnittsteuerung
Spannungs- und Leistungssteuerung bei elektrischen Fahrzeugen durch Verschieben des Zündzeitpunktes der Sinushalbwelle bei Wechselspannung mittels Thyristoren.

Hierdurch kann der Effektivwert der Wechselspannung bzw. nach erfolgter Gleichrichtung der Mittelwert der Gleichspannung und somit die Leistungsaufnahme eines Fahrzeuges kontinuierlich verändert werden. Nach gleichartigem Prinzip funktioniert der Dimmer an heimischen Lampen.

ASEA
Allmänna Svenska Elektriska Aktiebolaget. Lokomotivfabrik in Västeras, Schweden.

ASEA/NOHAB für den mechanischen Teil der Lok 1043: Nydqvist & Holm, Trollhättan S.

BBC
Brown, Boveri & Cie. Von Charles E.L. Brown und Walter Boveri 1891 gegründete Maschinenfabrik in Baden Schweiz. Die erste deutsche Niederlassung wurde 1900 in Mannheim angesiedelt. Bei der Entwicklung der Drehstromtechnik mit statischen Umrichtern leistete BBC Pionierarbeit.

Bogenzahnkupplung
Bewegliche Kupplung zur Verbindung von Wellen, deren Ausgleichsbewegung nicht durch elastische Verformungen erreicht werden. Durch ballig ausgeführte Zähne oder Klauen müssen die zu kuppelnden Wellen nicht absolut präzise fluchten, sondern können einen leichten Winkelversatz bis ca. 3° aufweisen.

Bombardier Transportation
Von J. Armand Bombardier 1974 gegründetes Geschäftsfeld für den Schienenverkehr. Nach Übernahme von Adtranz weltweit größter Hersteller von Schienenfahrzeugen mit 37.000 Mitarbeitern in 43 Ländern. Umsatz 2001 ca. sechs Mrd. Euro, Weltmarktanteil ca. 24 %. Firmensitz Montreal, Kanada und Berlin.

Bussystem
Mehradrige Sammelleitung zum Daten- und Informationsaustausch zwischen den verschiedenen Systemkomponenten einer Datenverarbeitungsanlage. Diese Leitung, an welche sämtliche Komponenten der Anlage angeschlossen sind, kann als Ringnetz oder als Liniennetz aufgebaut sein. Die Leitung verbindet den Ausgang jeder Komponente mit den Eingängen aller anderen. Der Datenfluss zwischen den Komponenten erfolgt im Multiplexbetrieb, wobei ein Mikroprozessor Prioritäten festlegt, zwischen welchen Komponenten der Datenverkehr zu erfolgen hat. Die Übertragung der Daten erfolgt digital.

BZA
Bundesbahn Zentralamt

CAD
Computer Aided Design. Entwurf und Konstruktion technischer Produkte mit Hilfe geeigneter Computer und Programme.

CFR
Caile ferate romane. Rumänische Eisenbahnen.

CIR-ELKE
Computer integrated railroading, Erweiterung der Leistungsfähigkeit im Kernnetz. CIR-ELKE ist der Ausdruck des Bemühens der DB, durch signaltechnische Maßnahmen die Leistungsfähigkeit des Bahnnetzes zu erhöhen. Durch Einsatz der Linienzugbeeinflussung auf Strecken, welche wegen Höchstgeschwindigkeiten von <160km/h diese eigentlich nicht erfordern, kann durch eine von der Aufstellung der Signale unabhängigen Blockteilung eine dichtere Zugfolge und eine Steigerung der Leistungsfähigkeit der Strecke erreicht werden.

Diese Technologie wird auf dem Streckenabschnitt Offenburg–Basel erprobt. Um den gewünschten Nutzen auch zu erreichen, müssen alle auf dieser Strecke verkehrenden Triebfahrzeuge mit LZB entsprechender Bauart ausgerüstet sein, was nicht immer der Fall ist. Auch sind häufigere Störungen bekannt geworden.

DAVIS
Diagnose- und Visualisierungsrechner. Anzeige links der MFA.

Diagnose
Aus dem Griechischen „Auseinandererkennen". Methodische Erforschung von Merkmalen eines Gegenstandes oder auch einer Person, um ihn mit bereits bekannten Begriffen erforschen zu können.

Doppler-Effekt
Frequenzverschiebung von Schallwellen oder elektromagnetischen Wellen bei deren Reflektion an einem bewegten Objekt. Der Effekt, nach dem österreichischen Physiker Christian Doppler benannt, tritt generell bei Relativbewegungen zwischen Quelle und Beobachter bzw. Messung auf. Die Frequenzverschiebung ist der Relativbewegung proportional und kann daher zur Geschwindigkeitsmessung herangezogen werden. – Diese Messung liefert einen exakten und von der Radumdrehung unabhängigen Wert.

Drehstrom
Verkettung mehrerer sinusförmiger elektrischer Wechselströme, die gegeneinander phasenverschoben sind. In einem Generator, in dessen Stator mehrere Spulen angebracht sind, wird bei Drehung des Rotors in jeder dieser Spulen eine Wechselspannung induziert. Das technisch wichtigste Mehrphasensystem ist das den Dreiphasenstrom liefernde Dreiphasensystem, mit einem Phasenwinkel von 120°.

Drehstrom-Asynchronmotor
Elektromotoren nutzen die mechanischen Kraftwirkungen aus, welche im Magnetfeld auf einen stromdurchflossenen Leiter ausgeübt werden (Lenzsche Regel). Sie bestehen aus einem Stator, welcher ein Magnetfeld erzeugt und einem Rotor, auf welchen, sofern dieser von einem Strom durchflossen wird, ein Drehmoment wirkt. Der Rotorstrom kann durch Schleifringe oder Kommutatoren auf den Rotor übertragen werden oder aber durch ein wechselndes Magnetfeld des Stators in der Rotorwicklung induziert werden. So werden die Rotoren von Drehstrom-Asynchronmotoren durch Induktion des rotierenden Magnetfeldes des Stators gespeist. Man spricht daher von Induktionsmotoren. Einrichtungen zur Stromübertragung auf den Rotor sind nicht vorhanden. Voraussetzung für die Induktion ist eine von der Synchrondrehzahl abweichende Rotordrehzahl. Diese Drehzahlabweichung von der Synchrondrehzahl wird als Schlupf bezeichnet und in Prozent angegeben. Es ist nicht zu verwechseln mit dem Schlupf der Räder auf den Schienen.

Die einfachste Form von Asynchronmotoren sind Kurzschlussläufermotoren mit Käfigläufer. Wegen ihrer Einfachheit und Betriebssicherheit sowie wegen der günstigen Herstellkosten stellen sie die weitest verbreitete Motorbauart dar. Die Rotorwicklungen bestehen bei diesen Motoren lediglich aus starken axialen Leiterstäben, die in das Rotoreisen eingelassen und an den Enden durch Leiterringe miteinander verbunden sind, daher der Name Käfig. Der erste praxistaugliche Drehstrom-Asynchronmotor wurde durch Michael von Dolivo-Dobrwolsky 1889 bei AEG konstruiert.

Drossel
Eine Drossel ist eine Spule mit hohem induktivem, aber geringem Ohmschen Widerstand. Sie ermöglicht eine Begrenzung von Wechselstrom bei geringem Leistungsverlust. Mit einem Kondensator zu einem Siebkreis verschaltet vermag sie Oberschwingungen bei Gleichrichteranlagen herauszufiltern, ebenso wie pulsierenden Gleichstrom zu glätten.

Dynamoblech (auch Elektroblech oder Kernblech)
Blech mit besonders guten magnetischen Eigenschaften und geringen Eisenverlusten. Eisenverluste entstehen durch Ummagnetisierung, wenn sich das Eisen in einem veränderlichen Magnetfeld befindet sowie durch Wirbelstromverluste.

Gegenmaßnahmen sind die Auswahl spezieller Eisensorten (Ummagnetisierung) sowie das Zusammensetzen der Eisenkörper aus gegeneinander isolierten dünnen Blechen (Wirbelstromverluste).

EBULA (DB)
Elektronischer Buchfahrplan und La (Übersicht der vorübergehend eingerichteten Langsamfahrstellen). Elektronischer Speicher und Anzeige dieser Daten auf der Lok. Die Daten können in einem Festspeicher kurzfristig aktualisiert werden. Dem Lokführer bleibt der Umgang mit relativ viel Papier erspart und auf der Lok müssen nicht mehr die Fahrpläne für ganz Deutschland mitgeführt werden.

Die Einführung von EBuLa ist zur Zeit der Niederschrift dieses Buches erst zögernd in Gang gekommen. Inzwischen zeichnet sich ab, dass wohl auf den Bestandteil La verzichtet wird. Selbst neue Triebfahrzeuge sind noch nicht generell ausgerüstet. Eine Vorbereitung der TAURUS-Lokomotiven auf EBuLa ist bisher erst geplant. Es müsste eine Sonderkonstruktion nachgerüstet werden oder das Diagnosedisplay zur Anzeige herangezogen werden.

Eisenbahn-Bundesamt (Deutschland)
Als die Deutsche Bundesbahn noch ein staatliches Unternehmen war, konnte sie die sicherheitsrelevante Aufsicht in eigener Regie wahrnehmen. Seit der Privatisierung der Bahn gibt es das dem Verkehrsministerium angegliederte Eisenbahn-Bundesamt (EBA) mit Sitz in Bonn. Dieses überwacht als Aufsichtsbehörde alle sicherheitsrelevanten Einrichtungen und Vorgänge der Eisenbahnen in Deutschland. Man muss gegenüber dem EBA für jede einzelne Lok einen Konformitätsnachweis erbringen, mit welchem die Übereinstimmung jeder Lok in technischer Ausführung und in Qualität mit der Bauartzulassung bestätigt wird.

Elektronik
Umfassender Begriff für alle Erscheinungen und Geräte, welche auf den Eigenschaften und dem Verhalten von Elektronen oder Jonen beruhen. Im Allgemeinen verwendet man den Begriff Elektronik jedoch nur für solche elektrischen Erscheinungen, die sich durch die Bewegung von Elektronen im Vakuum, in Gasen oder in Festkörpern charakterisieren lassen. In der Leittechnik und in den Stromrichtern einer Lokomotive spielen solche Festkörper die herausragende Rolle.

ELIN
Elektrische Industrie. In den fünfziger Jahren gegründetes Unternehmen als Teil der verstaatlichten Industrie Österreichs ÖIAG (Österreichische Industrieverwaltungs AG) Heute ist das Unternehmen eine hundertprozentige Tochter des VA-Tech Konzerns, nachdem Bombardier eine Beteiligung anlässlich der Übernahme von Adtranz auf Forderung der EU Kartellbehörde abgeben musste. (VA = Voest Alpine) ELIN war stets Partner beim Bau elektrischer Lokomotiven für die ÖBB.

Energiezähler
Einrichtung zur Messung und Registrierung der aus der Fahrleitung entnommenen bzw. in diese zurück gespeisten elektrischen Energie gemessen als Arbeit in der Einheit Kilowattstunden (kWh). Der Energiezähler integriert das Produkt aus Fahrdrahtspannung und Oberstrom über die Zeit, natürlich in durch Spannungs- und Stromwandler herabgesetzten messtechnisch geeigneten Werten. Es ist zu beachten, dass Arbeit und nicht Leistung angezeigt und registriert wird. Die Leistung der Lok kann aus dem Oberstrom am Display abgelesen werden, dessen Wert multipliziert mit der aktuellen Fahrdrahtspannung der augenblicklichen Leistung einschließlich aller Hilfsbetriebe und der Zugsammelschiene entspricht.

Beim TAURUS der ÖBB wird der Energieverbrauch vorläufig noch aus gerechneten Werten im ZSG ermittelt und auf dem Display angezeigt. Ein eichfähiger Stromzähler ist bisher nicht vorhanden, jedoch vorbereitet. Bei der BR 182 ist ein echter Zähler der Firma ABB eingebaut. Die DB beabsichtigt allerdings, die bisher in der BR 182 eingebauten ABB Energiezähler durch die sogenannte TEMA-Box zu ersetzen (TEMA = Traktions Energie Management und Abrechnung).

Die Ermittlung der exakten Energiekosten einer Zugfahrt hat besondere Wichtigkeit bei Zügen im "Free Acces" auf den Netzen der Staatsbahnen, weil neuerdings exakte Messwerte für eine Abrechnung zur Verfügung stehen und man nicht mehr auf Schätzungen des Energieverbrauchs angewiesen ist. Die Energiezähler auf den Loks werden erst zum Teil genutzt, können aber ein wichtiges Hilfsmittel, auch zur Energieeinsparung sein. Bei den Siemens Dipoloks werden die ermittelten Messwerte teilweise per GSM an zentrale Stellen übertragen.

ERTMS
European Rail Traffic Management System. Oberbegriff der EU-Kommission für das Projekt eines umfassenden Eisenbahn-Betriebsführungssystems. Hierzu zählen die Teilsysteme Zugsicherung und Zugsteuerung sowie die Funkübertragungs-Systeme.

ETCS
European Train Control System. Das ETCS ist eine im Entstehen begriffene Spezifikation für ein künftiges einheitliches Zugsicherungssystem in Europa. Es basiert im Wesentlichen auf Funkübertragung aller notwendigen Informationen von den Zentralen zu den Zügen und von den Zügen zu den Zentralen durch GSM-R. Für die Einführung von ETCS sind drei levels definiert, die nacheinander eingeführt werden sollen. Das System befindet sich in mehreren Ländern in Erprobung und steht für den Zugbetrieb noch nicht in nutzbringendem Maße zur Verfügung.

ep-Bremse
Elektropneumatische Bremse, Druckluftbremse mit elektrischer Ansteuerung. Durch die elektrische Ansteuerung der durchgehenden Druckluftbremse in jedem Wagen wird deren Durchschlaggeschwindigkeit wesentlich erhöht und hierdurch die Bremswirkung ebenso beschleunigt, wie vergleichmäßigt. Insbesondere lange Züge können durch diese moderne Bremse mit kürzerem Bremsweg und nahezu ohne Zerrungen im Zuge zum Halten gebracht werden. Als Rückfallebene bei Störungen fungiert die konventionelle pneumatische Ansteuerung der Druckluftbremse. Während die ep-Bremse bei schnellfahrenden Reisezügen bereits generell zur Anwendung kommt, steht die Einführung bei Güterzügen in größerem Umfang noch in einiger Ferne.

Erdkontakte
Elektrische Kontakte durch Reibungselemente aus Kohle auf den Radsatzwellen zur Vermeidung des Stromdurchgangs durch die Radsatzlager. In der Regel sind alle Radsätze einer Lok mit diesen Kontakten ausgerüstet. Nach einem Hersteller werden solche Kontakte häufig als Frost-Kontakte bezeichnet.

Erdstromwandler
Sicherheitseinrichtung zur Überwachung der elektrischen Einrichtungen der Lokomotive auf Kurzschluss. Oberstrom und Rückstrom werden verglichen und bei einer Differenz von >50 Ampère wird der Hauptschalter ausgelöst. Die Einrichtung entspricht dem Fehlerstrom-Schutzschalter im Haushalt.

ESRA-Bus
Electronical System for Railway Application. Bussystem zwischen den Führerbremsventilen und dem Bremsrechner HSM.

EVM
Zugsicherungssystem der Ungarischen Staatsbahnen. Elektronikus Vonatmegállító.

EVU
Eisenbahnverkehrsunternehmen

Fahrzeugbegrenzung
Die Zulassung der TAURUS-Loks bezüglich der kinematischen Begrenzungslinie erfolgt im unteren Bereich nach dem Profil UIC 505-1, im oberen Bereich nach dem Profil der Schweizer Normalspurbahnen. Hierdurch wird gleichzeitig das Profil nach EBO (Eisenbahn Bau- und Betriebsordnung) eingehalten. Die Berechnung berücksichtigt Bogenfahrten, Federung, Querspiel, Wanken und weitere Toleranzen.

Finite-Elemente-Verfahren
Numerisches Verfahren zur Lösung mathematisch formulierbarer Feldprobleme, speziell aus der Festigkeitslehre, zur Ermittlung von Spannungen und Dehnungen an komplizierten Bauteilen. Das Bauteil wird dabei durch eine Vielzahl an Teilstücken (Elementen) endlicher (finiter) Größe idealisiert. Das Verfahren stammt aus dem Flugzeugbau und wird heute im gesamten ingenieurtechnischen Bereich eingesetzt.

Flexicoil-Federung
Schraubenfeder mit zusätzlicher Ausnutzung ihrer Querfedereigenschaft. Die Flexicoilfeder nimmt sowohl axial wirkende Kräfte als auch senkrecht hierzu wirkende Kräfte auf und entwickelt eine zur Mittellage gerichtete Rückstellkraft. Flexicoilfedern werden heute fast bei allen modernen Triebfahrzeugen als Sekundärfederung zwischen Drehgestell und Lokkasten eingesetzt. Häufig werden je Abstützpunkt mehrere Federn nebeneinander eingesetzt.(coil = engl. Rolle, Spule)

Gateway
Einrichtung zur Kopplung von Daten- und Rechnernetzen mit verschiedener Kommunikations Architektur.

GEC Alstom
General Electric Company, GB (nicht USA), Lokomotivfabrik in Mulhouse, Frankreich

Alstom wurde früher mit „th" geschrieben, dann im Rahmen der Übernahme durch GEC anglisiert.

GPS Global Positioning System.
Satellitengestütztes Ortungssystem, z.B. für Fahrzeuge aller Art.

GPR-Wechsel
Anpassung der Bremswirkung an die Zugart Güterzug, Personenzug, Rapidbremse zum stoßfreien Bremsen unterschiedlicher Züge. Durch verschiedene Drosselbohrungen wird das Einströmen der Luft in die Bremszylinder und damit der Aufbau der Bremskraft entsprechend der Einstellung verzögert, um beim Bremsen Zerrungen in den Zügen zu vermeiden. Der Aufbau der elektrischen Bremskraft folgt der pneumatischen Bremse. Der höchste im Bremszylinder erreichte Druck ist von der Einstellung abhängig und beträgt in Bremsstellung R 4,4 bar, in Bremsstellung P und G 3,4 bar.

GSM-R
Global System for Mobile Communication – Railway. Digitale Datenübertragung zwischen Betriebsstellen und Fahrzeugen mittels Funk mit eisenbahnspezifischen Ergänzungen.

GTO
siehe unter Thyristor.

GySEV
Györ-Sopron-Ebenfurti-Vasút. Normalspurige, eingleisige, grenzüberschreitende Eisenbahn im österreichisch-ungarischen Grenzgebiet. Auch Raab (Györ)-Oedenburg (Sopron)-Ebenfurter Eisenbahn ROeEE, gelegentlich auch Raaber Eisenbahn. Seit 1988 durchgehend mit 25 kV 50 Hz elektrisch betrieben. Systemwechselbahnhof ist Ebenfurth. Streckennetz 184 km. Die Länge der elektrischen Hauptstrecke beträgt zwischen Ebenfurth und Sopron 31 km, zwischen Sopron und Györ 84 km. Die Bahn ist zu 61,1 % im Besitz der Republik Ungarn, zu 33,3 % im Besitz der Republik Österreich, zu 4,2 % im Besitz der Hamburger Hafen und Lagerhaus AG, Rest Streubesitz. Als Nebenbahn führt die Neusiedler Seebahn von Neusiedel am See über Pamhagen nach Fertöszentmiklós. Hier werden Dieselfahrzeuge eingesetzt. Im Jahr 2001 wurden im grenzüberschreitenden Verkehr 5,3 Mio. Tonnen Güter transportiert. Die GySEV ist im nördlichen Burgenland und im gesamten ostösterreichischen Raum ein wichtiger verkehrspolitischer Faktor.

Hochleistungspuffer
Kombination von Hydraulikstoßdämpfer mit der bewährten 590 kN Reibungsfeder „Ringfeder" nach UIC. Der Puffer Combigard C105 bietet im Puffergehäuse niedrige Endkräfte beim Auflaufstoß von Fahrzeugen und maximalen Schutz für Wagen und Ladegut. Die dynamische Arbeitsaufnahme von >70 kJ absorbiert der Hydraulikstoßdämpfer.

HSM-Bremsregler
Kennzeichnung der Firma Knorr. H = systembezogene Buchstabenfortschreibung der Firma Knorr, S = stellungsabhängige Bremsbedienung, M = mikroprozessorgesteuert. HSM-EP = ausgerüstet mit ep-Bremse.

Hupac
Als führender Operateur im intermodalen Verkehr betreibt Hupac mit Beteiligungsgesellschaften ein europaweites Netz für den Transport von Lkw-Sendungen auf der Schiene. Das 1967 gegründete Unternehmen bewirtschaftet hierfür 2400 eigene Eisenbahnwagen. Die Hupac transportiert im unbegleiteten kombinierten Verkehr 50 Ganzzüge pro Werktag zwischen Terminals in Deutschland, Belgien, den Niederlanden, der Schweiz und Italien. Die Tochtergesellschaft Hupac Intermodal betreibt als begleiteten kombinierten Verkehr unter dem Namen RAlpin die Rollende Autobahn (entsprechend der Rollenden Landstraße RoLA in Österreich) zwischen Freiburg und Novara mit 14 Zügen (Shuttles) pro Tag. Diese Relation wird mit Beteiligung von BLS, SBB und Trenitalia bewirtschaftet. In dieser Verbindung über den Weg Lötschberg–Simplon sind Lkw mit 4 m Eckhöhe zugelassen. Weitere Verbindungen bestehen zwischen Basel und Lugano, Freiburg und Lugano sowie zwischen Singen und Mailand.

IGBT Insulated Gate Bipolar Transistor.
Neues Schaltelement der Leistungselektronik, das hohe Ströme schnell und aufwandsarm schalten und gleichzeitig hohe Spannungen sperren kann. Es wird erwartet, dass IGBT in den nächsten Jahren die GTO in der Traktionstechnik ablösen werden. Im unteren und mittleren Leistungsbereich zählen IGBT heute schon zum Stand der Technik. Müssen GTO mit hohen Strömen angesteuert werden, so reicht beim IGBT das Anlegen einer Spannung an das Gate aus. Die einfache Steuerbarkeit wird zu einer Erhöhung der Zuverlässigkeit führen.

Neuerdings stehen IGBT mit einer Sperrspannung von 6,5 kV zur Verfügung, die serienmäßig in der neuen Viersystemlok BR 189 von Siemens zum Einsatz kommen. Erstmals erprobt im Leistungsteil elektrischer Lokomotiven wurden IGBT in der Lok 152 190.

Indusi
Trotz Fortentwicklung nicht mehr ganz zeitgemäße, im Grunde auf bis auf das Jahr 1928 zurückgehende induktive Zugsicherung. Induktive punktförmige Übertragung von Signalstellungen und Gefahrenpunkten auf den Führerstand von Eisenbahnfahrzeugen zur Sicherung der Fahrt und zur Überwachung der Tätigkeiten des Lokführers. Neuere Ausführungen werden als I 60 R und PZB 90 bezeichnet. Sie bieten in bestimmten Situationen höhere Sicherheit, bei restriktiver und zeitintensiverer Fahrweise.

Das Netz der ÖBB wurde ab 1965 flächendeckend mit dem bei der DB bereits weit verbreiteten System ausgerüstet. Weiterentwicklungen betreffen die Fahrzeuggeräte. Durch das fast vollkommene Fehlen von 500-Hz-Magneten in Österreich bietet die Indusi eine mit Deutschland verglichen geringere Sicherheit. Das Wort Indusi verschwindet aus dem Sprachgebrauch.

Insuldur-Papier
Nach dem Insuldur-Verfahren thermisch stabilisiertes Cellulose-Papier für Isolationszwecke. Die gewünschten Eigenschaften werden durch Behandlung mit Dicyanamid, Melamin und Polyacrylamid erhalten und erfüllen zahlreiche Spezifikationen.

Isolationsklasse
Die Isolationsklasse H ist die zweithöchste Wärmeklasse, deren Grenzübertemperatur 180 Kelvin beträgt. Da die Umgebungstemperatur in Mitteleuropa mit 40 °C definiert ist, beträgt die maximal zulässige Temperatur des Isolierstoffes 220 °C. Die Statoren werden mit modernen Harzen getränkt, evakuiert, erneut getränkt und das Harz danach ausgehärtet.

Kondensator
Träger elektrostatischer Ladung, bestehend aus flächenhaften Leitern, die durch eine Isolierung voneinander getrennt sind. Kondensatoren sperren den Durchgang von Gleichstrom und sind für Wechselstrom durchlässig. Sie können elektrische Energie speichern. Die in den Lokomotiven eingebaute K. sind Folien-Kondensatoren, wobei das Isolationsmaterial Folien aus Kunststoff sind. Große Oberflächen aus Leiter und Isolator sind erforderlich, um die gewünschte Energie zu speichern.

La
Übersicht der vorübergehend eingerichteten Langsamfahrstellen und der Stellen mit besonderer Betriebsregelung oder anderen Besonderheiten. Dieses wöchentlich aktualisierte Heft hat der Lokführer aufgeschlagen im Blickbereich auf der Lok mitzuführen. Die Ablösung durch EBULA ist im Gang (neuerdings bezüglich La wieder fraglich geworden).

LCD
Liquid Crystal Display, Bildschirmanzeige auf Basis von Flüssigkristallen.

Leittechnik
Nach DIN versteht man unter Leittechnik die Gesamtheit aller technischen Mittel, die einen im Sinne festgelegter Ziele erwünschten Ablauf eines technischen Prozesses bewirken. Die technischen Mittel umfassen alle für die Aufgabe des Leitens verwendeten Geräte und Programme sowie auch Anweisungen und Vorschriften. Im Hinblick auf die zu erreichenden Ziele können Sollwerte und Sollzustände, sowie deren Verläufe festgelegt werden. Der im Sinne dieser Ziele erwünschte Ablauf läßt sich durch Eingangs-, Zustands- und Ausgangsgrößen und deren Beziehung untereinander beschreiben.

Lemniskatenlenker
Anlenkung des Drehgestells an den Drehzapfen mittels eines Hebels, dessen Bewegung einer Lemniskate folgt. Eine Lemniskate ist eine Sonderform der Cassini'schen Kurven mit spezieller Geometrie.

Lenkschiebelager-Antrieb
Lokomotivantrieb der Schweizer Lokomotiv- und Maschinenfabrik SLM. Er wird eingesetzt bei Schweizer Privatbahnloks mittlerer Leistung, bei den Loks der Baureihe 450 der S-Bahn Zürich sowie bei der Rh 1822 der ÖBB. Dieser Antrieb ist ein Tatzlagerantrieb, bei welchem Zug- und Bremskräfte nicht von der Radsatzwelle über die Radsatzlager auf das Drehgestell übertragen werden, sondern über den Motor-Getriebeblock und bewegliche Lenker auf den Drehgestell-Mittelträger. Hierdurch wird eine passive radiale Einstellung der Radsätze ermöglicht. Als Tatzlagerantrieb ist er nicht für höchste Geschwindigkeiten geeignet. Dieser Antrieb bereitete zeitweise nennenswerte Probleme, so insbesondere bei der ÖBB-Rh 1822.

Lexikon für TAURUS-Touristen
(Einige österreichische Begriffe bedürfen eines kleinen Wörterbuches): Aufnahmsgebäude= Empfangsgebäude, Hauptwerkstätte =Ausbesserungswerk, Heizhaus = Betriebswerk (im engeren Sinn für Dampflokomotiven), kassieren = außer Dienst stellen, Pflatsch: umgangssprachlich für das bisherige ÖBB-Logo, was etwa Fleck bedeutet. Das Wort ist von pflatschen, nach Duden „schallend aufschlagen" abgeleitet; Remise = Lokschuppen, Rh = Baureihe, Tandembetrieb = Doppeltraktion, Verschub = Rangierdienst, Fahrverschub = Übergabe, Verschieber = Rangierer, Zugförderungsstelle = Bahnbetriebswerk, stürzen = Kopf machen, stehen bleiben = halten, basst = Dialekt für alles was gut läuft, schiech (mit hörbarem e) = ungut, alles was dem Lokführer nicht passt, Rollberg = Ablaufberg, Westbahn = Strecke Wien – Salzburg, Südbahn = Strecke Wien – Graz, heuer = in diesem Jahr, Jänner = Januar, Feber = Februar, Einschulung = Ausbildung,

LZB
Abkürzung für Linienzugbeeinflussung. Durch die Einrichtung der LZB werden auf den hiermit ausgerüsteten Strecken Daten zwischen einer Streckenzentrale und dem führenden Fahrzeug ausgetauscht. Wesentliche Aufgabe der LZB ist die Zugsicherung, um Einfahrt in besetzte Gleisabschnitte zu verhindern und die zulässige Höchstgeschwindigkeit der Züge zu überwachen. Der Datenaustausch erfolgt redundant und somit signaltechnisch sicher über den im Gleis verlegten, als Antenne fungierenden Linienleiter, sowie die unter dem Fahrzeug angebrachten Sende- und Empfangsantennen. Zentrale und Fahrzeug kommunizieren über sogenannte Aufruf- und „Rückruftelegramme" mit Trägerfrequenzen von 36 kHz bzw. 56 kHz miteinander. Die Wirksamkeit der LZB wird nach dem Ruhestromprinzip im Fahrzeug erkannt, wobei ein Ausfall zur vorhandenen Rückfallebene eines normalen signalgeführten Betriebes führt.

MÁV
Magyar Államvasutak. Ungarische Staatsbahnen. Streckenlänge 7748 km, davon 218 km Schmalspur. 83 % eingleisig, 17 % zweigleisig, 34 % elektrifiziert.

MFA
Modulares Führerraum Anzeigegerät.

Netzbremse
Auch Nutzbremse oder Rekuperationsbremse. Elektrodynamische oder generatorische Bremse, welche die Rückspeisung von elektrischer Energie in die Fahrleitung ermöglicht. Die Fahrmotoren wandeln hierzu kinetische Energie in elektrische Energie um, deren Rückspeisung durch den Einsatz der Vierquadrantensteller technisch lösbar wurde.

Notbremsüberbrückung
Bei Betätigung der Notbremse im Zug besteht die Gefahr, dass der Zug an Stellen besonderer Gefährdung für die Reisenden zum Halt kommt, beispielsweise auf Brücken oder in langen Tunnels. Man sieht das Risiko als kleiner an, wenn eine Notbremsung durch den Lokführer wieder ausgelöst werden kann und der Zug dann geplant an einer günstigen Stelle zum Halt gebracht wird. Sowohl Lok als auch Wagen müssen mit der Einrichtung „Notbremsüberbrückung" ausgerüstet sein, welche über ein Adernpaar der UIC-Leitung angesteuert wird. Als Information für den Lokführer dienen orange Streifen an den Kilometertafeln der Strecke. Eine im Zug ausgelöste Notbremsung wird dem Lokführer als Leuchtmelder im MFA sowie akustisch angezeigt. Im Normalfall hat er diese mit dem Führerbremsventil zu unterstützen. Auf einem Abschnitt mit Notbremsüberbrückung hat der Lokführer mit dem Führerbremsventil kurz in Lösestellung zu gehen, um hierdurch das Notbremsventil im Zug wieder abzusperren und den Luftverlust in der Hauptluftleitung rasch auszugleichen. Der Zug ist dann durch den Lokführer an geeigneter Stelle anzuhalten.

ÖBB
Österreichische Bundesbahnen, wichtigste Kennzahlen (2001): Streckennetz 5683 km, davon 61,5 % elektrifiziert, Triebfahrzeuge Normalspur 1443, Schmalspur 53, el. Lokomotiven 736, Diesellokomotiven 427, Elektrotriebwagen 204, Dieseltriebwagen 129. Signale 30.014, signalabhängige Weichen 13.514.

Energieverbrauch elektr. 2086GWh, Diesel 51.000t. Personal 48.500, Lehrlinge 1280. Umsatzerlöse (Mio. Euro) 2118.

Option
Bei der Beschaffung von Eisenbahnfahrzeugen werden häufig zwischen Kunden und Hersteller sogenannte Optionen vereinbart. Diese erlauben dem Kunden, weitere Fahrzeuge gleicher oder ähnlicher Art ohne neue Preisverhandlungen oder mit Varianten bei angepasstem Preis zu beziehen. Hierfür gelten einzuhaltende Fristen und weitere Rahmenbedingungen. Dem Kunden bieten die Optionen einen vorhersehbaren Preis für ein bekanntes Produkt. Dies ist besonders wichtig im Falle kurzfristig erforderlicher Aufstockung von Aufträgen. Für den Lieferanten besteht der Vorteil in einer festen Bindung des Kunden an den Hersteller, da erneute Ausschreibungen nicht erforderlich sind.

Palette
Teil des Stromabnehmers, häufig auch als Wippe bezeichnet. Die Wippe besteht aus den heute üblichen zwei Schleifleisten einschließlich ihrer Montageteile und einer drehbaren Lagerung am Scheitelpunkt der Schere. Aufgrund der Wippenkonstruktion können sich die Schleifleisten leicht geringen Höhenänderungen des Fahrdrahtes anpassen.

Pulsbreitenmodulation
Bei konstanter Taktfrequenz werden für einen Betriebspunkt die Spannungs-Zeit-Flächen verändert.

PZB
Punktförmige Zug-Beeinflussung, im Gegensatz zur LZB. Die Bezeichnung PZB steht für die alten und weiter entwickelten Bauformen der INDUSI gleichermaßen, wie für ganz neue Techniken der punktförmigen Übertragung von Datentelegrammen von einer an der Schiene verlegten Koppelspule auf das Triebfahrzeug, wie den verschiedenen Bauformen der ZUB.

RAL
Abkürzung für Reichsausschuss für Lieferbedingungen. Gütezeichen zur Kennzeichnung für Waren oder Leistungen.

R-Behälter
Mehrere Reserve-Behälter für Druckluft, bei Ausfall der Druckluftversorgung.

Redundanz
Redundanz: Erweiterung einer zu übertragenden oder zu speichernden Information durch zusätzliche Kennzeichen (Redundanzzeichen), um bei teilweiser Verstümmelung die Bedeutung oder aber die Fehlerhaftigkeit erkennen zu können. Im Falle der Leittechnik der Lok bedeutet dies die zweikanalige Ausführung aller wichtigen Signale und deren Verarbeitung. Eine besondere Sicherheit wird durch Redundanz und Diversität erreicht. Dies bedeutet die Erzeugung eines Messwertes für eine gleiche Zustandsgröße, aber durch ein unterschiedliches, also diversitäres Messprinzip.

SAB WABCO BSI Verkehrstechnik
Zusammenschluss mehrerer Firmen – in schwedischem Besitz – zum zweitgrößten Anbieter (neben Knorr-Bremse) von Bremssystemen für Schienenfahrzeuge in Europa mit Firmensitz als Vertriebsgesellschaft in Remscheid. Der Firmenname ergibt sich aus: SAB=Svenska Aktiebolaget Bromsregulator. WABCO=Westinghouse Air Brake Corporation. BSI=Bergische Stahl-Industrie. Zur Firmengruppe gehört auch die Gutehoffnungshütte (GHH) Radsatz, Lieferant von Radsätzen für Lokomotiven, so auch für die TAURUS-Familie.

SGP
Simmering Graz Pauker. Heute Teil von Siemens Transportation Systems und Kompetenzzentrum für Drehgestelle mit Firmensitz in Graz.

Siemens AG Österreich
Größte Landesgesellschaft von Siemens mit 8400 Mitarbeitern. 100-prozentige Tochter der Siemens AG. Produkte: Komplettes Spektrum der Elektrotechnik, Straßenbahnen, Nahverkehrsbahnen (s. auch SGP).

Siemens, Werner von (1816–1892)
Erfinder des elektrodynamischen Prinzips und Erbauer der ersten elektrischen Lokomotive der Welt. Diese wurde 1879 auf der Berliner Gewerbeausstellung in Moabit der staunenden Öffentlichkeit vorgeführt. Der Siemenskonzern trägt nach mehr als 150 Jahren noch als eine von wenigen Firmen den Namen ihres Gründers. Die Firma Siemens und Halske wurde 1847 in Berlin gegründet. 1888 wurde Werner von Siemens der Adelstitel verliehen.

Schraubenverdichter
Ein Schraubenverdichter ist eine Zweiwellen-Rotationsmaschine ohne hin und her gehende Teile wie Pleuel und Kolben sowie ohne Ventile und Ventilsteuerung. Sie arbeitet aber ebenso wie eine Kolbenmaschine nach dem Verdrängerprinzip. Die Luft wird in den Zwischenräumen eines Läuferpaares verdichtet, in welchem durch fortschreitende Drehung die Zwischenräume verkleinert werden.

Sifa (Sicherheitsfahrschaltung)
Elektromechanische oder elektronische Einrichtung zur Überwachung der Diensttauglichkeit des Lokführers. Überwachung regelmäßiger Bedienungshandlungen des Lokführers, bei deren Ausbleiben zunächst eine optische, dann eine akustische Warnung und schließlich eine Zwangsbremsung ausgelöst werden. Zwangsbremsung erfolgt bei Festhalten des Tasters > 30 sec. oder Loslassen > 2,5 sec. mit Wirksamkeit bei einer Geschwindigkeit > 5 km/h. Vor einer Zwangsbremsung erfolgt eine Sprachausgabe für 2,5 sec.

Tatzlagerantrieb
Der Tatzlagerantrieb ist ein seit Jahrzehnten bewährter Antrieb für Eisenbahn- und Straßenbahnfahrzeuge. Er ist grundsätzlich ein Einzelachsantrieb durch Elektromotoren. Diese stützen sich mit angegossenen Tatzen auf die Radsatzwelle ab, so dass diese ein Teil des Gewichtes des Fahrmotors trägt. Die Tatzen sind mit Gleitlagern oder neuerdings mit Rollenlagern versehen. Auf der den Tatzen abgewandten Seite ist der Fahrmotor am Drehgestell aufgehängt, so dass sich sein Gewicht auf die Tatzlager und die Aufhängung am Drehgestell etwa hälftig verteilt. Das Motorritzel treibt das mit der Radsatzwelle fest verbundene Großrad an. Tatzlagerantriebe sind einfach und billig, können sich aber bei größeren Massen und höheren Geschwindigkeiten nachteilig auf den Oberbau und die Fahreigenschaften auswirken. Der zu Tausenden in den Einheits-Elloks der DB von 1956 eingesetzte Siemens Gummiringfeder-Antrieb ist ein modifizierter Tatzlagerantrieb unter Einsatz einer Hohlwelle und Zwischenschaltung von Gummielementen zwischen Großrad und Radspeichen. Dieser weist im Gegensatz zum konventionellen Tatzlagerantrieb auch eine Drehelastizität auf.

Thyristor
Steuerbares Halbleiter-Bauelement mit mindestens drei Zonenübergängen, das in einen Sperr- und Durchlasszustand geschaltet werden kann. Mit Thyristoren lassen sich große Leistungen durch kleine Steuerleistungen schalten. Der mit einem Impuls gezündete Thyristor kann einen Strom nicht selbständig abschalten. Bei Wechselstrom allerdings erlischt der Strom beim Nulldurchgang, muss danach wieder neu gezündet werden. Bei GTO (gate turn off) Thyristoren kann durch einen Steuerimpuls der Stromdurchgang nicht nur eingeschaltet, sondern außerhalb des Nulldurchgangs auch ausgeschaltet werden. Thyristoren spielen in der Leistungselektronik eine herausragenden Rolle.

Erste serienmäßige Loks mit GTO-Thyristoren waren die Re 4/4 für Schweizer Privatbahnen sowie die BR 450 für die S-Bahn Zürich, heute sind GTO-Thyristoren bei modernen Eisenbahnfahrzeugen Stand der Technik. Ein Anhaltspunkt für den Preis eines GTO der benötigten Leistungsklasse ist je nach Marktsituation 800–1500 Euro. Wichtigste Hersteller dieser Produkte sind Infineon, ABB und Toshiba.

Trassenpreise
Das zum 1. April 2001 neu eingeführte Trassenpreissystem der DB beseitigt Begünstigungen von Großkunden, wie z.B. der DB selbst. Eine Diskriminierung kleiner EVU wird hiermit beseitigt. Die im Wesentlichen unveränderten Preise sind nach Streckenkategorien und weiteren Kriterien gestaffelt und öffentlich bekannt gemacht, beispielsweise im Internet. Neue Entwicklungen, den Netzzugang weiter zu liberalisieren sind im Gange.

turn key
schlüsselfertig, wörtlich: den Schlüssel drehen.

Überspannungsableiter
Schutzeinrichtung für elektrische Fahrzeuge vor Überspannung, wie sie beispielsweise durch Blitzschlag in der Fahrleitung auftreten kann. Die Überspannungsableiter bestehen aus Metalloxid-Widerständen, die bei bestimmten Werten an Spannung eine Verbindung zur Erde herstellen und so elektrische Einrichtungen der Lok schützen. Bei Blitzschlägen können die Ströme in Überspannungsableitern bis 10 kA betragen. Nach Abklingen der Überspannung wird die leitende Verbindung automatisch wieder unterbrochen. Bei Normalspannung fließt nur ein minimaler Leckstrom in der Größenordnung von weniger als 1 mA. Das Gehäuse besteht aus Kunststoff-Verbundmaterial.

Am Fußflansch ist eine Erdung angebracht, die einen kurzen Weg und einen geringen Widerstand zu Masse aufweisen muss. Der Überspannungsschutz wird bei der 1016 bei 23 kV, bei der 1116 bei 37 kV wirksam.

UIC-Kabel
UIC = Union international des chemins de fer; Internationaler Eisenbahnverband. Das UIC-Kabel ist eine genormte 18-adrige Leitung zur Übertragung von Signalen, Befehlen und Gesprächen zwischen Lok und Zug sowie innerhalb des Zuges. Beispiele sind Türschließbefehle oder Funkgespräche zwischen Zug und Zugleitung sowie ZMS und ZWS. Auch die Steuerung der ep-Bremse und der Notbremsüberbrückung wird über das UIC-Kabel übertragen. Bei Lokomotiven mit zwei UIC-Dosen wie beim TAURUS werden wegen zuverlässigeren Kontaktes zwei parallele Kabel verwendet. Ein weiterer Ausbau zur AiZ (Automatisierung im Zuge) ist vorgesehen. Reservekabel werden auf den Loks mitgeführt.

Vierquadrantensteller (4QS)
Der Vierquadrantensteller ist im Fahrbetrieb ein gesteuerter Eingangsgleichrichter für die von der Trafowicklung zur Verfügung gestellte Eingangsspannung und im Bremsbetrieb ein gesteuerter Wechselrichter zur Rückspeisung der generatorisch erzeugten elektrischen Energie über den Transformator in die Fahrleitung. Die vier Quadranten der Namensgebung sind die positive und negative Halbwelle bei Energiebezug aus der Fahrleitung sowie beim Rückspeisen in die Fahrleitung beim Bremsbetrieb.

Ein 4QS kann so geregelt werden, dass er nur Wirkleistung und keine Blindleistung aus dem Netz entnimmt, oder dass, mit anderen Worten, die Phasenverschiebung zwischen Spannung und Strom = 0 ist , respektive der Cosinus phi = 1 ist.

ZAK-Kupplung
Automatische Kupplung, bei welcher von den früher erhobenen Maximalforderungen zwecks reeler Chancen auf Realisierung abgegangen wurde. Bei dieser Kupplung wird auf die Übertragung von Druckkräften verzichtet und es bleiben die Seitenpuffer an den Fahrzeugen erhalten. So werden nur Zugkräfte übertragen. Wesentlicher Vorteil ist die mögliche Kompatibilität mit der vorhandenen Schraubenkupplung, so dass eine fließende Einführung ohne schwerwiegende Unterbrechung des gesamten Eisenbahnbetriebes in mehreren Ländern möglich ist.

Zeitmultiplexe Steuerung
Fernsteuertechnik für Lokomotiven über ein Aderpaar des 18-poligen UIC-Kabels mittels digitaler Datentelegramme. Diese werden in einem vorgegebenen, im Millisekundenbereich liegenden Zeitzyklus ausgesendet und abgefragt.

ZuB
Zugbeeinflussung verschiedener Bauarten durch Übertragung von Datentelegrammen von Koppelspulen am Fahrweg auf Antennen des Fahrzeugs. Hierdurch werden alle sicherheitsrelevanten Informationen für eine begrenzte Wegstrecke übertragen. Die häufigste Anwendung erfolgt beim kurvenschnellen Betrieb von Neigezügen. Die ZuB ist eine spezielle besonders leistungsfähige Ausführung der PZB.

Zugfunkgerät AEG
Nach dem Erlöschen der Firma AEG firmierte die Funkgeräteherstellung in Ulm als AEG Mobile Communication unter Zugehörigkeit zu Matra Nortel Communications. Seit 2002 gehört die Firma zu EADS Telecom Deutschland. EADS = European Aeronautic Defense and Space Company.

Im Zugfunkgerät ZFM 90 blieb der traditionsreiche Name AEG noch für längere Zeit erhalten.

Zugfunkgerät Kapsch
Die ÖBB-Lokomotiven sind mit der Zugfunk Mobilanlage ZFM 90 der Firma Kapsch, Wien ausgerüstet. Bei dieser handelt es sich um ein von Kapsch speziell für den Bahnbetrieb entwickeltes Produkt nach UIC-Empfehlung 751. In Zukunft werden die TAURUS-Lokomotiven auf eine „Dual Mode"-Version für den Einsatz in GSM-R Netzen aufgerüstet.

Zulassung durch das EBA
Fahrzeuge, welche auf dem Schienennetz des Bundes verkehren, bedürfen der Prüfung und Zulassung durch das Eisenbahn-Bundesamt. Für die Zulassung der Fahrzeuge im internationalen Verkehr gelten zusätzlich besonderen Regeln. Das EBA prüft Zulassungsunterlagen unter folgenden Gesichtspunkten:

- Einhaltung der Sicherheit und Ordnung des Eisenbahnbetriebes
- Einhaltung der gesetzlichen Bestimmungen, der technischen Regelwerke, des Brandschutzes und der Unfallverhütungsvorschriften
- Umweltverträglichkeit
- Systemverträglichkeit mit den Bedingungen des Bahnbetriebes

Nach umfangreichen erfolgreichen Erprobungen, beispielsweise hinsichtlich Bremswirkung, Gleiskräften oder Lauf des Stromabnehmers wird die Bauartzulassung für ein neues Fahrzeug erteilt. Für weitere Exemplare erstellt der Hersteller eine Konformitätsbescheinigung, in welcher die Übereinstimmung dieser Lok mit den geprüften Fahrzeugen bestätigt wird.

Zwischenkreis
Der Zwischenkreis zwischen Netzstromrichter und Wechselrichter bestehend aus Induktivitäten und Kapazitäten dient als elektrischer Energiespeicher und zur Glättung der pulsierend eingespeisten Leistung. Er kann mit eingeprägter Spannung oder mit eingeprägtem Strom betrieben werden. Bei dem System mit eingeprägter Spannung hält der Netzstromrichter die Spannung im Zwischenkreis konstant, aus welcher der Pulswechselrichter Drehstrom erzeugt. Die Frequenz- und Spannungsänderung wird durch Pulsen erzeugt. Im System mit eingeprägtem Strom wird im Zwischenkreis ein fester Strom eingestellt. Die Veränderung der Spannung erfolgt dabei im Netzstromrichter. Der Wechselrichter (Phasenfolge-Wechselrichter) hat nur die Frequenz zu verändern. Das stromgeführte System erfordert einen geringeren Aufwand als das spannungsgeführte, was aber durch das Aufkommen der GTO-Thyristoren relativiert wurde. Die DB hat sich nach den Erfolgen mit der BR 120.0 bei Hochleistungslokomotiven für das inzwischen weltweit bei Lokomotiven etablierte spannungsgeführte System entschieden, das stromgeführte System kommt überwiegend noch bei leichteren Nahverkehrsfahrzeugen zur Anwendung. Die wichtigste Anwendung im Lokomotivbau war die Lok 182 001 von AEG. Auch die DB-Baureihe 152 und der TAURUS sind mit spannungsgeführten Zwischenkreisen ausgestattet.

Quellennachweis

Rotter/Petrowitsch: Triebfahrzeuge österreichischer Eisenbahnen; Düsseldorf

Roland Beier: Kleine Typenkunde österreichischer Triebfahrzeuge; Stuttgart

Markus Inderst: ÖBB-Fahrzeuge; München

Siemens Mitteilungen

ABB Henschel: Systemtechnologie

Schulungsunterlagen der ÖBB und der DB

Zeitschriften: Elektrische Bahnen, Eisenbahntechnische Rundschau, Eisenbahn Ingenieur, Eisenbahn Kurier, Eisenbahn Revue, ZEV und DT Glasers Annalen, Eisenbahn Magazin, Schienenverkehr aktuell Wien, jeweils diverse Ausgaben

Knorr Bremse: Die Bremsausrüstung der Lokomotive 1016/1116 ÖBB

J. Michael Mehltretter: Elektrische Triebfahrzeuge. Motorbuch Verlag 1986

Kaspar Vogel: 125 Jahre SLM

ÖBB Zahlen Daten Fakten

ÖBB-Triebfahrzeugalbum 1998

Werkstätten & Technische Services der ÖBB

ÖBB Geschäftsberichte

BANORAMA Portrait „Die 1016". (Video)

Karl Gerhard Baur: Die Baureihe 101; München 1999

Karl Gerhard Baur: Die Baureihe 152; München 2000

Karl Gerhard Baur: Die Baureihen 145, 146 und 185; Freiburg 2002

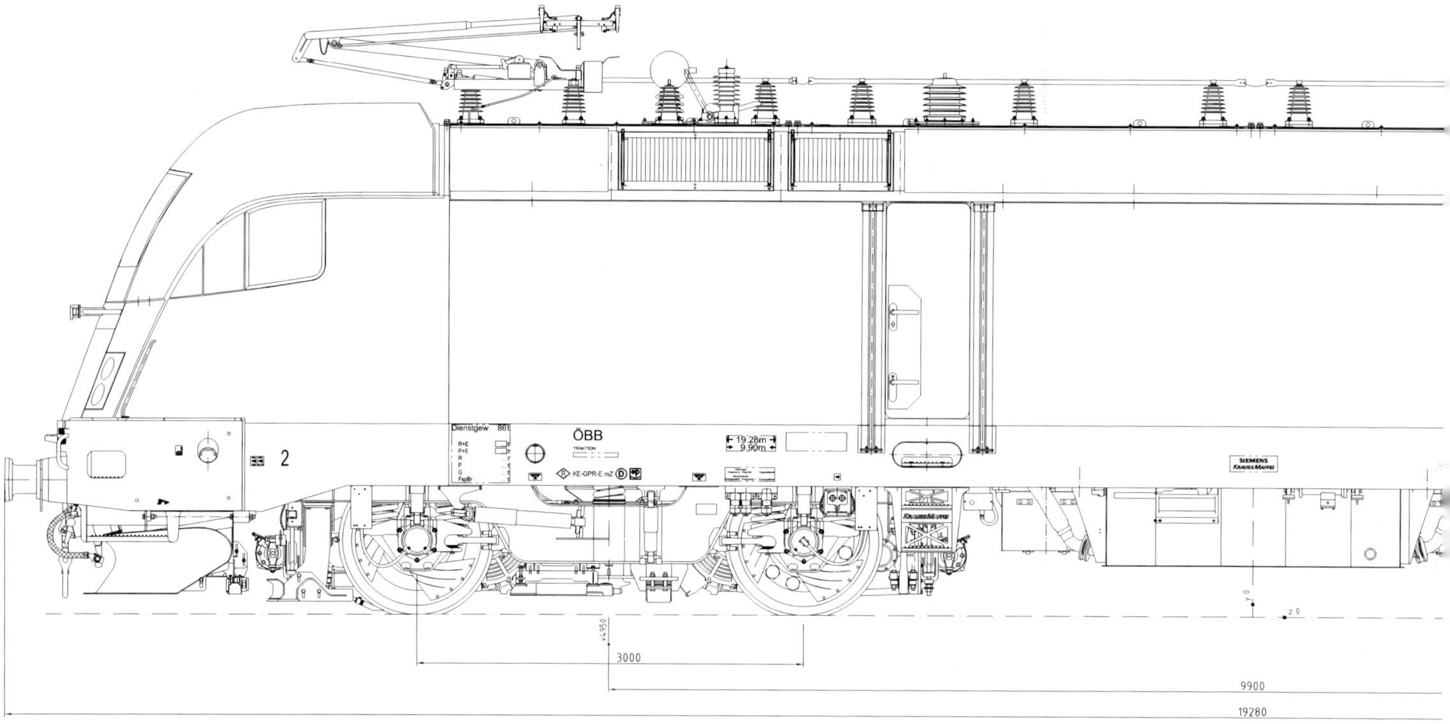

Führerhaus 2

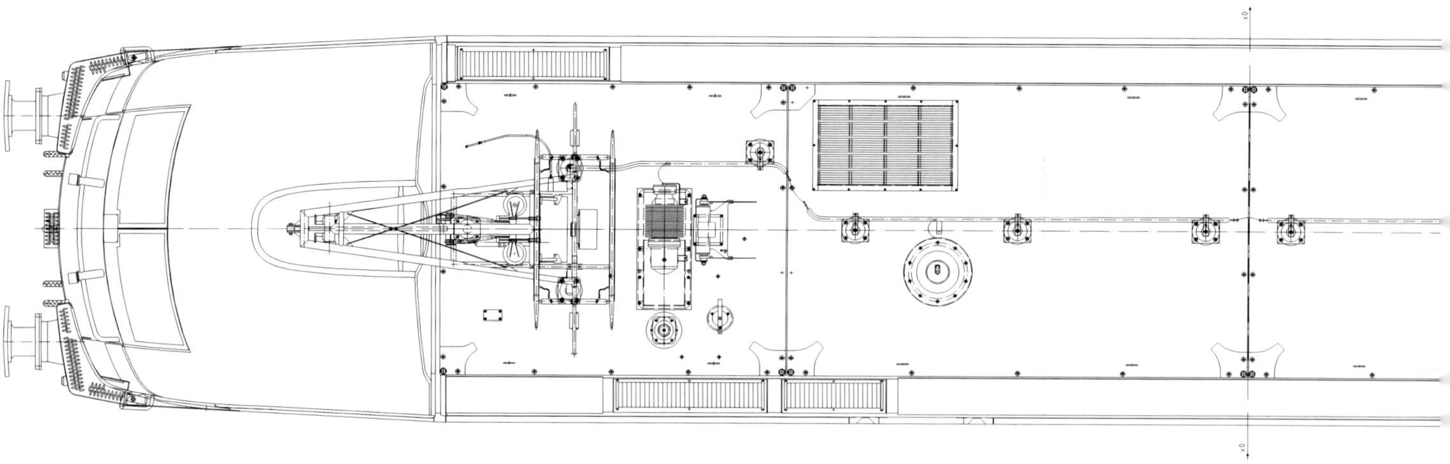